应用型本科院校通用教材

消费者行为学

张延斌 编著

南开大学出版社
天津

图书在版编目(CIP)数据

消费者行为学 / 张延斌编著. —天津：南开大学出版社，2016.6
应用型本科院校通用教材
ISBN 978-7-310-04977-6

Ⅰ.①消… Ⅱ.①张… Ⅲ.①消费者行为论－高等学校－教材 Ⅳ.①F713.55

中国版本图书馆 CIP 数据核字(2015)第 220638 号

版权所有　侵权必究

南开大学出版社出版发行
出版人：孙克强
地址：天津市南开区卫津路 94 号　邮政编码：300071
营销部电话：(022)23508339　23500755
营销部传真：(022)23508542　邮购部电话：(022)23502200

＊

天津午阳印刷有限公司印刷
全国各地新华书店经销

＊

2016 年 6 月第 1 版　2016 年 6 月第 1 次印刷
260×185 毫米　16 开本　15.375 印张　2 插页　380 千字
定价：35.00 元

如遇图书印装质量问题，请与本社营销部联系调换，电话:(022)23507125

前 言

随着现代经济发展,越来越多的企业重视专业营销,而消费者行为学作为营销基础学科,受到越来越多院校的重视,消费者行为学是研究消费者的需求、购买、使用商品或劳务的过程中,消费行为心理现象的产生、发展和一般规律的科学。消费者行为学不仅仅作为市场营销专业学生的必修课,管理、传媒、广告设计等相关专业也纷纷开设此课程。而消费者行为学还是一门年轻的学科,并且领域跨度很大,涉及心理学、社会学、经济学、人类学、管理学等诸多学科。

本教程针对全国三本院校的学生,通过课程讲授与训练,使学生能够从心理学的角度去研究消费者的行为,从而做好营销工作,为企业生产经营管理服务。

根据课程目标,本教材突出了以下几点特色:

第一,本土化。充分结合中国的政治、经济、社会与文化环境等对我国企业营销活动的影响,结合中国的国情与中国企业的思考方式来编排课程的内容。尽可能采用适合中国本土企业的案例与中国人的心理特征,来对学生进行进一步的训练。

第二,案例教学。教材中每一章节都采用大量的案例作为引导与内容理解支持。能形象生动地使学生理解知识点,掌握章节要点。

第三,操作性强。在教材内容上面对于专业理论方面的知识运用简单易懂的语言进行分析与解释,并且每一章节都附有案例训练。在每章的能力培养技能方面采用的均是操作性的问题与技能练习。

本书共十二章,分为四大部分。

第一部分基础介绍篇,主要介绍消费者行为的背景知识与理论基础。

第二部分主要介绍消费者行为的内因方面内容,包括与消费者本身相关的知觉、个性、学习、态度等方面。

第三部分则主要介绍影响消费者决策的外因方面内容,包括典型的文化、家庭、社会群体等方面。

第四部分系统地介绍消费者决策的整个过程,包括购前、购中与购后行为。结合前两部分内容,让学生更清晰地理解到消费者的内因与外因都会在决策的整个过程中产生影响。

在教学或自学过程中,教师或学生可以灵活使用本教材内容。国内一些高校从事营销策划教学的教师参加了本书的编写工作,他们是:郑州大学西亚斯国际学院的张延斌(1、12章)、南开大学滨海学院的王昕宇(2、4章)、郑州大学西亚斯国际学院的苏醒(3、7章)、郑州升达经贸管理学院的宁震霖(5、6章)、郑州大学西亚斯国际学院的王双燕(8、9章)、郑州大学西亚斯国际学院的赵国甫(10、11章),囿于编者的学识与经验,书中难免有错误与疏漏,敬请读者不惜赐教或直接与我们联系。最后,感谢所有参编人员以及南开大学出版社编辑的辛苦劳作。

目 录

第1章 消费者行为学导论 1
  1.1 消费者与消费者行为 2
  1.2 消费者行为研究 4
  1.3 消费者行为与市场营销策略 12
  1.4 消费者行为的研究框架 17

第2章 消费者的知觉 23
  2.1 感觉和知觉 23
  2.2 知觉的过程 26
  2.3 知觉在营销中的运用 29

第3章 消费者动机与个性 32
  3.1 消费者动机 33
  3.2 动机理论 37
  3.3 动机的测定与运用 42
  3.4 消费者个性 45

第4章 学习与记忆 57
  4.1 学习概述 57
  4.2 学习理论 59
  4.3 记忆与遗忘 61

第5章 消费者的态度 65
  5.1 消费者态度的概述 66
  5.2 态度的形成 75
  5.3 态度的改变 85

第6章 消费者的自我认知 96
  6.1 消费者的自我概念 97
  6.2 消费者的生活方式 103

第7章 文化与消费者决策 116
  7.1 文化的特点 117
  7.2 全球文化与中国文化 125
  7.3 文化与消费者决策 131

第8章 家庭与消费者决策 144
  8.1 家庭概述 145
  8.2 家庭结构 145

  8.3 家庭生命周期与家庭人员角色 ……………………………………………… 151
  8.3 家庭购买决策 ………………………………………………………………… 158
  8.4 家庭决策冲突的解决 ………………………………………………………… 160
  8.5 家庭决策与营销策略 ………………………………………………………… 160
第 9 章 社会群体与消费者决策 ……………………………………………………… 167
  9.1 群体类型 ……………………………………………………………………… 168
  9.2 参照群体 ……………………………………………………………………… 171
  9.3 意见领袖 ……………………………………………………………………… 181
第 10 章 消费者决策过程：购前行为 …………………………………………………… 190
  10.1 问题认知 …………………………………………………………………… 191
  10.2 信息搜集 …………………………………………………………………… 196
第 11 章 消费者决策过程：购中行为 …………………………………………………… 207
  11.1 购买评价与选择 …………………………………………………………… 208
  11.2 购买过程 …………………………………………………………………… 211
第 12 章 消费者决策过程：购后行为 …………………………………………………… 222
  12.1 产品使用与处置 …………………………………………………………… 223
  12.2 购买评价与消费者满意 …………………………………………………… 227
参考文献 ………………………………………………………………………………………… 239

第1章 消费者行为学导论

 学习目标

1.1 消费者与消费者行为；
1.2 消费者行为研究；
1.3 消费者行为与市场营销策略；
1.4 消费者行为的研究框架。

消费者行为在实践中

  我国目前的著名商标中有些是从原来失败的商标修改后获得成功的。比如，领带产品的名牌"金利来"最初的设计是"金狮"，但"金狮"领带销售状况不佳。后来改为"金利来"，产品销售大为改观。又比如，手表的名牌"海鸥"，原来的设计是"海燕"，用此商标在香港地区销售，购买者极少，调研后改为"海鸥"牌，销路立即打开。

  某国一出版公司有一批滞销书久久不能售出。推销人员想出一个主意，于是给总统送去一本书并征求意见。总统忙于政务便回了一句："这本书不错。"销售人员便大做广告："现有总统喜爱的书出售。"书即被抢购一空。不久，又有书卖不出去，销售人员又送给总统一本，上过当的总统便"回敬"一句："这本书糟透了"，转天该公司发出广告，"现有总统讨厌的书出售"。结果，书又售罄。第三次，该公司又如法炮制，总统接受教训，不予答复。于是该公司再发出广告，"现有总统难下结论的书出售，欲购从速"。书仍被抢购一空。

  "环保"牌香烟年销售量达3000亿支，可装满5000架波音707飞机。某权威机构对某国的一千余名"环保"香烟爱好者的调查表明，该品牌爱好者对该产品的普遍评价是：味道好，抽起来带劲，可令人身心愉快。但对于质量完全相同的、价格只相当于精装烟价格一半的"环保"简装烟，品牌爱好者们只有21%的人表示愿意购买。

  美国的一家服装企业Levi Strauss公司的主打产品是牛仔裤。该公司曾经在20世纪70年代末期根据女式牛仔裤市场饱和状态和激烈的竞争环境，向市场推出男性正装。他们通过市场调查发现，关心服装的男性消费者越来越多，其市场规模非常大。他们推出的男性正装品牌为Levi Tailored Classic，但问题就出现在这个男性正装的品牌上。通过消费者调查他们发现，美国人非常熟悉牛仔裤品牌Levi's，人们一看Levi's品牌就马上联想到牛仔裤；Levi's和牛仔裤几乎已经划等号了。但是，该公司的研究战略小组认为，Levi's是该公司最响亮的品牌，可以扩展到男性正装这一新产品上，并坚持使用这个品牌名。结果品牌名所持有的形象和产品概念不协调，也以失败而告终。

评述

  从以上几个案例中可以看到，了解消费者行为对企业经营有着十分重要的价值，若不考虑消费者心理，只是从企业自身角度出发，都有失败的可能。根据现代市场营销观念，市场的主体是消费者，消费者的需求是市场的原生性需求，消费者的需求和行为是企业市场营销战略决策的基本依据。随着市场竞争环境的变化，企业要成功开展营销活动，必须对消费者行为的特点、规律及发展趋势进行全面、深入、系统的研究。

本章会从以下几个方面入手，首先对基本概念、消费者与消费者行为做一个介绍。然后对消费者行为研究的发展、理论依据以及意义做一个说明；消费者行为学作为一个营销学的理论基础，和营销有着密切关系和相互影响，研究和学习消费者行为学对于促进我国社会主义市场经济的发展，满足广大群众不断增长的物质、文化生活需要，提高经营艺术，搞好市场营销工作，都有着十分重要的意义。

1.1 消费者与消费者行为

1.1.1 消费者

消费者与生产者及销售者不同，他必须是产品和服务的最终使用者而不是生产者、经营者。也就是说，他购买商品的目的主要是用于个人或家庭需要而不是经营或销售，这是消费者最本质的一个特点。作为消费者，其消费活动的内容不仅包括为个人和家庭生活需要而购买和使用产品，而且包括为个人和家庭生活需要而接受他人提供的服务。但无论是购买和使用商品还是接受服务，其目的只是满足个人和家庭需要，而不是生产和经营的需要。

这里从两个角度来表述消费者概念：

狭义的消费者是指购买、使用各种产品或服务的个人或家庭；

广义的消费者是指购买、使用各种产品或服务的个人或组织。

但在消费者行为学和经营实践中，消费者不仅仅是产品的购买者或使用者，而是比它要宽泛一些，下面简单从不同的几个角度来分析消费者：

1. 从消费者扮演角色分析消费者

在日常的购买决策中，消费者可能会扮演下列一种或几种角色。比如，刚参加工作不久的小李想为即将过生日的父亲买一件生日礼物，通过与母亲的沟通，了解到父亲可能想要一个足浴盆，于是决定给父亲买一个智能按摩足浴盆，趁着周末，小李和姐姐一起去百货大楼挑选，最终选择了一款合适的足浴盆送给父亲。在这个简单的案例中，谁是消费者？谁又是消费者行为的研究对象呢？显而易见，消费者行为学的研究对象不仅仅是购买者和使用者，而是包括参与消费者购买过程和使用过程的所有人：

（1）倡议者（发起者）：首先提出或有意购买某一产品或服务的人。

（2）影响者：其看法或建议对最终购买决策具有一定影响的人。

（3）决策者：在是否购买、为何买、哪里买等方面做出部分或全部决定的人。

（4）购买者：实际购买产品或服务的人。

（5）使用者：实际消费或使用产品、服务的人。

企业有必要区分和认识以上这些角色，尽量使自己的经营适应目标市场消费过程中起重要作用的各种角色，尤其是起决定作用的角色。因为这些角色对于设计产品、确定信息和安排促销方式及预算是有关联意义的。例如，健康用品"脑白金"就很好地区分了购买者与使用者，它抓住人们特别是经济独立以后的年轻人都愿意通过一份恰当的礼品对父母表示一片孝心的心理，将产品定位于"老人礼品"，将其功能定位于"年轻态保健品"，广告策划以子女对父母的孝敬为主题，从而使"脑白金"在人们心中树立起孝敬老人的"礼品"形象，其广告语"今年过节不收礼，收礼只收脑白金"进一步刺激了子女的购买欲望。

小链接

飞镖玩具的"爱"与"恶"

某儿童玩具厂家为在暑期加大一种智力玩具的销量，煞费苦心地在产品上捆绑了一种时下在小学生中非常流行的飞镖玩具，试图以"买一赠一"的方式来博得他们的青睐。但结果令他们非常失望：销售额还不如以前。后来他们通过调查才发现，原来有许多家长认为这种飞镖玩具的安全性有问题。

请问：这个例子中企业销售不好的问题出在什么地方？你会给出什么样的建议来进行调整？

2. 从消费行为上分析消费者

对于某一消费品，在同一时空范围内，消费者可以做出不同的反应——即时消费、未来消费、永不消费。按照这三种不同的反应，可以把消费者分为现实消费者、潜在消费者和永不消费者。

（1）现实消费者：即通过现实的市场交换行为获得某种消费品，并从中受益的人。

（2）潜在消费者：即在目前对某种消费品尚无需要或购买动机，但在将来某一时刻有可能转变为现实消费者。

（3）永不消费者：即当时或未来都不会对某种消费品产生消费需要和购买愿望。

作为一个消费者，在同一时点上面对不同的消费品，可以同时以不同的身份出现。例如，某个消费者面对甲商品是现实消费者，面对乙商品是潜在消费者，而面对丙商品是永不消费者。因此，从消费品角度分析消费者，消费者是一个动态行为的执行者。

小链接

如何把消费者的潜在需求转化为现实需求

孙先生夫妇是 40 岁左右的大学教师，现在月收入 5 000 元左右，目前一家三口住在 60 多平米的两居室。最近他们想换一个大一点的房子，可又觉得房价太高，目前无力承受，因而一直犹豫不决。如果你是一个房地产推销人员，你打算怎样说服他们成为你的客户？

1.1.2 消费者行为

美国市场营销学会（AMA）认为，消费者行为（Consumer Behavior）是感情、认知、行为及环境因素之间的动态互动过程，是人类履行生活中交换职能的行为基础。在这一定义中，主要有以下四层含义：

消费者行为是感情、认知、行为及环境因素之间交互作用的过程；

消费者行为是感情、认知、行为及环境因素之间交互作用的结果；

消费者行为是动态变化的；

消费者行为涉及交换。

换句话说，消费者行为是指消费者在内外部环境的刺激下，为了满足生活消费需要，围绕消费品的购买所产生的内在心理活动过程和外在行为过程的总和。

从消费行为的全过程来说，包括消费需要、消费动机的产生，消费收入的取得，确定消费观念和制定消费计划（包括确定消费预算和大致的消费结构），具体商品的购买活动，最后到对消费资料的实际消费。当然，这一过程是以购买（或交换）行为为核心的。

而消费者行为学就是研究消费者在消费过程中所产生的心理活动特征和行为规律的科学。消费者行为学的研究对象是各类消费者的消费行为产生和发展的规律。

1.1.3　消费者行为的特点

消费者行为有很多特点，一般来说，主要的消费者行为具有以下特点：

1. 非盈利性

消费者购买商品是为了获得某种使用价值，满足自身的生活消费的需要，而不是为了盈利去转手销售。

2. 广泛性

消费者市场上，不仅购买者人数众多，而且购买者地域分布广。从城市到乡村，从国内到国外，消费者市场无处不在。

3. 多样性

多样性表现在消费者需求、偏好以及选择产品的方式等方面互不相同，各有侧重。同一消费者在不同时期、不同环境、不同情境、不同产品的选择上，其行为也呈现出很大的差异性。这种消费者行为，一方面可以通过它的多样性、多变性表现出来；另一方面也表现消费者的行为受很多内在因素和外部因素的影响，而且其中很多因素既难识别，又难把握。

4. 复杂性

消费者行为研究结果已经证明，人们的消费行为是在需要基础上、在购买动机的驱使下进行的，但是每一行为背后的购买动机往往又是隐蔽和复杂的。后面的章节会讲到影响消费者购买的内因与外因，这些影响因素的多样性和复杂性决定了消费者行为的复杂性。

5. 流行性

消费需求不仅受消费者内在因素的影响，还会受环境、时尚、价值观等外在因素的影响。时代不同，消费者的需求也会随之不同，消费者市场中的商品具有一定的流行性。

6. 非专业性

消费者一般缺乏专门的商品知识和市场知识。消费者在购买商品时，往往容易受厂家、商家广告宣传、促销方式、商品包装和服务态度的影响。在购买商品时，特别是购买大宗商品，为了降低购买风险，消费者往往用品牌和价格作为降低购买风险的标志。

1.2　消费者行为研究

1.2.1　消费者行为学研究的发展历程

1. 萌芽时期（1930 年以前）

始于 19 世纪末 20 世纪初，美国社会学家凡勃伦《有闲阶级伦》（Theory of the Leisure

Class）（1899）提出了炫耀性消费及其社会涵义。他首次认为人们对于衣服、汽车、豪宅等的过度需求，是他们的炫耀心理在作祟。当时有很多的美国富豪在一些岛屿建造豪华别墅，但是他们一年中大部分时间却不住进别墅是那个时代炫耀性消费的代表性例子。1981年美国学者伍兹（Woods W. A.）指出："自从人类至今的两百多万年的时间里面，消费者行为一直存在着。人们很有可能一直在接受着消费者行为的理论观念，受着他的影响。"

研究发现，两次社会分工以后一些对消费者行为的有意识分析和言论才渐渐地出现，它与贸易息息相关。正如恩格斯所指出的，两次社会分工之后，逐渐"出现了直接以交换为目的的生产，即商品生产，随之而来的是贸易"。贸易的出现，推动了商业的发展。在自由交换的过程中，人们开始总结一些与市场和与消费者打交道的经验，这些都属于消费者行为学的范畴。

早在我国的春秋战国时期的越王勾践时期的商人范蠡（也叫陶朱公）从消费者的需求出发，采用了"计然七策"来经营贸易。他主张"知斗则修备，时用则知物，旱则资舟，水则资车，价格之道，农末俱利，平粜齐物，务完物，无息币"，"夏则资皮，冬则资缔"等等。知道要根据年景的变化，预知农产品市场的走向，决定取舍。在兼顾生产者、经营者、消费者利益的前提下，确定合理的价格参与市场竞争。战国时期的大思想家荀子对消费者行为的发生过程做了唯物主义的解释："入乎耳，著乎心，布乎四体，形乎动静"，意思是说：客观刺激作用于人的感官，通过思维加工对事物有了明确认识，再经过神经输出，便产生了某种行为。东汉时期的崔实根据季节变化和士、农、工、商消费者的习惯，著有《四民月令》一书，用来指导社会生产，汉朝以后，不仅历代王朝沿袭《四民月令》的体裁，编辑和发布过不同形式的《历书》指导生产，而且有不少历史学家程度不同地涉及了消费者心理与行为。这些都是我国古代消费者行为的雏形。

在西方，古希腊唯心主义哲学家柏拉图（Plato）和亚里士多德（Aristotle）等也涉及消费者行为的研究。在消费者阶层的划分上，柏拉图最早提出了"哲学王、武士和劳动者（奴隶除外）"的三种阶层；在行为论上，亚里士多德所提出的"欲望是心理运动的资源，一切情感、需要、动作和意志均为欲望所引发"以及"欲望得到满足的行动是本能动作，而高级行动则有理性思维参加，是意志行动"，对我们今天的消费者行为研究仍有一定的参考价值。

20世纪初心理学家斯科特（W.D.Scott）在美国西北大学做报告时指出，心理学可以在销售和广告中发挥重要作用。科普兰（M.T.Copeland）也于1923年提出将消费物品分为便利品、选购品和专门品的分类方法部分建立在对三个方面的消费者行为的分析之上。这三个方面的消费者的行为表现在以下几个方面：消费者购买商品时搜索商品的努力程度，做出决策前对各品牌的比较，坚定购买某一品牌的程度。

这个时期关于消费者行为的研究都还是停留在经济学或者心理学层面上，还没有具体运用到营销的实践中。

2. 应用时期（1930—1960年）

对消费者行为正式而较有系统的理论探究是资本主义社会发展的产物。自从人类进入资本主义社会以后，商品经济占了整个社会经济的主导地位，商品生产的专业化以及社会化市场与日俱增，各式商业企业发展迅速。到了19世纪末，资本主义生产得到迅速发展，社会基本矛盾日趋激化，商品生产过剩，经济危机频繁发生。为了摆脱这种窘境，一些资本主义国家和政府开始直接干预经济生活，许多垄断组织和资本家想要生存和发展，不得不去寻找新的理论和营销方式。消费者心理学研究越来越引起产业界的兴趣。

通常认为"消费者行为理论的出现是在第二次世界大战后。'动机研究'的出现往往被看作消费者行为理论的初创"。其实早在1920年美国行为主义心理学创始人约翰·华生（John. B. Watson）开始领导一个广告公司，着重研究影响人的行为的刺激条件，这在全美曾风行一时。

1938年，被誉为"动机研究思想之父"的欧内斯特·迪士特（Ernest Dichter）也创建了"动机研究所"。很多专家和学者在这个时期开始利用各种理论、方法和技术来探究消费者的心理和行为。

美国心理学家欧内斯特·迪士特被誉为研究动机的思想之父，他把人类消费动机的研究和市场营销联系起来，创立了市场营销学的新的思想方式。迪士特指出，消费者首先是用眼睛来观察商品，然后才在他的头脑中加深印象，并试图来认识他所看到的一种产品对他具有什么意义。现代消费者购到一件商品，并非仅仅为了购买商品的物理功能或效用，也并非只是为了取得商品的所有权，他更希望通过购买商品，从中获得一系列的心理满足和愉悦感。

营销大师菲利普·科特勒（Philip Kotler）在其《营销管理》一书中也提到了下列动机研究成果：人们不喜欢吃梅干，是因为梅干皱巴巴的，容易让人联想起人的暮年，寓意不太好；男人喜欢抽味重的雪茄是因为他们觉得这样能够体现他们的男子气概等等。1950年，梅森·海尔（Mason Haire）利用投射技术主持速溶咖啡的研究，来观察消费者的消费动机。

美国学者盖斯特（L.Cuest）和布朗（George H.Brown）于20世纪50年代初开始研究消费者对品牌的忠诚问题，以便找到促使消费者重复选择某一品牌的有效途径。谢里夫（M.Sherif）、凯利（Harlod H.Kelley）和谢把托尼（Shibutoni）等人开展了对参照群体的研究。同时这个时期马斯洛需求层次理论等一些心理学理论以及政治经济学等一些经济理论都涉及了消费者行为研究。

3. 变革与发展时期（1960年至今）

消费者行为学真正地作为一门科学还是伴随"行为科学"的不断深入研究而日益发展起来的。从1949年"行为科学"这一术语第一次在芝加哥跨学科讨论会上出现到1953年"行为科学"独立成为一门学科，再到1958年世界第一本《行为科学》杂志在美国出现，以及在这前后对行为科学深入而广泛的研究，其科学的理论、方法与技术才使消费者行为理论趋于系统化和科学化。1960年，美国心理学会中成立了消费者心理学分会，这是消费者行为学开始确立其学科地位的前奏。1968年，第一部消费者行为学教材《消费者行为学》由俄亥俄州立大学的恩格尔（James Engel）、科拉特（David Kollat）和布莱克维尔（Roger Blackwell）合作出版，标志着消费者行为学这门学科的正式建立和形成。1969年，美国的消费者研究协会（Association for Consumer Research）正式成立。

1.2.2 消费者行为研究的理论依据

消费者行为学所涉及的交叉学科有很多，包括心理学、经济学、社会学、人类学、语言学，甚至历史文化知识等方面，下图1-1麦克尔·R.所罗门（Michael R. Solomon）消费者行为金字塔给出了消费者行为学所涉及的部分学科焦点。

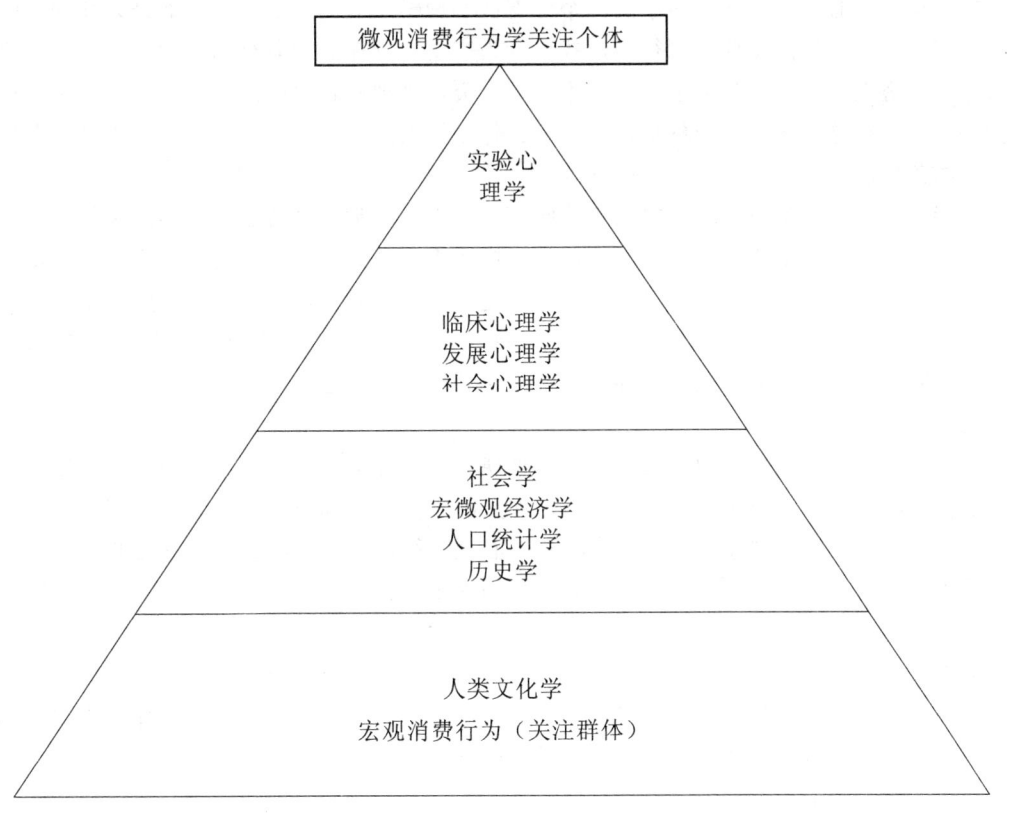

图 1-1　麦克尔·R. 所罗门消费者行为金字塔

1. 心理学

心理学是研究人的心理活动及其规律的科学。德国著名心理学家冯特 1879 年在德国莱比锡大学创建了世界上第一个心理学实验室，这是心理学成为一门独立学科的标志。心理研究个体活动及其规律。个体心理是指个体具有的或者在个人身上发生的心理现象，个体的心理现象可以分为心理动力、心理过程、心理状态和心理特征四个方面。个体的心理动机包括需要、兴趣和世界观等心理成分决定着个体对现实活动对象的选择和偏向。个体的心理活动与个体的行为反应之间存在着密切的联系，通过对行为的直接观察和科学的分析，可以间接地推断人的心理活动。心理学所揭示的普遍适用的心理规律与消费者行为研究提供了理论基础。与消费者行为学有关的心理学研究有以下几个方面。

（1）个体心理学

心理学学习理论在消费者行为研究中有具体运用。在心理学视野中，学习一般被分为两大流派。经验主义者将学习视为个体受环境条件支配而被动形成的行为改变。理性主义者则将学习视为个体对环境事物认识后的主动选择。前者是行为主义联结学习理论，主要包括巴甫洛夫提出的经典条件反射理论，桑代克提出的试误说，斯金纳提出的操作性条件反射理论。后者是认知学习理论，主要包括格式塔派提出的，与联结主义相对立的第一个认知学习理论——格式塔学说，托尔曼的"认知—目的说"、皮亚杰提出的发生认识论，以及班图拉的社会学习理论等。

华生认为，心理学是自然科学的一个分支；心理学研究的不是意识，而是人和动物的行为；研究心理学的目的是要预测行为，找出行为产生的规律并控制行为。他在实验室中研究的都是可以客观地加以观察的东西。他不要求人类被试观察自己的意识经验，而由主试设置实验条件，并在这种条件下观察被试的反应。他否认人类的本能，认为一切行为都是在社会中形成的条件反应。

韦特海默等人根据对似动现象的实验研究，提出了知觉不是感觉元素的总和而是统一的整体的看法。这也就是格式塔心理学的核心。格式塔这个概念不仅应用于感觉经验，也可以应用于学习记忆、思维等过程。总之，整体不是由个别元素决定的，而部分则是由整体的内在性质决定的。例如，如果要寻求人们购买某种肥皂的原因，最好去研究普遍性的洗澡行为。按照格式塔原则，消费者心理学的许多研究应从分析基本问题着手。

（2）社会心理学

社会心理学是研究个体和群体的社会心理现象的心理学分支。个体社会心理现象指受他人和群体制约的个人的思想、感情和行为，如人际知觉、人际吸引、社会促进和社会抑制、顺从等。群体社会心理现象指群体本身特有的心理特征，如群体凝聚力、社会心理气氛、群体决策等。与消费者行为学有关的社会心理学的理论研究主要包括以下几个方面。

①模仿理论

耶鲁大学社会心理学家米勒和多拉德在《社会学习和模仿》一文中提到，模仿可以通过延伸刺激—反应关系与强化的概念来加以理解。他们认为人类许多社会行为都是通过人际相互影响——模仿而习得，都可以通过一般学习原则的使用来予以说明。

②社会学习理论

社会学习理论是20世纪60年代由班杜拉和沃尔特斯等人提出与发展起来的，通过实验的方法来扩大探讨社会环境如何影响人产生某些习得行为的一种理论。该理论认为，人的一切社会行为都是在社会环境影响下，通过对示范行为的观察学习而得以形成、提高或加以改变的。

③精神分析理论

精神分析理论是奥地利精神科医生弗洛伊德于19世纪末20世纪初创立的。消费者研究人员采纳了弗洛伊德的某些观点，尤其是其著作中强调的隐藏在购买行为下的无意识动机的重要性。这意味着，即使我们设计一种敏锐的方法来直接询问消费者，他们也不一定能说出自己选择一种产品的真正动机。弗洛伊德观点也说明存在这样一种可能性，自我依靠产品的象征意义来调解本我的需求与超我的禁止之间的矛盾。人们通过使用象征潜在欲望的产品，使不被接受的欲望通过被接受的途径得到宣泄。这就是产品的象征意义与消费者动机之间的关系：产品象征或代表了一个消费者的真正目的，这种目的是不为社会所接受或难以达到的。弗洛伊德观点开启了更深层次的产品和广告的意味。一个被誉为"研究动机的思想之父"的奥地利心理学家欧内斯特·迪士特（Emest Dichter），他也被人们称为"市场研究的弗洛伊德"，因为他把消费动机的研究和市场营销联系起来，创立了市场营销的新的思想方式。迪士特的动机例子如表1-1。

表 1-1　迪士特（Dichter）的动机例子

动机	关联产品
力量、阳刚气	电动工具，改装的高马力汽车，咖啡，半生牛肉，剃刀
安全	冰激淋，家庭烘烤，医院护理
社会认可	玩具，糖，蜂蜜，肥皂，美容品
个人的嗜好	美食，外国车，伏特加酒，香水
地位	苏格兰威士忌，地毯
女人味	蛋糕，洋娃娃，丝绸，茶，家居古玩
跟风合群	家居装饰，滑雪，早上广播新闻

④角色理论

角色理论是关于人的态度与行为怎样被其所在社会中的角色地位及角色期望所影响的社会心理学理论，是试图按照人们所处的地位或身份来解释人的态度、行为并揭示其中规律的研究领域。角色理论很好地阐述了社会不同阶层人的购买行为为什么是有差异的，因为他们在社会上的角色是不同的。莫泊桑的《项链》中的女主人翁，角色本身只是一个小职员，他的社会角色和地位决定了他不可能会购买价值昂贵的项链，所以，参加舞会的时候才想要去借一条项链，他为什么一定要借一条项链才能去参加舞会呢？这就是参照群体理论要解决的问题。

⑤参照群体理论

参照群体理论是关于人的社会心理态度和行为怎样受其从属的或追求的群体参照力所影响的社会心理学理论。《项链》的女主人翁收到自己追求的群体的邀请去参加晚会，他觉得晚会里面的人都应该是这样的穿戴，所以他也以这样的标准来要求自己。这就是参照群体对消费者行为的影响。

2. 经济学

（1）效用理论

①边际效用递减规律

任何商品的消费都会给消费者带来效用。一般而言，效用是指对于消费者通过消费使自己的需求、欲望等得到的满足程度的一个衡量。理性的消费者总是会在自己的收入范围内尽量考虑以最合理的方式来安排自己的消费支出，以实现所有商品消费的效用达到最大。

总效用是指人们从商品的消费中得到的总的满足程度。边际效用是指增加一个单位的商品消费量所增加的满足程度。在其他条件不变的条件下，在一定时间内，随着消费者消费某种商品数量的增加，该商品给消费者所带来的效用是递减的。这就是边际效用递减规律。

包子的消费量效用表如表 1-2 所示：

表 1-2　包子的边际效应

包子消费量	总效用	边际效用	包子消费量	总效用	边际效用
0	0	0	4	100	10
1	40	40	5	100	0
2	70	30	6	70	-30
3	90	20			

②边际效用递减规律与消费者行为

一般来说，商品边际效用与消费者的需要呈正比；商品的边际效用与商品的稀缺性成反比。商品的边际效用递减规律只在特定时间内对消费者有效。例如，某个消费者发现一个地方的某个小吃特别好吃，于是天天去这里消费，根据边际效用递减规律，没过多久他就可以不去了，但是如果他是每隔一段时间去，那可能这种购买行为会维持的时间更长一些。理论上边际效用会出现负值，但当商品的边际效用趋近于0时，消费者就会放弃消费。

小链接

生活中的边际效用递减现象

从20世纪80年代，我国老百姓过年吃年夜饭时家家户户都会围在电视机前观看春节联欢晚会。1982年的第一届春晚在娱乐事业尚不发达的当时引起了很大的轰动，成为人们茶余饭后津津乐道的话题。但是一年年办下来，投入的人力越来越多，技术效果越来越先进，内容也越来越丰富，但是不知道从何时起，人们对春晚的评价越来越差了，春晚成了人们茶余饭后的笑料，春晚陷入了年年办、年年骂、年年骂、年年办的怪圈。这其实就是一个边际效用递减的活生生的例子。当然其背后也有心理学的影响。当消费者反复接受某种刺激，反应神经也会越来越迟钝。年年都办春晚，由于刺激弱化，尽管节目质量本身在提升，但是人们的感觉确实越来越差了。消费者连续消费同一产品的边际消费是递减的。企业不能只生产一种产品，否则消费者消费该产品的欲望就降低了。因此，企业的产品要不断地创造多样化、差异化的产品。

马歇尔从边际效用论演绎出了"消费者剩余"的概念。消费者剩余是指消费者消费一定数量的某种商品愿意支付的最高价格与这些商品的实际市场价格之间的差额。例如，生活中的讨价还价。假如你在商场看中一件100元的衣服，你想买的时候会跟卖衣服的人砍价，你可能会问60元卖不卖，销售员也理解顾客的心理，往往会同意让出一部分利益，促使你购买。最后你可能会以80元或者90元成交。这个价格是消费者对这件衣服的主观评价，也是愿意支付的最高价格。如果最后价格高于你愿意支付的最高价格，你会放弃购买，反之，你觉得很值，你就会购买，这时候就有可能消费者剩余。个人觉得获得的消费者剩余越高，重复购买的可能性越大。

（2）无差异效用曲线理论

无差异效用是指如果各种组合搭配给消费者带来的效用都是相等的，那么这些组合搭配的效用就是无差异的。

无差异曲线是指两种商品的不同组合、搭配给消费者带来的效用都是相等的曲线。

边际替代率递减是指在无差异曲线中，随着消费某一种商品的数量的增加，他为消费该商品而放弃另一种商品的数量是递减的。XY两种商品组合的边际替代率如下图1-2所示。

消费者均衡是研究单个消费者在既定收入条件下实现效用最大化的均衡条件，是指在既定收入和各种商品价格的限制下选购一定数量的各种商品，以达到最满意的程度。消费者均衡是消费者行为理论的核心。

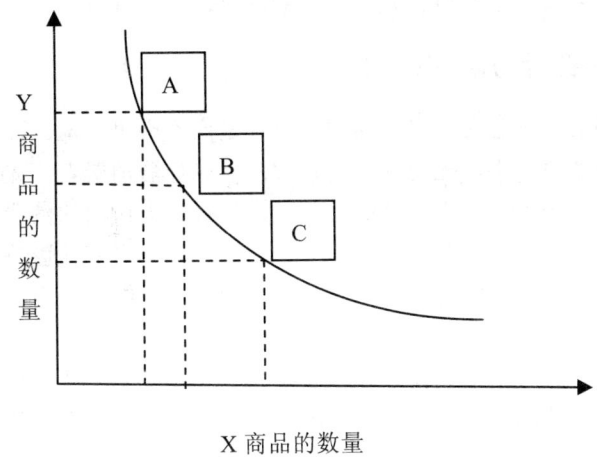

图 1-2　X、Y 两种商品组合的边际替代率

1.2.3　消费者行为模式

消费者行为模式，在时间上是活动时间分配的程序结构；在空间上是人们活动的起点和范围的分布。它是描述这一类人所特有的、稳定的、有规则的购买行为系列。

不同学派的代表人物建立了各自的消费者行为模式，如奥尔波特的社会心理学模式，弗洛伊德的心理模式，勒温的场论模式，考特勒的行为选择模式以及耐考夏模式、安德瑞森模式、恩格尔模式、霍华德—希思模式等。我国有胡钟京教授的消费者投入—产出模式等。下面介绍几种主要的经典的消费者行为模式。

1. 考特勒行为选择模式

该模式说明消费者购买商品的行为反应受到商品的价格、质量、用途、式样、品种、服务、印象等经济因素的影响，而这些因素必须通过广告媒介、推销人员、亲朋好友、家庭成员和本人观察等多种渠道进入消费者的头脑，引起心理活动进程，最终导致商品、商标、卖主、数量和购买次数的选择。

2. 恩格尔模式

它出现在国外许多大学有关消费者行为的教科书中。该模式包括：第一，中枢控制系统，描述消费者的心理。消费者依据个人的经验、态度、个性来评价外部信息，并做出反应，然后开始决策过程。第二，信息加工，通过接触、注意、综合、记忆等方式获得经验和知识，用大脑加工外部刺激因素，并使之成为行为。第三，决策过程，对刺激因素决定采取何种行动。第四，环境，这是影响决策过程的各方面因素。恩格尔模式较其他模式更强调决策过程，但忽略了重要的消费者内部因素，如动机和需要。

3. 消费者心理投入—产出模式

该模式把消费者从产生购买意图，一直到商品购买到手后的使用评价，看成是一个系统。对系统投入，就能得到产出。该模式分三个部分：第一，投入，包括购买力、个人内在因素、人际关系影响、促销活动、环境因素等。第二，购买过程，包括萌发需求、寻求信息和商品、决定购买、使用商品及购买评价几个阶段。第三，产出，为购买者的思考、筹划安排和实际的购买行为。整个系统的最终目标是购买者的满足，满足程度同购买者的期望大小有关。

1.2.4 消费者行为研究的意义

研究消费行为的实际意义是多方面的。市场是商家必争之地。商场如战场，硝烟弥漫，胜者生存。欲征服竞争对手，先得征服消费者；欲先征服消费者，先得征服消费者的心；欲先征服消费者的心，先得研究消费者的行为。我们每个人做出的消费行为决策会影响到国家众多的行业，如运输业、原材料制造业和市场的调配，更直接地影响着一些产业的发展和另一些产业的衰落。因而，消费行为是整个商业兴衰的一个综合因素。研究消费者行为的实际意义可分下述几个方面。

（1）研究消费行为可以指导设计新产品和改进现有产品。任何科学的企业管理，在开发新产品或在生产周期的起始阶段，务必明确该产品将服务于什么对象，即满足哪些消费者的哪些方面的需求。不能盲目地开发新产品和调整生产周期。

（2）研究消费行为可以有效地制定市场策略，有助于企业根据消费者需求变化组织生产经营活动，提高市场营销活动效果，增强市场竞争力。包括市场细分、广告、包装、商标、价格、零售渠道等。这样可以做到有的放矢，减少资源的浪费。

（3）了解消费者行为的知识有助于提高消费者自身素质，科学地进行个人消费决策，改善消费行为，识别欺骗消费者的行为，实现文明消费，避免进入消费误区。

（4）为政府部门制定保护消费者利益的政策和法律提供科学资料。没有调查就没有发言权，只有通过研究消费者的消费行为才能为政府决策提供真实可靠的科学依据。

（5）有助于促进对外贸易服务，推动我国尽快融入国际经济体系，不断开拓国际市场，增强企业和产品的竞争力。每个国家和民族都有各自不同的经济发展水平、文化传统、生活方式和风俗习惯。出口产品只有体现上述特性才可望占领国际市场。

总之，对消费者行为的研究是开展市场活动的基础和经营活动的前提。

1.3 消费者行为与市场营销策略

小链接

消费者行为与营销

在上海的一个较有档次的餐厅门口，由于该餐厅生意兴隆，所以没有预先定位的食客就不得不在门口听从餐厅领位员的安排，在等候区无聊等待。

此时，一个大学女生模样，20岁出头的姑娘出现在熙熙攘攘的等候的食客中，她的名字叫惠佳，她看中了她的"猎物"——一对年轻的男女朋友，两个人正在无聊地看着餐厅内的人，盼望着能够快一点有他们的座位。

惠佳大方地上前打招呼，她主要面对着男士说话："您好，我是在校大学生，现在在兼职，也是我的实习工作。看你们两位挺着急的，不过我估计最多10分钟，就会有空位了，不知道在等待的时间，能否接受我的一个社会调研呢？仅仅占用你们两分钟。"惠佳说完，看了看女士，甜甜的微笑，渴望的目光，手里亮出一份调研问卷表格。男女互相看了一眼，男士默许地说："调研什么呢？"

惠佳拿出笔说:"共有5个主要问题,都是关于手表的。"边说,边拿出一个2006年的日历,这是问卷结束后的一个小礼品,随后,她立刻又将礼品放到了自己的包里,快速将自己的注意力转回到问卷上。她抬头看了一眼面前的两位,说:"你们俩谁回答都可以。第一个问题是:你们喜欢现在戴的手表吗?"

男生回答:"当然了,刚买的时候肯定是喜欢的,不然,也不会买了。"

女生答:"手表就是一个工具,也不需要特别喜欢。"

惠佳说:"你们的回答都挺有个性的。第二个问题:你们周围的好朋友,他们会喜欢自己的手表吗?"

此时,两个人有一些犹豫,惠佳说:"你们觉得他们需要手表吗?"

"可能还是需要的吧。"两个人几乎是同时回答。(如果答案出乎意料该怎么办?)

惠佳说:"第三个问题是,手表在什么情况下适合当作礼物赠送给朋友呢?"惠佳看他们再次思考,继续提示到:"比如,生日礼物?庆祝考上大学?人际交往中的节日,比如情人节、圣诞夜、新年?总之,是什么特殊的情况下可以送呢?"

男士说:"情人节是可以的,圣诞夜也行。"

女士说:"生日礼物也可以,因为现代人还是挺在乎时间的,尤其是年轻人。"

惠佳说:"第四个问题是,"边说,边从包里拿出3个精美的盒子,透过盒子表面透明的包装,可以看到里面的精美的手表,她接着说:"这3款手表都是要在今年年底推向市场的,能请你们给一个建议的价格吗?"边说边将其中的两个递给了面前的这两个人。

他们分别打开,拿出来,看到了装饰美观、精巧、时尚、闪亮的外型,女士还将其戴在手腕上,感叹地说,"挺漂亮的!"男士慎重地说:"我觉得至少要定在300块。"女士说:"差不多,肯定要的。"

惠佳鼓动地看着两个人说:"有什么原因可以证明这个定价是值得的呢?最后一个问题。"

男士说:"现在市面上的手表好一点的都是这个价格,你看你这个表,200米防水,而且是石英的,肯定准。"

女士补充道:"而且多漂亮呀,挺时尚的。再说了,年轻人如果喜欢,300元肯定是有的。"

惠佳一边记录,一边继续说:"我们调研市场的看法,就是要多给一些证明,为什么可以定300元。还有吗?"

男士说:"我们戴的表也都是两百多块,还不如你的漂亮。"

女士问道:"那你们最后会定多少钱呢?"

惠佳犹豫地说:"我做调研已经一个多月了,你看这里都是许多人建议的价格,最高的建议有600的,其实这个人挺识货的,他甚至知道我们这个表是抗震动的呢。我是搞调研的,自己并不了解手表,但是,看到大家的建议定价,也觉得是挺不错的手表。"说到此,惠佳接过两个人递回来的表,女士依依不舍地将手表从手腕上摘下,还给了惠佳。惠佳将手表小心翼翼地放到盒子内,重新放回书包,此时她说:"感谢你们两位的参与,这是一个小小的日历。"

男士说:"你们将来到底会定多少钱呢?"

惠佳说:"这个手表在香港是999元,在内地很难说。我们的调研说明可能内地消费者不一定接受这个价格,所以,也许不会推到内地市场了。总之,感谢你们的好意。"惠佳将所有的东西都收好,"那好,谢谢了,再见"。

刚要离开，似乎是突然想起了什么，惠佳回头问到："先生，看你们挺喜欢这款表的，而且你们也挺配合我的调研的，如果就是 300 元，你们会买吗？"女士马上说："真的吗？"

男士说："可以的，你有发票吗？"

惠佳说："没有零售发票，只有我们调研公司的票，没有关系，那就算了。"

女士说："其实没有票也是可以的。"边说边从钱包中拿钱。此时，摆在惠佳面前的是 300 元钱，惠佳犹豫着，下定决心的样子说："好吧，我就破例一次吧。这 3 款你喜欢哪个？"

女士从 3 个盒子中拿出了自己刚才戴在手上过的那块，"就这块了"。

惠佳拿出一张名片递给了他们，"这是我的联系方式，能够给我留下你们的联系方式吗？我担心主管责怪我自作主张"。她又拿出了纸笔。

男士说："我叫吴中兴，她是我女朋友叫许静，我的电话是 1381815XXXX。"

惠佳说："要是有问题，我再联系你们，可以吗？"女士已经在欣赏自己戴在手上的手表了，男士点了点头。惠佳离开了。

消费者行为分析，是研究营销决策和制定营销决策过程的基础，在现代企业市场营销的应用中占有非常重要的地位。

超市业态在日益成为零售业"主旋律"的今天竞争越来越激烈。众多的企业都在通过有效的消费者分析，以迎合消费者心理的方式展开市场营销工作。

小链接

麦德龙会员卡。在上海，"麦德龙"是会员制大型综合超市，凭借一张会员卡，消费者可以自由出入、享受特殊服务、购买性价比高的各种商品。人们在拥有会员卡的时候，享受到了贵宾服务，获得了销售员特殊的尊敬，人们持有它时拥有着天然的自豪感。因此，会员卡一出，购物者们慕名前来，纷纷想得到会员卡，销量扶摇直上。麦德龙运用了消费分析中的消费心理分析中的消费需求分析，它采用了马斯洛五分法中的尊重需要，人们持有会员卡是一种自豪而不是觉得低人一等，那是一种贵宾式的享受，而不是拿着救助卡般的心理煎熬。

华联吉买盛组合。创新上海华联吉买盛则沉着应付，经过详细的市场调查，他们发现：本店地处徐家汇商业中心，这一地区拥有十多万人口，而且大多是机关干部、知识分子、白领人士。他们具有消费层次较高、生活节奏较快的"正四高"（高学历、高收入、高消费、高职位）和"负三高"（高血脂、高血压、高血糖）特征。因此，在采用了商品错位竞争的基础上，突出经营以生鲜食品类为主的"吃穿用一站式购买"，逐步形成了自己的"绿色食品"形象。而且其营业时间长成为了最大的特色，营业时间长达十六小时。为了与周边形象搭配，他先后改建了门面，引进了"麦当劳""美式眼镜""香雪梨冷饮甜品"等品牌专卖店，建立了进口食品走廊，初步形成了与周边文化环境相协调的高档、高品位、高雅的购物环境氛围。为了方便购买者购买，特设了免费定点班车；为了与社区和谐共处，赢得美誉度，还发放邻居卡，定期为鳏寡孤独、老弱病残的家庭送货上门；为了增进与消费者的交往，增进收集消费信息的工作，还建立了"热心顾客座谈会制度"；响应"和谐社会"的旋律，邀请社会各界人士组成啄木鸟队伍，开展各项便民措施、售后服务、建立诚信服务体系等等。诸多措施完成后，日销售量均在万人以上。

北斗超市细心观察。与上海对应的北京超市也不甘人后，也在进行着创新。北斗超市面对着周围居民有着一个不解，"为何自己的产品没有多少人购买呢？"经过他们的问卷调查，他们发现：大众化的饺子皮、馄饨皮、手擀面、发糕、馒头、面条儿等等厨房食品，才是人们最受欢迎的商品。经过这次调查，北斗超市调整了商品构成，终于使销量大幅上升。北斗超市的成功主要在于：它分清了消费行为分析中的细分市场消费者气质分析和购买频率分析以及消费者文化特征。

沃尔玛的顾客导向。举世无双的沃尔玛不但在中国而且在世界都是第一零售品牌。它也有着自己独特的竞争武器。它有三大法宝：顾客导向、天天低价、激励员工。前两项与消费者有关，重点介绍它们。沃尔玛为了达到顾客导向，它采用了这样一种信条："第一条：顾客永远是对的；第二条：如有疑问，请参照第一条。"沃尔玛不但在口头上和纸上笔端如此，在实际行动上也是如此。例如，顾客在距离营业员3米的时候，营业员必须微笑。它还采用了免费停车、把糕点房搬进商场、聘请专业人士为顾客咨询、设立文件处理中心帮助复印或放大文件等等。为了达到天天低价，它采用了各种方法，例如利用卫星通信网络，疏通物品运输和销售信息的传送与沟通。沃尔玛的成功主要在于符合大部分消费者的购买力。

消费者行为分析是制定营销策略的关键。

1. 市场细分

市场可以按照人口、性别、地理位置、生活方式进行细分，也可以按照消费者行为特点。顾客由于年龄、性别、职业、经济收入、社会地位、文化背景、宗教信仰等因素的相近，因而在消费需求、消费观念、消费习惯、购买能力等方面具有很大的相似性或一致性。具有相同或相似的消费特征的顾客构成了一定的顾客群体，通过对不同的顾客群体的消费心理的研究，可以把握社会消费的运行规律，准确地进行市场细分与市场定位。

2. 选择目标市场

不同的人群，往往只对某一特定定位的商品感兴趣。不符合特定人群的心理定位的商品，是很难产生商家所希望的那种心理定律流程。定位对消费者行为的影响，在与时尚、身份、地位相关的商品领域，表现得特别明显。

小链接

劳斯莱斯、奔驰对富豪们有巨大的吸引力，宝马则主要对富裕的女性产生吸引力。万宝路香烟，对追求洒脱生活的都市男女，充满了魅力。

定位对消费者的巨大作用也表现在饮料市场：美国"七喜"汽水的定位策略非常成功。简短的"非可乐"广告定位，使"七喜"汽水成为人们在可乐型饮料以外的另一种选择，销售量直线上升，紧随"可口可乐""百事可乐"之后，成为世界上第三大清凉饮料。

我国杭州"娃哈哈"集团"非常可乐"饮料的广告诉求与其有异曲同功之效。无论是"可口可乐"还是"百事可乐"都是别国的可乐，而"娃哈哈"生产和销售的是"中国人自己的可乐"，迎合了中国人的民族心理，定位效果也不错。

3. 营销组合策略

（1）产品策略

消费者调查既是新产品构思的重要来源，也是检验新产品能否被接受和应在哪些方面进一步完善的重要途径。

通用电气公司设计出节省空间的微波炉和其他厨房用品，在市场上获得了巨大成功，其产品构思就是直接源于消费者对原有产品占有空间太多的抱怨。

在信息时代，大规模生产和批量经营正受到强烈的冲击。为了赢得市场，企业必须看到消费者需求的差异性，为之量体裁衣，满足其个性化需求。如戴尔精心构造的网站允许顾客自行选择产品配置，这使得每一位顾客都能获得满足自己独特需要的产品和服务。

（2）定价策略

"定价是真理的时刻——定价活动是所有营销活动的焦点。"这是哈佛商学院的雷蒙德—科里在20世纪60年代说的一句话。产品定价如果与消费者的承受能力或消费者对产品价值的感知脱节，再好的产品也难以打开市场。企业也应该让消费者参与到产品价格的制定中来，使他们由价格的被动接受者转变为价格的影响者甚至决定者。

小链接

2005年上半年，在房地产行业一片大好、涨声阵阵的时刻，国美置业却推出"房屋价格由你定"的活动，无疑是一颗重磅炸弹落在了房地产市场，不仅使得国美置业的楼盘畅销，而且国美置业的品牌得以"一鸣惊人"，为其后续市场扩张铺平了道路。同时，消费者也从中获得了实惠。

（3）分销渠道策略

消费者喜欢到哪些地方购物以及如何购买到本企业的产品，也可以通过对消费者的调查研究了解到。以购买服装为例，有的消费者喜欢到专卖店购买，有的喜欢到大型商场或大型百货店购买，还有的则喜欢通过邮寄方式购买。哪些类型或具有哪些特点的消费者主要通过上述哪些渠道购买服装、各占多大比例，这是服装生产企业十分关心的问题。这是因为，只有了解目标消费者在购物方式和购物地点上的偏好和为什么形成这种偏好，企业才有可能最大限度地降低在分销渠道选择上的风险。另外，分销渠道的形象是否与本企业形象吻合、商品在零售店应怎样摆放才能获得消费者的注意等一系列决策，均需进行消费者研究。

小链接

某企业新产品上市，为了选择效率高的渠道模式，企业与新浪网合作展开网上调查，分列出网上购买、网下购买，而网下购买又分为直营店、百货店专柜、超市等几种渠道，最终网民投票显示，选择百货店专柜的占了将近80%。企业经过分析，决定服从民意，选择了百货店作为主渠道，结果大获成功。从此例可以看出，消费者参与渠道策略的决策，提高了决策的针对性，保证了企业获利，消费者便利。

（4）促销策略

对消费者行为的透彻了解，也是制定广告和促销策略的基础。美国糖业联合会试图将食糖定位于安全、味美、提供人体所需能量的必需食品上，并强调它适合每一个人尤其是爱好运动的人食用。然而，调查表明，很多消费者对食糖形成了一种负面印象。例如，一项调查显示，没有一位被调查者认为一汤匙白糖的热量低于50卡路里，一些人甚至认为一匙白糖的卡路里数高达1000，而实际数只有16。很显然，糖业协会要获得理想的产品形象，必须做大量的宣传工作。这些宣传活动成功与否，很大程度上取决于协会对消费者如何获取和处理信息的理解、对消费者学习原理的理解。管理上，当促销职能成为营销部门常规工作时，人们往往只记得通过促销把商品卖出去，而忘记促销是为了突显商品或服务的价值。消费者需求是多方面的，既是理性的，也是感性的，促销活动需要满足客户的这种心理需求。促销管理也与一般管理有相通性，需要明目的、制订计划、过程管理、结果评价。缺少一个环节，都会造成促销的浪费和无效。一句话，只有在了解消费者行为的基础上，糖业协会在广告、促销方面的努力才有可能获得成功。

1.4 消费者行为的研究框架

为分析消费者行为,本书从以下几个方面构造了消费者行为的概念体系,如下图1-3所示。

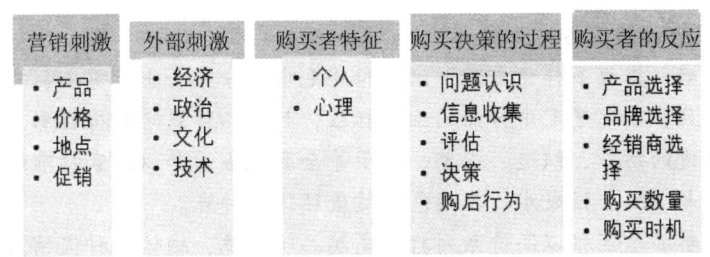

图1-3 消费者行为模式

从上图中可以看到,消费者购买决策过程也就是消费行为,不仅直接受消费者个人心理因素影响(本书第二篇的主要内容),还受到各种错综复杂的社会因素(如制度、政策、家庭、社会阶层)、经济因素(如收入、利率)、文化因素(如价值观念、宗教风俗)、科技因素(如电子商务)、自然因素(如地域条件、自然环境、资源状况)、商品因素、市场营销因素等的影响(本书第三篇的主要内容)。在内外因的影响下,消费者的购买决策过程也会呈现出不同的结果。因而,消费者行为学要研究这些影响因素与消费者行为的关系。只有这样,才能全面、准确地揭示和了解消费者行为的全貌,掌握其变化规律,从而才能有针对性地采取正确的市场营销策略。

根据消费者行为学以消费者在消费者活动中的心理与行为现象作为研究对象的特点,消费者行为学的研究对象在具体内容上可分为以下几个方面:

1. 研究影响消费者行为的企业行为(基础)

在具体的营销刺激下引起的具体消费行为,企业开发和生产能满足消费者需求的产品,决定消费者能接受的价格,开辟消费者能收到产品的渠道,进行向消费者提供各种信息或劝说的促销活动,这些都是市场营销学里已经非常熟悉的内容。这些营销刺激具有实用性和象征性的意义。

小链接

洁丽雅营销策划

从2005年到2010年,仅仅5年时间,洁丽雅的转变速度是惊人的,在以洁丽雅为代表的品牌毛巾出现之前,国内毛巾市场还没有形成一个良好的品牌竞争环境,市场还处在低技术、低附加值、低营销手段的阶段,市场集中度不高。从2005年开始,洁丽雅将品牌发展战略作为企业发展的核心战略,全面系统地构筑了这个小毛巾里的大品牌。

1. 洁丽雅对消费者的深刻洞察

随着社会经济水平的快速提升,人们的需求层次大大提高,开始注重品味、舒适生活的需求。当时毛巾市场还没有能够满足需求业已增长的毛巾品牌。因此,洁丽雅产品主打"舒适",迎合了人们的心理需求。同时将年龄在23~35岁的知识女性作为其主要消费群体。因为女性对毛巾的需求和档次，远远高于男性和其他消费者，而且是家庭消费的主要影响者和购买者。

2. 洁丽雅品牌清晰的品牌定位

根据对消费者的洞察，洁丽雅的品牌定位的核心是成为行业内好毛巾的标准，以此赢得高端毛巾市场，塑造生活品质的品牌形象，将毛巾的消费体验上升到生活态度、生活理念的高度。

3. 洁丽雅市场营销策略的系统设计

（1）产品策略。根据多样化需求，洁丽雅将毛巾细分为女士、男士、儿童毛巾、家庭装系列和礼品装系列，制定了毛巾行业的细分标准，且与品牌战略相得益彰。在产品质量上引进了世界上最先进的纺纱、织造、染整、烘干等全套设备，并以国家标准的上限作为企业标准，使产品具有超柔软、强吸水、不褪色、健康环保的特点。

（2）价格策略。洁丽雅以高价系列打造高端品牌地位，辅佐各种促销活动及中低端系列抢占市场份额。依据品牌定位将价位具体确定为一线产品品质、二线价位，主要针对有一定的审美观和价值观、独立、自由、追求雅致的生活理念的都市高消费一族。

（3）渠道策略。采取了独特的"四位一体"的多渠道混合策略，即KA专场、专卖店、电商、礼品等渠道，提升渠道之间的促进力。采用高科技虚拟方式构建的终端体验店和在大型超市建立起具有独特视觉识别效果的专柜等多种营销方式。

（4）传播推广。实施"硬广告+大赞助+软传播"的三合一大传播策略。选择徐静蕾以其自然典雅、知性聪慧的良好形象担任品牌代言人，给洁丽雅注入了纯洁、瑰丽、高雅的品牌精神内涵，符合品牌定位和形象的要求。采取高举高打战术，选择以央视为主的国家级媒体进行广告传播，抢占"好毛巾=洁丽雅"这一概念，在消费者心智中形成"洁丽雅就是一个好毛巾的标准"认知，同时赞助国家游泳队等进行事件营销。在业内引发了毛巾与时尚的热烈对话，把品牌传播上升为洗浴文化、亲情文化、礼品文化。

资料来源：wenku.baidu.com。

2. 研究影响消费者消费行为的心理活动基础（第二篇）

消费心理是消费者在消费活动中所发生的各种心理现象的总称，主要包括消费者心理活动过程和个性心理两个方面。这些因素不仅影响和在某种程度上决定消费者的决策行为，而且它们对外部环境与营销刺激的影响起放大或抑制作用。研究消费者心理活动过程的一般规律，以及消费者在需要、动机、态度、兴趣、习惯、能力、性格、气质、自我概念与生活方式等方面的基本特点或发展规律，有助于我们认识支配消费者购买行为的各种内部原因，并有助于我们掌握消费者购买活动的一般规律。

小链接

江小白的营销之术

"我是江小白，生活很简单""我是小江白——中国驰名的白酒文艺青年"——这不是在练绕口令，这是重庆的两瓶小白酒在争卖"青春小酒"文化。这一战颇有加多宝和王老吉之争的模样，都用起了网络营销术，争着卖萌。

1. 它们的营销术：在网上卖萌自嘲

"江小白"是那个本科毕业、很会自嘲的拟人化小酒。从2012年3月正式上市，凭借火速的微博营销，不到一年创下该年营业额5000万的佳绩。

微博营销是"江小白"的营销特色，它时而发牢骚："生，简单；活，简单；怎么生活就不简单？"时而正能量："敢想敢干，才能夺冠。"时而自嘲："每个吃货都有一个勤奋的胃和一张劳模的嘴。"就在"江小白"上市一年左右，市面上又冒出了一个与其酷似小酒"小江白"。同样拟人成一个相似80后的卡通形象，个性鲜明。它自命"中国驰名的白酒文艺青年"，也在网上卖萌。它的座右铭是："脚在自己身上，往前走就对了，其余的，留给路人去说吧！"它也想谈个恋爱："送喜欢的女生回家，去哪都是顺路！"它还是个吃货："吃货都是正义的使者，因为他们敢于挑战'饿势力'"。

2. 小白酒瞄准青年群体

"重庆的小酒市场初估年产值有10亿，市场占有额最大的是占30%的劲酒，但是它打的是保健酒口号。"陶石泉说，他在创建之初，就只瞄准除开商务宴请、礼品市场之外的休闲消费市场，同时将其更细分到了不太接受白酒消费的青年群体。陶石泉通过创建具有目标群体个性的人物，常常使用网络语言自嘲，很快就被目标群体接纳。"白酒向来是70后、60后以上的菜，80后以下的消费群体只占白酒市场的25%左右，他们也是被白酒企业忽视的人群。"陶石泉说，开辟80、90后新生代消费群体的卖萌青春小酒不少，看嗨80、漂流瓶、爱奋、小酱等众多青春型小酒悉数登场，就可见竞争之激烈，分羹之迫切。

3. 卖白酒给年轻人，应该卖什么？

"中国人饮酒酿酒已有几千年的习惯，挖掘历史文化是各大酒企塑造品牌时候的必修课，但从近年市场反应来看，现在的年轻人离传统白酒越来越远。"从事白酒企业顾问十余年的郭先生说，"只占整个白酒企业25%的年轻群体，这是大酒企不愿也不敢进的市场。"郭先生说，"江小白"的成功在于掌握到年轻消费群体的调性，同时开放互动平台，与消费者近距离沟通，提高用户忠诚度，并最终形成具有影响力的粉丝圈。

而创领酒水行业网络营销，深圳市管理咨询协会副会长更曾发微博直言："窄众市场是下一轮竞争的核心。"

"大品牌做高端大众文化，大品牌细分的产品或小品牌做小众文化，不同调性的酒做不同市场。问题在于掌握你针对的目标消费者的喝酒需求，是酒？是面子？是口感？还是文化？"郭先生说，没有喝白酒习惯的年轻人可能对口感、香型的需求很弱，所以"江小白"塑造的能与其产生心理共鸣的人物形象，成功卖出了自己的文化。

资料来源：www.TangJiu.com。

3. 研究消费者宏观环境与微观环境（第三篇）

虽然消费者的购买活动是受其心理活动支配和制约的，而人的心理又是在社会实践活动中产生和发展的，要受到各种外界环境因素的影响和制约。社会文化、风俗习惯、生活方式、生活经历、社会阶层、社会风气、相关群体、职业特性、收入水平、教育程度以及气候、地理环境因素等都对消费者行为的产生和发展有着深远的影响。同时，人的心理与行为也受着年龄、性别等个人生理因素的影响，这种影响也必然在不同年龄、性别消费者的行为上有所反映。因而，消费者行为学也就要研究这些外界环境因素和个体因素对消费者行为的影响作用。

小链接

优鲜果妮的微信营销

12月2日19时30分，伴随着发票打印机吱吱的声响，许熠和同伴来回穿梭在150平方米的出租屋内，从地上的纸箱里熟练地分拣出水果、零食、耳机等商品，装袋，贴上购物小票。这是大学生许熠的微信水果店开业的第89天，顾客通过微信下单，可以获得免费送货上门的服务。

中国青年报记者采访发现，类似的微信营销平台在石家庄各大高校成为大学生校园创业的新宠，随之而来的校园市场争夺战大有一触即发之势。

抢占先机："水果哥"月入4万

在过去的3个月里，许熠与他的微信水果店"优鲜果妮"已经风靡他就读的石家庄经济学院，"一天营业额1500元左右，一个月收入4万余元。"为此，许熠也被赠绰号"水果哥"。作为经济学专业的学生，许熠此次创业的灵感来自为女友送早餐的偶然经历。"石家庄经济学院共有学生1.7万名，女生就有6000多。"许熠强调：女生每天都要吃水果，如果按每个女生一个月50元的消费来估算，微信卖水果大有赚头。微信在大学生中的普及让他看到了身边市场的潜力，而当时石家庄经济学院微信营销还是空白。

9月5日，许熠免费申请的微信公众账号"优鲜果妮"正式上线。但开业之初，"优鲜果妮"的生意并不好做，等上一天才有一笔几元的订单。

"微信营销增加粉丝关注是关键！"于是，许熠和他的同学开始了"扫楼"：他将印制的市场宣传单、广告册，散发到学校的宿舍楼、食堂、教学楼；他还利用课间10分钟，将专业拍摄团队拍摄的"优鲜果妮"宣传短片逐个在每个教室放映；他甚至开出了"一个关注一块钱"的高价，发动同学朋友做宣传……针对平时订单数量较少的宿舍楼、教学楼，他们继续进行第二轮、第三轮宣传。在"扫楼"宣传的强大攻势下，开张3个月后，"优鲜果妮"的粉丝关注已达4920人，稳坐石家庄经济学院微信营销服务的第一把交椅。当然，已经深谙商场之道的许熠知道：顾客都是自己的老师同学，不能做"一锤子买卖"——价廉物美、服务贴心才是正道。"优鲜果妮"根据同学的个性需求，不时推出将蜜柚、香蕉、苹果、金橘等组合成的"考研套餐""情侣套餐""土豪套餐"；"优鲜果妮"微信平台除了售卖商品，还不时"卖个萌"，或者推送个天气预报，或者为粉丝发个失物招领。

资料来源：中国青年报。

4. 研究消费者的购买活动过程（第四篇）

购买行为是消费者心理活动的集中外现，是消费活动中最具有意义的部分。一般意义上，消费者购买过程由问题确认、信息搜索、方案评价、购买决策和购买后的行为五部分组成。从这个过程可以看出，消费者购买行为不仅指发生在实际交易阶段中的行为，也包括购前过程，如产品信息搜集和产品的选择比较；还包括购后过程，如产品使用、评估和处理以及消费者是否满意，能否形成良性的购买循环。消费者在购买过程的不同阶段上表现出不同的行为特点，企业营销人员应当分析、研究这些特点，制定相应的营销方案。

本书就从以上几方面入手研究消费者行为学的概念体系，即消费者心理活动过程和行为过程，以及影响心理和行为的微观宏观环境因素。

本章小结

1.1 消费者是指购买、使用各种产品或服务的个人、家庭或组织。而消费者行为是指消费者在内外部环境的刺激下，为了满足生活消费需要，围绕消费品的购买所产生的内在心理活动过程和外在行为过程的总和。它具有非盈利性、广泛性、多样性、复杂性、流行性、非专业性等特点。

1.2 消费者行为学研究的发展经过了萌芽时期（1930 年以前）、应用时期（1930—1960年）、变革与发展时期（1960年至今），逐渐发展成为了一门成熟的学科。消费者行为学所涉及的交叉学科有很多，包括心理学、经济学、社会学、人类学、语言学，甚至历史文化知识等方面。消费者行为模式主要包括：考特勒行为选择模式、恩格尔模式和消费者心理投入—产出模式。

1.3 消费者行为分析是研究营销决策和制定营销决策过程的基础，在现代企业市场营销的应用中占有非常重要的地位。

1.4 本书大致构成分为四部分：研究影响消费者行为的企业行为；研究影响消费者消费行为的心理活动基础；研究消费者宏观环境与微观环境；研究消费者的购买活动过程。

能力培养指导

- 营销者能够掌握消费者的需要和欲望，能够控制消费者的行为。

思考题：

1. 论述一下消费者与消费者行为的概念。
2. 消费者行为有什么样的特点？

案例应用 1

习主席来了，庆丰包子铺火了

因为一位意外来客，北京月坛这家庆丰包子铺火了。意外来客是中共中央总书记、国家主席习近平。2013年12月28日中午，他在这里点了二两猪肉大葱包，一碗炒肝，一份芥菜，花了21元，用餐20分钟。习近平离开约1小时后，从网上看到消息前来的顾客开始增多。当晚，有的工作人员在加班。第二天中午，客人出现爆满。即使这两天是周末的消费低谷期，庆丰包子成为了最火爆的就餐首选，21元一位的套餐成为其标配。

庆丰包子铺是北京华天饮食集团公司旗下的老字号，走价廉物美的"群众路线"，在北京有183家门店。对于顾客盈门的场景，公司早有预料，应急措施迅速启动：馅料不够，特地从其他店铺运来，尤其是猪肉大葱馅；人手不足，提前补充。

12月29日，华天集团党委书记兼总经理朱玉岭、庆丰包子铺常务副经理徐林都坐镇该店，维持秩序。负责外宣的工作人员手机几乎被打爆。在月坛店接近办公室的墙上，贴着一张北京晨报，上面是头日习近平在店里吃包子的报道。

"习主席坐过的位子在哪里？"很多顾客一进门就问。在可容纳120位客人的店里，顾客排了几十米长队。从中午11点开始，要等一个多小时才能取到包子。不同职业、不同经历、不同年龄的人们，在这个冬天汇聚到一起，体验习近平排队、取餐、就餐的感受。人们在他坐过的位子上轮流留影，最多时有七八人等候。"这就够感动了。"一位老大爷说。他们中，有外地在京游客，有从武汉、保定等地专程或顺路来的"追星族"，有从北京北端坐两小时车来的市民，也有附近居民。在人声鼎沸的店里，他们很快彼此熟络、攀谈。有外地游客开始好奇询问："炒肝好吃吗？"

包子铺附近的亲历者也成了名人。因来采访的记者太多，28日原定晚上9点收摊的报刊亭老板王行凯，下午6点就收了摊。现在他已经不大愿意开口，但在记者"买报纸"的承诺和苦苦央求之下，他还是说了。负责停车收费的易昌荣亲眼目睹了习近平专车的来去，因此也接受了十几家媒体采访。这一天，他的生意比平时好了五成——很多人开车来吃包子。

对于庆丰包子铺来说，习近平的到访是意外惊喜。中央电视台、北京电视台、北京晨报、法制晚报……前来采访的国内记者接连不断。港台媒体也来拍照。华天集团宣传人员告诉记者，这个效果"花多少钱也没法达到"。他不忘借机宣传，请记者去参观生产基地。已有媒体准备跟踪报道庆丰包子铺的炒肝制作流程。有一位上海商人连夜赶来洽谈加盟事宜——庆丰在上海并无分店，他看准了这个商机。

"这件事对基层员工激励很大。我们信心更强了，以后会把品质、服务做得更到位。"徐林称。

【讨论题】

1. 请谈谈为何庆丰包子铺会突然火爆起来？
2. 结合本章内容以及案例谈谈消费者有什么样的行为特点？
3. 假如习主席去的是一家高档饭店，群众消费者行为会和现在有何变化？并解释原因。

案例应用2

小米营销模式

小米手机越来越难买了。本周二，新一轮红米手机开放购买，半小时内，10万台手机便被抢购一空。记者上午走访发现，售价仅799元的红米手机，订单号在网上卖到了200元；而刚上市的小米3，F码更是被炒到了800元。号称"平民机"的小米跟苹果学"饥饿营销"，带给消费者的却是"买不到"的烦恼。

5天前，白领李小姐预约了红米手机。22日是红米正式"开抢"的日子，一大早李小姐就打开电脑，关闭所有应用程序，只留下红米抢购页面，准备在11点50分"轻装开抢"。为保万无一失，李小姐此前还请求三名好友每人预约了一部红米手机。

当抢购页面上的倒计时剩下最后一秒时，李小姐开始狂点鼠标抢购，然而刷到手都酸了，页面上始终显示"正在排队"四个大字，直到12点半抢购结束李小姐一无所获，她的朋友们也都失败了。

【讨论题】

试从心理学的角度分析小米手机的这种营销模式是抓住了消费者的什么心理。

第 2 章 消费者的知觉

学习目标

2.1 直觉和知觉；
2.2 知觉的过程；
2.3 知觉在营销中的应用。

实践中的消费者知觉

1960 年，全球著名的巧克力品牌 M&M's 在传统棕色的基础上，为巧克力豆穿上色彩缤纷的"外衣"，推出红、黄、绿三色的彩色巧克力，以吸引巧克力的最大消费群体——儿童，结果 M&M's 的第一批彩色巧克力大受欢迎。备受鼓舞的 M&M's 再接再励创造巧克力市场的色彩神话——1976 年橙色豆加入、1987 年红色豆回归、1995 年蓝色豆加入、2002 年紫色豆加盟，而 M&M's 每新增一种色彩，其销量就会跟着往上攀升。在 M&M's 巧克力举办的"全球新色彩投票"这个视觉营销活动中，包括中国、印尼、澳洲等二百个美国以外地区的超过一千万名全世界巧克力爱好者，为紫色、粉红色和水绿色这三个时尚颜色进行情感加分。在这场别开生面的视觉营销中，紫色的魅力指数遥遥领先，34%的中国消费者更是一致拥护紫色，当之无愧的紫色成为万众期待的"冠军颜色"。

评述

我们每个人每天都会被各种色彩、图像、声音、气味包围，还会有酸甜苦辣、软硬冷暖的各种体验与感觉，而那些有意识地制造感觉刺激，并且能让消费者感知到并且接受的营销者往往会取得成功，我们这一章就主要探讨消费者如何获得感觉并且解释这些信息的过程。

2.1 感觉和知觉

2.1.1 感觉

1. 感觉的概念

感觉是人脑对直接作用于感觉器官的客观事物个别属性的反映。个体通过眼、鼻、耳、舌等感觉器官对事物的外形、色彩、气味、粗糙程度等个别属性做出反映。尽管是对商品个别属性的反映，但它是消费者认识商品的起点，是整个心理过程的基础。

2. 感觉的构成

感觉系统是由视觉、听觉、嗅觉、味觉、触觉这五种感觉组成，来对外部刺激进行反应。

（1）视觉

人的各种感觉器官中85%的信息获取来自视觉。美国流行色彩研究中心的一项调查表明，人们在挑选商品的时候存在一个"7秒定律"，面对琳琅满目的商品，人们只需7秒钟就可以确定对这些商品是否有兴趣。在这短暂而关键的7秒钟内，色彩的作用占到67%，成为决定人们对商品好恶的重要因素。颜色还能对人产生生理功效，心理学家对此做过多次实验，发现，红色的环境中，人的肾上腺素提高，脉搏会加快，血压有所升高，情绪会兴奋冲动；蓝色环境中，脉搏会减缓，情绪比较沉静，而橙色可以增进食欲，所以咖啡的包装多见红色，而蓝色成为医疗机构比较偏爱的颜色。

（2）听觉

空气振动传导的声波作用于人的耳朵，产生了听觉。在一般情况下，听觉的适宜刺激是频率为16～20000次/秒（赫）的声波，也叫可听声。不过，不同年龄的人，其听觉范围也不相同。例如：小孩子能听到30000～40000赫的声波，50岁以上的人只能听到13000赫兹的声波。一般人对16赫以下和20000赫以上的声波，是难以听到的。我们获取的信息中，10%来自听觉。听觉刺激对于营销者而言也是非常重要的手段，比如对于摩托车爱好者来说，当他们听到哈雷摩托的发动机的声音时，就会兴奋得血脉喷张。

（3）嗅觉

虽然大多数的信息获取依靠视觉和听觉，但是嗅觉的作用还是很特殊，气味能够激发强烈的感情，也能产生平静的感觉。它们可以唤醒记忆，也可以缓解压力。我们对气味的一些反应是由早期联想产生的，这种联想会引起或好或坏的感觉，这是商家研究气味、记忆与心境之间联系的原因。而且科学家证实，嗅觉记忆比视觉记忆更可靠。人回想1年前的气味，准确度为65%；然而回忆3个月前看过的照片，准确度仅为50%。所以气味营销成为商家普遍应用的方法，美国一家食品公司在底特律城竖立了一块高24米、长30米的推销面包的广告牌，不仅播放介绍面包的音乐，还释放一种面包的香味，引起路人的食欲。而星巴克要求上班的员工，无论是谁在上班的时间都不准使用香水，因为在星巴克，空气中飘溢的永远只能是纯正的咖啡香味，不能是其他味道。

（4）味觉

味觉是指食物在人的口腔内对味觉器官化学感受系统的刺激并产生的一种感觉。基本的味觉包含咸、甜、苦、酸、鲜五种。在餐饮领域，消费者味觉的争夺已经到了白热化阶段，比较著名的案例是百事可乐公司为了冲破可口可乐的市场垄断，大胆地对顾客的口感进行试验，他们请受试者品尝各种没有品牌标志的饮料，然后说出哪种口感最好，试验全过程通过电视现场直播。试验结果是，认为百事可乐更好喝的人占大多数。但他们在实际购买时还是情愿选择可口可乐。因此，百事挑战也成为营销学上证明品牌效应的重要案例。

（5）触觉

触觉是五种感觉之中最本质的也最直接的。人类学家把触觉视为一种我们在会说会写前就学会的一种最初的语言，研究者认为触感在消费者行为中起到非常重要的作用，当接触产品后可以更容易对产品的判断确立共识。而且有很多人有很强的接触需要，和商品接触能够感觉开心。在网上购物大行其道的当下，依然有很多人愿意去商场购买服装和香水等商品，很大程度上都是为了满足触感的需要。而麻省理工大学正开发一种可穿戴的图书，阅读者身穿一件背心样的装置，该装置会利用环境照明、震动、温度控制和加压来制造出身体感知，由此来展现故事中所描绘的情节和情绪。当读者阅读到相应页数章节时，传感器和制动器中预设的小说情节描述反应就会启动。如果故事中的角色陷入爱恋，这个装置就会震动，来提高读者的心跳；如果故事中的角色觉得很冷，那么该装置就会下调读者体表温度。

2.1.2 知觉

1. 知觉的概念

所谓知觉，是人脑对刺激物各种属性和各个部分的整体反映，它是对感觉信息加工和解释的过程。例如，我们感知到可口可乐饮料的瓶子形状大小、饮料颜色、气味、味道、平滑、硬度等，在综合这些方面的基础上构成了我们对可口可乐的整体印象，这就是我们对可口可乐的知觉。

感觉与知觉既有联系又有区别。首先，知觉以感觉为基础，缺乏对事物个别属性的感觉，知觉就会不完整。其次，一旦刺激物从感官所涉及范围消失，感觉和知觉就停止了。再次，知觉是对感觉材料的加工和解释，但它又不是对感觉材料的简单汇总。最后，感觉是天生的反应，而知觉则要借助于过去的经验，知觉过程中还有思维、记忆等的参与，因而知觉对事物的反映比感觉要深入、完整。

2. 知觉的类型

根据知觉所反映的事物的主观特性，可以把知觉分成：

（1）空间知觉

空间知觉是对客观世界三维特性的知觉，具体指物体大小、距离、形状和方位等在头脑中的反映。空间知觉包括形状知觉、大小知觉、深度与距离知觉、方位知觉等。

（2）时间知觉

时间知觉是对事物发展的延续性、顺序性的知觉，具体表现为对时间的分辨、对时间的确认、对持续时间的估量、对时间的预测。在不同的心理状态下，人们对时间的估计有很大差别。研究表明，在欢乐的情绪下人们容易低估时间，而处于悲伤情绪的人则正相反。

（3）运动知觉

运动知觉是指物体空间的位移特性在人脑中的反映。太快或太慢我们都无法觉察，比如钟表的时针太慢，我们就很难感知到它的转动。

（4）社会知觉

社会知觉又称社会认知，就是对由人的社会实践所构成的社会现象的知觉，具体包括对他人的知觉、对自己的知觉、对人与人之间关系的知觉等。

3. 知觉的特性

知觉表现出选择性、整体性、理解性和恒常性这四类特性。

（1）知觉的选择性

知觉的选择性是指人根据当前的需要，对外来刺激物有选择地作为知觉对象进行组织加工的过程。造成知觉的选择性的心理机制主要可以归纳为三个方面：知觉的超负荷、选择的感受性和知觉防御。知觉的超负荷是人受自身的感觉阈限和大脑信息加工能力的限制，所以必然会把一些刺激当作知觉对象而忽略掉另一些刺激；选择感受性是每个人受自身的需要、欲望态度、偏好、价值观念、情绪和个性特征的影响来选择知觉对象;知觉防御是人表现出恐惧或者感到威胁的刺激倾向于回避、反应缓慢。在广告实践中经常采用恫吓的方式劝说人们系安全带或者戒烟,当然如果采用这种否定的方式也要持相对谨慎的态度。

(2) 知觉的整体性

人并不把知觉对象的不同属性、不同部分看作孤立的,而是把它作为一个统一的整体来反映。格式塔学派把它们归纳为以下定律:

①接近律

视野中的接近,即空间位置相近的客体容易被知觉为一个整体。除了空间视觉方面的接近外,在时间听觉方面,例如按不同规则的时间间隔发出的一系列轻拍声,在时间上接近的声音就容易被人知觉为一个整体。

②相似律

物理属性相似的客体,例如形状、大小、颜色和亮度等方面的相似容易被人知觉为一个整体。

③连续律

具有连续性或共同运动方向等特点的客体,容易被知觉为同一整体。

(3) 知觉的理解性

知觉的理解性是指人以知识经验为基础对感知的事物加工处理,并用语词加以概括赋予说明的组织加工的过程。知觉的理解性主要受个人的知识经验、言语指导、实践活动以及个人兴趣爱好等多种因素的影响。例如,一张建筑施工图,专业人员既能知觉到图纸上的每一个细节,又能理解整张图纸的内容和意义;而没有这方面专业知识的人员不会理解图纸的内容和意义。

(4) 知觉的恒常性

知觉的恒常性是指人能在一定范围内不随知觉条件的改变而保持对客观事物相对稳定特性的组织加工的过程。包括大小恒常性、形状恒常性、明度恒常性和颜色恒常性。

2.2 知觉的过程

当我们从电视上看到了一个广告并且知道这则广告想要表达的诉求时,我们就完成了知觉的全过程。知觉的过程由展露、注意和解释三部分组成。

2.2.1 展露

当刺激物出现在我们的感觉接收神经范围内时,使感官有机会被激活,就称之为展露。当然这些展露的信息有可能吸引我们的注意,也有可能没有,你在家里的客厅和朋友聊天时可能就会忽略掉客厅的电视里播放的广告的信息。有些展露对我们来说是被动的,当我们走在商业街上随意浏览橱窗里的信息,我们并没有办法选择展露在面前的信息,而更多的情况下我们主动选择信息的。

我们上网寻找我们需要的信息,看电视也是主动选择喜欢的电视节目,这对营销活动产生了影响。所以我们经常把广告投放在收视率高的节目上,期望让观众获得更多的广告信息展露,但是实际上并没有取得预想的良好效果,因为有研究表明,广告插播期间,家庭用水量骤然升高,由此说明很多人已不在电视机旁和主动避开广告节目。另一方面,数字电视使家庭可以接收到数十个甚至上百个电视频道,有研究表明,在任何一个播放时点,有6%~19%的受众正在用摇控器转换频道,以避开广告节目。节目中播出广告的展露次数、家庭的类型都会增加广告换频道的可能性。选择性地避开广告同样发生在电台节目收听、印刷材料阅读领域。为减少广告逃避现象和提高营销信息的展露水平,营销者和广告公司正在试图采用各种办法,如增强广告本身的吸引力;在多种媒体和多个电视频道刊播广告;将广告置于最靠近节目开始或节目结束的位置;劝说电台、电视台等媒体单位减少广告刊播时间与数量等等。

2.2.2 注意

注意是当刺激物激活我们的感觉神经,由此引发的感受被传送到大脑做处理。我们处于一个信息爆炸的时代,近30年创造的信息量比过去5000年还要多,在广告业发达的国家,普通消费者平均一天收到3000条的广告信息,而绝大多数都不会吸引我们的注意,因为信息超载的情况下,消费者不得不有选择地关注广告及其他信息。影响注意的因素主要有3类,即刺激物因素、个体因素和情境因素,下面分别对它们予以介绍。

1. 刺激物因素

一般与周围其他刺激物不同的刺激更可能吸引注意,这种对比通过下面几种方式产生:

(1) 大小

大的刺激物相对于小刺激物更容易被注意。所以,一份全版广告相对半版广告更容易被注意到。在一项对刊物不同篇幅大小的广告效果进行的对照试验中发现,半页广告的注意值平均分数是13.3,而全页的广告平均分数是25.9。

(2) 颜色

色彩鲜艳的物体比黑白物体更引人注目。一项关于报纸广告中色彩效果的研究认为:"减价商品新增销售的41%可能是由于零售商在报纸黑白广告中增加了一种颜色所致。"

(3) 位置

不同的位置会产生不同的注意效果,放到可以非常容易就能看到的地方的刺激物受注意的机会更大。所以在超市里摆放在和视线水平位置的商品的供应商的竞争是非常激烈的。研究表明,第一眼看的位置是左方,然后是上方和右方。

(4) 运动

具有动感的刺激物较静止的刺激物更容易捉住人们的视线。夜空中划过的流星总是能吸引人的注意,而动画片的注意效果胜过静止的图片。街上的霓红灯及其他一些具有动感的广告均是运用此原理来吸引受众的注意。

(5) 新颖性

出人意料的、不平常的刺激物更容易吸引我们的注意,这是基于人类好奇心的本能。所以在广告设计中,通过戏剧化的情节能够提高消费者对广告的注意度。

2. 个体因素

个体因素是指个体的各种特征。这些特征因素主要有兴趣、需要、态度。

兴趣是个体整个生活方式的体现。篮球迷对篮球明星代言的广告会给予更多的关注;当处于某种需要状态时，消费者对能够满足这种需要的刺激物会主动关注。饥肠辘辘的人会对食品和有关食品的信息给予更多的注意；人们倾向于保持一致的信念和态度，认知系统中的不一致将引发心理不安和紧张，所以消费者更倾向于接受那些与其态度相一致的信息。当消费者对某种产品有好感时，与此相关的信息更容易被注意，反之则会出现相反的结果。

3. 情境因素

情境因素是指环境中除主体刺激物以外的刺激，又包括暂时性的个人特征如个体当时的身体状况、情绪等。显然，忙碌的个体比有空余时间的人较少关注刺激物。处于不愉快情绪中的人也注意不到展露在面前的刺激。同样的道理，置身于拥挤、嘈杂、过热或过冷的商店中的消费者，会注意不到许多展露在他们面前的刺激物，因为他们想尽快离开这个环境。

2.2.3 解释

解释是赋予感觉刺激物意义的过程。对于同一个刺激物可能两个人的理解是不同的，解释是由个体、刺激物、情境因素共同决定的。

1. 个体因素

营销刺激物只有被个体理解或解释后才具有意义。一系列的个体特征会影响消费者对刺激物的理解。研究表明，对解释影响力最大的两个个体因素是知识和期望。

贮存在头脑中的知识是决定个体如何理解刺激物的一个主要因素。新手和专家在同一事物上的判断可能截然不同。比如一个经验丰富的古玩鉴定专家和刚刚进入这一行业的古玩爱好者可能对同一件古玩的鉴定结果是截然不同的。所以人们头脑中已有的知识会影响到对一事物的解释，通常情况下，知识越丰富越有助于提高信息理解能力。

个体对看到的事物的期待对解释也有很大影响。我们认为放到商场里的高价格的名牌商品应该比低价的路边摊上的衣服质量好，即使从品质上没有区别，由此说明，由品牌所产生的预期，对消费者的感知确实有非常重要的影响。

2. 刺激物特征

产品、包装、广告、销售展示的结构及本质对大脑信息处理即对信息的最终理解会产生重要影响。由于意识到刺激物及其含义的重要性，营销者开始运用一个符号学的研究领域。符号学（Semiotics）是一门研究意义是如何生成、保存、改变的科学。符号学主要研究符号即包含意义的一切事物，符号包括色彩、词语、图片、音乐、气味、价格、手势等。

色彩在对刺激物的意义的解释中起到很重要的作用。有一家咖啡店做过这样的测试，选用咖啡色、青色、黄色和红色4种颜色的咖啡杯倒入同样的咖啡让实验对象来试饮。试饮的结果，使用咖啡色杯子的人都认为"太浓了"的占 2/3；使用青色杯子的人都异口同声地说"太淡了"；使用黄色杯子的人都说"不浓，正好"；而使用红色杯子的10人中，竟有9个说"太浓了"。比如普遍认为黑色的电器更加高级，价格也更高，使用浅色调的产品给人的感觉质量比较轻。当然不同文化背景对色彩的意义的诠释是不同的，例如，在美国黄色让人感觉比较廉价，而中国黄色象征的皇权是比较高贵的颜色，而红色在中国人看来是喜庆的颜色，而在西方则认为象征着流血和革命。

包装与消费者对刺激物的理解也有密切的联系。一家食品杂货店发现，消费者认为用塑料袋包装的鱼不新鲜，认为这种鱼一定冷冻多，而认为直接在柜体上出售的放在碎冰上的鱼新鲜。消费者也普遍认为玻璃瓶装的矿泉水要比塑料瓶装的矿泉水价格高。

次序和解释也有关。心理学家做过实验，把参与实验者分为两组看同一幅人像照片，跟第一组说照片上的人是大学教师，让第一组成员描述一下看到这个人的感觉，大多数人回答照片上的人是和蔼的、博学的、有爱心的；和另外一组说照片上的人是个杀人犯，然后让第二组成员描述照片上的人，答案是凶残的、冷血的、不近人情的。可见人们会对先出现的刺激产生解释。次序对理解的影响，有两种类型：一是首因效应，二是近因效应。首因效应是指最先出现的刺激物会在理解过程中被赋予更大的权重，而近因效应是指最后出现的刺激物会更容易被消费者记住，并在解释中被赋予更大的影响权重。

3. 情境因素

情境特征也会影响个人对刺激物的理解。处于如饥饿、孤独、悲伤的情境，当时的情绪均会影响个体对既定刺激物的理解。在心情低落时，人们往往会误读一些信息，或者对某些信息持负面态度。个人可支配的时间也会影响到对营销信息的理解。同样，环境的外在特征如气温、在场的人数及这些人的不同特点、信息传播媒体的性质、外界的干扰，以及处理信息的原因都会影响到个体如何理解信息。这一点可以在可口可乐和通用食品公司的营销活动中得到启示，可口可乐公司和通用食品公司都不在新闻节目之后播放其食品广告，他们认为，新闻中有可能的"坏消息"可能会影响受众对所宣传的食品的反应。虽然相关研究还不成熟，从初步的研究表明，当广告在正面性的节目中播放时，广告中的产品会获得更多的正面评价。

2.3 知觉在营销中的运用

2.3.1 知觉与零售策略

知觉的理论在商品零售领域已经得到普遍的应用。在超市销售策略中，会把生活必需品放到消费者经过超市就能看到的地方，比如门口、扶梯两侧，增加商品的展露。而在商品的货架摆放策略中，商家会把毛利率高的商品放到人流量大的更容易让消费者看到的地方，会把折扣信息显著地表现出来，以提高注意程度。利用知觉的解释性，商家会在商品上标明价钱，并且形成和其他同类商品比较，让消费者对价钱产生解释性的认知，提高消费者正确理解价格信息的能力，区分产品档次和品质。另外，符号学已被广泛运用到超级市场的设计中。室内各种信息（品牌、布置、商品提示等），会同外部建筑风格以及广告一起形成商店的形象，加深消费者对商店的注意和知觉理解。

2.3.2 知觉与广告

广告主会把广告投放到展露程度高的媒体上，所以需要对广告媒体进行衡量，常用的衡量指标有视听率、毛评点、到达率、暴露频次、有效到达率等指标。广告主会选择在这些指标上表现良好的媒介作为广告媒介，提高广告的展露。

而如何使广告吸引消费者注意是另一个重要的与知觉过程相关的课题。吸引观看广告的人的眼球是产生购买商品行为的第一步。广告中普遍采用 3B 策略来提高广告的注意程度，分别是美女（Beauty）、小孩（Baby）、动物（Beast）；另外利用名人、幽默主题的广告也是吸引注意的常用方法；上一节谈到的增加版面大小、调整版面位置，利用颜色和对比，增加广告的动态性都要在广告的设计中考虑到。对于注意的衡量方法有以下几种（如表 2-1）：

表 2-1 关注的直接测量方法

方法	解释
瞳孔放大	注意程度和瞳孔变化有关，瞳孔仪能够准确测量出瞳孔大小变化
目光记录	通过一种目光，照相机能够记录目光在观看广告时的轨迹，由此可以确定：广告信息的哪些部分曾被注视；信息各个部分被观看的先后顺序；每一部分的注视时间有多少
速测镜测量法	速测镜是一种装有可调节放映速度和明亮程度的滑动放映机。经由速测镜，广告可以或快或慢地播放。使用这种仪器可以测量出广告以什么速度播放其各组成元素如商品、品牌、标题才能被观众辨认出来。广告中不同元素的识记速度与注意程度是高度相关的
电影院测量法	运用此法时，在电影院同时放映电视节目与广告。每个座位上装有通话装置，观众可以在观看节目或广告的过程中随时表明其兴趣与注意状况
脑电波分析法	研究表明，脑电图能显示个体对广告或包装的注意程度及注意类型

2.3.3 知觉与产品价格

降价宣传是商家普遍用到的促销手段，不同模式的加减宣传会起到不同的效果。参考价格是其中常用到的方法之一，所谓参考价格是指消费者在比较价格时使用的任何基础价格。商家会用较高的参考价格来衬托自己产品的低价，利用我们上文谈到的知觉的解释来说服消费者这是一笔划算的交易。利用消费者的知觉特点，商家用限时促销价，比如原价 799 元，现价 598 元仅限一天，其效果要好于单纯宣传售价和参考价的的优惠价差。利用知觉中的错觉，营销者提出了折扣的右侧效应。也就是当消费者发现现售价与原价左侧的数字一样，如果右侧数字小于 5，消费者认为折扣的力度更大。比如消费者会认为 43 降到 42 比 19 降到 18 更有价值。

尾数定价是另一个常见的定价策略。尾数定价策略是指在确定零售价格时，以零头数结尾，使用户在心理上有一种便宜的感觉，或是按照风俗习惯的要求，价格尾数取吉利数字，以扩大销售。同样一件商品，标价 99.9 块钱的商品要比 100 块钱的商品更容易销售，因此前者可以使消费者认为商品价格低、便宜，更令人易于接受。另外，带有尾数的价格会使消费者认为企业定价是非常认真、精确的，进而会对商家或企业的产品产生一种信任感。由于民族习惯、社会风俗、文化传统和价值观念的影响，某些特殊数字常常会被赋予一些独特的涵义，比如 6 和 8 被我们赋予了顺利和发财的意义，所以在定价中也往往采用这样的数字作为定价，而规避有负面意义的数字。当然尾数定价会给人产生廉价的感觉，所以在一些高档商品上并不适用，而采用的是整数定价。

2.3.4 知觉和产品质量

消费者对产品质量的知觉或认识，既和产品本身内在的特性与品质相联系，又受到很多主观因素的影响。产品本身的信息特征比如大小、颜色、气味、味道等，在某些场合下，消费者是利用产品属性来判断产品质量的,比如看到一件衣服的面料、烫工、边角的缝合、扣子等特征,可以判断这件服装的优劣,并形成总体质量感受。但另一些情况下,消费者对于产品质量的感知并非理性和客观,受到很多产品以外的因素的影响。很多饮料的蒙眼测试结果都说明了消费者并不能判断出具体的饮料名称,可见消费者通过产品属性作为质量判断线索可能不是唯一的路径。如价格、原产地、商标或企业声誉等产品的外在因素都会让消费者形成对产品质量的整体认知。一件上万元的女包,某种程度意味着这件商品拥有良好的产品质量;一款产自瑞士的手表、一件意大利的衬衣可能要比来自法国的手表、日本的衬衣更受人喜欢;而品牌也是质量的保证,知名品牌的形象优势不言而喻,而从产品内在属性线索分析,也许名牌和一般品牌的同类商品比较并没有明显的优势。

所以企业应针对自己的产品或服务开展调查,以了解消费者对产品内在属性的需求,另一方面,企业还应充分重视形成认识质量的外在线索。既然价格、商标知名度、出售场所、产地等构成消费者判断质量好坏的重要线索,企业就应了解这些线索对消费者的相对重要程度,以及不同消费者在这些评价线索上存在的差异,针对性地采用相应的营销策略。

本章小结

2.1 感觉是人脑对直接作用于感觉器官的客观事物个别属性的反映。包括视觉、听觉、味觉、嗅觉、触觉。

2.2 知觉是人脑对刺激物各种属性和各个部分的整体反映,它是对感觉信息加工和解释的过程。知觉分为空间知觉、时间知觉、运动知觉、社会知觉等类型,表现出选择性、整体性、解释性和恒常性这四类特性。

2.3 知觉的过程包括展露、注意和解释。当刺激物出现在我们的感觉接收神经范围内时,使感官有机会被激活,就称之为展露。展露是知觉过程的第一个环节;注意是知觉过程的第二个环节,影响注意的因素主要有3类,即刺激物因素、个体因素和情境因素;知觉过程的最后一个环节是解释,解释是赋予感觉刺激物意义的过程。解释是由个体、刺激物、情境因素共同决定的。

2.4 知觉在商品零售策略、广告的设计和媒体策略、产品定价、产品质量认知等问题上都有普遍的应用。

能力培养指导

● 营销者能够学习运用知识影响消费者知觉过程,达到营销的目的。

思考题:

1. 感觉和知觉有什么不同?
2. 知觉的特性有哪些?
3. 为吸引注意力可以利用哪些刺激物因素?
4. 刺激物的解释是由哪些因素决定的?其中个体因素有哪些构成要素?
5. 知觉在营销实践中有哪些应用?
6. 浏览一本杂志,挑出一则吸引你注意的广告,说明原因。

第3章 消费者动机与个性

 学习目标

3.1 了解消费者动机的相关要素；
3.2 了解动机的几种相关理论；
3.3 解释动机是如何测定和运用的；
3.4 描述消费者个性及其成因和影响。

实践中的消费者动机

女律师买车

女律师简妮·布洛菲尔特小姐终于攒够了购买小轿车的钱，兴冲冲地来到一家经营汽车的大公司，她看中这里出售的海蓝色"西尔斯"牌小轿车。价格尽管贵一点，但她喜欢这种车的颜色和式样，而且"西尔斯"这个牌子和名称也让她喜欢。不巧，售货员正要去吃午饭。他对她说，如果简妮小姐愿意等待30分钟的话，他一定乐意立即赶回来为她服务。简妮小姐同意等一会儿，总不能不让人吃饭呀，就是再加上30分钟也没关系，要紧的是她特意挑选今天这个日子来买车，无论如何都必须把车开回去。她走出这家大公司，看见街对面也是一家出售汽车的公司，便信步走了过去。

售货员是个活泼的年轻人，他一见简妮进来，立即彬彬有礼地问："我能为您效劳吗？"简妮微微一笑，告诉他自己只是来看看，消磨一下时间。年轻的售货员很乐意地陪她在销售大厅参观，并自我介绍说他叫汤姆。

汤姆陪着简妮聊天，很快两人便变得很投机。简妮告诉他，自己来买车，可惜这没有她想要的车，只好等那家公司的售货员回来了。汤姆很奇怪简妮为什么一定要今天买到车。

购买动机转变

简妮说："今天是我的生日，我特意挑选今天这个日子来买车。"汤姆笑着向简妮祝贺，并和身旁一个同伴低声耳语了几句。不一会，这个同伴捧着几只鲜艳的红玫瑰进来，汤姆接过来送给简妮："祝你生日快乐！"

简妮的眼睛亮了，她非常感谢汤姆的好意。他们越谈越高兴，什么海蓝色"西尔斯"，什么30分钟，简妮都想不起来了。

突然，简妮看见大厅一侧有一辆银灰色的轿车，色泽是那样柔和诱人，他问汤姆那是辆什么牌子的轿车。汤姆热心地告诉了她，并仔细地介绍了这辆车的特点，尤其是价钱比较便宜。简妮觉得自己就是想要买这种车。

结果，简妮·布洛菲尔特小姐驾了一辆自己原来根本没有想到的车回家了。车上插着几支鲜艳的红玫瑰。简妮的生日充满了欢乐。

评述

消费者的消费行为是受动机支配的，指引购买活动去满足某种需要的内部驱动力。动机来源于需要，需要就是客观刺激物通过人体感官作用于人脑所引起的某种缺乏状态，需要的多样化决定了动机的多样性。

3.1 消费者动机

3.1.1 动机的概念

动机（Motivation）是指推动个体为满足某种需要而产生的内部驱动力，主要指人类的一种内心状态。这种驱动力是由于需求没有得到满足而产生的紧张状态引起的。也就是说，当个体缺乏某种东西这种状态被意识到之后，就会产生紧张不安的感觉，为了消除这种紧张状态，人们就会采取行为，寻找可以满足这种需求的目标。

3.1.2 需要与欲望

即人的行为是由动机决定的，而动机则是由需求引起的。动机产生以后，人们就会寻找能够满足需要的目标，而目标一旦确定，就会进行满足需要的活动。当一种需求得到了满足，其动机过程就会告一段落，随后，新的需求又会产生（如图3-1），推动个体行为；行为的结果也可能是遭受挫折，如果需求还是没有得到满足，由此个体可能产生积极的或消极的行为。

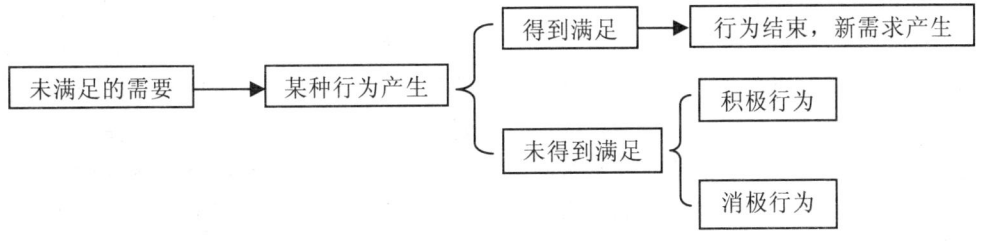

图 3-1 需要的满足过程

3.1.3 动机的功能与特征

购买动机在激励消费者行为活动方面主要具有以下三项功能，是消费者发动和维持自身行为的内在原因和直接动力。

1. 激发行为功能

动机是人们行为的内在驱动力，它可以激发个体活动，消费者的购买行为就是由购买动机的刺激所引起，从而激发个体去从事某种反应或活动。而当购买动机目标达成，消费者行为活动也将终止。例如，我们饿了就要吃饭，渴了就要喝水。

2. 引导和选择行为功能

动机与需要最大的不同就是需要缺乏主观状态，目标性不强；动机是针对目标的选择，指向一定的方向。动机在消费活动中就表现在多种消费需求中指向确认基本的需求，如生理、安全、社交或自我实现等。在动机要求个体指向特定商品或服务的同时，动机会影响消费者的选择标准或评价要素。也就是说，需要一旦受到目标引导就成了动机。购买动机还可以促使消费者在多种需求的冲突中向需求最强烈和迫切进行选择，使消费行为效用和消费者需求满足的最大化得到实现。

3. 维持和强化行为功能

当动机的实现和需要的满足产生以后，动机维持着这种活动针对一定目标，并调节着活动的强度和持续时间。在这个过程中，动机会贯穿这一具体行动，如果达到了目标，动机就会促使个体终止这种活动；如果未达到目标，动机将一直驱使个体维持和加强这种活动，以达到目标。

动机的特征有以下四点：

1. 内隐性

内隐性是指消费者出于某种原因而不愿让别人知道自己真正的购买动机的心理特点。动机只能通过一些外在的行为来研究，动机本身是无法直接看到的。例如，有人即使不近视，也会购买一副眼镜戴，甚至是没有镜片的眼镜框，无非是让眼睛显得大或显示文学气质。同学聚餐上大家消费后抢着买单，表面上显示长时间未见的热情好客，但真正的消费动机可能是要向别人显示他事业的成功、生活的优越和家庭的富有。动机的不可观察性和内隐性也提醒我们小心判断消费者真正的内在动机，制定更准确的营销方案和策略。

2. 复杂性

有关的研究表明，引起消费者购买活动的动机有几百种，其中最普遍的是多种动机的组合作用。动机的复杂性可表现为任何一种行为背后都蕴含着多种不同的动机，相似的行为也不一定产生自同样的动机，类似的动机也不一定导致相似的行为，同一行为背后的各种动机也有强度上的区别，消费者无可奈何和刻意隐藏的行为有时是无法区分的。不同的消费者由于主客观条件的差异，会形成多种多样的消费需要。就同一消费者而言，消费需要也是多元的。同一消费者对某一特定消费对象常常同时兼有多方面的要求。有些是消费者意识到后的动机，有些则处于潜意识自然发生的行为。比如，有时消费者自己也不清楚自己购买某种商品到底有何明确目的。主要是由于人们动机的复杂性、多层次和多变性等造成的。

3. 主导性

复杂多样的动机之间以一定的方式相互联系，构成完整的购买动机体系。在这一体系中，各种动机所处的层次和所起的作用互不相同。有强烈、持久的主导动机，也有微弱不稳定的依从动机。一般情况下，人们的行为是由主导性动机决定的。消费者的动机是可以引导的。例如，某消费者原来并没打算很快购买某种商品，但受广告宣传的影响，产生了购买动机，使得潜在的动机变为显现的动机。又如购车买房是大家共同的愿望，但受经济条件限制，需要改善住房条件或者等房结婚的人是一定要把钱先投向买房的需求而非购车或其他。因此，生产者和经营者不仅应当适应和满足消费者的需求，还应当引导和调节消费者的需求，使之产生购买动机。

4. 冲突性

当消费者同时存在两种以上消费需求时，且两种需求互相抵触，不可兼得时，个体内心就会出现矛盾，动机之间就会发生矛盾和冲突。这种矛盾和冲突可能是自身相悖或消费条件限制，因为人的欲望是无限的，而资源却是有限的。这里人们常常采用"两利相权取其重，两害相权取其轻"的原则来解决矛盾。只有当消费者面临两个同时具有吸引力或排斥力的需求目标而又必须选择其一时，才会产生遗憾的感觉。营销分析解决动机冲突，并向消费者提供解决方案，使面临动机冲突的消费者选择最合理的购买行为，是企业的成败关键。

3.1.4 消费者动机分类

消费者的需求和欲望是多方面的，其消费动机也是多种多样的。从不同的角度可以对动机的类型进行多种划分。

1. 一般购买动机与具体购买动机

消费者的一般购买动机即为普遍存在的动机。由于消费者需要和外在影响因素的多样性，购买动机的表现十分复杂细微，但是，在现实生活中，消费者的购买动机又呈现出一定的共性和规律性。而消费者一般的购买动机又是在每一次具体购买中通过具体的购买动机表现出来的。具体的表现又各有不同。如，消费者的一般购买动机都是求新求美求廉，但具体到个人购买动机中，为了求廉，可能部分消费者会选择过季产品或大众产品；为了求便，消费者可能不再讨价还价。

2. 有意动机与无意动机

消费者的很多动机中，有些动机是自觉的，有些动机连自己也不知道。有意动机与无意动机的区分是可以用形态心理学原理与精神分析学原理来解释的。形态心理学认为，为实现目标指向性的行为或有意的目标而合理地利用各种资源。精神分析学认为，人在追求未知觉或不愿直觉的目标的过程中无意地产生动机。从市场营销的角度来说，对有意动机与无意动机的区分是非常有意义的。如夏天碳酸饮料的产品广告中应该强调产品的清凉解暑实用信息；冬天该产品广告中应该强调产品的家庭团聚象征性意义方面。

3. 生理动机与心理动机

生理购买动机，指消费者为保持和延续生命有机体而引起的各种需要所产生的购买动机。这种购买动机都是建立在饥饿、性欲、渴、好奇心等生理需要的基础之上的。如吃喝、安全、组织家庭、养育后代、提高自身，维持肌体健康等。

心理购买动机主要是指消费者的认识、情感、意志等心理过程引起的购买动机，具体以成就、归属、地位等社会心理方面为基础的。包括情绪动机、情感动机、理智动机和惠顾动机。

生理动机被称为一次动机，心理动机称为二次动机。如人"渴了"就是生理一次动机，需要找解渴的饮品，但他选择"农夫山泉"还是"可口可乐"就很难用一次动机来解释，而是需要考虑到心理的二次动机了。从另一个角度上讲，又可以从人类发展的时间顺序上解释这一分类。

4. 需要动机与社会动机

需要动机是先天的以生理为基础的动机，按照需要层次理论解释，人的需求由低级需求到高级需求发展，社会动机即后天的社会性或精神需要所引起的为满足维持社会生活，进行社会生产和社会交际，在社会实践中实现自身价值等需要而产生的各种购买动机。因为每个人都在一定的社会中生活，并在社会的教育影响下成长，因此，人们的购买和行为无不受到来自社会的影响。社会动机是为适应社会环境而与其他社会成员的相互作用中学习的。我们对知识的渴求来自我们先天的需要，人是习得型的，需要不断学习才可以获取发展，但大多数中学生挑灯苦读并不是出于对知识的渴望，而是为了获得一个好分数本身，因为好的分数可以获得父母的奖赏或他人的肯定，这便是出于社会动机的需求。

小链接

记者聚焦河北婚礼"新旧风"：民间奢侈婚宴

2014年3月19日，中共中央办公厅、国务院办公厅印发《关于厉行节约反对食品浪费的意见》，要求餐饮业不得设最低消费、奖励节约用餐者、鼓励餐饮企业多提供小份菜。

随着中央"八项规定"的落实，各地公款"舌尖上的浪费"已大为收敛。随之，民间婚宴浪费更加凸显。寻常百姓家的"面子工程"已成社会陋习，不仅浪费民力增加家庭负担，而且严重损耗社会国家资源，民心思变是大势所趋。

乡村婚宴：寻常的奢侈与铺张

日前，记者来到黄骅市旧城镇的一个村庄里。一对新人计划款待40桌亲友，院子外的一块空地上，搭起了饭棚，摆好了桌椅，每桌8人。饭桌上摆满了瓜子、花生、糖果，许多人还没有等到婚礼开始，就快吃饱了。凉菜、热菜，不停地端上桌，说是"菜"，基本没有绿意，肘子、四喜丸子、烧鸡、烧鱼、猪肉片、炖肉块、虾、炖丸子、溜肥肠、酱牛肉、皮皮虾，一连气地端上来，八人一桌，十六个菜，盘子摞着盘子，盘子也大，装得也满，显示着主人家的热情与慷慨。不到一个小时，婚宴结束。记者看到，桌上的菜剩下了一半，整个的鱼、被筷子捅得千疮百孔的肘子、四喜丸子剩得最多，显得一片狼藉。

宾朋们走了，家里人开始收拾残局，完好的鸡、鱼、肘子、虾会被拣出来，其他的剩菜基本被倒掉了。

城市婚宴浪费更加严重

浪费越来越严重的原因很复杂：第一，婚宴的菜肴都是包桌，主动权在饭店或餐车，基本都是大鱼大肉，都是"面子工程"，令人提不起胃口，但相比素菜，饭店获取的利润空间大。第二，菜肴太多，现在的人饱食终日，根本没有这么大的胃口。第三，不好吃，因为数量大，现上来不及，只能前一天做好，婚宴时加热，所以色香味全打了折扣。第四，都知道婚宴是摆样子的，所以地沟油什么的、死鸡死猪肉什么的都可能上桌，一些讲究的人不肯吃。更主要的是，婚宴演变为"准陌生人"之间的聚餐，没有过去亲友在一起尽情吃喝欢聚的气氛。现在动辄就是三五十桌、甚至七八十桌、百十来桌，这样显得主家交往广、有身份、有人缘，大部分宾客除了与主家认识，相互之间并无来往。

婚宴风气的思考与治理

著名学者闻章先生分析说，婚宴铺张浪费究其原因，大概有这么几点：一是虚荣心。有条件的讲了排场、面子，没条件的也去攀比，没条件也得创造条件，死要面子活受罪。二是惧怕心。也有人想把婚礼、婚宴办得简朴些，但怕女方不同意，怕亲家挑理。现在特别是农村，女孩少，男青年的对象本就不好找，如果因为婚礼或彩礼上的"小气"坏了婚姻大事，岂不麻烦？惧怕因小失大，因此宁可砸锅卖铁，借钱举债也要把婚事弄得像样。三是从众心。谁都知道铺张不好，别人家办事铺张，他可能觉得可惜，但轮到自己了，却会采取跟风的态度,同样铺张浪费,不愿意让别人看着个别。最大的一个原因,是不自信,屈就。对的跟,错的也跟。人应该自信,坚持对的,而不管别人说什么。

叶陈毅(博士后,石家庄经济学院教授、硕导)认为,从1978年改革开放至今三十多年来,人们的物质生活质量有了很大的提高,但与其不相称的是,精神世界却呈现畸形发展,一些错误的价值观念已经严重妨碍人们的日常生活甚至是国家的长远发展。作为市场经济的金钱意识对人们的消极效应表现之一就是婚宴的浪费——国力内耗。

要纠正婚宴的浪费之风变得刻不容缓。从根本上要纠正人们思想上的认识,来抵制浮华思想的侵蚀。

张彦广(河北省传统文化研究会副秘书长)认为,婚宴是婚礼文化里的重要内容之一。如今,婚宴的见证、志庆、答谢、感恩的意义仍在,只不过是升级换代版了,这也不足为奇,因为时代在变迁。同时,当下的婚宴确也掺杂进了新的东西:虚荣、浮泛、挥霍与浪费。前者是传统文化,是一种继承,后者是文化传统,是一种变异。比如热情好客是传统美德,而肉山酒海、狂饮滥食则不是美德,相反是一种缺德的表现。今天婚宴的过多过滥与烟酒菜品的过高过剩,不仅令今人触目惊心,也是有违传统美德的继承与弘扬的。

资料来源:燕赵都市报(由于篇幅原因有删减)。

3.2 动机理论

3.2.1 马斯洛需求层次论(Maslow's hierarchy of needs theory)

这一理论是由美国社会心理学家亚伯拉罕·马斯洛(Abraham H. Maslow)于1943年提出的。该理论是一种动机理论,又是一种激励理论。他认为人的各种需求存在高低顺序,或者说各种同时出现的需求中存在优势需求。就一般情况而言,只有在比某一层次需求的更低层次需求得到满足或部分得到满足之后,该层次需求才会成为优势需求。

需求层次论认为,人的需求可分为五个层次,是按从低级到高级的层次组织起来的,即生理需求、安全需求、社交需求、尊重需求、自我实现需求。(见图3-2)

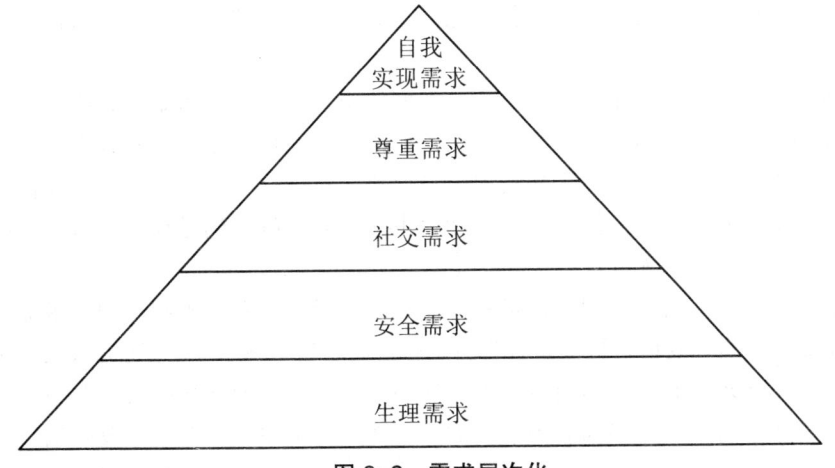

图3-2 需求层次化

只有当较低层次的需求得到了满足，较高层次的需求才会出现并要求得到满足。当一组需要得到满足时，这组需要就不再成为激励因素了，不再是行为的决定性力量，只有未被满足的需求才影响人的行为。

生理需求是支持生命之所必须，也是各类需求中必须首先满足的最基本的需求，包括衣食住行等。

安全需求，人类免除各种危险和威胁的需求，包括人身安全、经济安全以及环境安全等。其目的是降低生活中的不确定性，保障个体生活在一个免遭危险的环境中。例如，人们希望有稳定的工作、较好的生活环境等。

社交需求，是人作为社会成员，在感情和归宿方面的需要。人都需要别人的接受，希望获得友情、亲情和爱情，得到群体的关心与帮助，同时也需要对别人付出。

尊重需求，包括自我尊重和受到他人尊重两方面的要求。人们渴望名誉或声望，受到别人的高度赏识和高度评价，希望别人对自己的工作、人品、能力、情感等方面予以肯定。

自我实现需求，这是最高层次的需求。指人们希望发挥自己的能力和潜能，实现对理想、信念、抱负的追求，取得事业的成功，使自我价值得到充分实现。

马斯洛的需求层次论是继梅奥的"社会人"假设后，建立在"自我实现人"假设基础之上的。该理论简单明了，易于理解，具有内在的逻辑性，特别得到了实践中的管理者的普遍认可，但因未得到实证研究的检验，其科学性经常受到质疑。

但正如美国学者莱维特（Leavitt）所指出，这一理论的效用在于它可以为人们提供一种有用的思考工具，瑕不掩瑜，其优点总是超过它存在的问题。

从消费者行为分析的角度看，这一理论的重要价值主要体现在：

第一，动机的多样性。它提醒我们，消费者购买某种产品可能是出于多种动机，产品、服务与需求之间并不存在一一对应的关系。例如吃饭是生理需求，结婚吃饭（婚宴）又是一种社交需求。

第二，需要注重核心价值，避免画蛇添足。企业在开发、设计产品时，既应重视产品的核心价值，也应重视产品为消费者提供的附加价值，因为前者可能更多地与消费者的某些基本需求相联系，后者更多地与其高层次的需求相联系，用产品的附加功能取代其核心功能是注定要失败的。如某品牌电饭煲，又有做面包功能，做酸奶功能，焖的、煮的、炖的，稀的、干的都能做，但功能多了，成本高了，价格也要上去，加上功能多，维修复杂，购买的消费者并不多。

第三，越是高级需求，满足条件越复杂。人们对于低级需求的满足方式明确，饿了要吃食物，渴了要喝水和饮料。越是涉及高级需求，人们对于如何满足需求就越不确定。对如何才能获得别人尊重，如何获得友谊，如实现自身价值，对于这一类的高级需求如何满足或以何种方式满足，消费者并不完全清楚。这实际上也意味着，越是满足高级需求的产品，企业就越有机会和可能创造产品差异。

第四，文化的影响。对于不同的消费者，需求的层级可能有所不同，如裴多菲的《自由与爱情》，"生命诚可贵，爱情价更高，若为自由顾，两者皆可抛"。一些研究人员认为，对美的追求是一种基本需求。此外，马斯洛需求层次的顺序在不同的文化中可能并不一致。事实上，研究认为在东方有着一种不同的需求层次。一些文化更注重社会需求及归属，较少强调注意自我需求与自我实现。不同的文化对自我实现也有不同的理解，有可能对是否看重自我实现或集体实现带来影响。做为厂商，当然要分析文化因素对于需求所带来的影响。

3.2.2 唤醒理论（Arousal Theory）

唤醒理论是环境心理学中一种解释个人活动空间大小与情绪变化关系的理论。所谓唤醒是指个体的激活或活动水平，即个体处于怎样一种唤醒或活动反应状态。根据唤醒理论，个体偏好那些具有适度唤醒潜力的刺激物，追求具有适度不确定性、新奇性和复杂性的刺激物，使其唤醒或兴奋水平保持在一定的范围内，使之既不过大也不过小。依照传统动因理论，人的行为旨在消除因匮乏而产生的紧张；但人类某些追求刺激的冒险行为，如登山、探险、观看恐怖电影等，恰恰是为了唤起紧张而不是消除紧张，这类现象是动因理论无法解释的。人的兴奋或唤醒程度可以很高，也可以很低，从熟睡时的活动几近停止到勃然大怒时的极度兴奋，中间还有很多兴奋程度不等的活动状态。

影响个体最适度兴奋水平的因素很多，如一天中不同的时间段、刺激物的类别、个体本身的差异等。一般而言，个体倾向于使兴奋水平处于小范围的起伏状态，追求那些具有中度不确定性、新奇性和复杂性的刺激物。对新奇的刺激的感觉，是随着刺激的重复出现和历时的长短而展开的，刺激重复得越多，时间越长，感知表象的新奇性就会逐渐降低。人在审美活动中获得的愉悦是由这样两种"唤醒"引起的：一种是"渐进性"唤醒，即审美情感的紧张度是随着感知和接受的过程而逐步增加的，最后到达度的临界点产生愉悦体验。另一种是所谓"亢奋性"唤醒，就是情感受到突发的冲击迅速上升到达顶点，然后在"唤醒"下退时获得一种解除紧张的落差式愉悦感。唤醒的偏好水平是个体行为的决定因素。一般人偏好中等唤醒水平，保持一种适度的兴奋水平，导致最佳唤醒，过高和过低都将导致不好的表现。

3.2.3 双因素理论（Two Factors Theory）

双因素理论也叫"激励保健理论"，是由美国心理学家弗雷德里克·赫茨伯格（Frederick Herzberg）于1959年提出来的。20世纪50年代末期，赫茨伯格和他的同事们对匹兹堡附近一些工商业机构的约200位专业人士做了一次调查，调查主要是想了解影响人们对工作满意和不满意的因素。结果发现，导致对工作满意的因素主要有五个：成就、认可、工作本身和吸引力、责任和发展；导致对工作不满意的主要因素有：企业政策与行政管理、监督、工资、人际关系及工作条件等。

赫茨伯格将导致对工作不满意的因素称为保健因素，是那些与人们的不满意情绪有关的因素，诸如规章制度、工资水平、福利待遇、工作条件等，对人的行为不起激励作用，但这些因素如果得不到保证，就会引起人们的不满，从而降低工作效率。将引起工作满意感的一类因素称为激励因素，是那些与人们的满意情绪有关的因素，诸如提升、提职、工作上的成就感、个人潜力的发挥等，则能唤起人们的进取心，对人的行为起激励作用。满意的对立面是没有满意，而不是不满意；同样，不满意的对立面是没有不满意，而不是满意。要使人的工作效率提高，仅仅提供保健因素是不够的，还需要提供激励因素。一个单位固然要为员工提供具有吸引力的工资福利待遇和生产、生活条件，但如果这些待遇条件采用平均分配的方法，不与个人的责任大小、工作业绩或成就挂钩，就只能起一种"保健"作用，起一种减少牢骚和不满的作用，无法激励员工不断进取和努力做出新的成绩。（见表3-1）

表 3-1　激励与保健因素

激励因素（满意相关）	保健因素（不满意相关）
成就	监督
承认	公司政策
工作本身	与监督者的关系
责任	工作条件
晋升	工资薪金
成长进步	同事关系
	个人生活
	地位
	保障（安全）
	与下属的关系

双因素理论与马斯洛的需求层析理论之间存在着一定的对应关系。可以认为，保健因素对应着马斯洛需求层次中的低层次需要，而激励因素则对应着需求层次论中的高层次需要。不过，正如马斯洛的需求层次论在讨论激励的内用时有固有的缺陷一样，赫茨伯格的双因素理论也有欠完善之处。像在研究方法本身、研究方法的可靠性以及满意度的评价标准这些方面，赫茨伯格这一理论都存在不足。

从消费者行为分析的角度看，这一理论的重要价值主要有如下几点：

第一，商品的基本功能或为消费者提供的基本利益与价值，实际上可视为保健因素。这类基本的利益和价值如果不具备，就会使消费者不满。比如，保温杯如果不能很好保温，衣服即使再好看，型号不对，都会使消费者产生强烈的不满情绪，甚至导致对企业的不利宣传，要求退货，赔偿损失，提起法律诉讼等对抗行动。然而，商品具备了某些基本利益和价值，也不一定能保证消费者对其产生满意感。要使消费者对企业产品、服务形成忠诚感，还需在基本利益或基本价值之外，提供附加价值。顾客满意属于顾客激励的保健因素，是顾客接受产品的最基本条件；顾客忠诚属于顾客激励的激励因素，是企业长久的利润源泉。双因素理论对顾客激励工作的指导意义在于：顾客满意作为保健因素着眼于顾客需要的低阶段，顾客忠诚作为激励因素着眼于顾客需要的高阶段。顾客满意是顾客激励必要的、前提性和不可缺少的因素。顾客忠诚则是顾客激励关键性和决定性的因素。

第二，商品的哪些特征、利益具有保健因素的成分，哪些具有激励因素成分，不是固定不变的。比如，在电视机刚面市的阶段，能够放出图像并伴有声音就足以促动一些消费者购买了，如果企业的产品还提供一些其他的功能与服务，消费者可能会非常满意。而现阶段，清晰的图像、优质的音响效果几乎成为一种必需。更多的功能、更漂亮的外观、品牌的声誉以及企业不断创新的形象由于能更多地体现消费者较高层次的需求，因而带来较多的激励成分。另外，品牌所具有的保健因素与激励因素还会因目标市场的不同，因目标消费者生活方式和价值取向的不同而存在差别。如品牌的怀旧心理是品牌激活的保健作用，品牌体验是激励因素，在此基础上提出品牌激活的对策建议。

3.2.4 三种需要理论（Three-needs Theory）

美国管理学家戴维·麦克利兰（David McClelland）提出的三种需要理论，又称成就需要理论。他认为有天生的需要，也有随环境或社会学习后天的需要。

个体在工作情境中有三种主要的动机或需要：

成就需要（Need for Achievement）：是指人们愿意承担责任、解决某个问题或完成某项任务的需要，是达到标准、追求卓越、争取成功的需要。具有高成就动机的人，一般设置中等程度的目标，并具有冒险精神，而且更希望有行为绩效的反馈。比如，具有高成就动机的购买代理商可能会花相当多的时间和精力寻求降低购买品价格，而成就动机较低的代理商通常只是被动接受卖者的标准报价。

权力需要（Need for Power）：是指个体希望获得权力、权威，试图强烈地影响或控制他人且不受他人控制的欲望。麦克利兰发现，凡是对工作成就动机高的人均无领袖欲。换言之，成就需要和权力需要是彼此不同的两种需要。研究发现，凡是对社会事务有浓厚兴趣的人，其行为背后均存在强烈的权力动机。权力动机有两种类型：个人化权力动机与社会化权力动机。前者出于为己之目的，后者出于为人或为公之目的。麦克利兰认为，权力可以朝着两个方向发展：一是负面方向，强调支配和服从；二是正面方向，强调劝说和激励。

归属需要（Need for Affiliation）：是指个体在社会情境中，要求与其他人交往和亲近的需要，会有建立友好亲密的人际关系的愿望。获得别人的关心，获得友谊、爱情，获得别人的支持、认可与合作，均可视为亲和需要。亲和需要很大程度上是经由学习形成的：个人目标实现遇到困难时，学到求人帮助；遇到危险时，学到求人保护；对事物不了解时，学到求人指导。具有高亲和动机的人，特别关心人际关系的质量、友谊和人际社会关系往往优先于完成某项任务或取得某项成就。高亲和力动机的消费者比较注重同事、朋友对自己购买行为的评价，因此，在购买决策过程中更容易受他人的影响。

该理论的消费者行为应用分析：

（1）既然需要是习得的，同时又带有习得时所处背景的特征、痕迹和影响，自然应当对需要习得时和需要被满足时的具体社会背景和情境予以分析。假设某个孩子在与兄弟姐妹交往中发展起了一种强烈的支配需要，那么企业在向该孩子推销产品时，无疑应考虑其家庭背景这一现实。然而，当孩子长大成人，尽管其权力需要仍然像孩提时代那样强烈，但此时过去的家庭背景对他现在的行为可能只具有较小的影响，分析重点应放在他现时所处的环境上。

（2）成就动机的核心是一种追求高标准的倾向。西方学者将成就动机定义为，个人对自己认为重要的或有价值的任务，不但愿意去做，而且力求达到更高标准的内在心理过程。其表现包括完成有难度的任务；高效率地完成任务；超越自我或他人等。

在国外，一些研究人员对麦克利兰的理论做了实证调查，其中一项研究发现，具有高成就动机的男性更多地购买诸如滑冰器具、游艇之类的室外健身运动产品；具有高成就动机的女性更多地购买镇痛片、口腔清洗剂等产品。还有一项研究发现，高成就动机的男性喜欢从专卖店购买服装，较少购买流行、新潮的时装，对高档、奢华轿车不以为然；成就动机居于中游水平的人中，抽烟者的比例很高。其实，近几年随着我国经济的高速发展，不同社会阶层消费者行为的差异性越来越显著，用麦克利兰的理论对我国不同消费群体进行分析也是大有益处的。

3.3 动机的测定与运用

3.3.1 确定动机的方法

了解了动机在消费行为中的重要性之后,接下来的一个问题便是:可以采用哪些具体方法来测定消费者的潜在动机?动机测量方法指对行为主体的动机进行定性定量分析鉴定的研究方法。该种研究法包括:①观察法。在长期直接观察行为主体的行为过程基础上,对所获取的资料运用数理统计原理进行定性定量分析,科学地把握行为主体的需要结构和动机结构。②自述法。包括问卷调查和谈话两种方式,通过行为主体的有关表述来了解和分析行为主体的真实动机。③投射法。在掩盖测试动机减少干扰的情况下,通过对行为主体进行特定试题的测试。使行为主体在自然状态下将自己真实动机投射出来,以便于分析研究。上述方法,各具特色,只有结合具体情况,正确选择和使用动机测量方法,才能达到预期目标,并确保研究的质量。

1. 观察法

观察法就是在自然状态下直接观察消费者的行为、言谈和表情,做出详尽的记录,然后进行整理分析。由此推断消费者动机的方法。这是一种典型的运用观察法进行消费者行为研究的方法,是目前国内研究机构、市场调查机构和营销部门普遍采用的方法之一,通过观察得出的结论不仅对消费者行为分析有用,而且也为企业改进营销策略提供了依据。这个方法的特点是简单易行,成本低,有一定程度的可信度。观察法既可利用观察者的各种感觉器官,也可以借助于有关的测量仪器。例如,一些大商场里专门用来观察消费者购买过程的摄像机。经营决策者通过定期观看和分析那些顾客购买过程的拍摄记录,便可大致透视消费者的动机。若无此条件,也可与商店举办联合展销,派人到商店站柜台,观察顾客的反应,有时可以直接借助于富有经验的营业员,他们整天跟顾客直接打交道,最为方便了。为使观察有效而且可靠,除了要求观察者具有客观的态度、敏锐的注意力、较强的记忆力之外,还有以下几点要求:观察前要明确目的,制定周密的计划,设计观察项目表格,统一观察标志;观察时要做系统的、精确的记录;观察后要做出科学的解释和结论。

不过,由观察者来确认动机,有时会形成一种推理的循环,即我们把某种动机归因于可观察的行为,然后又依据这种动机来解释这种行为。例如,我们看到一个人购买皮大衣,可能认为她的购买动机是出于尊重的动机,然后解释她穿皮大衣纯粹是为了满足尊重的需求。但实际上,皮大衣质轻、耐磨、保暖性能极佳,任何消费者,只要支付得起,皮大衣无疑是最实用的选择,而不一定仅是为了"体面"。

所以,仅凭"冷眼旁观",并不一定能够弄清真相,有时我们需要去直接询问消费者。

2. 自述法

自述法又可分为以下几种形式:访谈类、问卷类、电话调查法和调查会(核心小组讨论)。在这里主要介绍访谈(交谈)法和问卷(问询)法。

访谈法是指调查的双方通过交谈的方式完成要调查的内容。一个调查者可以和多个被调查者同时交谈,简单易操作,可以根据具体情况决定提问的内容和方式,能够迅速地得到消费者的反馈信息，效果也很好，值得各行各业使用。

按照不同标准，访谈法可以分为不同类型。在市场调研中使用较多的深度访谈法（Depth Interview）和核心小组讨论法（Focus Group Interview）。深度访谈就是选择某些消费者，让他们个别地接受访谈，问询者（或称访员）鼓励他们自由地谈论自己的活动或兴趣，或者某种品牌的商品，访员不做明显的引导。访谈结束以后，再逐字地研究记录的材料，包括被访谈者的情绪、姿势等，从中发现表达他们的动机的线索。核心小组讨论法就是让7～10名消费者聚集一处，讨论有关产品的效用和性能、他们自己的兴趣和偏好，等等。在许多方面，核心小组讨论同深度访谈非常相似，但一般说来，小组讨论可以获得更为丰富和确切的观察，且研究者花费的时间和精力比较少。不过，由于小组讨论中存在群体压力，因而消费者的回答可能趋向社会所赞许的方面。因此，一些市场调研者还是喜欢采用深度访谈，因为被访谈者在全部过程里能够集中注意力，揭示许多新的信息。

问卷法即调查机构或部门将他们希望了解的内容列在纸上，然后发给消费者，让他们填写。这种方法因为可以同时调查多个人，又简单，收效显著，所以也被广泛应用。这种方法现在采用较多，消费者已不以为新鲜，很多人也懒得去填了，所以回收率很低，对此，问卷发放者一则更加精心地设计问卷，以引起消费者的兴趣和合作；二则将填答问卷同中彩得奖联系起来。问卷法的优点之一是标准化，既能较大规模地了解消费者的平均意向，又能方便地进行定量分析；优点之二是匿名性，可以提出一些敏感性和威胁性的问题让消费者毫无顾虑地回答。

但是，自述法具有两个缺点，可能使结果产生偏差。研究者往往会发现，受访者或测试者对问题的回答可能并不真实，他们自觉或不自觉地会把自己内心真实的想法掩饰起来，而用合乎社会一般见解的说法应付测试。一是消费者可能并不知悉他们行为背后的真实动机，从而胡乱编造或选择一些理由来应付；二是消费者可能不愿透露他们的真实想法，因此有意识地欺骗研究者，当然是以获取社会赞许的方式。为了克服一般问卷法和交谈法的这种缺点，真正了解受访者或受测者的真实动机和态度，针对这些倾向，研究者经常采用投射法来挖掘消费者的真实动机。

3. 投射法

投射法是按照研究目的，有计划地严格控制或创设条件，主动引起或改变被试的心理，从而进行分析的方法。投射法的基本原理是：给被试者呈现一种模棱两可的多义刺激，要求被试者在很短的实践内对之做出反应，因为刺激与反应之间所隔时间很短，或者被试者无法弄清研究者到底在测试什么，从而无法进行周密的思考，在回答时便不知不觉地将自己的想象、态度、热望、需求和动机投射在反应中，而研究者借助于一定的分析技巧，就能了解被试者的真实动机等。

在对被试者的反应分析中，经常使用反应单词的频率、反应所需要的时间、没有表示反应的无答应者数等共同反映消费者的关心、动机或者固定观念的形式，反应时间和无答案者数可反映消费者的情绪性的卷入。

罗夏墨渍测试是一种著名的投射法技术。它的刺激材料是一些事先准备好的墨渍卡片。卡片的制作方法是在白纸上点一滴或几滴墨水，然后把白纸对折压在一起，再把白纸展开平铺。墨水干了以后就在纸上留下一个两面对称、形状怪异的墨渍。每个墨渍图形是非常清晰的，但是它所表达的涵义，可就是仁者见仁，智者见智了，怎么说都不会错。应用时，个人先观察一张卡片,然后写出自己的感受和体会。这时候虽然个人处于清醒的意识活动中,但是由于描述对象是没有特定涵义的墨渍,无法从中得出明确的表述方向和范围。在这种情况下,更多的是受内心感觉推动,而不是依靠理智的判断,对墨渍图片内涵的进行描述。是"跟着感觉走"的产物,而不是理智思考后的结果。因此,所得到的描述内容包含了大量的反映个人内心活动特点的材料。

总之,测定动机的各种方法可以兼用,这样,既可相互印证,也可以拓展研究的广度和深度。

3.3.2 测定动机在营销中的运用

上文提到的投射法就有许多具体测试手段在营销中实际运用。如语句完成法,即将一个语句的开头念给被试者听,然后要求被试者根据脑中产生的第一个想法来完成这个句子,例如,有人为了研究消费者购买汽车的动机,要求被试者完成这个句子:"当你拥有了一辆车——"结果,女性的回答大多是"会迫不及待地开去兜风"。而男性的回答则大多是"你会爱它","检查发动机"等,由此可见,男女对于汽车的看法是不一样的,女性将车视为使用的东西,而男性将之看成需要加以保护和负责的东西。主题统觉测验,即向被试者呈现一系列图片,然后要求被试者进行解释或者据此编撰一个故事。如向消费者展示价格便宜和昂贵的化妆品的价格及广告效果,大多数女性认为价格昂贵的化妆品,质量肯定也很高。再如角色扮演,即先向被试者描述某种情境,再让被试者充当情境中的某一角色进行活动,然后观察被试者的反应或者让被试者自身做出评价。

小链接

速溶咖啡的逆袭

在 20 世纪 40 年代后期,速溶咖啡作为一种方便饮料进入美国市场。但生产者和消费者的想法大相径庭,这种被他们在广告中宣传方便、省时、省力、便捷、价格适中的新产品投放市场后并不受消费者欢迎,问津者寥寥无几。为了弄清滞销的原因,有关人员进行了调查,发现大多数人的回答是不喜欢速溶咖啡的味道。这显然不是真正的理由,因为速溶咖啡的成分和口味同传统的新鲜咖啡豆毫无差别,而且饮用方便,无须花长时间去煮,也省去洗刷器具的麻烦。为了深入了解消费者拒绝购买速溶咖啡的潜在动机,美国加州大学心理学家海尔(Haire)认为:消费者并没有回答他们拒绝购买的真正原因,而"味道"只是一个托辞,一种潜在的心理在起着真正抵制的作用。他编制了两张购物单,上面除了一个是速溶咖啡,一个是新鲜咖啡豆之外,其余内容全部一样,然后把这两张购物单分别发给两组妇女,调查者要求主妇们对自己购物单上的所有食品做出回答,但真正要调查研究的只有咖啡一项。这种间接的方式能够使被调查者(或被测试者)较为真实地反映出自己的"个性特征"。结果差异非常显著:绝大多数看含有速溶咖啡购物单的妇女认为,按照这种购物单买东西的家庭主妇是个懒惰、无计划、邋遢、没有家庭观念的差劲妻子;而看含有新鲜咖啡豆购买单的妇女则认为,按照这种购物单购物的家庭主妇是个有生活经验、勤俭、会安排、有家庭观念的称职的妻子。由此可见,当时的美国妇女存在这样一个共识:作为家庭主妇,担负繁重的家务劳动乃是一种天职,任何试图逃避或减轻这种劳动的行为都应遭到谴责。被调查的家庭主妇大多用消极的词语描述速溶咖啡的使用者,这表明速溶咖啡在消费者心中的不良印象,并非产品本身的原因,而是家庭主妇不愿让人非议,想要努力保持社会所认定的完美形象。这是一种由情感偏见造成的消极购买动机所致。谜底揭开以后，速溶咖啡的生产者和经销者利用这一调查结果"对症下药"，改变广告宣传策略，进行了有针对性的综合宣传（比如，使密封十分牢固，开启时极其费力，这就在一定程度上打消了顾客因用新产品省事而造成的心理压力），除去了可能导致消极心理的因素，在广告中也不再强调简便的特点，而是宣传速溶咖啡同新鲜咖啡豆一样醇香、美味。很快，速溶咖啡销路大增，今天，速溶咖啡已经成为世界各国的通用饮料。

深层购买动机的研究是采用个别消费者深层次会谈的方式来进行的，这种比大规模、定量的调查费用要少许多，因为会谈和数据处理的成本相对于大规模调查来说要少很多。

同时，使用投射法进行深层次购买动机的发掘，可以获得消费者对产品品牌的真正认识。比如，奥利奥（Oreo）公司在小组访谈背景下运用该技术，获得了对奥利奥品牌更深刻的了解：我们知道奥利奥这个牌子的饼干能激发人们强烈感情，但是我们没有料到许多人认为奥利奥很"神奇"。于是，"释放奥利奥的魔力"成为该公司的营销主题。

同样，在发掘消费者的深层购买动机后，可以改变广告制作的传统思路，改善广告宣传主题，使广告能击中要害，打动消费者。比如，为糖果做广告，就没有必要吹捧糖果味道的鲜美，因为，其一，谁都知道糖果的味道如何；其二，这样做反而会给人带来压力，使人担心自己由于贪图美味而发胖或者损害牙齿。所以，有关糖果的广告应当鼓励人们把这种甜美可口的食品，当成完成繁重工作以后的一种自我酬赏，从而可以把工作变得更为愉快。这样就将吃糖与较积极的事情联系起来，使消费者减少了消费时的心理压力。又如，纳爱斯集团的雕牌洗衣粉广告，没有一句吹捧洗衣粉的广告词，而是以人们最为熟悉的洗衣机控制面板为创意元素，"雕牌"成为洗衣机必须专门配置的一个操作按钮，暗示"雕牌"洗衣粉在人们日常洗涤衣物中不可替代的地位和作用。当消费者看到这则广告，为这则广告的新创意而会心一笑时，消费者也就接受了"雕牌"洗衣粉。还如，"超能女人用超能"，把洗衣粉的品牌和女性能干的说法联系起来，让消费者产生购买动机。

虽然人的内心隐藏如此之深，如此不可捉摸，出于探索隐秘的好奇，出于掌控世界的欲望，还是有很多人在不停摸索。不过世界就是这样精彩！他们希望能够拨开重重迷雾，见到神秘的内心世界的真相。

3.4 消费者个性

在消费生活中，消费者无一例外地经历着感知、注意、记忆、思维、情感等心理机能的活动过程。这一过程体现着消费心理过程的一般规律，正是在这一基本规律的作用下，消费者的行为表现出某些共性或共有的特征。与此同时，消费者之间的行为又存在明显的差异。面对同样的消费刺激，即使处于同一社会环境，属于同一民族、年龄、职业和社会阶层、不同的消费者也经常会表现出各个相异的反应方式和行为表现。这说明消费者个体对外部因素的作用具有选择性，这种选择性来自心理因素的差异。也就是说，动机将会引发消费者的行为目标，而个性会使不同的消费者选择不同的行为去实现目标。区分不同类型的消费者，对于深入研究消费者需求差异，根据消费心理因素细分市场，按照目标市场消费者的个性心理特点制定营销措施，引导消费行为，都具有重要意义。

3.4.1 消费者个性概述

在这个世界上,我们找不出两个完全一样的消费者,但我们不难发现在某个或某些方面极其相似的消费者。消费者形形色色,是因为他们具有丰富的个性;消费者可以区分,是由于他们存在某些个性。

1. 个性的定义与特点

个性(Personality)一词相当于古典拉丁文中的 persona,后者的原意是"面具",即一种应付外界的工具,引申义是面具后的本人,即各种内在属性的总和。一般来说,个性就是个性心理的简称,个性又叫人格,是指一个人独特的、稳定的和本质的心理倾向和心理特征的总和。简单地说,个性就是一个人的整体精神面貌。个性结构是多层次、多侧面的,由复杂的心理特征的独特结合构成的整体。这些层次有:

(1)完成某种活动的潜在可能性的特征,即能力;

(2)心理活动的动力特征,即气质;

(3)完成活动任务的态度和行为方式的特征,即性格;

(4)活动倾向方面的特征,如兴趣、动机、理想、信念等。这些特征不是孤立存在的,是有机结合的一个整体,对人的行为进行调节和控制的。

2. 自我意识

自我意识是指自己对所有属于自己身心状况的意识,包括自我认识、自我体验、自我监控等方面,如自尊心、自信心等。自我意识是个性系统的自动调节结构,而心理过程是个性产生的基础。

3.4.2 消费者个性的形成

1. 能力

所谓能力,是指人能够顺利地完成某种活动所必须具备的、并直接影响活动效率的个性心理特征。一个人的能力高低会影响他所掌握的各种活动的成绩和效果。对能力的理解应注意三点:首先,能力是顺利完成某种活动的主观条件。从事任何一项活动都需要一定的条件,这些条件既有客观方面的,也有主观方面的。能力就是人们成功地完成一项活动的主观条件。比如,消费者在消费活动中需要经常运用注意能力、观察能力、记忆能力、思维能力、想象能力、决策能力等。其次,能力总是与人的活动相联系,一个人的能力高低会影响他所掌握的各种活动的成绩和效果。最后要强调的是,影响消费者能力形成与发展的因素主要包括遗传因素、环境因素、社会实践和个性特征等。

(1)购买能力与消费者行为。购买活动是一项范围广泛、内容复杂的社会实践活动。为了使消费者本人在购买过程中达到最大的满意和快乐,消费者需要具有多方面的能力。而人的能力反映在购买行为上,主要是对商品的识别能力、评价能力,对商品信息的理解能力,以及选购商品时的决策能力和对自身消费利益的保护能力。一般地把这些能力的协同表现称为消费者的购买能力。消费者在购买活动中经常运用的能力主要有以下几种:

①辨别力。感知能力是指个体消费者在感觉方面、感受能力或感觉的敏锐程度不同。在知觉方面,有的消费者属于综合型,具有整体观和概括能力,但分析能力较弱;有的消费者属于分析型,对细节感知清晰,但对整体的把握能力差;还有的消费者属于分析综合型。每

个消费者的感知能力都有一定特点，比如在手感方面，手感细腻的消费者，摸一摸衣服的面料，就能判断出这件衣服面料的质量，是什么料子做出来的，市场上的价格大致有多少，心中就有了数。而对于有的消费者来说，凭手感来判断衣服面料的质量和价格，无疑是给自己出了一套难题。再比如知觉分析综合型消费者，在购买微波炉时，很可能对微波炉市场的状况、厂家的状况、消费者的状况、价格状况都了解得一清二楚。

②评价力。主要反映在对于商品信息的收集，对于商品信息来源的分析评价，对于购物场所的评价，对于商品本身特点的认识和评价能力，甚至包括对于他人消费行为的评价。一般来说，消费能力强的人收集商品的信息相对要主动一些，尤其是在高档商品的信息收集方面，他们一般对于广告有比较全面而正确的认识，对于购物场所中的一些正常的和不正常的促销手段有相当的判断能力，也有的消费者对于商品的知识了解得相当多，因此有一定的分析评价能力。

另外还要注意这样的一个问题，即评价能力是消费能力中比较复杂、相对来说包括的因素较多的一种能力。这种因为消费者的收入不同、行为方式不同、审美情趣不同，所以对商品的评价能力，特别是评价标准就会出现多种多样的形式，当然也有一个符合社会发展的基本标准或约定俗成的标准。

③决策力。主要反映在选择商品时能否正确地做出决策，购买到让自己满意的商品。消费者的气质类型、个性特点是影响决策能力的重要因素。比如，一个性格内倾、反映迟缓、意志努力较差的消费者，在做出购买决策时容易犹豫不决，难以做出决定。消费者对该商品的介入深度、对该商品的认识程度、使用该商品的经验以及使用该商品的习惯，也是影响决策能力的重要因素。比如，一个消费者认为大屏幕液晶彩电对他很重要，需要仔细考虑是否购买或者买哪种品牌的，在这种场合下，介入程度就比较高，他的决策能力就会表现出风险体验较大，但又比较谨慎、麻利的特点。

在特殊情况的购物环境中，消费者的购买决策能力会有更明显的表现。比如在商品涨价时，顾客出现大量抢购的情况下，平时决策速度快的消费者会及时地做出判断，以最快的速度做出决策是否加入到购买商品的队伍中去；而在平时购买商品时，购买决策表现为犹豫不决、思前想后的消费者来说，面对商品大幅度涨价，很多人又在抢购的现象，就会产生更多的心理矛盾和冲突，甚至会手足无措。

④自我保护能力。消费者保护自己的消费利益的能力，是消费能力中很重要的一种能力。在我国，由于市场经济的秩序刚刚建立，在商品的购买和消费过程中，还存在着许多侵犯消费者利益的情况。而解决这些侵犯消费者权益的问题，一方面必须依靠更加完善的法律制度和消费者协会的工作；另一方面还需要消费者不断增强自我保护能力，在各种侵犯消费者权益的问题即将和已经发生的时候，消费者能够设法维护本人的消费利益。

（2）消费能力形成和发展的条件

①教育与培养。消费教育对消费技能的提高有重要作用。消费教育一般是工商企业通过各种可能的途径采用各种方式有计划、有组织、有目的地对消费者进行影响，如向消费者传递商品信息，讲解商品知识，传授保养维修方法，示范使用操作技术等。通过教育与培养，使消费者掌握挑选、比较、评判、购买及使用等知识和技能，在学习和训练中促进消费技能的提高。企业积极、正确地引导消费，既可以帮助消费者提高消费质量，又可以提高企业的商誉。比如，联想集团在20世纪90年代开办"顾客学校"，每月在双休日开课两次，系统讲

授电脑知识，并且接受消费者的现场咨询。也是在那个时期，格兰仕集团通过电视节目教消费者用微波炉做中餐。还可以通过一些促销方法，如试尝、试穿、试用和体验营销来培养消费者的消费能力。

②消费者个人消费实践。消费能力的提高不能离开个人努力和消费实践活动。在一次次的购买活动中消费者不断积累知识和经验，形成和发展自己的消费技能。比如，在20世纪90年代初期，很多城镇消费者在地摊上买东西，在农贸市场买蔬菜、在服装街个人柜台买服装时，知道可以杀价，但是怎样杀价容易成功，这方面的技能就比较差。到20世纪90年代后期，很多消费者已经掌握了购物杀价的秘诀。比如，热销商品不易杀价，应季商品不易杀价，刚开卖时不易杀价，货品齐全时别去杀价，不挑毛病不杀价，购买欲强时别去杀价，多买几样东西易杀价，货比三家再杀价。消费实践活动是消费者能力提高的决定性条件，它制约着消费能力发展的水平。

（3）消费能力的差异表现

消费者的消费能力差异必然使他们在消费活动中表现出不同的行为特点，尽管人们的消费能力有高有低，但是总会在购买活动中以一定的方式表现出来。这就需要企业在经营中针对不同消费者的不同消费技能，提供不同的服务。从购买行为来看，消费者的消费能力由高到低分别分为四种类型，即：

①成熟型。此类消费者对于购买的商品不仅仅非常了解，而且有长期的消费经验，甚至有长期的消费习惯。对于该商品的性能、价格、质量、生产情况等方面的信息非常熟悉，甚至可以说是这一类商品方面的专家，他们的消费经验完全有可能超过购物场所的售货员，对于商品的了解和熟悉程度也比售货员要强得多。此类消费者在购买商品的时候，有明确的购买目标，注重从总的方面去综合性地评价商品的方方面面，同时能够很内行地在同种或同类商品中进行比较、选择。这类消费者在选择中很自信，往往胸有成竹，有时会向售货员提出关键性问题。在购买过程中不会轻易接受商业广告的宣传、售货员的各种推荐，不易受购物现场情况的影响，决策过程是根据自己的需求而定，考虑问题既理智又富有经验。但是这一类消费者毕竟是少数。

②熟练型。此类消费者有比较明确的购买目标，了解较多有关的商品知识，有比较丰富的消费经验，而且对商品的价格、质量、性能等方面比较熟悉，但是如果要让他们真正地鉴定商品某一方面的特点时，他们又会出现"吃不准"的情况，感到自己还没有真正把握。虽然购买商品一般不需要别人的参谋，但是在感到自己"吃不准"的情况下，他们会偶尔地请别人参谋一下。此类消费者一般不反对商品广告宣传和购物现场营业员所提供的有关商品信息，但是他们会进行认真地分析、判断、比较。在购买过程中，购买目标明确能够通过语言清晰、准确地表达自己的购买要求，购买决策过程一般较为顺利，易于为售货员掌握。

③平常型。此类消费者进入商店前已有大致的购买目标，掌握部分有关商品的知识，本人的消费经验平平或较少，了解商品主要通过广告宣传、售货推广抑或是他人的介绍，所以了解商品的程度不深。愿意售货员给他们介绍商品的各种特点或者在服务中补充他们欠缺部分知识，而且希望有其他顾客现场购买，这样可以反映出商品的各项特点，便于自己做出分析和评价。对于这类消费者，如果售货员的服务态度热情、诚恳、给他以信赖的感觉，那么就会顺利地完成一次购买活动。如果售货员及购物环境中的其他因素给他留不下好的印象，那么他很可能会取消此次购买活动。

④缺乏型。这是相对而言的或者是就消费者对某一具体商品的认知而言。此类消费者缺乏有关的商品知识，没有购买和使用经验，挑选商品常常不得要领，犹豫不决，希望售货员多做介绍，详细解释。他们容易受广告宣传的影响，容易受其他消费者或售货员、购物环境的影响，容易产生"后悔"心理。对于这类消费者，要求售货员不要怕麻烦，主动认真、实事求是地介绍商品，至于新产品的广告宣传也要注意实事求是，以便消费者真正掌握新产品的各项性能，缩短提高消费技能的时间。

在现实生活中，即使是同一类型中的消费者，由于性别、年龄、职业、经济条件、心理状态、空闲时间和购买商品的种类、数量等方面的不同，以及购买环境、购买方式、供求状况、销售员的仪表和服务态度等方面的不同，也会引起消费者购买行为上的差异。

2. 气质

日常人们所说的气质，常常指一个人的风格、风度或某种职业上所具有的非凡特点。气质是人典型的、稳定的心理特点，是人天生的、表现在心理活动动力方面的个性心理特征（即人们常说的性情、脾气与秉性）。简单地说，气质是心理活动的动力特征，包括三个方面：一是心理过程的速度和稳定性（如知觉快慢、思维是否灵活、对事物注意时间长短）；二是心理过程的强度（如情绪的强弱、意志努力的程度）；三是心理活动的指向性（是倾向于外部事物，从外界获得新的印象，还是倾向于内部，经常体验自己的情绪，分析自己的思想和印象）。人们的气质不同就表现在这些心理活动的特征的差异上。

个人的气质不受个人活动的目的、动机和内容的影响。气质是个人最一般的特征，它影响个人活动的各个方面。气质受神经系统特性的影响，更多地由个体先天特性所决定。气质给个体行为染上个人独特的色彩，但并没有好坏之分。婴儿出生时，就表现明显的气质差别，如有的爱哭爱闹，四肢活动较多，有的比较安静，较少啼哭。这些差异说明人的气质特征主要是由神经系统的先天特征造成。再让我们看看消费者，有着某种气质类型特征的消费者，常在内容全然不同的活动中透露出同样性质的动力特点。比如，一个平日工作中情绪易于冲动的人到商店买东西，碰到自己满意的商品时喜形于色，迫不及待想买到手；对于购买现场的POP广告、陈列和其他消费者的行为敏感，反应强烈；一旦排队等候时间长便焦躁不安；若遇售货员冷遇会大动肝火。而一个平日里沉默寡言的人到商店买东西，一般不爱多说多问，对周围环境的影响和刺激反应淡漠，排队等货或遭冷遇都能默默忍耐。有时候消费者的气质特点不是一进商店就鲜明地反映出来，而是在其一系列的购买行为中逐步显露。

气质的类型有气质体液说。公元前5世纪，古希腊著名医生希波克拉特观察到不同的人有不同的气质。他认为不同气质是由于人体内体液（血液、黄胆汁、黑胆汁和粘液）所占的比例不同而形成的，并据此把人的气质分为四种类型：在体液的混合比例中血液占优势的人属于多血质；黄胆汁占优势的人属于胆汁质；粘液占优势的人属于粘液质；黑胆汁占优势的人属于抑郁质。他们的表现如下：

①胆汁质者：直率、热情、精力旺盛、情绪易于冲动，心境变化剧烈，脾气暴躁。

②多血质者：活泼、好动、敏感、反应迅速、喜欢与人交往，注意力容易转移，兴趣广泛但不持久，情绪变化快。

③粘液质者：安静、稳重、反应缓慢、沉默寡言、善于克制忍耐，情绪不易外露，注意力稳定难于转移，惰性较强。

④抑郁质者：孤僻、行动迟缓、情绪体验深刻、善于细心观察别人不易观察的事物和人

际关系、敏感、多疑。

希波克拉特根据人的体液所占的成分划分人的气质类型是缺乏科学根据的，但因为表述通俗，一直沿用至今。但是各种气质类型既有积极的一面，也有消极的一面。在现实生活中，纯粹属于某一种气质类型的人是极少见的，由于客观环境及个人发育的影响，大多数人是以某一气质类型为主，而又兼有其他类型的一些特点的混合型，或介于各种类型间的某种过渡型。

消费者购买行为中的气质特征从消费者气质类型上看，由于气质类型不同，他们的消费行为表现出特有活动方式和表达方式。如主动型与被动性，理智型与冲动型，果断型与犹豫型，敏感性与粗放型。

胆汁质的消费者在购物中喜欢标新立异，追求新款奇特、具有刺激性的流行商品。他们一旦感到需要，就很快产生购买动机并干脆利落地迅速成交，但又往往不善于比较，缺乏深思熟虑。如果遇到营业员怠慢，也会激起他们烦躁的情绪和激烈的反应，体现出冲动型的购物行为特点。

多血质的消费者善于交际，有较强的灵活型，能以较多的渠道得到商品信息。这类消费者对于购物环境等陌生人有较强的适应能力，因而在购物时观察敏锐，反应敏捷，易于与营业员进行沟通。但有时其兴趣与目标往往因为可选择的商品过多而容易转移或一时不能取舍，行为中常带有浓郁的感情色彩，兴趣常发生变化，体现出想象型和不定型的购物行为特点。

粘液质的消费者在购物中比较谨慎、细致、认真。大都比较冷静、不易受广告宣传、商标、包装等干扰，很少受他人的影响，喜欢通过自己的观察、比较做出购买决定。对自己熟悉的商品会积极购买，并持续一段时间，对新商品往往持审慎态度，体现出理智型的购物行为特点。

抑郁质的消费者在购物中往往考虑比较周到，对周围的事物很敏感，能够观察别人不易观察的细枝末节。其购物行为拘谨，拖泥带水，谋而不断，一方面表现出缺乏购物主动性，另一方面对他人的介绍不感兴趣或多疑不信任，体现出谨慎型、敏感型的购物行为特点。

气质对于消费者购买行为的影响主要是通过上述气质类型表现出来的。当然在现实生活中，由于消费者受环境因素的影响，属于典型气质类型的人很少，多数人是属于混合型的。但是作为营销工作者，学会根据消费者在购买活动中的行为表现，发现和识别消费者在气质方面的特点，有针对性地进行销售服务，这样可以更好地满足消费者的需求，保证营销工作的有效性。

3. 性格

性格二字希腊文原义有"刻印""特点""标志"的含义。性格是一个人对现实的态度和习惯的行为方式中所表现出来的较为稳定的心理特征。性格是个性心理特征中最重要的方面，性格是稳定的、独特的心理特征；性格是个体的本质属性，在个体心理特征中起核心作用，决定消费者的活动内容和方向；性格有复杂的结构，表现态度体系、情绪、意志、理智等方面。它包括个人对事物的好恶和评价，并以一定的形式表现在自身行为活动中，构成了个人所特有的行为方式。因此，我们可以根据一个人的性格特点，预测他在某种情境的行为表现。

性格和气质既有区别又有联系。联系：气质是性格形成的基础，性格可以掩盖甚至改变气质的某些特征。不同气质类型的人均可以培养积极的性格特征。气质影响性格的动力功能。气质影响性格特征的形成、发展的速度。性格比气质更能突出反映个体的心理面貌。区别：

气质是先天形成的，性格主要是后天形成的。气质表现的范围较窄，性格表现的范围十分广泛。气质无好坏之分，而性格明显带有倾向性。气质的可塑性小，变化缓慢；性格可塑性大，易培养和改变。气质和性格又是相互制约的。气质可以按照自己的动力方式，给性格染上独特的色彩。在购买活动中，同是认真的性格，多血质的消费者挑选商品时动作干脆利索，情感溢于言表；粘液质的消费者挑选商品时却是默默无言，动作缓慢。所以，有不同气质类型的人，可以形成同样的性格特征；而相同气质类型的人，又可以带有同样动力色彩而性格各异。气质还影响性格特征形成和发展的速度。反过来，性格一经形成可以在一定程度上掩盖或改造气质，使它服从于生活实践的要求。

性格是十分复杂的心理构成物，包含多方面的特征。按消费者心理活动过程的特点划分：理智型、情绪型、意志型；按照消费者心理活动的倾向性划分：内向型、外向型、被动型、主动型；按消费态度划分：顺从型与独立型、奢侈型与节俭型、谨慎型与自由型、习惯型与挑剔型。消费者的性格正是通过不同方面的性格特征表现出来的，并由各种特征有机结合，形成独具特色的性格统一体。

应该指出的是，上述按消费者态度和购买方式所做的分类，甚至从市场营销角度所做的分类，只是为了便于我们了解性格与消费者行为之间的内在联系，以及不同消费性格的具体表现。现实购买活动中，由于周围环境的影响，消费者的性格经常难于按照原有面貌表现出来。所以在观察和判断消费者的性格特征时，应特别注意其稳定性，而不应以一时的购买表现来判断其性格类型。

4. 兴趣

个性倾向性是指人在与客观现实交互作用的过程中，对事物所持有的态度和意识倾向，兴趣是一个人积极探索某种事物的认识倾向。个性决定着人对现实的态度，决定着人对认识活动的对象的趋向和选择。个性倾向性是个性系统的动力结构。它较少受生理、遗传等先天因素的影响，兴趣不是天生的，它是在社会实践中产生和发展起来的。需要是兴趣产生和发展的基础，需要是个性倾向性乃至整个个性积极性的源泉，只有在需要的推动下，个性才能形成和发展。而价值观属于最高指导地位，它指引和制约着人的思想倾向和整个心理面貌，它是人的言行的总动力和总动机。由此可见，个性倾向性是以人的需要为基础、以价值观为指导的动力系统。个性倾向性体现了人对社会环境的态度和行为的积极特征，对消费者心理的影响主要表现在心理活动的选择性、对消费者的态度体验和消费行为模式上。

兴趣的类型：按兴趣的内容与倾向性划分为物质兴趣与精神兴趣。按兴趣与不同对象的关系分为直接兴趣与间接兴趣。按意识对兴趣参与的程度不同分为情趣与志趣（爱好）。

兴趣的特点的独特性指不同消费者主体所体现的，由一般心理活动和独特的个性倾向，以及个性心理特征组成的各自独有的精神面貌。正是这些独具的精神面貌，使不同的消费者的个性带有明显的差异性；整体性指消费者主体的各种个性倾向和个性心理特征以及心理活动过程都是相互协调、有机联系在一起的。比如，消费者的气质是多血质，其性格往往表现为开朗善谈，精力充沛，其应变能力、交际能力和活动能力都比较强；稳定性指消费者经常表现出来的，表明消费者个人精神面貌的心理倾向和心理特征。偶然的行为和心理不能体现个性，比如，一个比较理智的消费者偶然表现出冲动的购买行为，不能把他算作冲动型的购买者。可塑性，指消费者个性的稳定性是相对的。随着环境的变化、年龄的增长和消费实践活动的改变，个性也是可以改变的。

5. 消费者的自我概念

自我概念也称自我形象，是指个人对自身一切的知觉、了解和感受的总和。换言之，即自己如何看待自己。自我概念回答的是"我是谁"和"我是什么样的人"一类问题，它是个体自身体验和外部环境综合作用的结果。一般认为，消费者将选择那些与其自我概念相一致的产品、品牌或服务，避免选择与其自我概念相抵触的产品、品牌和服务。正是在这个意义上，研究消费者的自我概念对企业营销特别重要。

自我概念是个人在社会化过程中，通过与他人交往以及与环境发生联系，对自己的行为进行反观自照而形成的。其中主要受到四个方面因素的影响。

（1）通过自我评价来判断自己的行为是否符合社会所接受的标准，并以此形成自我概念。比如，把有的行为归入社会可接受的范畴，把有的行为归入社会不可接受的范畴。人们对自己的行为进行反复不断的观察、归类和验证，就形成了相关的自我概念。

（2）通过他人对自己的评价来进行自我表现评价，从而形成自我概念。他人评价对自我评价的影响程度取决于评价者自身特点和评价内容。通常评价者权威性越大，与自我表现评价的一致性越高，对自我概念形成的影响程度也就越大。

（3）通过与他人的比较观察而形成改变和自我概念。人们的自我评价还受到与他人比较的影响，比较的结果相同或不同，超过或逊于他人，都会在一定程度上改变人们的自我评价，并驱动他们采取措施修正自我形象。

（4）通过从外界环境获取有利信息，来促进和发展自我概念。人们受趋利避害的心理驱使，往往希望从外界环境中寻找符合自己意愿的信息，而不顾及与自己意愿相反的信息，以此证明自己的自我评价是合理的和正确的，这一现象证明了人们经常从自己喜欢的方面来看待评价自己。

3.4.3 消费者个性的营销运用

消费者个性的营销运用有助于消费者积极认识商品，促发购买动机；使消费者具有不同的偏好，选择不同的商品；使消费者集中精力获得各种知识，更好地完成购买活动。只有不断进行产品创新，才能永葆企业青春活力。重视消费者心理需求的分析研究、加强产品心理属性的开发，重视产品的品味、形象、个性情调。根据对消费者自我意识结构的分析，可以清楚地看到，消费者购买某些品牌的产品，是为了保持和提高他所追求的自我形象。消费者对自我意识的关心使他们把自己占有或希望占有的商品与这些商品对他们自己以及对其他人的意义联系起来。消费者购置商品的许多决定背后的动机往往是想获得某种商品、劳务、品牌、商店等所象征的意义，当某项商品所象征的意义与消费者已有的或希望获得的自我意识一致时，他就想购买该商品。

对消费者的个性研究也可以很好地为树立企业品牌服务。当今社会，商品如山，品牌如云，产品同质化现象非常严重，加之随着消费者需求的转变，消费者往往更愿意购买有明显品牌个性的产品。我们从消费者个性角度研究出发，使品牌个性切合消费者需求，凸显消费者个性，从而激发消费者的购买欲望，选购可以代表自己个性的品牌，从而提升消费者的购买力和品牌价值。

现代市场营销观念，就是"顾客至上"。企业要以顾客为中心，一切从顾客的角度进行考虑，也包括心理因素。在市场竞争日趋激烈的今天，取得竞争优势的关键是产品或服务差异化。定位为产品或服务的产异化提供了机会，但定位的对象不是产品，而是针对潜在顾客的购买心理，企业定位也一定要从目标顾客的购买心理出发，进行市场细分的预测分析。但把其作为消费者购买产品指导宝典，显然只研究消费者的个性是不足的。

小链接

运用个性预测购买者行为

大多数个性研究是为了预测消费者的行为。心理学和其他行为科学关于个性研究的丰富文献促使营销研究者认定，个性特征应当有助于预测品牌或店铺偏好等购买活动。在20世纪50年代，美国学者伊万斯（Evans）试图用个性预测消费者是拥有"福特"汽车还是"雪佛兰"车。他将一种标准的个性测量表分发给"福特"和"雪佛兰"车的拥有者，然后对收集到的数据用判别分析法进行分析。结果发现，在63%的情形下，个性特征能够准确地预测实际的汽车所有者。由于在随机情况下这一预测的准确率也将达到50%，所以个性对行为的预测力并不很大。万斯由此得出结论，个性在预测汽车品牌的选择上价值较小。几个后续研究虽然发现了关于个性与产品选择和使用之间存在相关关系的证据，但个性所能解释的变动量是很小的。迄今为止，即使是颇具结论性的研究中，个性所能解释的变动量也不超过10%。个性对行为只有较小的预测力，实际上并不奇怪，因为它只是影响消费者行为的众多因素中的一个因素而已。即使个性特征是行为或购买意向的有效预示器，能否据此细分市场还取决于很多条件。

本章小结

3.1 了解消费者动机的相关要素

未满足的需要产生个体动机，对于消费者的购买行为来说，动机产生激发了购买行为，引导和选择以及维持和强化了消费者的行为目标。动机也有内隐性、复杂性、主导性、冲突性四大特征。由于需求的多样性，消费动机也是多种多样的。

3.2 了解动机的几种相关理论

马斯洛需求层次理论：生理、安全、社交、尊重、自我实现需要。

唤醒理论：个体追求适度唤醒潜力的刺激物是为了保持一定适度的兴奋水平。

赫茨伯格双因素理论：保健因素是与不满情绪相关的因素，激励因素是与满意情绪相关的因素。

麦克利兰三种需要理论：人后天会产生成就、权力、归属的需要。

3.3 解释动机是如何测定和运用的

动机的测定方法有：观察法、自述法、投射法。各具特色，只有正确选择和使用动机的测量方法，才能达到预期目标。

语句完成法、主题统觉测试、角色扮演法都是动机在实际营销活动中的具体运用。

3.4 描述消费者个性及其成因和影响

消费者个性有共性也有明显差异，这主要是由于消费者的能力、气质、性格、兴趣倾向特征及自我意识等方面的因素造成的。认识到这些共性和差异才能更好地理解消费者行为的心理过程，才能对消费者的购买行为进行研究和诱导。

能力培养指导

- 消费者的个人内在能量、行为的源泉是怎样产生的？动机产生的过程是怎样的？
- 消费者为什么需求某种商品或劳务？
- 动机的功能和特征有哪些？
- 为什么从多种商品中选购了某种牌号的商品？
- 消费者动机的分类？
- 动机的理论有哪些？从消费行为分析角度看，这些理论的重要性是什么？
- 动机的测定方法有哪些？
- 为什么消费者对商品广告有截然不同的态度？
- 消费者的行为是怎样维持的？
- 针对不同气质类型的消费者，营销人员应采取哪些策略促使其坚定购买信心，采取购买行动？
- 试述气质与性格的关系。
- 简述影响能力发展的因素有哪些。

案例应用 1

养生堂的纯净水之争

2000年4月24日，海南养生堂有限公司钟总裁宣称，经实验证明纯净水对健康无益，"农夫山泉"从此不再生产纯净水，而只从事生产天然水。不出几天，国内饮用水业就有了反应，有些纯净水商家联合抗议海南养生堂"诋毁纯净水"的"不正当竞争"行为，并表示必要时将诉诸法律。

此次养生堂公司通过浙江大学生物医学工程学院博士后白海波主持的"水与生命"课题组对动物、植物和细胞所做的一系列实验研究向人们表明：天然水中含有的钾、钠、钙、镁等离子，对维持生命的正常态生长极为重要，而纯净水与之相比有着显著的差异。因此，养生堂有限公司钟总裁宣布，"农夫山泉"本着为消费者健康负责的态度决定从此以后不再生产一瓶纯净水。

由于我国生活饮用水存在着管网和二次供水输送过程的污染问题，城市居民对于包装饮用水需求年年增长。一份材料显示，中国瓶装水总销售量在1999年已达到29亿升，跃居亚洲第二，这一数字比前一年激增21%，而自1995年以来，中国市场平均每年的增长也均超过20%。据预测21世纪初是我国包装饮用水工业发展的大好时机。

一项调查显示，城市居民中已有近10%的人经常饮用纯净水，另有40%的人对纯净水持接受态度，34%的人抱无所谓态度，而持排斥态度的人仅占不到6%。记者从娃哈哈了解到，往年的纯净水销售旺季一般为6个月，而近一两年已经延长至10个月。

据了解，农夫山泉直至1998年前半年以前还在一直从事纯净水的生产销售，放弃纯净水市场的竞争，据业内人士初步估计每年至少将损失上千万元，并且搁置一条纯净水生产线也会给其带来千余万元的损失。为何农夫山泉在一夜之间突然宣布不再生产一瓶纯净水产品呢？

南京一水厂负责人认为，不排除这是农夫山泉商业上的一项炒作；另有成都某桶装水厂负责人分析，这是农夫山泉在纯水销售不好的情况下，想退出纯水市场这种尴尬局面而策划的一个销售卖点。他认为农夫山泉此次公布的"研究成果"是在国内矿泉水（天然水）发展日渐衰落时误导和混淆大众视听。也有业内人士认为，养生堂这种策划真正的目的是推出其农夫新产品奥运新装天然水。

无论舆论和同行如何评价，农夫山泉此次的策划活动可谓取得了预期的轰动效应，他们将矛头直指纯净水，虽然停止纯净水的生产会给企业带来一定的损失，但也有积极的一面。首先，原来该公司纯净水占有的市场份额并不十分理想，舍掉纯水市场，集中力量全力进军天然水市场也算是扬长避短，而争夺国内天然水第一把交椅对于"农夫山泉"来说显然容易得多；其次，充分利用自己已有的资源。资源之一即水源，早在1996年该公司即与当地政府签署合同，享有千岛湖二十年独家开发权。资源之二即投巨资兴建的两个设备先进的水厂，且不说纯水与天然水之争会有何结果，农夫山泉的"天然"态度已是昭然天下，这可是花多少广告费也买不来的效果。

【讨论题】

1. 你认为海南养生堂放弃生产纯净水的真实原因是什么？
2. 海南养生堂通过电视广告和其他公关活动宣传引用纯净水对人体的健康无益，为什么这些广告能够引起消费者的广泛注意，在消费者之中引起强烈的反响？
3. 你本人是否受到了海南养生堂的广告和宣传的影响？是否减少纯净水的饮用而多喝矿泉水了？

案例应用 2

好妈妈时尚商城的开店策略

张先生是某财经大学营销专业的毕业生，在北京某高科技公司从事企业发展管理工作。张先生具有开阔的视野，一直跟踪研究新的营销模式和手段。他注意到，随着社会环境的快速变化，社会生活的节奏加快，消费者的购买行为发生了很大的变化，电子商务以及网络购物的兴起成为一种新的时尚。于是，张先生决定也开一家网店进行尝试。

为了开好网店，张先生运用所学过的市场营销知识对消费者的网络消费行为进行了深入研究。他发现，消费者购买动机的转变是网络购物兴起的直接原因和动力。这些动机主要有：第一，方便性动机。现代社会的生活节奏非常快，尤其是大城市的白领阶层，平时由于工作繁忙，无暇购物。因此，网络购物是适应现代生活的新型购物方式，可以帮助消费者节省大量的体力和精力，使得消费者购物更加方便。第二，求廉动机。网络销售是一种直销模式，它免去了大量的中间环节，再加上没有租赁店铺、仓库、水电、员工工资等费用，所以，同样的商品在网上商店的销售价格一般要比实体店的销售价格便宜。第三，追求时尚的动机。网民尤其是年轻人之所以愿意进行网络购物是因为他们认为这是一种时尚。这种时尚体现在两个方面：一方面，通过网络购物本身就是一种时尚，如果自己连网络购物都没有尝试过，往往会在朋友们面前觉得很没有面子，进行网络购物则可以达到心理的平衡；另一方面，网络商店的商品大多数比较新颖、时尚，很可能本地没有此类产品，而通过网络购物就比较容易满足这种需求，以展示自己独特的个性和魅力。第四，好奇性动机。网络购物是一种新鲜事物，而且这种网络虚拟商店又打破了时空和地域的界限，全国乃至全世界的产品都可以聚集到网络上，这就激发了消费者的好奇心，希望体验网络购物的与众不同之处。通过这些分析，张先生坚定了开网店的信心。

经过认真的考虑，张先生将他的网店命名为"好妈妈时尚商城"，专门从事准妈妈服装的销售。张先生联系了国内著名的生产孕妇装的生产厂家，取得了网络销售代理权。这样做的好处是张先生基本可以不用大量进货，只需进少量的样品即可，节约了大量的开店费用，只花了几千元钱就把网店开了起来。

张先生在网店的营销上还下了很大功夫。为了便于传播，他花了几百元钱将网店"装修"了一番。此外，张先生还特别注重建立客户关系，以优质的服务取得消费者的信任。有一次，一个客户反映说她收到的衣服的扣子坏了一个，张先生二话没说，特地花了十元钱让快递公司给她又送去了两粒扣子。由于张先生的信誉好，货物价廉物美，他的网络商店很快便红火了起来。客户不仅遍布全国，连远在美国、加拿大的网民也成了他的客户。很快，张先生网店的月收入便达到了五千多元。

【讨论题】

1. 消费者进行网络购物的动机有哪些？
2. 张先生的网络营销策略是什么？

第4章 学习与记忆

 学习目标

4.1 学习概述；
4.2 学习理论；
4.3 记忆与遗忘。

实践中的消费者记忆

在市场激烈的竞争中，每个企业都力图使自己的产品以及企业的整体形象广为人知，并能深入人心，为此想尽法子，用尽手段。但对消费者而言，面对如此众多的企业和产品，要让他们记住其中的某一个并非易事，更别说印象深刻了。

1999年农夫山泉的广告开始出现在各类电视台，而且来势汹涌，随之市场也出现了越来越热烈的反应，再通过跟进的一系列营销大手笔，农夫山泉一举成为中国饮用水行业的后起之秀，到2000年便顺理成章地进入了三甲之列，实现了强势崛起。历来中国的饮用水市场上就是竞争激烈、强手如云，农夫山泉能有如此卓越表现，堪称中国商业史上的经典。而这个经典的成就首先启动于"农夫山泉有点甜"这整个经典中的经典，这句蕴含深意、韵味优美的广告语，一经出现就打动了每一位媒体的受众，令人们牢牢记住了农夫山泉。

评述

农夫山泉为何会有如此非同凡响的效果？原因正在于它极好地创造了一个记忆点，正是这个记忆点征服了大量的媒体受众，并使他们成了农夫山泉潜在的消费者。

4.1 学习概述

4.1.1 学习和消费者学习

1. 学习的定义

心理学家认为，人和动物的行为有两类：一类是本能行为，一类是习得行为。本能行为是通过遗传而获得的种族经验。比如鸭子浮水、蜜蜂筑巢、鸟会飞。习得行为是动物和人类个体在后天适应环境的过程中通过学习而获得的经验。马戏团的动物会钻圈、骑自行车都是后天学习的结果，人类从出生到死亡也在处于不断学习的过程，所以学习对我们来说是一件熟悉的事情。

在第二章中,我们将知觉过程描述成刺激被感知、被转化为信息并被存储在头脑中的一系列活动。它包括暴露或展露、关注、解释,最终产生记忆。"学习"是用来描述有意识或无意识的信息处理导致记忆和行为改变这一过程。对于学习的定义,学者并没有达成一致,我们在这里给学习下这样一个定义,学习是指人在生活过程中,因经验而产生的行为或行为潜能的比较持久的变化。该定义包含以下三个要点:

首先,学习因经验而生。习惯、知识、技能、观念以及生活活动,均属个体的经验。因经验而产生的学习大致有两种类型:一种是经由有计划的练习或训练而产生的学习,比如通过参加一个驾校学习汽车驾驶;另一种我们可以通过观察那些影响他人的事件获得经验,即使我们没有做任何尝试,我们也在学习。比如看到电视节目,从一个节目中学习了一个生活小窍门。

其次,学习导致主体的行为或行为潜能的改变。如果你把汽车开回了家,很显然已经完成了开汽车的学习。有时个体通过学习获得的不会立即通过行为的变化外显出来,比如看了很多文学巨著,可能不一定成为作家开始写作,但可能对个体的价值观念和将来对待某些事物的态度产生潜在的影响,这就属于改变了个体的行为潜能。

最后,学习所引起的行为或行为潜能的改变是比较持久的。当我们学会了开车、烹饪、游泳等技能,即使很长时间不进行相关练习,也不会忘记。对于知识观念的学习,学习内容有时会被遗忘或被新的内容所取代,但相对于那些暂时性变化,它们保持的时间也还是比较长久的。所以短暂的行为或者行为潜能改变不视为学习。

2. 消费者学习

消费者学习是个体获取购买及消费知识和经验以用于未来相关行为的一个过程。消费者学习是一个过程。学习过程伴随着新知识的获取或者经验的发展变化,而获得的新知识和经验会为未来的相似情况下的行为提供基础。消费者学习分两种情况:一种情形是有意识的行为,比如想购买一部手机,需要获取手机功能、品牌等相关知识;但是还存在着一种情形就是,消费者学习有时是无意识的偶然获得,比如无意间在电视里看到了一个商品的广告,记住了商品的信息,甚至还能因此引发有意识的主动学习。

4.1.2 消费者学习的作用

1. 通过学习获得有关购买的信息

获取商品信息是购买的第一步,通过学习可以获取商品知识,比如功能、材料、价格、品牌等内容。

2. 促法联想

学习可以将商品符号所代表的知识与消费者认知结构中已经存在的某些观念建立自然的和合乎逻辑的联系。比如,用"健力宝"作为饮料商标,消费者自然会产生强身健体之类的联想;想到"奔驰"就会联想到速度,看到"飘柔"商标就能使之与柔顺、飘逸等遐想相联系。从而激发购买动机。

3. 影响消费者的态度和对购买的评价

通过学习了解商品知识之后,消费者就会有可能对特定商品产生相对稳定的心理倾向,产生积极或者消极的态度,而态度是一种习得性的倾向,需要通过学习才能获得。学习还能影响购买的评价,当我们购买了商品后,获得了该商品的使用经验,才能对其进行有效的评价。

4.2 学习理论

4.2.1 行为学习理论

目前关于学习的有关理论主要有两大类：行为主义学习理论和认知学习理论。行为主义学习理论也称刺激—反应理论，主要包括经典条件反射理论和工具性条件反射理论。行为主义学习理论认为学习是外部事件引起的反应，人们生活时所收到的反馈塑造了他们的经验。例如由于购买某种商品受到了称赞就会下次再次购买这种品牌的产品，而去了一家口味不佳的餐厅，下次则不会再去光顾了。

1. 经典条件反射理论

经典性条件反射理论是由俄国生理学家伊万·巴甫洛夫（Ivan Pavlov）提出来的。该理论认为，借助于某种刺激与某一反应之间的已有联系，经由练习可以建立起另一种条件刺激与已知反应之间的联系。这一理论是建立在著名的巴甫洛夫狗与铃声的实验基础上的。在该实验中，巴甫洛夫发现，当实验助手将食物放入狗的口中，狗的唾液分泌量开始增加。这是一种自然的生理现象，是狗的一种本能反应，本不足为奇。但随后巴甫洛夫进一步发现，将条件刺激（铃声）和已知的刺激（狗吃肉时分泌唾液）相联系，在食物进狗的口之前先摇铃，此后，当听到铃声，狗的唾液分泌量就开始增加。后来则发展到未见食物只见到送食物的助手，甚至只听到助手走来的脚步声，狗的唾液分泌量便开始增加。当条件刺激和无条件刺激多次配对后，条件刺激的作用就有可能发生，重复配对能增加刺激—反应联结的强度，防止这一联结在记忆中衰退。所以当万宝路香烟把香烟和西部牛仔形象在广告中放到一起，就建立了一种联系，以至于见到牛仔形象就能想起万宝路香烟。

2. 工具性条件反射

工具性条件反射，又称操作性条件反射，指个体习得产生积极结果并避免消极结果的行为，是由美国著名心理学家斯金纳提出来的。他用这个理论教会了鸽子打乒乓球和跳舞，从而证明了工具性的反射条件是通过系统的赏罚来获得希望的行为。

工具性条件反射理论的基本思想实际上很简单，归结到一点就是强化会加强刺激与反应之间的联结。工具性条件反射有四种发生方式：

（1）正强化

正强化是能加强某种特定行为的可能性事件的组成。例如，如果消费者买了去屑洗发水，感觉自己的头屑大大减少，可能下次还会购买这种洗发水。在购买时给予现金折扣、赠送优惠券等，就会提高购物者未来在同一商店购物的可能性。

（2）负强化

负强化是一种为了引起某种特定行为的令人不愉快的消极的结果。在戒烟广告中经常出现的吸烟之后肺部变黑、牙齿变黄的图片，就是一个负强化，处于对不愉快的逃避，有可能就会规避抽烟的行为。

（3）惩罚

惩罚是反应后给予不愉快事件。例如，假设你进了一家商场，服务员对你的态度粗鲁，而且还嘲笑你的购物品味,你以后就会不来或少来这家商场。

(4) 衰减

衰减就是撤销对原来可以接受的行为的强化,由于一定时期内连续不强化,这种行为将逐渐降低反应频率,以致最终消失。衰减是一种无强化的过程,其作用在于降低某种反应在将来发生的概率,以达到消除某种行为的目的。

4.2.2 认知学习理论

和行为主义理论相比,认知学习理论强调人的内部心理过程,是研究人的认知过程来探索学习规律的学习理论。认知学习包括人们为解决问题或适应环境所进行的一切脑力活动。它涉及诸如观念、概念、态度、事实等方面的学习,这类学习有助于我们在没有直接经历和强化的条件下形成推理、解决问题和理解事物之间的各种关系。认知学习的范围从很简单的信息获取到复杂、创造性地解决问题。

1. 观察学习

消费者并不一定通过体验直接奖赏或惩罚来学习,而可以通过观察他人的行为和后果来调整自己的行为。另外,还可以运用想象预期行为的不同后果。这种类型的学习被称为观察学习,或者替代式学习或模仿。消费者买衣服可能特意观察其他员工上班时的穿着,或观察其他环境下包括广告中的"榜样角色"的穿着。在整个生活过程中,我们都在观察别人如何使用产品、在各种具体情境下做出何种行为。多数情况下我们对这些行为不太在意。然而,随着时间的推移,我们会了解在特定情境下哪些行为和产品是合适的,哪些是不合适的。

2. 推理

认知学习最复杂的形式是推理。在推理中,个体对已有的信息和新信息进行重新构造和组合以进行创造性思考。例如,在对数学公式的论证过程中,就用到了推理,用行为主义学习理论就不能解释这种学习行为。

4.2.3 学习理论在营销中的应用

1. 经典条件反射的营销应用

经典条件反射有三个基本概念:重复、刺激泛化和刺激辨别。这三个概念在消费者行为的策略应用中都很重要。

(1) 重复

在条件刺激和非条件刺激多次相互配对之后,条件作用效果才有可能发生。持续、反复地面对着这种配对能够增强刺激和反应之间的联系,并防止这种联结在记忆中淡化。正如上面所述的巴甫洛夫的实验,将条件刺激(铃声)和非条件刺激(肉)反复配对后,单一条件刺激就会让狗产生唾液。在营销领域,广告播放常常会应用到重复,有些营销学者认为需要三次广告接触,而另外一些人认为需要 11~12 次,其实重复多少次的问题比较复杂,因为重复的效果还受竞争者广告的影响,竞争者广告水平越高,次数越多会干扰到对原广告的记忆和学习。

(2) 刺激泛化

刺激泛化是指与条件刺激相似的刺激所引起相似条件反应的趋势。例如巴甫洛夫的实验发现狗不仅会听到铃声会流口水,在听到类似的钥匙声也会流口水。对刺激泛化在营销中有很多重要的应用,比如有很多厂商的广告或者产品包装设计看起来和行业领先者的广告或者包装极其类似，让消费者产生混淆，当然这对行业领先者企业来说，是个很大的损失。基于刺激泛化的策略包括：

①品牌延伸

品牌延伸是指营销者在原有品牌的基础上，将相关的不同产品嫁接在一个已经建立的品牌上，使新产品更容易被接受。帮宝适是消费者熟知的纸尿裤品牌，帮宝适针对儿童还开发了帮宝适湿巾、儿童化妆品等。

②家族品牌

公司将所有的产品都使用一个品牌，这种战略的假设是公司的品牌是消费者最喜欢的品牌之一。康师傅在食品行业是知名品牌，所以康师傅公司的所有产品，无论是方便面、饮料、饼干都用康师傅作为品牌名称。

（3）刺激辨别

刺激辨别是刺激泛化的相反一面，指对于相近但不同的刺激做出不同反应的过程。这是市场营销中定位理论的心理学基础。定位是希望在消费者头脑中建立一个独特的位置区分其他品牌和竞争者。例如白加黑感冒片通过独特的产品颜色及使用方法的诉求，以及农夫山泉独特的口味诉求，在感冒药和矿泉水两个同质化程度很高的市场环境下，做出了成功的定位。一般情况，市场上的领导者希望突出和同类产品的差异，而模仿者希望刺激泛化来模糊和市场领导者的差异，不会主动在表述上寻求和领先者的不同。

2. 工具性条件反射的营销应用

营销者会用很多的方式强化消费者，购买产品时的折扣、购买产品后的道谢以及电话回访以及寄送感谢信，都是鼓励消费行为的强化。在强化间隔的选择上可以选择持续强化或者间断强化。比如餐厅每次都给顾客在用餐后免费赠送水果就是持续强化，而消费满三次送一份免单的菜品就是间断强化。区别在于连续正强化一旦消失，对消费者购买行为的影响较大。而间断正强化能让消费者购买行为更持久。进而对于频繁购买产品的消费者，商家会通过各种强化来让这部分顾客满意，进一步提高顾客忠诚度，这种技术被称为频繁营销。

3. 认知学习理论的营销应用

如果营销者对每个消费者的行为都要通过直接的强化的方式，成本会很高，但是通过观察学习，消费者会间接得到某种强化，这会大大简化营销者的工作。只需要向消费者传达这样的信息，诸如身边的人都在用这样的产品，社会中的榜样也在用这样的产品，消费者就会模仿榜样的行为去购买，所以这是在广告中经常看到名人做广告代言的原因。虽然这种方式看似简单，但是在应用的过程中比想象中要复杂很多。比如榜样的选择问题就是一个把许多复杂属性结合在一起的结果，能够让消费者去模仿的榜样的选择要从外表、特长和消费者的相似程度几个角度来衡量，而不能简单地从印象好和不好来描述。

4.3 记忆与遗忘

4.3.1 消费者的记忆

从上面的认知学习理论我们可以得知，不是所有的行为都需要重复尝试和直接强化。认知学习理论认为学习包括复杂的信息心理处理过程,而记忆是认知学习的开始。

记忆是过去经验在人脑中的反映。凡是人们感知过的事物、体验过的情感以及练习过的动作,都可以以映象的形式保留在人的头脑中,在必要的时候又可把它们再现出来,这个过程就是记忆。记忆既不同于感觉,又不同于知觉。感觉和知觉反映的是当前作用于感官事物,离开当前的客观事物,感觉和知觉均不复存在。记忆总是指向过去,它出现在感觉和知觉之后,是人脑对过去经历过的事物的反映。

从信息加工的观点看,记忆就是对输入信息的编码、贮存和提取的过程。在编码阶段信息用一种可以被识别的方式输入,在贮存阶段,这些知识和其他知识综合到一起存在记忆中,在提取阶段,当需要找到记忆力存储的信息时,个体获取这部分所需信息。消费者的记忆对于营销者而言至关重要,因为在购买决策时,消费者会用到头脑中记忆的产品信息,成为购物的线索。所以营销者为了让消费者能够保持习得的产品和服务信息,在广告中不遗余力地做出了各种尝试。

4.3.2 记忆的类型

信息加工观点认为,有三个不同的记忆系统:感觉记忆、短时记忆、长时记忆,这三个系统在信息加工中扮演了不同的角色。

1. 感觉记忆

感觉记忆,又称瞬时记忆,它是指个体凭视、听、味、嗅等感觉器官,感应到刺激时所引起的短暂记忆,其持续时间往往按几分之一秒计算。感觉记忆只留存在感官层面,如不加注意,转瞬便会消失。乘车经过街道,对街道旁的店铺、标牌、广告和其他景物,除非有注意,否则,大多是即看即忘,此类现象即属感觉记忆。感觉记忆按感觉信息原有形式贮存,它反映的内容是外界刺激的简单复制,尚未经加工和处理,因此,感觉记忆的内容最接近于原来的刺激。如我们走到面包店,会闻到店里烘烤食物的香味。这种感觉只持续几秒钟,但足以让这个人决定是否需要到店里去看看。

2. 短时记忆

短时记忆是指记忆信息保持的时间在一分钟以内的记忆。例如,我们从电话簿上查一个电话号码,然后立刻就能根据记忆去拨号,但事过之后,再问这个号码是什么,就记不起来了。此类记忆,就是短时记忆。

感觉记忆中的信息如果被注意和处理,就会进入短时记忆,而且,这些信息可以保持在一种随时被进一步处理的状态。也就是说,短时记忆中的信息可以自动而迅速地被提取,一旦需要对新输入的信息予以解释,长时记忆中的信息也可带入到短时记忆中来。实际上,短时记忆是这样一种即时的信息处理状态:从感觉记忆和长时记忆中获取的信息被带到一起同时处理。短时记忆中的信息经适当处理,一部分会转移到长时记忆系统,另一部分则会被遗忘。短时记忆的记忆量为5~9个信息项目,把信息项目编成组块可以提高短期记忆量。

3. 长时记忆

长时记忆是指记忆信息保持在1分钟以上,直到数年乃至终生的记忆。人们日常生活中随时表现出的动作、技能、语言、文字、态度、观念,甚至有组织有系统的知识等,均属长时记忆。

4.3.3 遗忘

每个营销者最头疼的问题就是消费者忘掉他们的产品。我们把无法从记忆提取相关信息的现象称为遗忘。为什么会遗忘？以下一些理论可以做出解释。

衰退理论认为，记忆随时间的推移而变弱直至消失。学习时的神经活动，会在大脑中留下各种痕迹，即记忆痕迹。如果学习后一直保持练习，已有的记忆痕迹将得到强化，反之，如果学习后长期不再练习，既有记忆痕迹将随时间的流逝而衰退。

干扰理论则认为，遗忘是由于记忆材料之间的干扰，产生相互抑制，使所需要的材料不能提取。为这一学说提供有力支持证据的是前摄干扰和倒摄干扰。以前学习的内容会干扰后面相关内容的学习就是前摄干扰；倒摄干扰是指新学习的材料对原来学习的材料的提取所产生的干扰与抑制作用。所以在铺天盖地的广告中，由于竞争者的广告的干扰，使消费者记住广告也变得非常困难。

对于遗忘的原因还有一种解释是由于压抑，压抑引起的遗忘，是由某种动机所引起的，故此它又称为动机性遗忘。这一理论，出自于弗洛伊德的精神分析说。弗洛伊德认为，回忆痛苦经验将使人回到不愉快的过去，为避免痛苦感受在记忆中复现，人们常常对这些感受和经验加以压抑，使之不出现在意识之中，由此引起遗忘。

4.3.4 记忆在营销中的运用

1. 利用信息提醒

提醒消费者注意企业想让其记住的内容。名片、短信、邮件、贺卡、社会化媒介，非常多的方式都能向消费者提醒企业或产品的相关信息，防止由于记忆衰退造成的遗忘。这点在互联网时代的今天变成了一个重要的促使消费者记忆的手段。

2. 利用线索

广告信息的处理和购买商品的行为往往有一定时间间隔，造成在购买的时候可能无法记起商品信息，直接的方法就是在商品包装上提供一些记忆的线索，这个线索与广告密切有关。比如我们熟悉的金霸王的广告，用到了一只敲鼓的粉色的兔子的形象，大多数人看过这个广告都对粉色的兔子产生了好感但并没记住品牌，所以该公司才在产品包装上印上了粉色的兔子作为记忆的线索。

3. 利用重复

重复是使短期记忆变成长期记忆的方法，所以商家不得不重复播放广告。为了让学习效果最大所用的重复次数取决于个人的情况和信息情况。如果对该商品有购买动机的消费者可能看一遍广告就记住了广告内容，反之可能需要很多次；广告信息量不仅很大，而且复杂，显然，也需要多次重复才能掌握所要传达的内容。重复次数并不是越多越好，重复对学习的正面影响是有局限性的，当到达一定次数以后，消费者对广告就会产生厌烦，继续重复就没有必要了。

4. 利用多元表征记忆

我们对直观的、整体的东西要比抽象的、局部的东西容易记忆。所以利用视觉、听觉、味觉、嗅觉、触觉形成统一的整体形象更容易让消费者记住。所以除了广告文案还有辅助图片、广告歌曲、甚至商品的具体使用方法的动作等就是为了促进记忆。正所谓广告界的名言：

"不要卖牛排，要卖滋滋声。"

  5. 利用易于记忆的刺激

  由于消费者在短期内所记住的信息有限，所以在做产品推广过程中一定要用简短易懂的语言高度概括信息内容，这样可以提高记忆效率。如："车到山前必有路，有路就有丰田车""简约不简单""钻石恒久远，一颗永流传"都是用简短的广告语言概括出产品属性和性格，同样在视觉层面的刺激同样也要直接易懂，如果看过广告之后不知所云，往往不会产生有效记忆。

本章小结

  4.1 学习是指人在生活过程中，因经验而产生的行为或行为潜能的比较持久的变化。

  4.2 学习的有关理论主要有两大类：行为主义学习理论和认知学习理论。行为主义学习理论也称刺激—反应理论，主要包括经典条件反射理论和工具性条件反射理论。行为主义学习理论认为学习是外部事件引起的反应，人们生活时所收到的反馈塑造了他们的经验。包括观察学习和推理。

  4.3 记忆是过去经验在人脑中的反映。记忆的类型包括感觉记忆、短期记忆、长期记忆。

  4.4 无法从记忆提取相关信息的现象称为遗忘。遗忘的原因可能来源于衰退、干扰和压抑。

能力培养指导：

- 营销者了解消费者学习遗忘规律，让其知道我们的营销活动。

思考题：

1. 行为学习理论和认知学习理论的区别是什么？
2. 如何应用经典条件反射理论于营销活动？
3. 记忆的类型有哪些？如何来区别？

第5章 消费者的态度

学习目标

5.1 掌握消费者态度的概念，了解消费者态度的影响机制和功能，理解ABC态度模型和效应层级理论；

5.2 了解自我知觉理论、认知—情感相符理论、社会判断理论，掌握认知失调论、平衡理论；熟练掌握费舍宾模型和扩展模型及其营销启示；

5.3 理解并掌握消费者态度改变的影响因素。

实践中的态度改变方法

JT公司巧用包装改变公众的态度

日本烟草（JT）公司为了减少社会大众对香烟的敌意，特地推出了"书皮"包装。该包装独特的地方在于：可以作为新书的书皮，而且图文并茂。包装上面有的写着"你不是把烟蒂丢进水沟里，而是将它藏起来"；有的写着"你带着700℃的火块儿，与众人擦肩而过"；有的写着"拿烟的手的高度正好是小孩的脸部"；有的写着"你可否抽烟吗？却已点燃了打火机"；有的写着"不得在公共场所抽烟，便器不是烟灰缸"；还有的写着"烟雾之吹向，你根本不关心"等等。JT公司通过书皮包装教育抽烟者抽烟要有礼貌，同时也巧妙地、公开地告知大众"JT公司一直在积极响应社会公众的反烟呼声，与大家一起为创造'无烟环境'而努力"，从而减少社会公众对香烟的敌意，改善社会公众对公司的态度。

资料来源：赖东明.日本企业利用商品包装传达善意[J].讲义杂志，2008（4）。（有删节和修改）

评述

消费者对企业及其产品的态度，决定了其最终的行为选择，进而决定了企业在市场上的位置。如果消费者对企业及其产品的态度是积极的，则应充分利用这一有利因素巩固和增强自身的竞争优势；如果这一态度是消极的，则应及时采取科学、有效的营销活动，以影响和改变消费者的态度。上述引例中，JT公司通过包装创新，成功改善了消费者对企业及其产品的态度。因此，消费者的态度在很大程度上影响、甚至决定着企业营销活动的成败；同时企业的营销行为也可以影响和改变消费者的态度。

5.1　消费者态度的概述

5.1.1　态度的影响力

态度（Attitude）一词源于拉丁文中的 aptus，含有"合适"和"适应"之意。根据著名心理学家高尔顿·威拉德·奥尔波特（Gordon Willard Allport, 1935）的定义，态度是后天学到的偏好，它以一贯有利或不利的方式对一个或一类对象做出反应。因此，态度通常是指个人对某一对象所持有的评价和心理倾向，表现为喜欢或不喜欢某些对象的程度。这里的"对象"是广义的，包含了人、事、物、制度、思想、观念等。消费者态度则是指消费者在购买和使用产品的过程中对其表现出来的心理反应倾向。在这一心理反应倾向的基础上，消费者表达出相应的情感感受和行为反应。

由于态度所蕴含的心理倾向具有相对较强的持久性、稳定性和一致性，因此态度具有很强的影响力。"积极成像"观点的积极倡导者美国罗曼·V.皮尔博士在其畅销书——《态度决定一切》中，明确地提出"态度决定一切"的观点。在其语境里，态度是预测行为结果的关键变量。这一观点背后的逻辑是这样的：一般而言，一个人持有什么样的态度，意味着就会有什么样的认知、情感和行为与之相匹配，而行为则最终决定了行为的结果。具体而言，这一逻辑主要通过以下三个机制来体现：

首先，态度能够影响认知和评价。曾经有这样一个著名实验：1954 年，社会心理学家艾尔伯特·哈斯托夫（Albert Hastorf）和研究员阿尔伯特·哈德雷·坎特里尔（Albert Hadley Cantril）将普林斯顿大学和达特茅斯大学两支校队之间的足球赛录像分别放给两校学生看，结果普林斯顿大学的学生发现达特茅斯大学球队犯规次数比裁判实际上指出的多两倍；而达特茅斯大学的学生则相反，他们更多地指出了普林斯顿球队犯规而未受罚的次数。显然，这是两校学生为维护各自学校的荣誉和期望本校球队获胜的积极态度造成的认知和判断上的偏差。同样地，消费者对某个企业或某个国家生产的产品常常抱有偏见，也是态度这一影响的具体体现。例如，尽管国产的许多种产品质量已经得到大幅度提高，而且有多种产品（如洗衣机、冰箱、彩电、计算机、手机、通信设备、高铁装备等）的质量已经不逊于外国产品，但我国仍有部分消费者罔顾这样的事实，还认为国产的产品不如外国的好。再如，尽管作为世界第一大汽车厂商的大众汽车生产的产品也出现过不少瑕疵和问题，甚至有些属于较为严重的产品缺陷，如近年层出不穷的 DSG 双离合问题，但是由于我国的汽车消费者拥有强烈的"大众崇拜"情结（态度积极），消费者对大众汽车的认知和评价仍然很高。

其次，态度影响记忆与学习效果。在不考虑其他影响因素（如智商、学习方法与策略、外部压力等）的情况下，如果学习者对学习材料和学习行为本身采取认真、积极的态度，则其学习的介入程度较深，就会更好地理解与记忆学习材料；否则就会得到相反的效果。所谓"兴趣是最好的老师"大致即为此意。这说明态度在学习过程中具有"过滤效应"，即学习者对某些事件所持的态度使其对该事件的论述材料内容有选择地去学习，并产生不同的学习效率和学习效果。1956年，美国实验社会心理学家爱德华·埃尔斯沃思·琼斯（Edward E. Jones）等做过一项实验。该实验选择对"白人与黑人分校学习"持不同态度的大学生作为被试，第一组为反对分校者（即反对歧视黑人者），第二组为赞成分校者（即有种族歧视者）。然后让两组被试个别地朗读11篇主题为"反对黑人与白人分校学习"的文章，读后请两组被试分别将读过的文章内容尽量完整地写出来。结果发现，第一组学生所记忆的材料数量（即成绩）远优于第二组。这说明处于学习者态度可接受区间的学习材料易被识记、保持和提取；而处于学习者态度拒绝区间的学习材料常被有意无意地忽略或曲解。

最后，态度通过影响行为意向，进而影响实际行为。就消费者而言，一般地，当对某种产品产生需求时，消费者会将自己熟悉的备选品牌分为三大类：激活域（喜欢的、偏好的备选品牌）、惰性域（后备备选品牌）和排除域（被排除的品牌），而且倾向于将购买意向集中于自己最喜欢或偏爱的品牌，并最终完成实际购买。大量研究都表明：消费者态度、购买意向和实际购买之间存在着显著的正相关关系。美国学者班克斯（Banks）调查了美国芝加哥地区465名家庭主妇对7种商品的偏爱品牌消费者态度、购买意向和实际购买之间的相互关系，结果表明偏爱品牌与购买意向几乎相同。大约96%的被调查者在有意向购买的品牌内都包含他们最喜爱的品牌。1966年A.A.阿恩鲍姆（Achenbaum）的研究也发现，态度与产品的使用存在着直接的关系：当个人对品牌的态度良好时，使用该品牌的可能性较大；当个人对品牌的态度不佳时，使用该品牌的可能性较小。佩里（Perry）也曾研究过能否根据消费者对商品的态度来预测其购买意图和购买行为的问题。他分别与230名养狗者交谈，询问有关狗食的问题，并请他们发表评论。研究发现，抱有善意态度的受访者，怀有明确的购买意图，抱有最恶意态度的受访者，完全没有购买意图，漠不关心者是否购买则不清楚。前人的大量研究都说明：消费者的态度是预测其行为的重要变量和先导性指标。对消费者态度的调查可以为消费者行为的预测，以及产品的市场潜力预测提供重要依据。同时，企业可以通过改变消费者对某一产品、服务或活动的态度，改变其购买意向，进而改变其购买行为。

小案例

"方便尿布"的尴尬遭遇

当年美国某企业向市场推出其新产品"方便尿布"时，遇到了令营销和广告人员想象不到的同样的阻力。"方便尿布"用纸制成，用过一次便弃掉，故也称"可弃尿布"或"一次性尿布"。在产品推广的初期，广告诉求的重点放在方便使用上，结果销路不畅。后经调查了解，仔细分析消费者的心理，方知该尿布虽然被母亲们认同确实使用方便，省去洗尿布的麻烦，但广告关于省事省力的宣传却使她们产生了心理上的不安：如果仅仅是方便使用而无其他品质，那么，购买、使用这种"一次性尿布"，只是为了母亲图省事，自己就好像就成了一个懒惰、浪费的母亲，婆婆因此也会责备自己。基于母亲（和婆婆）对"一次性尿布"这一消极态度，母亲在购买行为上必定是不积极的，尽管关于该产品的认知是正面的。

有这样一个故事：一位年轻的母亲正在给自己的孩子换"一次性尿布"，这时门铃响了，原来是婆婆来家看望孩子。这下搞得母亲很紧张，情急之下，一脚将换下的尿布踢到床下，然后才去给婆婆开门。为什么要把尿布踢到床下？原来怕婆婆看到后有意见。在婆婆看来，给孩子洗尿布是母亲的天职，哪能嫌麻烦呢？给孩子用"一次性尿布"的母亲，必定是一个怕麻烦、懒惰的、对孩子不负责任的母亲。

资料来源：Kevin Keller. 战略品牌管理[M]. 北京：中国人民大学出版社，2003：267-268。（有删节和修改）

5.1.2 消费者态度的构成

1. 态度的构成

根据美国社会心理学家弗里德曼（J.L.Freedman）等人在其著作《社会心理学》中提出的 ABC 态度模型（即三位一体理论），态度是个体对某一对象所持有的相对稳定的情感（Affect）上的感受、行为（Behavior）上的倾向和认知（Cognition）上的评价。因此，消费者态度包括三大构成：认知成分、情感成分和行为成分（详见图 5-1）。

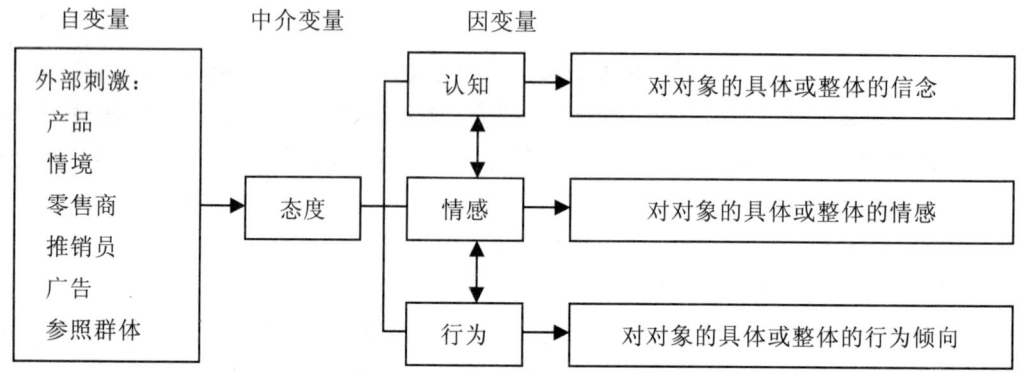

图 5-1 消费者态度的三大构成

（1）认知成分

认知成分是个体对对象的认识、理解和评价，并最终形成信念。一般地，态度来自于对象的价值或效用。价值或效用是指对象为个体带来的功能上和情感上的利益。个体对某一对象的态度，取决其价值或效用大小。认知成分是态度的有意识思考部分，是构成态度的基石，它具有选择和组织功能。

对消费者而言，消费者对产品的认知是通过外部刺激（如产品质量、服务、包装、商标、价格、售卖地点、广告等）和主观认识转换（对外部刺激进行加工和处理，形成自己的理解）而形成的，它直接决定了消费者态度和行为的倾向性。尤其是当消费者面对较为复杂的选购品（如家电、家具、汽车等）购买时，认知成分的作用最为重要。

例如，一双"远足"牌鞋子被营业员精心陈列于精品百货商场，且包装考究，价格较高，这些刺激因素被消费者张三注意到，并进入其信息接收和处理系统，最后形成其对这双鞋子的认知评价：质量可靠、彰显品位。

需要特别指出的是，消费者认知尽管是以客观的外部刺激为基础的，但由于消费者对刺激的加工过程和处理方式具有一定的主观性，其产品认知有可能是正确的，也有可能是误解，甚至是错误的。因此，企业应该运用正确的传播策略，确保信息准确、清晰地传递给受众（消费者），从而为期望态度的建立打下坚实而正确的认知基础。

(2) 情感成分

情感成分是个体在认知基础上对对象的情绪反应,通常表现为热爱与憎恶、喜欢与讨厌、愉快与痛苦、接受与排斥、赞成与反对、宽容与苛刻等各种情感体验。在消费者态度的三大构成中,情感是构成态度的动力,是态度的核心和最重要的成分:对认知来说,情感是认知的结果;对行为倾向而言,情感是预测行为的关键因素。

在消费者态度的形成过程中,情感成分具有显著的强化和泛化功能。有研究指出,情感成分可以强化与扩大正面或负面的经验,而这些经验会进一步影响消费者心中的想法与其行为。因此,在态度的基本倾向或方向已定的条件下,情感决定了消费者态度的持久性和强度。当消费者面对具有较强自我概念传递功能的特殊品(如服装、首饰等)购买时,情感成分的作用最为突出。

例如,在对那双"远足"牌鞋子形成"质量可靠、彰显品位"的产品认知之后,消费者张三对这双鞋子很感兴趣,非常喜欢。而且这种情感将随着时间的延长而固化,并且会扩散到该企业其他相关产品上去,即产生了移情效应或刺激泛化。

从外延来看,情感既包括情感状态(如购买某个品牌时的心情),也包括情感反应(如看到某个品牌时的情绪波动)。从性质来看,情感既包括积极的、正面的情感(如高兴、愉悦、兴奋等),也包括消极的、负面的情感(如愤怒、忧郁、后悔、厌烦等),还包括中性的情感(如无所谓等)。从强度来看,情感既包括强式情感,也包括弱式情感,如不满(unsatisfied)与愤怒(angry)。从具体类型来看,有学者将情感归纳为激昂、负面与温馨三种主要的类型,又被进一步细分为 60 种具体的情感状态(详见表 5-1)。就消费者的情感而言,情感既可以产生于企业的营销信息(如广告),也可以产生于购买情境(如购物氛围、服务员的态度),还可以产生于消费者的消费经验(如上次的消费体验)。

表 5-1 人们的情感(状态)类型

激昂	负面	温馨
生气的	愤怒的	多情的
冒险的	懊恼的	冷静的
精神抖擞的	拙劣的	关心的
有趣的	无聊的	凝视的
恳切的	吹毛求疵的	有感情的
有魅力的	怒气冲冲的	希望的
放心的	忧郁的	慈爱的
兴高采烈的	厌恶的	令人感动的
有信心的	不关心的	温顺的
有创意的	犹豫的	沉思的
愉悦的	愚钝的	感伤的
得意的	厌腻的	感动的
精力充沛的	侮辱的	热心的
狂热的	激怒的	

续表

激昂	负面	温馨
兴奋的		
有劲的		
美好的		
快乐的		
幽默的		
独立的		
勤勉的		
振奋的		
有趣的		
高兴的		
无忧无虑的		
生气勃勃的		
爱打趣的		
愉快的		
骄傲的		
满足的		
激励的		
强盛的		

资料来源：Julie A. Edell and Marian Chapman Burke. The Power of Feelings in Understanding Advertising [J]. Journal of Consumer Research, 14, December, 1987:421-433.

小链接

情感反应追踪器研究

情感反应在消费者对产品的态度中扮演了关键的角色，这一认识重燃了人们发展高科技方法来测量和操纵情感反应的兴趣。传统上是根据生理觉醒（Physiological Arousal）来测量这些反应的。但这种方法的问题是结果很难解释，因为觉醒可以是积极的，也可以是消极的。一些公司正在营销可以更好追踪特定反应的替代商品。

IBM公司致力于研发的一个叫做传感鼠标的小玩意。它可以追踪用户的体温、心跳甚至非常微小的手部动作，这需要利用皮肤随着温度变化的电传导性。在"情感运算"（Affective Computing）这一新领域，IBM称得上是领先者。它的科学家希望电脑最终能够判断用户当前的情绪状态，并调整其界面以降低沮丧感，比如在感应到一个员工就要筋疲力尽时自动启动电脑游戏，或者按照用户个人兴趣自动搜索电视节目。现在，情感鼠标在判断用户的情绪状态上的成功率已达75%。最终，这些设备更有可能应用到其他对象上，如可以感应到司机昏昏欲睡状态的汽车方向盘，或可以在有人异常害怕地停下来时报警的钥匙链。而且，通过互联网授课的老师可以判断看不见的学生的反应，甚至当学生走神时可以重放部分演讲。

麻省理工学院（MIT）的研究人员已开发了一种有感应能力的椅子，它可以监控使用者的姿势并决定他对屏幕上的东西感兴题还是昏昏欲睡。

资料来源：迈克尔•R. 所罗门，卢泰宏，杨晓燕. 消费者行为学（第8版•中国版）[M]. 北京：中国人民大学出版社，2009：215。

（3）行为成分

行为倾向也称为意向或意图，它并非真正的行为，而是个体对态度对象行为发出之前的一种准备状态或临界状态。对消费者而言，行为倾向是消费者态度的外在显示和最终体现，通常表现为"做不做""怎样做"的指令。它制约着消费者行为的方向，尤其是当消费者面对便利品的购买时，其作用更为突出。

例如，消费者张三在上述正面的认知评价和积极的情感感受的基础上，表达出明确的购买意向，决定"我要购买一双'远足'牌的鞋子"或"我准备去专卖店购买'远足'牌鞋子"，又或"我打算给父亲买一双'远足'牌的鞋子"等。

综上所述，态度是由认知、情感和行为三种成分构成的复杂、稳定的心理活动系统。态度所包含的三种成分缺一不可。在一般情况下，态度的三种成分是协调一致的，这意味着某个成分的变化将导致其他成分的相应变化，这一点构成了许多市场营销策略的基础。一般地，营销者很难直接影响消费者行为，但可以间接地影响情感和认知成分。

当然在某些情况下，态度的三个成分之间也存在不协调、相互矛盾的情况，导致态度与行为的不一致性。这就是态度—行为背离现象。此时情感成分往往占据主导地位，决定着态度的基本取向与行为倾向。例如，某位消费者明知道无计划、冲动式的购物是不科学的、浪费资源的，但在购物过程中，有时难以抵制各种诱惑而选择冲动式购买；再如，消费者可能对某品牌的产品并不感兴趣，原本也不打算购买，但由于该企业高强度的"促销"刺激，导致实际购买行为与购买计划间大相径庭。这些现象都说明在态度的三大构成成分中，情感成分往往起着主导作用。

小链接

态度—行为背离现象研究

一些研究已经发现了这三个成分之间的某些联系。让我们以一个例子来考察这种一致性的来源。假定某个消费者对于苹果公司的 PowerBook 计算机有一系列正面的信念，并且对该品牌和型号有一种积极的情感反应。进一步假定，该消费者对于 PowerBook 的信念和情感比对其他同类的计算机要更积极。他填写了一份问卷，并在问卷中表明其正面的信念与情感。但是，他并不拥有一台 PowerBook，也没有购买其他品牌或型号的计算机。此时，研究者可能会得出结论，认为态度的三个成分并不一致。

至少有7个方面的因素可以导致或影响测量出的信念、情感与可观察的行为之间的不一致。

（1）一种积极的态度要有一种需要或动机才能转变成具体的实际行动。因此，前面提到的消费者可能感到并不需要一台笔记本电脑，或者他已经拥有一台尽管并不是很喜欢但仍可以接受的计算机。

（2）将积极的信念和情感转化成对产品的实际拥有需要能力。一个人可能买不起一台 PowerBook，或者只能买一台比 PowerBook 更便宜的电脑。

（3）我们上述的态度测量只是针对计算机这一类商品。实际上，购买或不购买的决定往往不只是在同类产品内而是在不同类的产品之间权衡做出的。因此，该消费者可能为了省钱去买新的滑冰鞋或照相机，而只买了一台比 PowerBook 便宜的电脑。

（4）如果所持的信念和情感成分并不强烈，或者当消费者在逛商店时获得了新的信息，他最初的态度可能会发生改变。

（5）我们在前面只测量了消费者个人的态度，然而，许多购买决定受家庭其他成员的直接或间接影响。因此，该消费者可能为了更好地满足整个家庭的需要而购买另一台计算机。

（6）我们往往脱离购买情境而考察对品牌的态度，但是许多物品却是在特定的情境下购买的。当消费者预计在不远的将来会有更复杂、高级的设备出现时，他现在可能只想购买一台很便宜的计算机。

合理行为理论就是部分建立在这一概念之上的。该理论认为，行为意向是建立在对于特定行为的态度、对于行为是否恰当和合乎社会规范的信念，以及遵循这些规范性信念的动机的基础之上。例如，某位消费者也许对于在餐馆就餐前喝一杯饮料持肯定态度，但他是否真的叫上一杯饮料，要受他对于在该环境下（与朋友聚餐或是工作宴请）点饮料是否合乎规范、是否恰当的认识，以及他是否有遵循这类社会规范的动机等因素的影响。

（7）要测量与态度有关的所有方面是很困难的。消费者也许不愿意或没有能力说明他们对于各种产品或品牌的情感或信念。因此，态度的各组成成分有时比我们所测量出的要更加一致。

总之，态度的组成成分——认知、情感和行为倾向于保持一致。但是，在认知和情感的测得值与可观察的行为之间显现的一致程度会因为一系列因素（如上述 7 个方面）而降低。此外，我们必须记住，行为成分只是一种反应倾向，并不是实际的行为。反应倾向在许多情况下不一定通过购买显示出来，比如乐于接受关于该品牌的新信息，赞扬购买了该品牌的人等等，均构成反应倾向。

资料来源：Del J.Hawkins, Roger J.Best, Kenneth A.Coney. 消费者行为学（原书第 7 版）[M]. 北京：机械工业出版社，2000：240-241。

2. 态度的效应层级

根据认知、情感和行为在消费者态度形成过程中出现的先后顺序和效应大小，可以归纳出四类不同的效应层级（Hierarchy of Effect）：高介入学习层级（High-involvement Learning Hierarchy）、低介入学习层级（Low-involvement Learning Hierarchy）、经验学习层级（Experimental Learning Hierarchy）和行为学习层级（Behavioral Learning Hierarchy）（参见图 5-2）。

（1）高介入学习层级

这种学习层级也叫标准学习层级（Standard Learning Hierarchy）或理性学习层级（Rational Learning Hierarchy），是最为常见的类型。在高介入学习层级下，态度三大成分的先后顺序依次为：认知—情感—行为。即消费者首先产生认知、判断和评价，接着产生情感感受和情绪体验，最后形成行为意向和实际行为。这意味着，在这种学习层级下，消费者在购买产品之前往往要进行广泛的信息搜集，经过复杂的决策过程，并且先于"行为"形成明确的"态度"。而且，这种"态度"一旦形成，营销人员就很难再说服他们选择别的品牌。消费者当面对价值较高、技术较复杂、风险较高的产品购买时，遵循的就是这一学习层级。例如，某消费者打算购买汽车，首先经过多方信息搜集、比较、筛选，发现最中意某知名品牌汽车，于是就决定购买该品牌的汽车。

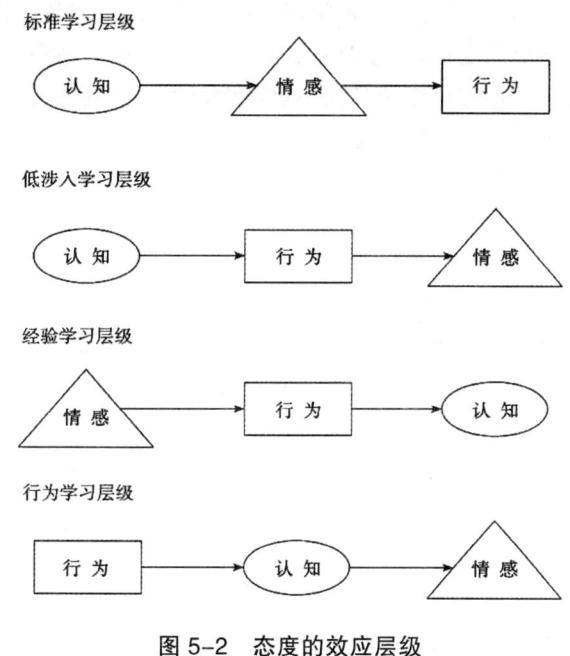

图 5-2 态度的效应层级

资料来源：林建煌.消费者行为（第三版）[M]. 北京：北京大学出版社，2011:105。

（2）低介入学习层级

在低介入学习层级下，态度三大成分的先后顺序依次为：认知—行为—情感。即消费者首先产生认知、判断和信念，接着形成行为意向和实际行为，最后产生情感感受和情绪体验。在这种学习层级下，消费者依据较为有限的购买信息进行决策，然后购买和消费产品，并在此过程中，进一步形成更为完整的信念和明确的情感。消费者当面对价值较低、技术较简单、风险较低的产品购买时，采用的就是这一学习层级。例如，某消费者从超市的 POP 广告中看到某著名乳业公司的一种新的酸奶产品上市了，于是就买了一瓶，试喝之后，发现自己很喜欢这种口味的酸奶，而且爱上了这种酸奶。于是对该产品的积极态度就形成了。

（3）经验学习层级

经验学习层级也称为情感学习层级。在这种学习层级下，态度三大成分的先后顺序依次为：情感—行为—认知。即消费者在未了解购买对象属性的情况下，根据自己的情感、想象或联想采取购买行为，最终形成关于该产品完整的认知和信念。在这种情形中，消费者的主要购买动机在于其对购买对象的美好预期。

这种经验学习层级的观点强调了这样的观念：产品包装设计等无形属性和消费者对伴随刺激如广告、品牌名称和经历发生的背景环境等所产生的反应，都强烈地影响消费者的态度。消费者的冲动性购买行为就是最典型的表现。例如，某消费者看到自己的偶像所代言的产品，非常期待，于是就采取了购买行为，但在使用过程中发现该产品并不好，不适合自己。

(4) 行为学习层级

在这种学习层级下,态度三大成分的先后顺序依次为:行为—认知—情感(也有学者认为其顺序应该为行为—情感—认知)。这种学习层级意味着:消费者往往是受到外因的促使,在关于对象的认知和情感形成之前采取购买或消费行为。例如,某消费者因为群体压力或从众去某地旅游,去了之后才知道该旅游景点不仅路途遥远,而且品质不高,远逊预期,尤其是性价比较低,于是产生后悔、失望之感。

态度的效应层级对于营销策略与消费者行为的意义,在于不同的效应层级可能引发不同的策略思考。例如,在高介入学习层级下,营销策略应该侧重于为消费者提供全面、详细的信息,以满足其大量信息搜集和理性决策的心理需求;在低介入学习层级下,由于消费者不需要大量信息,因此营销策略应侧重于为消费者适当重复提供简单、易懂的信息,增加与其"碰面"或"接触"的机会;在经验学习层级下,营销策略应强调经典条件反射理论的运用,采用体验营销,注重营造良好的环境氛围,激发积极的情感感受,创造完美的审美享受,塑造令人愉悦的消费体验;而在行为学习层级下,营销策略应强调为消费者提供消费刺激等各种正向强化,即提供各种"报酬"或"奖励",如抽奖、试用、买赠等,使消费者产生操作条件反射。

小链接

"年龄=折扣,你的折扣你做主"

某时尚女装品牌曾经在某年的"三八妇女节"推出了"年龄=折扣,你的折扣你做主"。在促销方案活动期间,只要消费者出示能证明你生日的有效证件,您哪一年出生的就可以打几折,比如:1986年出生的,打86折,1951年出生的,就打51折。

这个促销活动会不会出现很多低折扣的销售?在促销销售的同时,能给企业带来利润吗?事后证明,最终销售的产品大部分集中在6~7.5折,几单5折,没有出现4折,原因很简单,因为1940年左右出生的人已经快70岁了,与"时尚女装"很难搭边,因此不会出来凑这个热闹,捡这个便宜。这个促销方式充分利用了人们爱占便宜的心理,为消费者提供了强有力的消费刺激,使其产生了操作条件反射。

5.1.3 态度的功能

态度功能理论(Functional Theory of Attitude)最早由心理学家丹尼尔·卡茨(Daniel Katz, 1960)提出,被用来解释态度是怎样推动社会行为的。根据这种实证性方法的研究结果,态度之所以存在是因为它对人们具有某种功能。对消费者而言,态度有助于消费者更加有效地适应动态的购买环境,使之不必对每一新事物或新的产品、新的营销手段都以新的方式做出解释和反应。根据卡茨的四功能学说,消费者态度具有以下四种功能:

1. 效用功能(Utilitarian Function)

效用功能也被称为功利功能、导向功能、适应功能等,是指态度能够将消费者导向某种渴望的利益的功能。它与基本的奖惩原则有关,即消费者对某个品牌的态度主要取决于该品牌给其带来的效用:如果是正的效用(奖励),则消费者对该品牌持积极态度;如果是负的效用(惩罚),则消费者对该品牌持消极态度。这一理论部分地解释了消费者的品牌忠诚行为。例如,某消费者之所以重复选择某品牌的汽车,是因为该品牌的汽车为其带来了良好的驾驶体验和全面的安全保障。

2. 知识功能（Knowledge Function）

知识功能也被称为识别功能、认知功能，是指态度能够帮助消费者认识世界，并为某种购买决策提供所需信息的功能。这一功能为消费者提供了一个参照标准，使其对周围环境的感知具有连续性、稳定性和有序性。因此，态度的知识功能部分地解释了消费者的品牌忠诚行为。如果消费者根据以往经验对某个品牌已经形成了明确的态度，则有利于简化购买决策，降低时间成本，提高决策效率。

3. 自我保护功能（Ego-defensive Function）

自我保护功能是指态度能够帮助消费者保护人格和自我形象免遭威胁的功能。消费者对某个品牌或企业形成了强烈的忠诚态度以后，往往会像保护自己一样维护该品牌或企业在自己心目中的形象。这其实就是消费者对自我内心态度的保护。例如，早期的纸尿布或纸尿裤遭受消费者的排斥，就是因为它严重危及到家庭主妇勤劳、节俭的良好形象。这就是消费者态度的自我保护功能。

4. 价值表现功能（Value-expressive Function）

价值表现功能是指态度能够体现消费者的核心价值观或自我观念的功能。态度能反映消费者的价值尺度，是消费者自我表达的驱动力。表现价值的态度有提高消费者自己表象的倾向。消费者对商品或服务的态度可以表现出消费者的个性特征、价值观念、生活背景、文化品味和爱好志趣等。这时，消费者对产品的态度并不是取决于产品客观的属性和利益，而是取决于产品所代表的符号意义和象征价值。如消费者对 LV 包的态度并不取决于其属性和利益，而是取决于 LV 包背后所传递的社会符号和身份象征。

一种态度可能具有多种功能，但其中往往只有一种功能占据主导地位，具有支配作用。营销人员只要能识别出产品对于目标消费者的核心价值和主导功能，就可以在广告中对此加以强调。这类广告能帮助消费者建立更清晰的产品认知，消费者也更容易接受此类广告及其所宣传的产品和品牌。

研究表明，对大多数人而言，咖啡体现的更是效用功能而不是价值表达功能。因此，广告受众对效用诉求的广告反应会更为积极。例如，一则咖啡广告为："Sterling Blend 咖啡美妙、浓郁的口味和芬芳源于对最新鲜咖啡豆的调制"。而另一则广告说："你所喝的咖啡可以表明你的身份，它能显示出你独特而高贵的品味。"被试消费者对后者的反应就没有对前者那么积极。不过事实也不尽然，例如星巴克则通过自己强有力的营销活动，改变了消费者对咖啡主导功能的固有态度，使星巴克咖啡在众多强调效用功能的咖啡品牌中脱颖而出。

5.2 态度的形成

5.2.1 态度形成理论

众多学者提出了不同的态度形成理论，如认知失调论、自我知觉理论、认知—情感相符理论、平衡理论、社会判断理论等，但它们都建立在一个共同的基础上，即认知一致性原理。如前所述，态度由认知、情感和行为三种成分所构成，而且个体倾向于保持三者之间的一致性和协调性。这就是认知一致性原理（Principle of Cognitive Consistency）。根据这一原理，如果构成态度的三种成分之间不一致，个体就会产生内心的冲突和心理上的不协调，这种心理状态驱使其设法改变其中的某个因素，以维持三者之间的一致和协调。

1. 认知失调理论

认知失调理论（Theory of Cognitive Dissonance）由利昂·费斯廷格（Leon Festinger）于1957年提出。费斯廷格认为，个体内心存在多种认知元素，如有关各种对象（如人、事、物等）的信念、观点、看法和行为等。这些认知元素之间存在三种情况：（1）相互协调一致；（2）相互冲突和不协调；（3）相互无关。当第二种情况出现时，即为认知失调状态。在这种状态下，个体就会不由自主地通过调整认知减少这种心理冲突，以恢复和维持认知元素之间的协调一致。

为了证实认知失调理论，费斯廷格等于1959年做了一个著名的实验。该试验邀请一些大学生作为被试，将被试分成三个组：控制组、高奖赏组、低奖赏组。所有被试被要求做一个小时单调乏味的工作，而且除控制组外，两个奖赏组还被要求向门口的研究助理撒谎说："这份工作是十分有趣的。"作为对撒谎的回报，高奖赏组每人可以得到20美元，低奖赏组每人得到1美元。最后，所有被试被要求在一个10等级量表上表明他们真正喜爱这项工作的程度。该实验的最终结果、结果分析与结论如表5-2所示。

表5-2 费斯廷格的认知失调实验

组别	任务要求	实验结果	结果分析	实验结论
控制组	评价一项单调、乏味的工作（是乏味的还是有趣的），无其他任务要求。	这两组被试人多认为这项工作枯燥无味，其平均得分值都比较低，且无明显差异。	没有被要求撒谎，没有认知冲突，因而也没有失调感，未出现认知调整。	当面对态度或行为之间的不协调时，个体会采取消除这种"不协调"的行动，可能是改变态度或者调整行为。
高奖赏组	评价一项单调、乏味的工作（是乏味的还是有趣的），且向研究助理撒谎说"这份工作是十分有趣的"。		由于受到高奖赏的外因影响，倾向于在两个认知之间加入一个辩解性理由，如"为了得到一笔可观的奖赏，撒个小谎是值得的"。	
低奖赏组		该组认为此项工作是有趣的、愉快的，其态度平均得分值比较高。	由于缺乏充足的外因为其撒谎行为进行辩解，只能从内因寻找理由对自己的行为予以支持。因而逐步认为"自己没有撒谎"和"工作是有趣的"，即逐步改变了工作认知。	

费斯廷格等认为，虽然两个实验组都面临两个认知元素之间的冲突，"这项工作十分乏味"与"撒谎说这项工作十分有趣又是不对的"，都存在内心失调，但是却选择了不同的认知失调调整方式。从理论上来说，个体认知失调的调整方式可归纳为三类：一是改变其中的一个认知使之与其他认知相一致，上述实验中的低奖赏组选择的就是这种方式；二是改变行为，使之与其他行为相一致；三是在不改变原来两个认知元素的条件下增加新的认知，上述实验中的高奖赏组选择的就是这种方式。

认知失调理论可以有效地解释消费者"减少失调感"的购买决策类型。消费者当购买了一件产品之后，往往倾向于对其做出积极评价，或寻求别人的正面评价，以减少自己内心的失调感和不适感。由于认知失调的强度取决于不一致元素的重要性和数量，因此"减少失调感"的典型购买决策大部分出现在较为重要、消费者较为重视（即高介入度）的购买决策中，如服装、汽车、饰品等。这种现象给营销者提供了一个有益的启发：由于消费者会积极地为他们的购买决策找论据，因此，营销者应该给他们提供额外的强化以便建立积极的品牌态度。

2. 自我知觉理论

正如我们可以通过观察别人的行为来了解其态度一样，自我知觉理论（Self-perception Theory）认为人们也可以通过审视自己的行为来判断自己的态度。这个理论其实是费斯廷格的认知失调理论的一种变形和延伸，对失调效果提供了另外一种解释。它实际上运用了"用行为倒推态度"的方法，与其他态度形成理论一样，其最终的理论基础仍然是认知一致性原理。

根据自我知觉理论，对消费者而言，当购买了某个品牌或产品之后，他就非常倾向于对其持积极肯定的态度，以保持认知一致性。其基本的语言逻辑是："既然我决定购买它，那么我一定是喜欢它的。"当然，这一理论主要用来解释介入程度较低的购买行为。因为它涉及的是这样一种情形，即消费者在最初采取某种购买行为时，并不具有强烈的内在态度。事后，态度的认知和情感要素才得以统一。根据该理论，可以进一步延伸出两个被销售人员经常运用的营销策略，即"脚踏入门"技巧（Foot-in-the-door Technique）和"脸碰到门"技巧（Door-in-the-face Technique）。

让人们先接受较小的请求，能促使其逐渐接受较大的请求，这就是"脚踏入门"技巧，也被称为或"得寸进尺"技巧、"登门槛效应"。1966 年，美国社会心理学家弗里德曼（J.L.Freedman）和他的助手费雷泽（S.C.Fraser）通过实验证实了"登门槛效应"的存在。他们找来两位大学生，先让其中一位去访问家庭主妇们，请求她们在一个有安全驾驶的请愿书上签名，两周后，另一位学生再次访问家庭主妇，要求她们在院内竖立一个很影响美观的呼吁安全驾驶的大招牌。结果签过名的主妇中有 55% 的人接受这项要求，而没有接受第一个学生签名的主妇中只有 17% 的人接受了这个要求。心理学对"登门槛效应"是这样解释的：人们拒绝难以做到的或违心的请求是很自然的，但如果人们对于某种小请求找不到拒绝的理由，就会倾向于接受这种请求，而当他卷入了这项活动的一小部分以后，便会对该活动产生某种认知和态度。这时如果他拒绝后来的更大请求，就会产生认知上的不协调和心理上的焦虑，这种心理压力就会使他继续接受更大的请求；或给予更多的帮助，并使态度变得更加持久。"脚踏入门"技巧经常被用于人力推销、问卷调查和公益募捐等领域。这种技巧的名字就来自于逐户推销。敲开门后，销售员将一条腿伸到门里，以免主人砰的一声把门关上。一个优秀的销售员知道，只要能说服顾客把门打开并且交谈（小请求），顾客就有可能购买产品（大请求）。当然，这一技巧发挥作用的关键在于："小请求"的合理选择、请求从小到大的适时、平滑过度。总之，要把握好"得寸进尺"的度和节奏。

当人们拒绝一个很大的请求时，更倾向于接受较小的请求。这就是"脸碰到门"技巧，也被称为"吃闭门羹"技巧。这一技巧的心理学逻辑是这样的：人们往往会果断拒绝自己难以满足的请求，但内心会因此而产生"内疚感"（"我是一个善良的人，怎能如此无情？"）；而恰恰就在此时，请求者做出了较大的"妥协"和"让步"——"只需满足较小请求即可"。因而人们倾向于对请求者做出某种"补偿"（互惠原则），接受其较小请求。与"脚踏入门"技巧一样，这种技巧也非常适用于人力推销、问卷调查和公益募捐等领域，其关键仍然在于度和节奏的准确把握,即"大请求"的合理选择、请求从大到小的时机掌握。

3. 认知—情感相符理论

在现实中,人们经常因失去理智、情感冲动而采取可能导致某种负面、甚至严重后果的行为;在购买决策过程中,消费者也时常出现因感觉、情感、情绪等方面的良好体验而采取冲动性购买行为。对每个人来说,这种现象几乎都很难避免;唯一的区别在于这种行为的后果严重性及其出现频率的不同。

如前所述,在大多数情况下,构成态度的三个成分往往是协调一致的,但是当三者不一致时,情感往往占据上风。这说明,人们总是试图使认知与情感相符,信念或认知在相当程度上受感情支配,这就是认知—情感相符理论。

罗森伯格曾经做过的一个实验证明:在一个人对另一个人的态度中,感情的改变能引起随后的认知改变。例如,对白人进行全面调查,了解他们对待黑人,对待种族平等,以及白人与黑人关系等问题的态度。原来反对合居的被试者通过催眠状态下的诱发的感情改变,逐渐相信合居对于消除种族不平等是必需的。出现这一改变的原因是由于情感的变化使得原有认知与新的情感不一致,减少二者矛盾的压力导致了认知上的变化。这证明了认知—情感相符现象的存在。

认知—情感相符理论警醒着人们:不能让情感总占据主导地位,尤其是当面临一些事关重大的决策时,绝对不能失去理智,信马由缰,任由情感主导一切,应该时刻紧握理性之缰,防止情感成为脱缰之马。同时,认知—情感相符理论为企业提供了改变消费者态度的一个有效方法,即营销者可以通过营造令人愉悦的消费氛围、塑造良好的品牌形象、提供优质的全过程服务等,促使消费者对品牌积极情感的形成,进而促进其品牌认知的改变,从而改变消费者对该品牌的态度和行为。例如,星巴克通过成功的体验营销,为消费者提供了不同凡响、令人愉悦、难以忘怀的情感感受和身心体验,成功改变了人们对咖啡的传统观念,确立了"星巴克不只是咖啡"的新认知,也最终成功塑造了消费者对星巴克的品牌忠诚。

4. 平衡理论

(1) 理论内容

平衡理论(Balance Theory)是由海德(F.Heider)于1958年提出的。平衡理论涉及构成态度的一个三维关系,即一个认知主体(记为"P")与两个态度对象——"关系人"(记为"O")和"关系物"(记为"X")之间的三角关系。因此,平衡理论也被称为"P-O-X"理论。其中,"关系人"和"关系物"被称为处于一个单元中的两个对象。平衡理论指出,认知主体希望三角中的三个元素之间是平衡的理想状态;如果是不平衡的,内心就会出现紧张、焦虑和不安的心理状态,这种状态促使认知主体通过改变某一认知来达到平衡,以缓解或消除这种消极心理状态。

(2) 平衡状态的判断

认知主体P对两个对象O与X既有积极情绪,如喜欢和赞成(用正号"+"表示);也有消极情绪,如排斥和反对(用负号"-"表示)。认知主体所面临的三角关系平衡状态的判断规则为:若三角形三边符号的乘积为正,则为平衡结构,即为理想状态,详见图5-3中的a、b、c;若三角形三边符号的乘积为负,则为不平衡结构,详见图5-3中的d、e、f。

第5章 消费者的态度

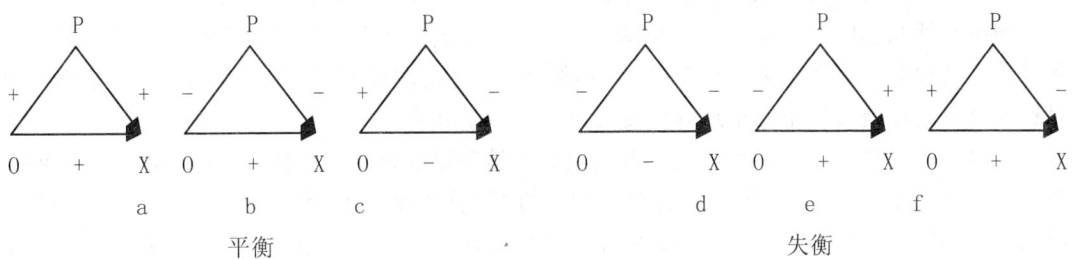

图 5-3 认知主体面临的平衡状态

（3）失衡的调整

如果认知主体面临的是失衡状态，则产生内心冲突和失衡感，需要改变或调整某种认知。具体而言，认知主体调整失衡，恢复平衡的方法主要有五种：

①改变对关系人的态度；
②改变对关系物的态度；
③对关系人进行劝说，使之转变立场；
④将三维系统中的某两个元素转变为无关联；
⑤对三维系统中某两个元素之间的关系做出新的归因或解释。

应该特别指出的是，平衡理论并未指出认知主体在认知失衡状态下，最终会采取上述哪种方法进行调整，以恢复平衡。只是模糊地说明认知失衡将促使认知主体改变一种或多种认知。平衡理论之所以无法确定调整的方法和途径，根本原因就在其并未考虑三维系统中的关系强度，因而也就不能解释当认知主体处于失衡状态时，为何改变其中的一方而不是另一方以恢复平衡状态。

（4）营销启示

平衡理论为企业带来了非常有价值的营销启示，尤其是为明星广告提供了科学的理论指导。下面以明星广告为例，说明平衡理论在企业营销中的价值和应用。

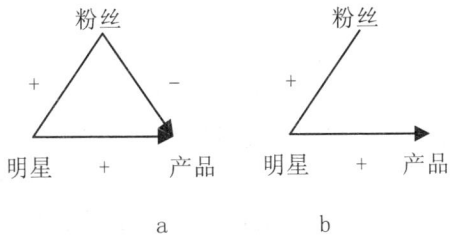

图 5-4 明星广告受众的平衡状态

在明星广告中，"P-O-X 理论"可具体化为"明星—粉丝（目标受众）—产品"。在这个三角形中，明星与其受众——粉丝（即目标受众）之间的关系是积极的，即为"+"号。明星与其代言产品之间的关系也应该是积极的，即为"+"号，因为明星收了企业巨额的代言酬金，所以必须按照企业的要求为其产品"说好话"。而粉丝（即目标受众）与产品之间的现实关系可能有两种，一种关系是消极的，即为"-"号，因为企业之所以要做明星广告，就是因为其潜在目标顾客对产品的态度至少不是正面的，所以可以判定其关系为"-"号（如图

5-4 中 a 所示）；另一种关系是二者不存在任何关系（如图 5-4 中 b 所示）。

根据平衡状态的判断规则，可知图 5-4 中 a 和 b 的平衡状态都是不平衡的。而这种不平衡状态会使粉丝（即目标受众）产生不安和纠结感，进而驱使其采取措施改变现状。粉丝（即目标受众）可以通过以下几个途径恢复心理上的平衡状态。

一是改变对"关系人"的态度。即粉丝改变该明星的好感和追捧。一般情况下，这种改变的可能性较小。因为粉丝尤其是忠诚度较高的"铁杆粉丝"很少仅仅因为明星做了一个"自己认为不该做"的广告，而改变对该明星的整体看法和态度，而是继续观看、聆听其作品或比赛。

二是改变对"关系物"的态度。即粉丝改变对明星所代言产品的态度。这意味着企业的明星广告达到了预期的目的——说服受众改变态度，喜欢并接受产品。这一改变是否发生及其发生的概率主要取决于明星广告是否符合"知觉整体性原理"。如果符合，即明星与产品之间有内在关联，属于一个"整体"，这一改变发生的概率则很高；如果不符合，这一改变发生的概率则很低。其实在现实中，相当数量的明星广告之所以没有达到预期效果，关键原因就是受众没有选择这一改变。

三是对"关系人"进行劝说，使之转变立场。即粉丝说服该明星不再说该产品的"好话"。一般情况下，这一行为几乎不会出现，即使出现也太可能达到说服目的。因为，明星拿了企业巨额报酬为其"说好话"是"理所当然"的，不会因为说服而改变。

四是将三维系统中的某两个元素转变为无关联或刻意忽略二者的关联。在这里粉丝最有可能选择将三角形中的"明星—产品"关系转为无效关联。即粉丝们可能对该明星代言某个品牌这件事采取"鸵鸟政策"，而且二者之间本没有任何关联，因此采取"不注意、不在乎、不参与"的漠然态度。

五是对三维系统中某两个元素之间的关系做出新的归因或解释。即粉丝认为明星只是因为拿了代言费而不得不替产品"说好话"；或者认为该明星只是暂时遇到了经济问题，而不得不"出此下策"选择代言该产品或品牌。在这种归因条件下，目标受众认为该明星因受到外因（金钱）影响而缺乏"选择"的自由，而不是该明星因发自内心的喜欢该产品而替其"说好话"。

根据以上分析，许多明星广告之所以没有达到预期效果，就是因为受众（粉丝）选择了上述五个途径中的最后两个，即认为明星与其所代言产品是毫无关联的，或二者的关联仅限于"金钱"。例如，著名果冻品牌喜之郎曾经找那英为其做代言，但消费者很难在"CICI，可以吸的果冻"——喜之郎与"歌坛大姐大"——那英之间发现任何关联，因而采取"视而不见"的冷漠态度或对其代言行为进行新的归因。总之，该广告很难达到预期的目的。

5. 社会判断理论

社会判断理论（Social Judgment Theory）由萨夫·谢里夫（Muzafer Sherif）和霍夫兰德（C.I.Hovland）于 1961 年提出。该理论假设人们根据他们已知的或已有的感觉来吸收和同化态度对象的新信息。原有的态度被视为指导框架和主观规范，表现为一段区域，该区域由"接受区间""模糊区间"和"拒绝区间"三部分构成，新的信息是否被接受取决于其落入原有态度的哪一区间（详见图 5-5）。

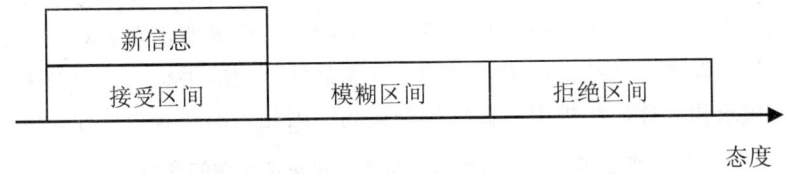

图 5-5 社会判断理论

对消费者而言，构成态度区域的三大区间的大小主要取决于其介入程度和品牌忠诚度。在高介入和高忠诚度的情境中，消费者的"接受区域"往往比较窄，而"拒绝区域"比较宽，这给竞争品牌的介入带来了很高的壁垒。这很好地解释了其他手机品牌厂商很难说服苹果Iphone手机的顾客，使其改变态度，接受其品牌。因为苹果Iphone品牌手机的顾客对其怀有极高的忠诚度，其手机品牌的"接受区间"极小，甚至只有一个"点"，那就是"非Iphone品牌手机不买"。而在低介入和低忠诚度的情境中，消费者的"接受区域"往往比较宽，而"拒绝区域"比较窄。其实，这正是许多消费者购买决策时的常态。消费者对到底购买哪一个品牌的态度往往是模棱两可、犹豫不决的；毕竟，只有在很少情形中（如极端排斥或极端忠诚某个品牌），其品牌态度才是极其明确的。因此社会判断理论的"区间态度"观点非常符合消费者态度的模糊性、区间性特点。这也为营销者说服和改变消费者态度的营销努力提供了部分理论基础。

5.2.2 态度模型及其营销含义

多属性态度模型（Multiattribute Attitude Model）研究的是消费者如何根据他对产品的多个重要属性的信念来形成他对产品的态度。因此，多属性态度模型的运用意味着，可以通过得到这些特定的信念并将其综合起来，推导出一个测量消费者总体态度的方法，用来预测消费者对一种产品或品牌的态度。多属性态度模型比较适用于解释介入程度较高的态度形成。

1. 费舍宾模型

（1）基本模型

最有影响力、应用最广泛的多属性态度模型是由马丁·费舍宾（Martin Fisherbin）提出的，因此称其为费舍宾模型（Fishberbin Model），其公式如下：

$$A_{kj} = \sum_{i=1}^{n} W_{ki} B_{kij}$$

式中，A：态度，k：消费者，j：品牌，i：属性，n：属性的数量，W：权重，B：信念

这个模型涉及并量化了态度的三个要素：

● 属性（Attribute）：是态度对象所具有的特性。例如，手机内存是智能手机的一个属性。

● 信念（Belief）：是态度对象拥有某种特定属性的程度的认知（信念强度）。例如，某个消费者对小米手机的内存评价很高。

● 权重（Weight）：反映了某一属性对消费者的相对重要性（信念评价）。例如，某个消费者认为内存对智能手机很重要。需要注意的是，虽然消费者认为态度对象具有多个属性，但是它们在消费者心目中并非同等重要，因此需要赋权。而且，这些权重也因人而异。

根据费舍宾模型的公式可知，消费者对某一个产品或品牌的态度，是消费者对该产品或品牌的属性的信念与其权重的加权求和。所得结果越大，则表明消费者对该产品或品牌的态度越积极。例如，表 5-3 是某个消费者对四个备选品牌的智能手机的评价结果。根据费舍宾模型，经过加权求和计算，品牌Ⅲ的评价得分最高，因此该消费者将选择品牌Ⅲ。

表 5-3 某个消费者对智能手机备选品牌的评价

属性	属性权重	对各品牌属性的信念			
		Ⅰ	Ⅱ	Ⅲ	Ⅳ
品牌	17	98	92	85	78
价格	10	60	70	98	90
内存	14	80	90	93	91
屏幕	12	90	88	81	85
CPU	15	82	91	89	85
RAM	13	81	85	88	90
摄像头	10	88	85	80	78
电池	9	78	75	80	81
总和	100	8331	8575	**8698**	8474

说明：属性权重总和为 100；属性的信念评分满分为 100 分，分数越高，该品牌在某个属性上表现越好。对于负向属性（如价格），分数越高，该品牌在某个属性上表现越好，即价格越低。

（2）营销启示

对营销者而言，费舍宾模型提供了非常有益的启发，尤其是关于消费者态度的改变。根据费舍宾模型，只要其中任何一个变量发生了变化，就有可能引起消费者态度的改变。因此，可得以下改变消费者态度的策略：

①改变 i 和 n：其营销含义是通过改变消费者关于产品重要属性的有无及其数量的认知，影响消费者的品牌选择。例如，智能手机品牌Ⅰ、Ⅱ、Ⅳ可以激活新的属性（例如"手机发热"），让消费者认识到该属性为其带来的利益，使其在进行品牌选择时，将该属性纳入考虑范围。例如某品牌可以通过发起"你所不知道的手机发热现象"的软文宣传，使消费者开始重视"手机发热"问题。

②改变 W：其营销含义是通过改变消费者关于产品属性的重要性大小的认知，影响消费者的品牌选择。例如，智能手机品牌Ⅰ可以通过强调品牌、屏幕或摄像头等属性的重要性，使消费者重新审视并修改原有的属性重要性排序，并做出有利于自身的选择；而品牌Ⅲ则可以通过强调价格的重要性，突出自身的竞争优势，类似"同样的配置，更低的价格"或"同样的价格，更高的配置"就是这样的策略。

③改变 B：这一策略包含两层营销含义：其一是通过改变消费者对品牌的信念，即改变消费者对品牌拥有某种特定属性的程度的认知（得分高低），影响消费者的品牌评价结果。这种策略适用于这样的情况：某品牌因在某些属性上被消费者误解或不了解，而导致属性的得分较低。例如，假设智能手机品牌Ⅳ在摄像头方面做了大幅度的技术革新，做到了虽然摄像

头像素不高,却能实现更高的照片或录像质量。但是大部分消费者都根据摄像头像素来判断摄像头的好坏,可能对品牌Ⅳ的这一新技术不了解,导致评价得分较低。因此,该品牌可以大力宣传这一技术革新,使消费者真正认识到该技术的优势,从而改善对该品牌摄像头的评价得分。其二是通过改变消费者对竞争品牌的信念,即改变消费者对某竞争品牌拥有某种特定属性的程度的认知(得分高低)——例如可用对比广告等方式,从而改变消费者对竞争品牌的固有信念。这种策略尤其适用于这样的情况:消费者关于某竞争品牌的感知绩效高于该品牌的实际绩效。此时该品牌就可以通过对比、暗示等方式点出消费者关于某竞争品牌的认知"错觉"。

④同时改变上述多项变量。

2. 费舍宾扩展模型

(1) 基本模型

尽管费舍宾模型是一个比较完善且影响很大的多属性态度模型,但仍有一些缺陷。例如,该模型没有考虑别人对个体行为的影响,混淆了对客体的态度和对行为的态度等。因此,费舍宾后来对其进行了改善和扩展(详见图 5-6)。扩展后的模型被称为费舍宾扩展模型,也被称为合理行为理论(Theory of Reasoned Action)或行为意向模型(The Behavioral Intention Model)。其公式如下:

$$B = f(BI) = f(A_{act}, SN) = A_{act}(W_1) + SN(W_2)$$

式中,

B:行为;BI:行为意向;A_{act}:消费者对行为的态度;SN:其他人是否希望消费者采取此行为的主观规范;W_1:A_{act} 对 BI 影响权重;W_2:SN 对 BI 的影响权重。

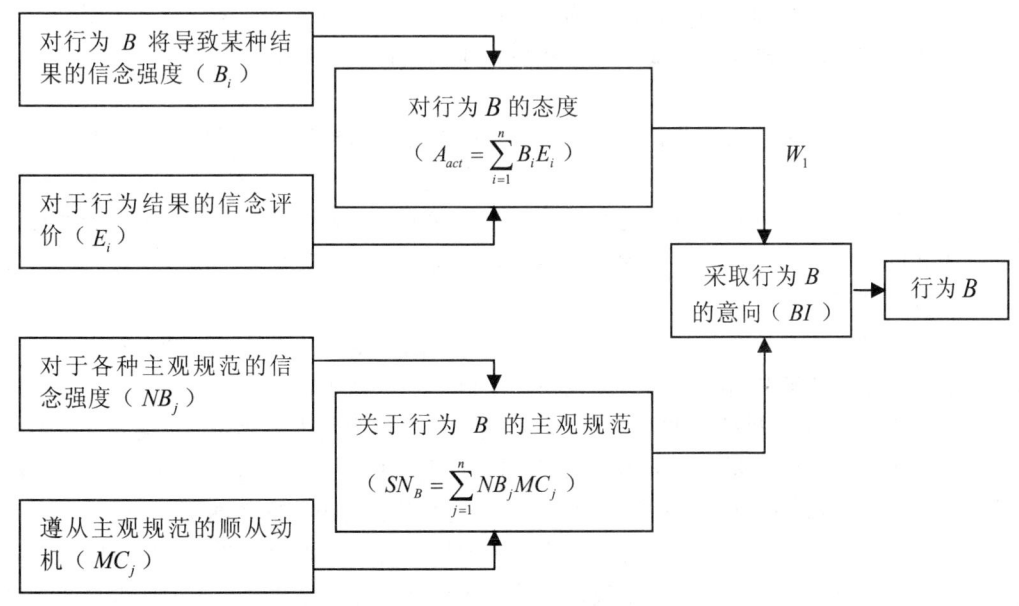

图 5-6 费舍宾扩展模型

由图 5-6 可知,消费者对采取某个购买行为的态度是其对行为结果的信念强度与其信念评价的乘积;消费者的主观规范是其对各种主观规范的信念强度与其遵从主观规范的顺从动机的乘积；行为态度与主观规范共同影响消费者的行为意向，而由于二者的影响权重不同，所以对二者加权求和，即为消费者的行为意向。最后，以行为意向预测消费者的行为。这就是费舍宾合理行为理论的完整内容。

根据图5-6，费舍宾扩展模型的改进之处主要表现在：

①区分了行为倾向与行为

费舍宾扩展模型用行为意向代替了行为，即态度所预测的是行为意向，而非行为本身。该模型认为，态度与实际行为之间还有一个中间变量，即行为意向。这就意味着某种态度是否会导致相应的行为出现，并且还受到其他因素的影响。

②考虑了社会压力

费舍宾扩展模型对费舍宾模型的最大改进就是考虑了社会压力（别人）对个体行为的影响。该模型为了考察这一点，引入了一个新的变量——主观规范（Subjective Norm，SN）。它是指消费者认为其行为是否别人所期待或支持的。在相当一部分情况下，消费者的购买行为往往受到别人观点和期待的影响。例如，"我打算在一家西餐厅邀请朋友吃饭，不知能否获得家人的支持。"主观规范的价值和影响取决于两个要素：A. 标准信念（Normative Belief，NB），即别人认为一种行为是否应该发生的强度。例如，"我的家人非常希望我在一家不错的中餐厅请朋友吃饭。" B. 对信念的遵从动机（Motivation to Comply，MC），即消费者在购买决策过程中，遵从别人预期的可能性。例如，"我不太愿意遵从家人关于在一家不错的中餐厅请朋友吃饭的意见"。

③区分了对行为的态度和对产品的态度

费舍宾扩展模型与费舍宾模型的另一个关键区别就是态度对象不同。前者探讨的态度是消费者关于某一消费行为的态度，即行为态度；而后者研究的态度则是消费者关于某一产品品牌的态度，即产品品牌态度。而且前者比后者在预测行为上更有效度。

（2）营销启示

费舍宾的合理行为理论在营销实践中具有较高的理论指导价值，具体而言，有以下三点启示。

第一，营销者应该有效区分行为意向与行为。营销者应该特别注意：在消费者的行为意向与行为之间还有一定的距离。因此运用消费者行为意向预测其行为，需要注意一些特殊情况，如非自愿消费行为、冲动性购买、态度调查误差等。

第二，营销者需要注意行为态度和客体态度（产品态度）的不同。消费者对产品品牌的态度积极，并不一定意味着其行为态度也积极，更不一定意味着购买行为的出现。例如消费者普遍对苹果Iphone手机持有非常正面、积极的态度，认为其内外兼修、体验极佳，但由于缺乏购买动机（觉得没必要有一部Iphone手机）或购买能力（太贵了，超出自己的预算），因此对购买一部Iphone手机的态度就不积极，也就不会表达出相应的购买行为。

第三，消费者的行为意向受到行为态度和主观规范的共同影响，营销者应该区分二者到底是哪一种因素发挥着主导作用。一般地，具有典型外显性、象征性、与消费者自我概念、个性、气质、价值观等高度相关的产品，如服装、汽车、化妆品等，主观规范发挥着相对较大的影响力，营销者就需要在营销传播中强调相关的社会标准来支持和强化消费者的这种行为；反之，具有较强内隐性、功能性、价值性、个人化的产品，如药品、内衣、家电、日化等，营销者就需要在广告宣传中强调产品的功能性、利益性，以及使用过后的效果或感受等。

5.3 态度的改变

尽管消费者的态度具有相对较强的持久性、稳定性和一致性，但是这并不意味它是一成不变的。消费者态度不是在真空中形成的，而是受到消费者内外部多种因素的影响，而且这些因素具有较强的动态性。因此，随着时间的流逝、环境的变迁、情境的变化、信息的获取、群体压力的增加，以及说服行为的出现等，消费者的态度都将发生改变。

5.3.1 消费者态度改变的方式

消费者态度改变是指已经形成的态度在内外部各种因素的作用下而引起的变化。按照马克思主义哲学的观点，事物的变化都分为质变和量变，质变是量变的结果，量变是质变的前提。因此，消费者态度的改变也可分为两种：质变和量变。质变是指消费者态度发生了性质或方向性的改变，如消费者对某个品牌的态度由积极变为消极；量变是指消费者态度发生了程度或强度的改变，但方向保持不变，如消费者对某个品牌的态度由关注变为信赖。消费者对某个品牌持有高度信赖与忠诚的态度是企业长期营销努力的结果；同理，消费者对某个品牌持有极度消极与排斥的态度也是企业长期营销疏漏所致。正所谓："冰冻三尺，非一日之寒。"因此，企业要想塑造和强化消费者的积极态度，就必须注意平时点滴营销努力的长期积累。唯有态度量的积累，方有态度质的变化。

需要注意的是，消费者态度的改变与说服既密切相关，又有所不同。消费者态度的改变不必然是说服的结果，也可能是态度自身发生的自然变化所致，如随着时间的流逝态度逐渐变弱或变强；说服不必然导致态度的改变，说服失败的例子不胜枚举。因此，前者是后者的主观目的，但未必是客观结果；后者不是前者的全部原因。

5.3.2 消费者态度改变的影响因素

霍夫兰德（C.I.Hovland）和詹尼斯（I.L.Janis）通过深入研究态度改变的过程及其主要影响因素，于1959年总结出了关于态度改变的说服模型。霍夫兰德认为，任何态度的改变都涉及个体原有的态度和外部不同的观点，二者之间的差异会导致个体心理上的不协调。为了恢复心理上的平衡和协调状态，个体或者改变原有态度，或者维持原有态度。霍夫兰德关于态度改变的说服模型，对于企业理解和引导消费者态度的改变具有重要的启发意义，可据此归纳出关于消费者态度改变的说服模型，如图 5-7 所示。根据该模型，可以归纳出消费者态度改变的影响因素有四大类：信息源、信息传播、目标靶和情境。

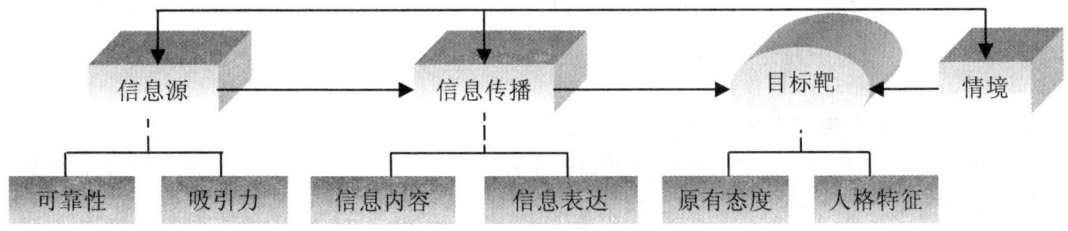

图 5-7 关于消费者态度改变的说服模型

1. 信息源

信息源是指可以发出一定信息或传递一定信号的任何东西。它既可以分为有形的、无形的，又可以分为有生命的、无生命的，也可以分为有名的、无名的，还可以分为现实的、虚拟的。例如，一个明星代言人是有形的、有生命的、有名的、现实的，一个"典型"消费者代言人是有形的、有生命的、无名的、现实的，一个卡通人物则是有形的、无生命的、无名的、虚拟的，而一首自创广告音乐则是无形的、无生命的、无名的、现实的，等等。相同的信息通过不同的信息源传递，传播效果不大相同。其中，信息源的可靠性和吸引力影响最大。

（1）信息源的可靠性

信息源的可靠性（Source Credibility）是指信息源具备专业性和可信性两个基本属性的程度。

专业性是指信息源在某个领域所具有的专业水准和权威性，通俗地说，就是"懂得"该领域的程度。生物学和心理学对于长期使用大麻的科学报告作为一个可靠的信息来源，"在减少药物滥用上可以起到很重要的作用。"同样，如果消费者认为品牌代言人所属的专业领域与其所代言的品牌或产品高度一致，则其对消费者的态度具有较强的影响。例如格力空调之所以放弃成龙而选择自家的董事长——董明珠作为自己的品牌代言人，个中缘由，众说纷纭，但是其中有一点是可以肯定的，那就是在空调领域董明珠远比成龙专业得多，尽管免不了"王婆卖瓜，自卖自夸"的嫌疑（况且这个嫌疑并不比外请明星做代言带来的嫌疑大）。如美国牙科协会（American Dental Association）具有很强的专业性，对消费者的态度有巨大的影响力。佳洁士牙膏的成功很大程度上应归功于该协会的认证。当然，所谓的"专业认证"并不一定总能增强消费者对营销信息的专业性认知，只有在消费者缺乏对产品表现做出直接判断的能力，并充分信赖这些机构时，"专业认证"才有效。

可信性是指信息源在接收者的心目中所具有的客观性、公正性和诚实性。信息源如果没有明显理由不提供完整、客观和准确的信息，将被视为是可信的。例如，消费者在央视的《新闻联播》（而非广告）里看到关于某个企业或品牌的新闻信息，则该信息源被认为是可信的。同样道理，尽管销售人员和广告主往往具有关于某个产品的丰富的专业知识，但许多消费者却怀疑他们观点的客观性和诚实性，致使其可信性大打折扣。营销信息源是否具有较高的可信性受到消费者的归因强烈影响，即他们如何判断信息传递者的立场，究竟是出于个人的偏见和自私的动机还是出于客观事实和责任良心。

当然，一个信息源如果既具备较强的专业性，又具有较高的可信性，他就成为最佳的"品牌代言人"。

（2）信息源的吸引力

信息源的吸引力（Source Attractiveness）或魅力（Charm）是指信息传递者对目标受众所具有的社会价值或吸引力。这种吸引力可以表现为坦率、幽默、自然、平易近人的品质。而这些品质源自形象代言人的外表、个性、社会地位以及他与信息接收者的相似之处。于是以下品牌代言人策略经常被使用：

①以外表吸引力强的人做形象代言人

"爱美之心人皆有之"。这一策略的逻辑在于：人们对外表吸引力强的人易于产生"晕轮效应"，即认为长相漂亮的人显得更加热情、幸福、聪明、完美，在其他方面也更加出色。"晕轮效应"也可以用前述的认知一致性原理来解释。人们倾向于把其对一个人的全部评价统一起来，从而形成一种"一美遮百丑"的认知偏差。此外，用外表吸引力强的人做形象代言人也是一种暗示策略，即含蓄地告诉潜在消费者："使用这种产品，你就会成为我这样有魅力的人"。因此，帅哥美女能吸引人注意和引起好感，且具有很强的暗示作用，自然其说服的效果较好。

外表吸引力的说服效果与外表吸引力的大小呈正相关。在广告领域，大部分研究证明，越是有吸引力的模特，所宣传的产品越是能够获得好的评价和积极反应。此外，外表吸引力的说服效果还取决于外表吸引力和产品之间的匹配性。二者的匹配性越高，则外表吸引力的说服效果愈好。例如，外表吸引力与化妆品、洗护发用品、护肤品、服装、首饰等产品的匹配性很高，其说服效果较好；而外表吸引力与洗涤用品、咖啡、农资等产品的匹配性很低，则其说服效果相对较差。

②以名人（即明星）作为形象代言人

所谓名人，是指在某个领域具有广泛知名度和社会影响力的各界人士。根据记忆理论，根据莱斯托夫效应，越是突出、新颖、有特色的刺激物，越引人注目，且人们对其印象越深刻，记忆效果越好。因此，名人代言可以有效地提高品牌或产品的知晓度和知名度，也强化了企业形象，是一种让品牌脱颖而出的有效策略。尤其是当消费者无法了解竞争品牌之间的差别时，这种策略更为有效。根据参照群体理论，名人往往是消费者心目中的渴望群体和意见领袖。其消费理念和行为对粉丝群有强烈的影响——或通过在无形中为粉丝群建立一个消费心理上的"规范"，或通过被粉丝群作为评价自己或别人是否符合"潮流"的标准，或二者兼而有之。因此，运用名人代言可以有效发挥其消费的榜样、示范和引领作用。总之，名人代言是一种较为有效的营销策略。例如，著名篮球运动员迈克尔·乔丹和姚明曾经分别作为耐克和锐步的品牌代言人，强烈地影响了许多潜在的消费者。

名人代言欲达到预期效果，其关键在于名人的选择。切忌仅根据知名度的高低选择代言人。一般地，企业在遴选代言人的过程中，应严格遵循三大原则：一是人—物相符原则，即代言人的个性、形象和气质要符合企业产品或品牌的特性、形象；二是明星粉丝群与目标顾客群重合原则；三是顺序原则，即要先确定广告传播的品牌特性，再据此选择合适的名人。至于具体的选择方法，一家市场调研公司提出了一种广泛使用 Q-Score（代表质量）评估方法。这种方法可以确定一位名人是否可以成为代言人。它考虑两个方面的因素：消费者对一个名字的熟悉程度和喜欢这个名字的人的数量，即这些人指出某个人、某个计划或某种属性是自己喜爱的。这家公司每年评估近 1500 位名人（运动员超过 400 人）。

③以"典型消费者"作为形象代言人

以"典型消费者"作为形象代言人的策略是建立在"相似性"效应的基础上的。社会心理学认为，人们倾向于相信那些与我们相似的人。此所谓"物以类聚，人以群分"。同样道理，消费者也倾向于接受哪些与自己相似的消费者的说辞。布罗克（T.Brock）曾于 20 世纪 60 年代做过一个有趣的试验。他让一些化妆品的营业员劝说顾客购买一种化妆品，其中一部分营业员扮演有专长但与顾客无相似之处的角色，另一部分营业员则扮演与顾客身份相似但无专长的角色。结果发现，没有专长但与顾客有相似性的劝说者比有专长而与顾客无相似性的劝说者对顾客的劝说更为有效。但这并不能说明相似性总比可靠性更重要。相似性和可靠性哪一个因素具有更大的影响力？戈瑟尔斯和纳尔逊（Goethals and Nelson, 1973）发现，这取决于某个主题侧重的是主观偏好还是客观现实。如果某种购买决策关系到个人价值、品位或者是生活方式等主观偏好，则相似性具有更大的影响力。但如果只是涉及对产品的主要成分、基本结构、理化属性、技术水准等客观事实做判断，则可靠性具有更大的影响力。因为一个陌生但却具有专业性的人，能提供更加独立、客观的判断。

2. 信息传播

（1）信息内容

信息内容，即诉求，是指信息传播者向目标靶所说的内容。诉求的最终目的在于帮助消费者形成认知，激发情感，并导向预期行为。营销者通常可以采取理性诉求、感性诉求、恐惧诉求、性诉求、幽默诉求等方式来影响和改变消费者的态度。

①理性诉求

理性诉求是指传播者将产品的功能、技术、结构成分、制造工艺、质量、效用、原产地、使用方法、使用情境、使用结果等"实际"的信息传递给受众的诉求方式。这种诉求方式的心理基础在于：消费者具有较强的求真和求实动机。在这种心理动机的支配下，消费者要求被全面、准确、真诚地告知产品的"实际"信息，如实用性、耐用性和功能性等。正如美国广告"创意革命"的三大代表人物之一李奥·贝纳（Leo Burnett）所言："我认为，做广告最伟大的成就是让人信服；而没有任何东西比产品本身更能说服人。"他曾经为明尼苏达流域罐头公司创作了一则名为《月光下的收成》的广告："无论日间或夜晚，'绿巨人'豌豆都在转瞬间选妥，风味绝佳……从产地至装罐不超过三小时。"他的这一成名作就是典型的理性诉求，突出了产品的新鲜、绿色。再如，奥利奥的理性诉求——"扭一扭、舔一舔、泡一泡"说明了产品的食用方法；"晚上服黑片，睡得香"告知了产品的使用情境；佛山日丰的理性诉求——"日丰管，管用五十年"强调了产品的可靠耐用性，白加黑的理性诉求"白天服白片，不瞌睡"；而乐百氏的理性诉求——"二十七层净化"则突出了产品复杂、严谨的生产流程和洁净的水质。

理性诉求方式的有效性与产品属性和潜在受众有关。从产品属性来看，当面对实用性、功能性、技术性较强的产品，或制造工艺、原材料、使用方法、使用情境等较为独特的产品时，这种诉求方式更为有效；从潜在受众来看，受到更好的教育或者善于分析思辨的人比受教育水平不高或不善于分析思辨的人更容易接受理性的说服。

②感性诉求

感性诉求是指传播者将产品或品牌涉及的情感、感觉、体验、个性、气质、生活方式、自我概念和价值观念等非具象信息传递给受众的诉求方式。这种诉求方式的心理作用基础在于：消费者具有较强的求同动机（社交需要）、求美和求名动机（尊重需要）、求异动机（自我实现需要）。在这种心理动机的支配下，消费者需要被感动、感染、认同，希望彰显个性和身份，渴望自我概念和价值观的展示。情感诉求有利于提高消费者对产品的关注程度，容易给人留下深刻的印象，而且对于那些追求享乐消费的目标群体或主要为消费者创造特殊体验的产品来说，情感诉求会有很好的效果。例如，巴黎欧莱雅的"你值得拥有"、芝华士的"This is Chivas' life"、耐克的"Nothing is Impossible"等广告就是很典型的感性诉求。

感性诉求的心理作用机制是通过增加以下内容而促进态度的形成和改变：

- 广告吸引和保持受众注意力的能力；
- 大脑对广告信息的处理水平；
- 消费者对广告的记忆；

- 对广告本身的喜爱；
- 经由经典性条件反射形成对产品的喜爱；
- 经高介入状态处理而形成对产品的喜爱。

③恐惧诉求

恐惧诉求是指传播者通过将能够引发潜在受众情绪紧张、内心恐慌的信息传递给受众，促使其改变态度和行为的诉求方式。这种诉求方式的语言逻辑为："如果不……，就会……，所以必须……"其心理作用基础在于：消费者如果产生心理上的消极情绪，就会关注有关信息并积极寻求解决方法。个人卫生护理（如去屑洗发水、牙膏、牙刷、除臭用品等）、安全防范（如汽车安全气囊、有毒气体检测器、安全套、灭火器、意外保险）、健康预防（如药物、体检、疫苗、保健品、空气净化器）等产品的营销传播和具有社会负面效果的不健康行为（如抽烟、酗酒、不安全的性行为、酒后驾车）的劝诫都非常适合采用恐惧诉求。例如，英国的贝斯特牙刷大肆宣传自己牙刷的柔软，不伤害牙龈，但市场反应并不好，经调查发现，原来大家没有意识到自己用的普通牙刷对牙龈有什么危害，于是在新的广告中，先用一支普通牙刷在一只西红柿上刷来刷去，一会西红柿外皮就破掉，流出了"血水"，画外音说：你每天都在这样刷牙吗？然后换用贝斯特牙刷在西红柿上刷来刷去却没有破皮，这时再说贝斯特牙刷如何好，不会伤害你的牙龈。这支广告"吓"坏了英国人，大家一刷牙就想到那只可怕的"流血"的西红柿，总感觉自己的牙龈要出血。于是大家只好使用贝斯特牙刷。再如，图5-8是一则关于"抽烟可能导致阳痿"的加拿大戒烟广告。这则广告运用恐惧诉求劝导男性烟民戒烟，起到了良好的说服效果。

恐惧诉求能否产生预期的效果，不仅取决于能否引发潜在受众的紧张感和恐惧感，还取决于能否为其提供有效的解决方案。只有在让人们意识到威胁的严重性和可能性的同时告诉他们一个解决的方法，那么唤起恐惧心理的信息才会更加有效。

图5-8 加拿大的一则戒烟广告

(2) 信息表达

①差异

目标态度与消费者原有态度之间的差异会影响到说服的效果。而且差异的影响力还可能与信息源的可靠性产生交互作用。根据阿伦森、特纳和卡尔斯密斯（1963）的研究，如果存在一个可信、不容忽视的信息来源，那么一个与信息接收者差异很大的立场会引发最大程度的观点改变。反之，如果缺乏一个可靠的信息来源，那么这种差异在中等程度时，会引发最大程度的观点改变。当然，后者的改变

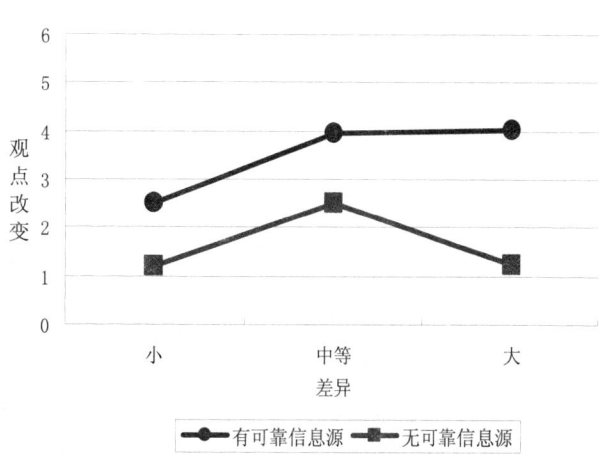

图5-9 差异与可靠信息源之间的相互作用

量远低于前者（详见图5-9）。

②单面论述与双面论述

一般地，一则说服仅仅包含正面、积极的信息或理由。这种论述方式被称为支持性论述（Supportive Arguments）或单面论述。而在说服中适当呈现负面信息的论述方式叫做反驳性论述（Refutational Arguments）。如果一则说服同时包含了正反两面的信息或理由，则被称为双面论述。这种论述方式有时候能起到出乎意料的良好效果。沃纳等人（Werner and Others，2002）在一个实验中显示，一个非常简单的双面信息，其对戒心的消除能够提高铝制罐头盒的回收率。他们在犹他州立大学教学楼的垃圾桶上贴上诸如此类的标签："请不要将铝制罐头盒投入垃圾箱！请将其投入一楼入口处的回收箱。"最后，当呈现一个有说服力的信息，同时承认并且回应了主要的反对观点时——"这样做可能会给你带来不便。但这的确很重要！"——回收率达到了80%（是没有任何信息时的两倍，而且要高于呈现其他信息的条件）。

对消费者而言，单面论述能够建立、巩固和深化消费者对产品的认知；双面论述则由于"坦诚""客观"告知消费者产品的"缺点"，而获得消费者更高程度的信赖。这两种策略，孰优孰劣，需视情况而定，无法一概而论。根据霍夫兰德等人的观点，当受众与传播者的观点一致，或对所接触的问题较为陌生时，采用单面论证说服效果更好；如果受众与传播者观点相左，且对所接触的问题较为熟悉时，采用单面论证往往被视为有失偏颇和公允，此时，采用双面论证说服效果更好，如图5-10所示。

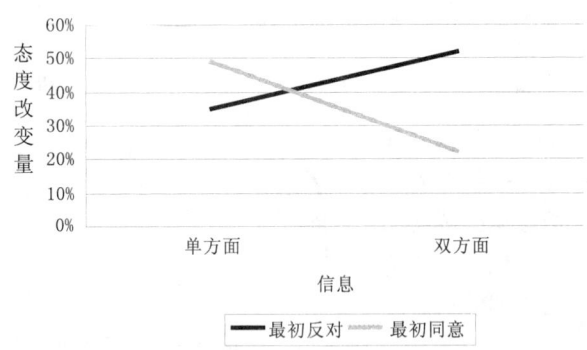

图5-10 最初观点与单、双面说服的交互作用

③对比广告

对比广告（Comparative Advertising）是指在一条广告信息中对两个或两个以上特别明示或暗示的产品品牌，围绕某个或某几个特定的属性进行比较的策略。例如，2002年，华为在美国一些主流和专业媒体上刊登了极具攻击性的对比广告——"他们唯一的不同是价格"，图案背景是旧金山金门大桥。而其最强大的竞争对手——思科（Cisco）就曾经展开了一场所谓的"破格行动"的广告战，推出"扫荡价"，而"格"字就是格力的LOGO字体，广告中，"格"字成破裂状。于是，格力也反戈一击，打出了"格力亮剑、谁与争锋"的广告，在广告中，一把明晃晃的剑直指美的的"扫荡价"（详见图5-11）。

比较广告对某些新产品或新品牌来说相对比较有效。通过与市场中的领导品牌进行直接比较，它们可以迅速提高自身知名度，明确自己的定位和形象。当然，仅仅说它和领导品牌一样好或更好是不够的，还必须告知消费者好在何处。并且，只有在一个品牌与领导品牌的差距不是太远，比较广告才具有可信性。例如，就现在而言，比亚迪与奔驰、宝马，由于差距太远,缺乏可比性,所以即使采用比较广告也不会有效果。

图 5-11　格力空调的对比广告

目前已获得的证据表明,比较广告应该遵循以下几点:
- 比较广告对于促销那些具有独特性的新产品可能更有效。
- 比较广告的内容如果被可信赖的来源证明,其效果会更好。
- 比较广告可能在确立产品地位或提升产品形象方面很有效。
- 广告受众的特点,特别是对广告品牌的忠诚度,是很重要的。使用或拥有被比较的竞争品牌的人倾向于抵制比较性内容。
- 由于人们认为比较性广告比非比较性广告更有趣(也许更"令人不快"),在产品领域相对来说变化不大以及非比较性广告显得不再有效时,比较性广告可能会更有效。
- 恰当的主题设计能显著地增强比较广告的整体有效性。
- 探索究竟对产品的哪些特性进行比较是很重要的。
- 印刷媒体似乎更适合做比较广告,因为它有助于消费者进行更全面的比较。

3. 目标靶

目标靶是指信息传播的对象,即受众。消费者的个人因素,如态度坚定性、介入程度、预防注射(预防机制)、人格等因素也会影响到说服的效果。一般地,一个消费者对某个品牌的态度越坚定,则根据社会判断理论,其接受区间越小,越难以被说服;消费者在购买决策过程中,对产品的介入程度越高,越认真思考和评价所接触的信息,则其态度也难以被改变;消费者如果已经构筑起防御"敌对观点"的机制,则很难接受这种"敌对观点";消费者的自尊心越强、受教育水平越高,则其越难以被说服。此外,目标受众的专业背景、擅长领域等因素也影响说服效果。

4. 情境

营销说服活动往往是在一定的情境中进行的。因此,说服效果也会受到许多情境因素的影响。

(1) 预先警告

如果受众在接触说服信息之前,对劝说意图有所了解或被告知部分相关信息,就有机会组织反驳的论点,从而增强对劝说的免疫力。这就是预先警告效应。弗里德曼(J.L.Freedman)和西尔斯(D.O.Sears)于 1965 年通过实验证明了:在存在预先警告的情况下,说服人们的难度将增加。他们在一场报告开始前 10 分钟,警示一组加利福尼亚的高中生说他们将要听到一场演说——"为什么不许青少年开车",而另一些孩子则在报告真正开始时才听到这一主题,结果发现,受到预先警告的一组被试受报告影响的程度较小,没有改变原有态度;而未受到预先警告的被试受报告影响的程度较大,改变了原有态度。当然,预先警告并不总是对受众起抵制说服的作用,有时也可能起反作用,主要取决于受众原有态度的坚定度及其介入程度。研究表明,如果受众原有态度的坚定度或介入程度很高,则预先警告的作用表现为抵制说服;反之,则预先警告会起相反的作用,即表现为促进态度的转变。

（2）分心

分心是指由于受众受到内外因的干扰而分散注意力的现象。这里的干扰因素即为"噪音"。"噪音"的存在致使受众分心,防止其组织有效的辩驳论点,从而提高说服的效果。当然"噪音"的大小要适度,才会对说服有积极作用。否则如果"噪音"太大,将淹没主要信息,导致受众感觉不到,则劝说等于没有发生。总之,适度的分心有助于态度的改变,过度的分心则会降低劝说效果,从而阻碍态度改变。例如,广告中的背景音乐,如果音量适中,既不至于反客为主,又能发挥适度分心、阻止反驳、促进说服的积极作用,还有抛砖引玉、衬托主题的良好效果;反之,如果声音太大、太引人注意,反而会喧宾夺主,影响受众对广告主题的感知和回忆。

小链接

在一项对令人讨厌的广告的研究中,研究人员调查了在黄金时段播放的令消费者反感的500个电视广告。最让消费者讨厌的广告有女性保健产品、痔疮药品或泻药,以及女性内衣的广告。研究者找出了令消费者讨厌的因素：

- 敏感产品的展示（如痔疮药）以及对其包装和使用方法的强调;
- 过于做作或夸张的场景;
- 广告中的人物不修边幅、没文化和幼稚可笑;
- 危及到像婚姻这样重要关系的广告;
- 有对身体不舒服的图解说明;
- 用充满敌意或争吵的角色制造令人不安的紧张;
- 描述了一个既无魅力又不值得同情的角色;
- 含有性暗示的场面;
- 广告本身质量差。

本章小结

5.1 本节概述了消费者态度的基本概念、影响机制、构成成分和主要功能。消费者态度是指消费者在购买和使用产品的过程中对其表现出来的心理反应倾向。消费者态度通过三个机制发挥自身的影响力：影响认知和评价；记忆与学习效果；通过影响行为意向,进而影响实际行为。根据弗里德曼 ABC 态度模型,态度是个体对某一对象所持有的相对稳定的情感（Affect）上的感受、行为（Behavior）上的倾向和认知（Cognition）上的评价。根据认知、情感和行为在消费者态度形成过程中出现的先后顺序和效应大小,可以归纳出四类不同的效应层级：高介入学习层级、低介入学习层级、经验学习层级和行为学习层级。根据卡茨的四功能学说,消费者态度具有四种功能,即效用功能、知识功能、自我保护功能和价值表现功能。

5.2 本节主要讲述了消费者态度的形成理论与态度模型。根据认知一致性原理（Principle of Cognitive Consistency）原理，如果构成态度的三种成分之间不一致，个体就会产生内心的冲突和心理上的不协调，这种心理状态驱使其设法改变其中的某个因素，以维持三者之间的一致和协调。这构成了认知失调论、自我知觉理论、认知—情感相符理论、平衡理论、社会判断理论等态度形成理论的共同基础。这些理论从不同的角度解释了消费者态度的形成，且为营销者带来了诸多有益启发。影响力最大的态度模型当属费舍宾模型，其公式为 $A_{kj} = \sum_{i=1}^{n} W_{ki} B_{kij}$，即消费者对某一个产品或品牌的态度，是消费者对该产品或品牌的属性的信念与其权重的加权求和。费舍宾扩展模型的基本公式为 $B = f(BI) = f(A_{act}, SN) = A_{act}(W_1) + SN(W_2)$，消费者对采取某个购买行为的态度是其对行为结果的信念强度与其信念评价的乘积；消费者的主观规范是其对各种主观规范的信念强度与其遵从主观规范的顺从动机的乘积；行为态度与主观规范共同影响消费者的行为意向，而由于二者的影响权重不同，所以对二者加权求和，即为消费者的行为意向。最后，以行为意向预测消费者的行为。

5.3 本节主要讲述了消费者态度的改变。根据霍夫兰德的说服模型，可以归纳出消费者态度改变的影响因素有四大类：信息源（可靠性和吸引力）、信息传播（信息内容和信息传播）、目标靶（态度坚定性、介入程度、预防注射、人格）和情境（预先警告和分心）。

能力培养指导

● 主要运用课堂讲授法讲述消费者态度的概念和功能，通过案例分析等方法讲述 ABC 态度模型和效应层级理论，提高学生对相关理论的理解能力；

● 通过课堂讲授法讲述认知失调论、平衡理论等态度形成理论，并结合企业营销实践重点分析平衡理论的具体应用及其营销启示；要求同学们结合费舍宾模型和扩展模型，具体分析某企业的营销实践活动，提高学生对相关理论的应用技能；

● 通过网络调查、实地调查、营销策划等实战训练，理解消费者态度改变的影响因素，提高学生运用消费者态度的相关理论进行营销策划的能力。

案例应用 1

渐成世界潮流的"拜客文化"却在我国遭遇尴尬

拜客，源自英语中"自行车 bike"的中文发音，现指将自行车运动视为健身、环保的休闲时尚运动的人。

人类进入 21 世纪，汽车污染日益成为全球性问题。随着汽车数量剧增，使用范围日益广泛，在为全球人们带来巨大便利的同时，对世界环境的负面效应也越来越大，主要表现在：危害城市环境，引发呼吸系统疾病，造成地表空气臭氧含量过高，加重城市热岛效应，使城市环境进一步恶化，等等。因此，在一些经济发达且环保意识极强的西欧国家，自行车热悄然兴起。例如，在荷兰，自行车已成为一种重要的交通工具。目前，荷兰是欧洲人均自行车占有率和使用率最高的国家。在荷兰自行车不只是休闲工具，更是重要的交通工具，老少皆宜，人均拥有 1.1 台自行车，每个家庭有不同用途的自行车。再如，在自行车运动强国丹麦，一个 500 多万人口的国度却拥有自行车 420 万辆。

与其他交通方式相比,自行车有其独特的优势:

首先,骑自行车是一项融娱乐、健身与生活为一体的时尚休闲运动。它对人的内脏器官产生的积极影响,并不亚于长跑和游泳等运动方式。特别是骑自行车郊游,还能将沿途美丽的风光一览无余,尽收眼底,更是一种美的享受。据说,在世界各种不同的职业中,邮递员的寿命最长,其中一个原因是他们骑自行车传递信件。

其次,汽车燃油能耗很大,支出费用较高,而且在许多大城市中,"泊车难,泊车贵"已成为一大问题。因此,很多人选择"与其每天开车添堵,不如自由骑行,自在穿梭"的"拜客"生活方式。

最后,不开汽车,选择骑自行车,是倡导"低碳城市"的环保、健康方式。

在我国一些大城市,"拜客文化"正借着洋时尚和低碳之风悄然回归。例如,在广州"拜客文化"已蔚然成风,甚至成立了"拜客·广州"这样有影响的民间环保组织。该组织旨在推动绿色出行方式,倡导扩展自行车出行空间。目前,广州已建成总长约300多公里、以自行车和步行为主要交通方式的绿色道路网络,为市民提供更多便利。但从全国,尤其是从大城市来看,尽管自行车作为一种交通工具拥有诸多优势,但是"拜客文化"的真正普及还是遭遇各种尴尬,没有变成城市普通百姓重要的出行工具和生活方式,而仅仅成为少数人的时尚行为。

【讨论题】

1. 如果你是一位普通的消费者,你愿意接受"拜客文化"吗?并说明你的理由。
2. 如果你是自行车企业的营销者,运用态度形成和改变的有关理论或模型,设计一则改变目前社会公众态度的说服方案。
3. 如果某自行车制造企业打算利用"拜客文化"开展营销活动,哪些环境因素将影响到该活动?
4. 如果你是该自行车企业的营销总监,你将如何减少这些环境因素带来的不利影响?

案例应用2

加多宝今后的路应如何走

1. 背景

经某仲裁机构判定,鸿道集团停止使用"王老吉"商标,广药集团从鸿道集团旗下加多宝手中收回了王老吉商标租借权。

王老吉凉茶是在清朝道光年间初创,1949年王老吉被一分为二,广州王老吉凉茶被归入现在的广药集团。1995年,广药将红罐王老吉的生产销售权租给了加多宝,而广药自己生产绿盒王老吉凉茶。双方曾约定将租赁期限延长到2020年。但由于该协议被宣布无效,广药集团成功收回了王老吉商标的使用权。可以说,王老吉被广药集团收养,然而却是加多宝养大养壮的。2002年,加多宝从广药集团租赁"王老吉",当年销售额为1.8亿元,红罐王老吉2011年销售收入160亿元,超过可口可乐。到2012年,有机构评估该商标价值1080亿元。如今"养子"可以赚大钱了,却被"继父"收了回去。

加多宝今后的路应该如何走?

2. 广药和加多宝的竞争

（1）广药的竞争策略

①广药的定位广告策略

"从前，有个人叫王泽邦，小名叫'阿吉'，他配制成独家凉茶卓有功效，极受欢迎……"这么故事性的开场，广药只是为了说明一个事情"王老吉是我们的"。

在收回红罐王老吉和红瓶王老吉的商标使用权后，绿盒王老吉则已换上"凉茶就喝王老吉"的广告语，2012年前4个月销售6.2亿元。

②广药强调正源配方

广药一再谈到"王泽邦"，便是强调王老吉配方的"正源"。强调王老吉的配方当年并未流传出去，而现今收回红罐之后将继续以"百年配方"继续生产。

③广药集团已经准备再推出红罐装"王老吉"凉茶。

（2）加多宝的反击策略

①加多宝与渠道商签下排他性销售；

②决定致力于打造自有品牌"多加宝"；

③继续生产销售凉茶，并不调低销售目标。2012年一季度公司生产凉茶的增速为30%。

【讨论题】

1. 加多宝如何让消费者喜欢红罐王老吉的消费者相信，"加多宝"就是消费者喜欢的王老吉？要知道，市场上马上会有红色王老吉。

2. 运用消费者态度改变的有关理论，论述加多宝如何改变消费者"怕上火喝王老吉"的固有心理认知。

3. 你认为加多宝今后的路应该如何走？

第6章 消费者的自我认知

学习目标

6.1 了解自我概念的含义,理解消费者自我概念的基本类型及其营销含义,熟练掌握自我概念在企业营销实践中的应用;

6.2 了解生活方式的定义及其研究状况,掌握生活方式测量的基本方法,即 AIO 方法和 VALS 方法。

实践中的生活方式营销

消费者的生活方式及其营销含义

一项市场研究识别出五种与户外活动有关的消费者生活方式:

追求刺激与竞争型(16%)。这类消费者喜欢冒险,喜欢参加一些危险和具有竞争性的活动,另外他们也喜欢社交和健身。他们是团体和个人竞技运动项目的积极参加者。其中一半以上属于某一体育俱乐部或运动队,平均年龄为32岁,2/3是男性单身者。

逃离型(32%)。这类消费者喜欢独处或独自体验自然。他们积极参与野营、钓鱼和赏鸟等活动。这些人并非孤身行事者,只不过将其社交圈子局限在家庭或密友当中。他们中一半以上的人利用户外活动来减轻压力,平均年龄为35岁,男女各半。

健康驱动型(10%)。这些人参与的户外活动严格局限于有益健康的项目,如步行、骑自行车和慢跑。平均年龄为46岁,一半以上是女性。

关注健康的社交型(23%)。尽管对健康很关注,但他们相对来说不太好动。绝大多数参加观赏活动如观光、开车兜风、参观动物园等等。平均年龄为49岁,2/3是女性。

缺乏压力和动力型(18%)。除非是为与家人在一起,这些人通常对户外娱乐不感兴趣,平均年龄为49岁,男女各半。

这一研究对于球类运动器材、自行车、汽车等产品具有什么样的市场营销含义?

资料来源:Del J. Hawkins, Roger J. Best, Kenneth A. Coney. 消费者行为学(原书第7版)[M].北京:机械工业出版社,2000:253。(有删节和修改)

评述

不同的消费者,其自我概念也不相同,因而决定了其生活方式的多元化。如案例所述,五种与消费者户外活动有关的生活方式分别为追求刺激与竞争型(16%)、逃离型(32%)、健康驱动型(10%)、关注健康的社交型(23%)、缺乏压力和动力型(18%)。这种基于生活方式的市场细分为相关企业的营销活动提供了有价值的工具。与其中的某些生活方式高度相关的产品提供者运动用品、汽车等就可据此选择自己的目标市场。

自我及其认知已经成为现在心理学研究中的最热门的主题之一。正如罗伊·鲍迈斯特（1999）在《社会心理学中的自我》（The Self in Social Psychology）一书中所言："对于人来讲再也没有比人更有趣的话题了。而且，对于多数人来说，最有趣的人正是他们自己。"自我认知使我们能够回忆过去，评价现在和展望未来，并为此做出适应性的行为。自我认知主要包括自我概念和生活方式。

6.1 消费者的自我概念

自我概念已经成为社会心理学的研究热点，因为它有利于组织我们的思想并指导我们的社会行为。一个消费者如何看待和评价自己，即自我概念，强烈地影响着他的行为。例如，一个消费者买什么样的衣服，往往取决于其自我概念。

6.1.1 消费者自我概念的定义

自我概念（Self-concept），也被称为自我形象（Self-image），最早被詹姆斯（James, 1890）定义为"由纯粹的自我和经验的自我构成的个人自我意识"。这里采用所罗门和卢泰宏等人的观点，自我概念"是指一个人所持有的关于自身特征的信念，以及他对于这些特征的评价"。它是个体对关于自身一切的感受、了解和认知，它全面描绘了个体的心理图像。一个人的自我概念是由其对自己的态度所构成的。例如，"我是谁""我是什么样的人""我应该是什么样的人"等都是一些关于自我概念的某个侧面，共同构成了消费者对自我概念的价值判断。

自我概念是一个极其复杂的结构。我们能够通过内容（Content，如容貌的魅力与头脑的智力）、积极性（Positivity，如自尊）、强度（Intensity）、长时间的稳定性（Stability）以及准确度（Accuracy，如自我评价与事实的匹配程度）来描述自我概念的特性。

按照自我概念理论，个人是基于他们的实际自我（Actual Self）和理想自我（Ideal Self）来形成自我概念的。因此，二者构成了自我概念的基本框架。自我概念理论主要基于两大原则：自我一致性（Self-consistency）和自尊。一个人为了维持自我一致性，必须遵循实际的自我；若要强化自尊，就必须追随理想的自我。

6.1.2 自我概念的意义

根据自我一致性原则，由于消费者需要在消费行为上与其自我概念保持一致，因此，其自我概念对消费者的行为具有很大的影响。

相关研究已证实了消费者的自我概念与情感、态度和行为反应之间的关联性。多力克（Dolich）经过深入研究消费者关于香烟和啤酒、牙膏和肥皂的购买行为，发现被调查者往往偏爱那些他们认为与自己的自我概念高度一致的品牌。里金斯（Richins）的研究还发现，广告的宣传主题和广告形象往往会在实际的自我概念与理想的自我概念之间造成更大的差距。展示漂亮模特、描绘奢侈生活方式的广告呈现了一种令人无法企及的理想生活，因此，消费者通过比较实际自我与理想自我，只能产生一种无能为力的感觉。例如，一般的女性时装模特身高5英尺9英寸（约175.26cm），体重123磅（约55.8kg）；而一般的美国妇女身高5英尺4英寸（约167.56cm）。在扩大实际自我与理想自我差距的过程中，广告降低了消费者的自尊。

小链接

在一项小汽车购买行为的研究中,随机选取了若干个购买小汽车的消费者,让他们对自我形象、自己的汽车以及另外8辆汽车做出评价。结果表明,这些消费者的自我认识与他们对自己的汽车的认识比较一致,而对其他8辆车的认识相比则差异很大。而且,消费者对自我概念的认识也与对拥有相同汽车的其他人形象的认识一致。

6.1.3 自我概念的类型

过去,人们一般认为消费者只有一个"单一的自我"(Single Self),而且仅对那些能满足这个唯一自我的产品感兴趣。然而,研究表明,把消费者看作具有多重自我(Multiple Selves)的人更有助于理解消费者及其行为。例如,同一个人在不同的情境中,往往表现出不同的自我。

自我概念是基于一个人的个性特征所构成的复杂的、多面的系统。一个人的自我概念(对自己是谁的认识)不仅包括其个人身份(你对自己个人属性的认识),也包括其社会身份。根据表6-1可知,自我概念由四大层面构成,形成四种组合。这四大层面分别实际的自我和理想的自我,以及私人的自我和社会的自我。

表6-1 消费者自我概念的不同层面

自我形象层面	实际自我	理想自我
私人自我	实际的自我概念	理想的自我概念
社会自我	实际的社会自我概念	理想的社会自我概念

1. 实际自我、理想自我与期待自我

实际自我(Actual Self)是"我现在是什么样的人",反映了一个人的真实本性(即弗洛伊德心理分析理论中的"本我")。而理想自我(Ideal Self)则是"我想成为什么样的人",反映了一个人对自我的理想(即弗洛伊德心理分析理论中的"超我")。

还有学者提出一个与二者有密切关联的自我概念——期待自我(Expected Self)。它是指存在于真实自我与理想自我之间的自我概念。

小案例

小王是一个名牌大学的毕业生,在一个知名公司里工作不到一年就当上了总经理助理。她虽然工资不太高(月薪3000元左右),可她经常出入专卖店购买名牌服装,使用高档化妆品,从来不到农贸市场或者地摊上买东西(她认为这样做有失身份)。

2. 私人自我与社会自我

私人自我是指我对自己怎么样或我想对自己怎样。社会自我则是别人怎么看我或我希望别人怎样看我。这一对概念是从自我概念的影响因素来源的角度来考察自我概念的。它们说明影响一个人自我概念的因素不仅来自于其自身,还来自于社会;自我概念不仅为自己而"自我",也是为别人而"自我"。这正是自我概念最为复杂的一面。

按照 Sirgy（1982）的观点，基于人的个人属性和社会属性，可将自我概念划分为实际自我、理想自我和社会自我三个维度。就社会整体而言，这三个维度对自我概念形成作用的大小主要取决于社会文化和社会价值观。在西方个人主义价值观的指导下，个人往往认为他人的评价和自己所处的群体没那么重要，自尊更多的是个人的而不是群体的，个人是基于实际自我和理想自我而形成自我概念的，因此实际自我和理想自我对自我概念的形成相对更为重要。而在东方集体主义价值观的指导下，个人的自尊与他人的评价及其所属群体密切相关，自尊不仅是个人的也是群体的，因此实际自我和社会自我对自我概念的形成相对更为重要。从这里可以看出，无论是东方的集体主义价值观，还是西方的个人主义价值观，关于自我概念的形成有一点是共同的，即实际自我是自我概念形成的基础；它们的关键区别在于：在自我概念形成过程中，前者认为社会自我比理想自我更重要，而后者认为理想自我比社会自我更重要。

上述五种类型的自我并不是各自独立的，而是相互联系的。实际自我是人们自我概念形成的基础，也是其他自我层面赖以存在的依据；理想自我是实际自我的参照依据，也是影响消费者行为的动机力量，当实际自我与其存在差距时，人们将努力实现理想状态。此时，理想自我成为人们追求自我完美的基本动力。而且，人们还希望自己的形象符合他人或社会的规范，并为此而努力按照这种规范自我调整。而期待自我折射出个体改变"自我"的现实机会，对营销来说，也许较理想的自我形象比现实的自我形象更有价值。

小链接

自我概念，是处于一定社会地位的个体在社会化过程中逐渐形成的对自己的看法和态度，是个人将自身作为对象的所有思想和情感的总和。卢泰宏提出用五个维度可以较全面客观地反映女性消费者的自我概念。这五个维度是家庭自我（Family Self）、情感自我（Feeling Self）、心灵自我（Freedom Self）、表现自我（Fashion Self）和发展自我（Fervor Self），也称之为5F。女性消费者所表现出的不同的消费模式是自我概念系统结构动态变化的结果。

家庭自我是女性对自己家庭角色的感觉和观念。许多女性把家庭角色当成第一重要的角色，个人的需要和发展要服从家庭生活的需要，家庭共同消费重于个人消费。所以，如果女性家庭自我比较突出，在消费生活中则更加关注子女和丈夫的需求，甚至会忽视个人的职业、审美或情感角色。

中国女性也把情感角色看得很重。如果女性自我概念中的情感自我比较发达，她们在消费中比较喜欢感情用事，注重自己的主观感受，喜欢根据自己的感受评价客观世界，在消费生活中会表现出明显的感性消费特征。

表现自我是指女性对自己的外表形象或在他人眼中的形象的感觉和看法。同许多外国中的女性相同，中国女性通过外表或其他方式来表现自己与众不同的个性气质，她们追求时尚、注重打扮，喜欢交际，这些都成为女性消费者表现自己、展露个性的重要手段之一。

发展自我的重心则在于追求事业成就和在职业上有目标导向。为了能够得到一定的社会地位，在职业生涯中获得更高职位，发展自我意识强烈的女性往往会忽视个人的情感需要，把职业发展和追求成功看成是第一位的。

在中国女性消费者中，自我心灵的释放和自我心理平衡也是社会期望的角色模式。心灵自我是否强大，能够体现出女性消费者的自我概念系统中各种维度是否和谐。有着强大心灵自我的女性，她可以做到家庭和事业、情感和审美的完美平衡，其行为模式表现为更高水平上的优雅风度。

女性的消费心理及行为与男性迥异，她们是相对较难把握的复杂的消费群体。在专属于女性消费者的产品营销"她世纪"的到来之际，面对社会、经济地位越来越独立的巨大的女性市场，企业营销人员可以根据自我概念的结构体系对庞大的女性消费群体进行全面的了解和细分，有针对性地设计，用不同的方式个个攻破。

资料来源："她世纪"中国女性消费者自我概念对营销策略的影响[J].理论导报，2013(12)。

3. 延伸自我

基于形象一致假设（Image-congruence Hypothesis），消费者往往根据自我概念，选择与自己的自我概念相符合的产品或品牌。因为这些品牌能够引起消费者的一致性反应。罗塞尔·W. 贝尔克（Russell W. Belk，1988）最先提出了延伸自我（Extended Self）的概念来解释这一现象。他说："人们通过自己所拥有的东西或物品，去寻求、表达、肯定，并确保自我的存在。"延伸自我将某些产品或品牌视为消费者自我概念的延伸和扩展，它由自我（Self）和拥有物（Possessions）两部分构成。这说明：我们倾向于部分地根据自己的拥有物来界定自我。例如，某些人一旦非自愿地失去（如被抢、被盗等）某些拥有物时，便会出现魂不守舍的现象；再如人们往往根据一个人的穿着打扮，推测其个性和品味。

根据产品外显性的不同，延伸自我可以分为四个层次：

（1）个体层次：这一层次的延伸自我包括个人财产中的相当大一部分（如首饰、汽车、服装等）。

（2）家庭层次：这一部分的延伸自我将消费者的住宅及内部陈设纳入其中。住宅几乎是家庭的唯一载体，也往往是身份的核心。

（3）社区层次：消费者常常将自己所在的地区也视为自我的一部分。这体现了消费者对归属感的需要。例如，我们常常按照自己所在的地区或城市来介绍自己。

（4）群体层次：消费者可能将对特定社会群体的依恋也视为自我的一部分。例如某个球迷将某个球队视为延伸自我的一部分。

消费者延伸自我的形成机制有三个关键环节，根据图 6-1，它们分别是：①消费者在参照群体和其他因素的作用下，形成完整的自我概念；②消费者根据自我概念寻找相对应的象征品；③经过象征品的扩展和延伸，形成延伸自我，并获得参照群体的接纳和认可。

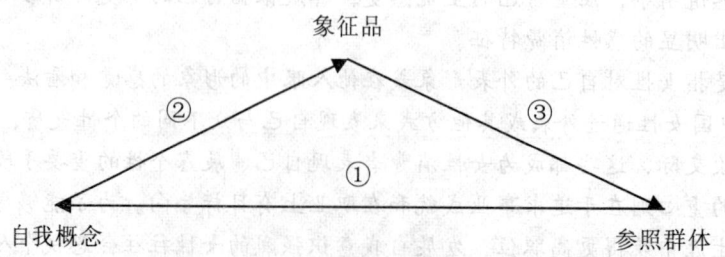

图 6-1　消费者延伸自我的形成机制

4. 虚拟自我

除了上述几种自我概念之外，还有其他的自我概念，如虚拟自我。虚拟自我（Virtual Self），也被称为网上自我（On-line Self），是指在虚拟的世界里所表现出来的、与实际自我不一致的自我。这些虚拟世界可以多种形式呈现,比如网络、游戏、影视、小说、图画、符号、面具等。在现实世界中,人们往往因需要符合"超我"的规范、责任、向善、良心、道德、个人形象等标准,不可能完全按照"本我"行事,不可能完全展现实际自我,只有寻求于虚拟世界。因此,在这样的虚拟世界中,消费者往往呈现出与实际自我不一致,甚至大相径庭的另外一面。例如,著名影视明星周星驰在现实生活中本来是一位认真严肃、努力勤奋、不拘谨敏感、不善言辞、不苟言笑、不善交际的人,具有典型的抑制性气质;但他在影视剧中扮演的角色却大多是诙谐幽默、滑稽搞笑、无拘无束、无厘头的人物形象,具有典型的多血质气质。再如,某人在现实中可能就是一位喜欢安静、乐于思考、不喜喧闹的柔弱男士,但却喜欢玩对抗激烈、场面热闹的网络游戏,而且喜欢扮演勇猛刚毅、嫉恶如仇的角色。

6.1.4 自我概念与营销

如前所述,自我概念对消费者行为具有重大的影响。因此营销者基于自我概念,营销者有以下营销策略。

1. 尽力使品牌形象与目标消费者的自我概念(形象)保持一致

品牌形象,是指品牌特性的传播及其在此基础上形成的消费者和社会公众对这些特性的感知和评价。如果消费者的这些感知和评价与其自我形象保持一致,就能够激发消费者强烈的一致性反应,这种现象叫做"共鸣"。一个品牌如果能够引发消费者心灵上的强烈"共鸣",则是品牌管理的巨大成功。

例如,世界著名、历史悠久的苏格兰威士忌尊尼获加(Johnnie Walker),凭着200年的漫长发展历史,成功孕育出了"优雅、酷、技艺精湛、进取、自信、有魅力、美观和一点点水仙花般的自恋"的品牌个性,并最终沉淀而成广为世人所知的、具有"Keep Walking(永远向前)"精神的"行走绅士"形象。这正是尊尼获加品牌形象的内核和精髓。而最为关键的是,"行走绅士"的品牌形象内核与其目标顾客——25岁以上的年轻群体"人生无界,行者无疆"的自我形象高度吻合。

应该特别指出的是,并非所有的产品或品牌都能够成为延伸自我的一部分,担当消费者自我形象的"代言人",并与消费者产生"共鸣"。只有满足三个基本条件的产品或品牌,才有资格成为消费者延伸自我的一部分。这些条件分别是:①可见性;②区别性(有人能够拥有,有人无力拥有);③拟人性。

小链接

著名管理咨询公司罗兰·贝格公司认为,在多品牌竞争的市场环境下,消费者在决策购买时,会对不同品牌沟通过程中所传递的信息进行接收和过滤,并形成他们对品牌价值的理解,消费者所"感知"到的品牌价值定位与其自身价值观的重合程度越高,就越能够产生共鸣,越能够形成品牌偏好度和忠诚度。

小案例

加里的香水选择

对于许多消费者而言,须后水、古龙香水、花露水是很有必要的。有些人简直就无法想象若不洒上他们喜欢的香水该如何出门。

几个月以来,加里一直期望与詹妮约会一次,今晚,他将如愿以偿,为了这一重大时刻,加里决定购买一瓶新的古龙香水,他可不想图侥幸。

加里将他的同伴丹尼斯也拖到商店,两个人在芬芳四溢的香水柜台前细细辨别鉴定每一种香水。香水及花露水应有尽有,从有着如 Cacharel Pour Homme 般千奇百怪的法国名字的女用香水的派生品,到朴实无华但有着男性魅力的品牌如 Brut,可谓品种齐全。

有这么多的香水可供选择,但哪种香水才能传达准确的信息呢?闻过几种样品之后,加里意识到事情并不像他想象的那么容易。有的香水有一股甜腻的香味,让他不仅想起他的老姑妈,有的香水则清新如橘。正当他准备放弃之时,丹尼斯让他注意一种名叫 Drakker Noir 的香水,这种香水装在一个纯黑色的小瓶子里,看上去颇具神秘意味。哈哈,这正是他要为珍妮而塑造的形象——珍奇且具有一点神秘气息,加里抓起一瓶,兴冲冲踏上回家的路,在他身后撇下一路胜利的香味。

2. 巧妙运用消费者实际自我与理想自我之间的差距,激发消费行为

一般地,消费者的实际自我与理想自我之间往往存在一定的差距。而如果在营销传播中巧妙地暗示和提醒消费者这种差距的现实存在,则可以有效激发消费者的消费行为,努力弥补这一差距。例如,在化妆品、服装、首饰、手表、整形美容等产品广告中,广告代言人或广告模特强大的外表吸引力强烈地暗示消费者实际自我与理想自我之间的差距,唤醒其理想自我,激发其购买行为,以改善"现实自我"的形象。同样,另外一些产品,如汽车、美酒、家具等产品的广告也在刻意提醒并强化消费者实际自我与理想自我之间的差距,以说服其购买这些产品,缩小这一差距。

当然营销者在广告中所暗示或展现的二者之间的差距必须恰到好处:如果差距过大,则会给消费者带来一种无法企及的挫败感,从而严重降低消费者的自尊;而如果差距过小,则无法给消费者带来足够的心理期待,难以激发其消费行为。

3. 正确辨别消费者私人自我和社会自我之间的差异,采取针对性的营销策略

如前所述,私人自我是指我对自己怎么样或我想对自己怎样,而社会的自我则是别人怎样看我或我希望别人怎样看我。这说明消费者整体的自我概念不仅受到"我"对自己的看法和态度的影响,还受到别人对"我"的看法和态度的影响。在实际的消费行为中,至于哪一种因素影响下的自我概念起主导作用,需视产品的属性及其与消费者的关系而定。一般地,如果该产品具有较强的私密性、内隐性、功能性、价值性,则实际自我影响下的自我概念起主导作用;反之,如果该产品具有较强的社会性、外显性、价值观表达性,则社会自我影响下的自我概念起主导作用。

例如,手机在过去的十多年内发生了巨大的变化,这一变化可能不是技术上的,而主要是对消费者的意义上的。在十年之前,手机对消费者来说主要意义就是打电话、发短信,消费者关注较多的是手机的工具属性和耐用性,购买动机是典型的求实动机和效用动机;而现在,手机对消费者的意义早已超出了打电话,消费者关注较多的是手机的情感属性、社交属性、时尚属性、外显性和个性表达功能,购买动机含有较多的求美、求名、炫耀成分。这一点在中国的年轻消费者群体中,表现得最为明显。凡是洞悉这一大趋势,并做出适应性调整和创新的手机企业皆成为当今行业的佼佼者;凡是未顺应这一大趋势,并做出自我革新的手机企业皆成为当今行业的淘汰者。因此手机行业的竞争格局发生了沧桑巨变:以摩托罗拉、诺基亚、爱立信等为行业巨头的格局逐渐演变为以苹果、三星、Google(Android)等为行

业领导者的格局。

4. 既要充分满足消费者现实自我所引发的大量现实需求，又要深入挖掘虚拟自我所隐含的营销机会

消费者的自我概念既有现实自我，也有虚拟自我。现实自我引发的需求更多的是现实需求。例如，某人的现实自我是一个专业产品的销售经理，与此相匹配，他所需要的产品可能包括笔记本电脑、智能手机、品牌西装和皮鞋、公文包、名片夹等。而虚拟自我所引发的需求中潜在需求则占有相当大的比例。由于受制于多种内外部因素，如个人隐私、个人形象、社会规范等，其自我概念中的"另外一面"无法彻底表现，而只能在虚拟世界中释放。因此消费者的虚拟自我不仅是消费者的另外一种生活方式，更隐含着巨大的潜在需求。营销者应该创新产品类型、营销渠道、销售方式、广告策略等，以变现消费者虚拟自我所隐含的巨大商机。

例如，不少人希望在繁忙、辛苦的生活、工作、学习之余，找到一种展示自我"另外一面"的场所或方式。于是网络游戏作为一种低成本、低风险的此类产品就应运而生了，它既可以实现他们带领战士冲锋陷阵、歼灭敌人的"大梦想"，还可以满足他们社交、交友、消遣、休闲的微需求。再如，有一些人希望交友，期待友谊，渴望爱情，但在现实世界中囿于性格，碍于面子，不敢付诸行动；或屡战屡败，倍受打击，因此他们在现实世界实现不了的愿望，只好寻求于虚拟世界。于是一些交友、聊天工具（如微信、QQ等），一些交友、婚恋网站，一些婚恋节目，迎来了发展的春天。又如，很多人内心里渴望购买一些私密用品（如情趣用品、情趣内衣、避孕药具等），但是由于不好意思、怕被人看见、怕被人笑话、害羞等负面动机影响，而不敢、不愿去传统的实体店购买此类产品。于是专门销售此类产品的网络店铺如雨后春笋般迅速发展，而销售比实体店更为火爆。这些都说明虚拟自我不仅仅是消费者的"另外一面"，更为相关营销者带来了巨大的潜在商机。

6.2 消费者的生活方式

6.2.1 生活方式的定义

生活方式（Lifestyle）（也被译为"生活形态"）的概念最早由心理学家艾德勒（Adler）于 1927 年首先提出。生活方式一般被认为是个体在成长过程中，在与社会诸因素交互作用下表现出来的活动、兴趣和态度模式。简而言之，生活方式就是个体如何生活。

生活方式与自我概念之间既有密切的联系，又有明显的区别。首先，二者有着密切的关系。在许多情况下，我们的生活方式往往是我们自我概念的外在表现。即在个人收入和能力既定的条件下，一个人所选择的生活方式，很大程度上受到其自我概念的影响。例如，如果一个人认为自己是传统、保守、严谨、认真、爱思考的自我概念，则其生活方式很可能就是喜欢比较"宅"的生活，喜欢读书，喜欢听节奏舒缓的音乐，而不太可能将冒险、激烈、户外等活动作为自己的生活方式。Del J. Hawkins 等（2000）更是直截了当地表明了生活方式与自我概念之间的联系："生活方式是如何表现我们的自我概念"。其次，二者也有明显的区别。生活方式更多关注的是人们如何生活、如何消费、如何活动等外在表现，而自我概念则

更多是从内心态度来考察人们的认知、情感等；生活方式更多是一个营销学、广告学术语，而自我概念则是典型的心理学概念。

6.2.2 生活方式的研究

首先，关于生活方式定义的研究。与心理学的其他许多概念一样，到目前为止，关于生活方式的定义也没有达成一致。Del J. Hawkins 等（2000）认为，生活方式就是我们如何生活，它由我们过去的经历、固有的个性特征、现在的情境所决定，一个人的生活方式是其内在个性特征的一种函数。Michael·R. Solomon（2009）认为，生活方式是一种消费模式，它反映了一个人选择如何使用时间和金钱。菲利普·科特勒（2009）认为，生活方式被看作是人们以活动、兴趣和观点的形式表现出来的在这个世界上的生活模式。这一定义影响较大。符国群（2000）的定义就是在这一定义的基础上提出的，他认为，生活方式是个体在成长过程中，在与社会诸因素交互作用下表现出来的活动、兴趣和态度模式。

Del J. Hawkins 等（2000）研究了生活方式与消费者行为之间的关系。他们认为，我们追求的生活方式影响我们的需求、欲望和消费行为。生活方式通常为消费行为提供了基本的动机和指南，虽然它往往是以间接和微妙的方式表现出来。生活方式决定了我们的许多消费决策，而这些决策反过来又强化或改变了我们的生活方式。尽管消费者很少明确地认识到生活方式在他们消费行为中所起的作用。

另外，生活方式的测量也是研究者关注的焦点。试图以量化的方式衡量生活方式最初被称为心理图论或心理地图（Psychographics，或心理绘图、心理图示），心理地图和生活方式经常被交替使用。在这方面有两个有代表性的、影响较大的生活方式测量方法，其一是 AIO 方法，这种方法是建立在菲利普·科特勒关于生活方式是人们的"活动、兴趣和观点"的观点上的。其二是 VALS 方法。VALS 方法是迄今为止，最受市场营销经理推崇的关于生活方式的应用研究。尤其是 VALS2 模型通过菲利普·科特勒的《营销管理》等书籍的介绍，其影响相当广泛。当前，我国消费者的观念和行为越来越复杂，以消费者为中心的市场竞争形势已使许多企业及广告公司采用 AIO 方法和 VALS 方法，下面会对这两种方法做详细介绍。此外，北京零点前进策略的吴垠在《中国居民分群范式的研究》一文中，基于美国 VALS 系统，结合中国的特殊国情和社会价值观，开发了 CHINA-VALS 模型。

6.2.3 生活方式的测量与意义

心理地图（Psychographics，或心理绘图、心理图示）是使用心理、社会，以及个人的因素，根据消费者的性格倾向，以及他们对于产品、人们、理念，或者事物所持有的态度，或者他们所实际接触的媒体，来决定市场如何细分的一种工具。这一工具弥补了消费研究——动机研究和定量调查研究的缺陷。动机研究以深入的一对一访谈和投射技术测试得出大量的关于少数人的信息，而定量研究或大规模人口统计调查则得出很多关于很多人的很少量信息。因此，二者都无法充分满足有效营销决策的实际需要。而心理地图研究则综合了心理和人口统计两方面的研究，专注于研究诸如"为什么两个收入相同的人，消费者行为却完全不同"之类的问题，不仅能告诉营销者"谁购买"，还能告诉其"为什么买"。因此，心理地图研究对营销者来说，具有很高的实践价值和指导意义，它能够帮助营销者科学细分市场，并对自身的产品进行准确定位。

尽管不同的研究者具体运用的综合测量方法可能会有所不同，但一般都是在活动、兴趣和观点测量的基础上，加上对有关消费者态度、价值观、人口统计变量、媒体使用情况、产品使用率等方面的测量。目前，应用最广泛、影响最大的综合测量方法当属 AIO 方法和 VALS 方法。

1. AIO 方法

如前所述，菲利普·科特勒认为，生活方式是以活动（Activity）、兴趣（Interest）和观点（Opinion）的形式表现出来的生活模式。心理地图最早研究的关注点就是人们的 AIO，通过这三个方面来描述人们的生活方式。因此，最初的测量工具叫做 AIO（活动、兴趣和观点）量表。下面简要介绍 AIO 量表的使用。

AIO 量表由大量（多达 300 个左右）陈述句组成，由大量被试（一般为 500 人以上）在 1-7（或 1-5）的李克特量表上表达对这些陈述句的同意或不同意的程度。这些陈述句涉及三大方面（详见表 6-2）：第一是活动类，如消费者从事什么活动，如何消费，如何锻炼身体，如何打发时间等；第二是兴趣类，如消费者喜欢什么，偏好是什么；第三是观点类，如何看待我国的环保问题和污染问题，如何看待中国、看待中国的教育问题，如何看待中国的未来等。这些陈述句可以分为两大类型：一类是一般性问题，它适用于细分市场，如"宅一族"的消费者和"户外一族"的消费者。另一种是具体性问题，如消费者在哪里购买便利品，又在哪里购买家用电器。

表 6-2 AIO 的陈述句清单

运动	兴趣	意见	统计数据
工作	家庭	他们自己	年龄
爱好	家务	社会问题	教育
社会活动	工作	政治	收入
度假	社区事务	商业	职业
娱乐	流行	经济	家庭规模
购物	休闲	教育	居住
社会活动	食物	产品	地理
体育活动	媒体	未来	城市大小
俱乐部会员	成就	文化	生命周期阶段

资料来源：William D. Wells and Douglas J. Tigert. Activities, Interests and Opinions[J]. Journal of Advertising Research, August, 1971:27-35。

Wells and Tigert 公司根据上述 AIO 的思想和方法，通过 300 个陈述句将消费者划分为价格意识型、时尚意识型、SOHO 型、关心社会型、从子女角度出发型、强迫性家务劳动型、自信型、自作主张领导型、信息搜寻型、厌恶家务型、裁缝型、罐装食品用户型、节食型、财政乐观主义者等 14 种类型。

2. VALS 方法

另一种在营销实践中更受欢迎的生活方式测量方法是"价值观与生活方式调查"（Value and Lifestyle Survey，VALS）系统。"价值观与生活方式"（Value and Lifestyle）这一社会学概念最早由威廉·莱泽于 1963 年引入市场营销学领域。由于这一概念比社会阶层更为深刻而生动地揭示了人们的消费方式，因此逐步得到了来自营销管理学及消费行为学等方面的高度关注，而且在营销实践中也得到了应用。

SRI 国际研究所（Stanford Research International）（1978）经过对大约美国 1600 户家庭的调查研究，研究开发出了 VALS 系统，将美国成年人分为九大类别。该系统是建立在消费者对各种社会问题是否赞同的基础上的。尽管 VALS 被广泛地运用，并被其他国家 200 多家公司和广告代理商运用于营销实践，但许多经理仍觉得运用时有相当的困难。于是，SRI 对 VALS 进行了改进，称之为 VALS2 系统。VALS2 较 VALS 有着更为广泛的心理学基础，而且更加侧重于活动与兴趣。VASL2 更多地选择相对具有持久性的态度和价值观来反映人们的生活方式。VASL2 划分人们生活方式的指标有两个：其一是自我取向，它决定了个人的世界观、价值观和行为导向，可以分为三类取向：（1）原则导向。其选择主要受他们的世界观、价值观等内在标准的影响。（2）地位取向。其选择严重地受到他人的态度和观点的影响。（3）行动导向。渴望社交或体能性活动，对行动、变化和冒险有着强烈的渴求。其二是资源丰裕度，包括收入、教育、精力、时间和购物热情等因素，反映了个人追求他们占支配地位的自我取向的能力。VASL2 根据这两个指标，将美国成年人划分为八种类型：完成者、信奉者、实现者、成就者、奋争者、挣扎者、体验者和动手者（详见图 6-2）。他们的人口统计特征、产品拥有状况、活动和媒体使用情况，分别如表 6-3 和 6-4 所示。

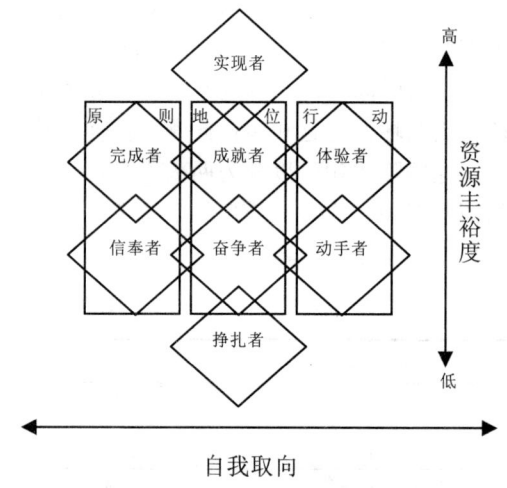

图 6-2　VALS2 系统

表 6-3　VALS2 各细分市场的人口统计特征

细分市场	人口统计特征 占人口百分比（%）	性别（男性%）	平均年龄	平均收入（美元/年）	教育（大学%）	职业（白领阶层%）	已婚（%）
实现者	8	59	43	58000	95	68	72
完成者	11	47	48	38009	81	50	73
信奉者	16	46	58	21000	6	11	70
成就者	13	39	36	50000	77	43	73
奋争者	13	41	34	25000	23	19	60
体验者	12	53	26	19000	41	21	34
动手者	113	61	30	23000	24	19	65
挣扎者	14	37	61	9000	3	2	47

资料来源：SRI International。

表 6-4 VALS2 各细分市场产品拥有情况

产品拥有情况 \ 细分市场	实现者	完成者	信奉者	成就者	奋争者	体验者	动手者	挣扎者
拥有 SLR 照相机	163	124	80	138	83	88	115	29
拥有超过$150 的自行车	154	116	90	33	83	120	88	43
拥有 CD 唱机	133	108	119	97	96	94	94	69
拥有钓鱼器具	87	91	114	87	84	113	142	67
拥有家用电器	196	112	64	100	56	129	148	29
拥有个人电脑	229	150	59	136	63	82	109	20
拥有中小型汽车	133	117	89	101	112	92	112	54
拥有卡车	72	96	115	104	103	91	147	52
拥有运动型汽车	330	116	43	888	102	112	90	5

注：细分市场下面的数字是该市场的综合指数（以 100 为基数）。

资料来源：SRI International。

关于生活方式测量的方法，比较有名的还有英国 Experian 公司研发的全球拼圈细分（Global Mosaic）方法、巴黎的社会变迁研究所（RISC）提出的细分方法、行为瞄准（Behavioral Targeting）等。

3. 中国生活方式测量

北京零点前进策略的吴垠在《中国居民分群范式的研究》一文中，基于美国 VALS 系统，结合中国的特殊国情和社会价值观，开发了 CHINA-VALS 模型。该模型通过对全国 30 个城市的 70684 位消费者的入户调查，以被访者的生活方式为分类基础，将中国消费者分为三派、五层、十四族群，称之为 CHINA-VALS 模型（详见图 6-3），各细分市场的特征如表 6-5 所示。

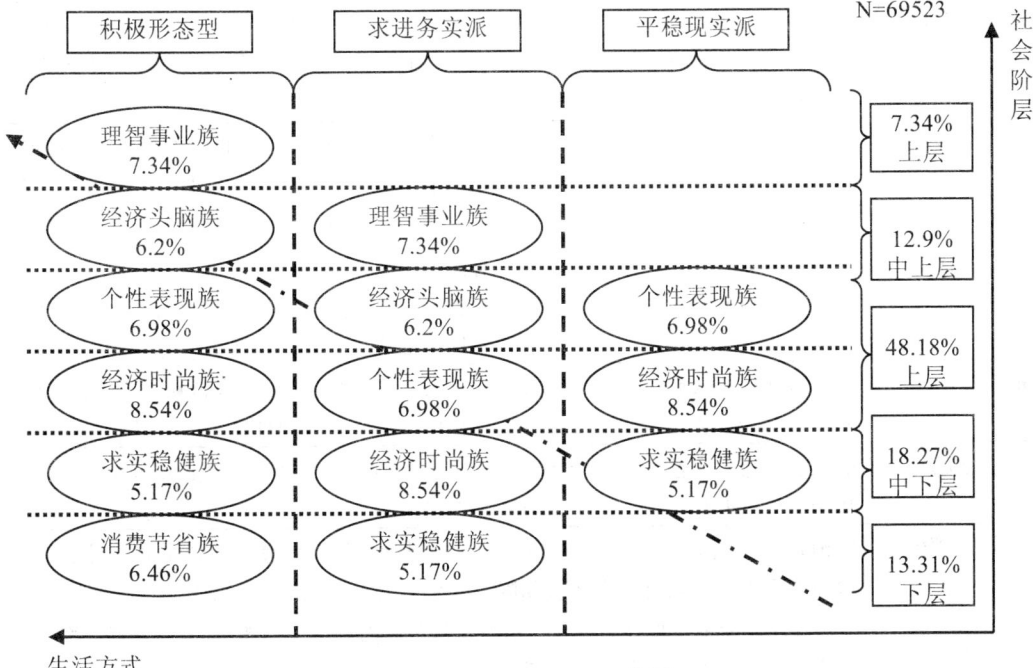

图 6-3 CHINA-VALS 模型

图 6-3 是消费者生活方式分群与社会分层的结构图（即 CHINA-VALS）。图中横坐标是生活方式，分为三种形态："积极形态派""求进务实派"和"平稳现实派"。从分类数据上看，"积极形态派"占比 41.69%，"求进务实派"占比 40.26%，"平稳现实派"占比 19.05%。从整体来看，"积极形态派"和"求进务实派"所包含的 11 个种族群占总体的 80%以上，反映了中国消费者普遍持有积极向上、务实进取的消费心态。图中纵坐标是社会阶层，基于职业、教育和个人收入将中国消费者分为五层：上层、中上层、中层、中下层和下层。其中，中层占比最高为 48.18%。

CHINA-VALS 模型比较客观地反映了中国消费者"理性"与"非理性"的多元化及"理性中有非理性，非理性中有理性"的特征，并对探索社会趋势、更好地解释消费者行为、明确目标细分市场、提高企业的战略营销水平，指导开发不同产品满足不同层次需求，尽可能减轻新产品研发投资风险、提升广告主题、激发广告创意以及结合市场的普遍性与行业的特殊性，预测行情等能够发挥积极指导性作用。

表 6-5 CHINA-VALS 各细分市场及其特征描述

经济头脑族	经济 IQ 型，消费经济意识强，货比三家，对金融投机具有冒险性。家庭观念弱。男性占 6 成以上，年龄分布较为均衡。企业管理人员、大专以上文化程度、中高收入倾向性高。
求实稳健族	生活态度追求实际，更喜欢自主行事。注重平面媒体信息，对广告不注意，特别对名人广告持反对态度。购物比较注意包装说明。喜欢用现金，富余的钱存入银行。饮食比较讲究。注重工作稳定。男女比例基本平衡。党政机关/事业单位干部、中低收入倾向性高。
传统生活族	重视家庭生活，消费态度较为积极，行为趋向集团性。女性占 6 成，工作特征倾向性不明显。
个性表现族	家庭观念一般，行为倾向随心所欲，生活享乐。注重饮食。男女比例基本平衡。年轻人群占 4.6 成，个体户/自营职业者、自由职业者、中等教育程度、中等收入倾向性高。
平稳小康族	行为稳重、实际，对平面媒体几乎没有阅读习惯。拥有自己的房子才会觉得稳定。男性占 6 成以上，个体户/自营职业者、自由职业者、中等教育程度、中等收入倾向性高。
工作成就族	追求工作成绩比金钱更重视，经常有冲动行为，情感行为积极，有娱乐活动。喜欢购买具有独特风格的产品。注意广告、健身。成就欲强。专业人员、大专及以上文化程度、中等收入倾向性高，女性占 6 成，年轻人群居多。
理智事业族	事业成就欲望极强，饮食生活超脱社会水平。男性占 7 成，党政机关/事业单位干部、企业管理人员、大专及以上文化程度、高收入倾向性高。
随社会流族	随社会潮流、个性主观性较弱，易受他人影响。男女比例、年龄分布较均衡。工作倾向性不明显。
消费节省族	对消费十分谨慎，购物"货比三家"。理财行为保守。食物消费主要满足于生理层面的需求。购物时不太注重品牌。娱乐主要是看电视。工作为谋生。男女比例基本平衡。企业一般职工、初等教育程度倾向性高，党政机关/事业单位干部、专业人员、企业管理人员倾向性低。

续表

工作坚实族	工作是谋生的手段,生活方式求实。愿意多花钱购买高质量的物品,注意广告。拥有自己的房子才会觉得稳定。对股票概念具有冒险兴趣。男女比例基本平衡。大专及以上文化程度倾向性高。
平稳求进族	工作并非谋生手段,生活态度趋于追求金钱以外的表现或变化。男女比例基本平衡。党政机关/事业单位干部、专业人员、大专及以上文化程度、中等收入倾向性高。
经济时尚族	经济水平有限,消费行为相对谨慎,但是,生活意识趋向求新求异。对喜欢的品牌忠诚度最高并喜欢尝试新的(国外)品牌,认为名牌可以提高身份。注重健身。男女比例基本平衡。工作特征倾向性不明显,中等教育倾向性高。
现实生活族	生活态度倾向传统意识,经济收入水平较低。品牌意识更愿意购买国产品牌。购物比较注意包装说明。男女比例基本平衡。55~64岁者占3.4成。党政机关/事业单位干部倾向性略高,中等教育程度、中低收入倾向性高。
勤俭生活族	对平面信息及广告关注度有限,有长时期看电视行为,存有投机发财的心理意识。女性占6成,55~64岁者占3.5成。工作特征倾向性不明显。初等教育程度、中低收入倾向性高。

此外,还有一些研究机构或研究者根据生活方式,把中国的消费者群体分为八种类型,即现实的温饱型阶层、积极的小康型阶层、富裕层、保守的老百姓阶层、知识分子、专门人员和管理人员、新一代、中年女性,而每个层次的消费者阶层都有独特的消费或购买特点,详见表6-6。

表6-6 新生代的中国消费者阶层特点

阶层	特点
现实的温饱型	安定、传统的中国式家庭生活,消费中档物品
积极的小康型	努力工作、追求高档消费品的小康型家庭
富裕型	首先购买的富裕人,人口数少,但购买力很强
保守的老百姓	比质量更重视数量的一般家庭,主要是低收入的城市居民和贫民
知识分子	开放性的,重视文化消费的知识分子
专门人员/管理人员	重视金钱、生活节奏快、从事专门或管理职业的白领人
新一代	缺乏传统观念,关心股票、体育、广告等
中年女性	做家务的普通家庭妇女

4. 生活方式测量的意义

由于生活方式聚焦于消费者的生活、消费和活动方式等,因此生活方式的测量对企业的营销活动具有重要指导意义。

(1) 挖掘市场新机会。生活方式测量综合了消费者的心理动机和人口统计数据,因此,更有可能从整体市场中发掘出新的蓝海市场。例如,女性面霜的营销者惊讶地发现,他们的主要市场竟是由老年寡居的妇女组成的,而不是他们的诉求所定位的年轻且爱好交际的女性。

（2）制定科学的营销战略。生活方式测量方法，无论是 AIO 方法，还是 VALS 方法，以及其他一些方法，都超越了简单的人口统计数据或产品使用情况描述，为营销者提供了科学的市场细分依据；在此基础上，营销者可以根据自身的资源和能力，从中选择一个或几个最适合自己的细分市场，即为目标市场。而且，这些生活方式测量所提供的丰富信息，使营销者能够针对目标市场的生活方式特征，进行准确的市场定位。例如，表 6-7 对英国化妆品市场的生活方式分析提供了丰富、生动的消费者信息，从而为营销者其选择目标市场和市场定位提供了有力的支撑。再如，五十铃（Isuzu）运 VALS2 系统集中锁定体验者，为其竞技者车型（Rodeo）寻找到了准确的市场定位。许多体验者认为：以一种于人无害的方式打破常规是一件很有乐趣的事情，而该车型就定位为"让驾驶打破常规"的车型。广告通过展现小孩在泥浆中跳跃、在界外填色来表达这一创意。五十铃的销量在该广告活动后显著增长。

表 6-7　对英国化妆品市场的生活方式分析

化妆品生活方式细分：
（1）自我意识型：关心外表、时尚，注意锻炼
（2）时尚导向型：关心时尚和外表，对锻炼和体育不太关注
（3）绿色美人型：关注体育运动和健康，较少关心外表
（4）不在乎型：对健康和外表持中立态度
（5）良心受挫型：没有时间从事"自我实现"，忙于应付家庭事务
（6）衣冠不整型：对时尚漠不关心，对运动不感兴趣，穿着讲究舒服

行为及其描述：

			零售店铺①					
	化妆品使用指数①	口红使用指数①	Wallis	Miss Selfridge	Etam	C&A	年龄②（15～44）	社会阶层③
自我意识型	162	188	228	189	151	102	51%	60%
时尚导向型	147	166	153	165	118	112	43%	56%
绿色美人型	95	76	74	86	119	103	32%	52%
不在乎型	82	81	70	89	74	95	44%	64%
良心受挫型	68	59	53	40	82	99	24%	59%
衣冠不整型	37	19	17	22	52	85	20%	62%

说明：
①100 表示平均使用水平。
②表示 15～44 岁年龄的人在该组中所占的比例。
③表示该组人员在工薪和中低收入阶层中所占的比例。

资料来源：T.Bowle. Does Classifying People by Lifestyle Really Help the Advertiser? European Research，Feburary，1988：17-24.

（3）制定有效的营销策略。营销组合中的产品策略、价格策略、渠道策略和促销策略的制定，都需要科学、系统的消费者行为研究提供足量、有效的信息。例如，产品的设计、包装等要符合目标顾客的兴趣、偏好、价值观和审美观；而价格的制定和渠道的选择都要符合这一点,至于广告主题和广告诉求的选择更是离不开消费者行为研究的有力支持。而测量目标消费者的生活方式是提供这些必要信息最有效的方式之一。比如,Schlitz 啤酒研究发现,大量饮用啤酒的人往往觉得生活乐趣很少且很遥远。于是,该啤酒针对这一"发现",设计出了一个很有说服力的广告诉求:"你只到这世上走一遭,所以寻找所有你能找到的乐趣吧。"

小案例

泰姆克斯公司运用 VALS 系统制定营销战略和营销策略

泰姆克斯(Timex)公司在推出它的一组家用电子产品(一台体重秤、一支温度计和一个血压计)时,利用 VALS 数据进行了市场细分和目标市场的选择。该公司认为,消费者对保健和家庭诊断产品的态度可能以对其价值的判断为基础,只根据人口统计数据确定细分市场可能是不够的。因此,泰姆克斯公司运用 VALS 方法,并且根据各个群体对高技术的、有关健康的产品的使用率对各个 VALS 群体进行了评估。结果,其中的两个 VALS 群体被确定为它的目标市场:成就者和完成者。尽管其中的一个群体是身份导向,而另一个群体是原则导向,但是这两个群体都表现出了对健康的关注,而且比其他群体受教育程度更高。有效的市场细分和目标市场选择为随后的营销组合策略的确定打下了基础。泰姆克斯公司还利用 VALS 数据进行媒体选择。例如,资料表明,成就者和完成者看电视时间较少,而且即使看电视一般也只看新闻节目。这些资料帮助泰姆克斯公司在媒体计划上一是增加了印刷广告,二是将其电视广告发布选择在早间和晚间新闻时段,而不是安排在黄金时段或一般人的白天工作时间。

资料来源:王长征.消费者行为学[M].武汉:武汉大学出版社,2003:109。

本章小结

6.1 本节讲述了自我认知的第一个构成要素——自我概念的基本定义、基本类型,以及自我概念在营销中的应用。自我概念"是指一个人所持有的关于自身特征的信念,以及他对这些特征的评价。"一个人的自我概念不仅包括其个人身份,也包括其社会身份,其类型包括实际自我、理想自我、期待自我、私人自我、延伸自我、虚拟自我等。营销者基于自我概念,营销者有以下营销策略:尽力使品牌形象与目标消费者的自我概念(形象)保持一致;巧妙运用消费者实际自我与理想自我之间的差距,激发消费行为;正确辨别消费者私人自我和社会自我之间的差异,采取针对性的营销策略;既要充分满足消费者现实自我所引发的大量现实需求,又要深入挖掘虚拟自我所隐含的营销机会。

6.2 本节讲述了自我认知的第二个构成要素——生活方式的基本概念、与自我概念的关系、研究现状,以及生活方式的测量及其意义。生活方式一般被认为是个体在成长过程中,在与社会诸因素交互作用下表现出来的活动、兴趣和态度模式。简而言之,生活方式就是个体如何生活。关于生活方式的研究,主要集中于以下几个方面:首先,关于生活方式定义的研究。二是关于生活方式与消费者行为之间的关系的研究。三是关于生活方式的测量的研究。应用最广泛、影响最大的生活方式测量方法当属 AIO 方法和 VALS 方法。北京零点前进策略的吴垠开发了 CHINA-VALS 模型,将中国消费者分为积极形态派、求进务实派和平稳现实派等三派,上层、中上层、中层、中下层和下层等五层,以及理智事业族、经济头脑族等十四族群。

能力培养指导

● 主要运用课堂讲授法讲述自我概念的定义、类型，通过举例解释实际自我、理想自我、期待自我、私人自我、延伸自我、虚拟自我之间区别与联系，提高学生运用自我概念的相关理论进行相关营销活动的基本技能；

● 主要运用课堂讲授法讲述生活方式的定义、研究现状和测量方法，并运用举例法说明生活方式测量方法的具体运用；提高学生测量消费者生活方式的基本技能。

案例应用 1

力波啤酒演绎"上海男人"的一波三折

1999—2001 年，力波啤酒在竞争中竭力寻找可引发目标消费者共鸣的形象，以赢得消费者之心，但前两次都因抓不准"上海男人"的感觉而付出代价，折翼而归。2001 年，力波啤酒高唱"喜欢上海的理由"，这一感觉才终于征服了竞争激烈的上海啤酒市场。

上海男人为什么喝啤酒？上海男人对自己的身份和地位，对"上海男人"几个字是怎样认识的？

1996 年，三得利凭借其长年积累的酿造经验和技术，在中国上海成立了合资公司。展开了针对中国市场的本土战略。此后的几年里，三得利开创了中国市场清爽型啤酒的先河，并成功塑造了"亲切、轻松、浪漫而且富有情趣"的品牌形象。1998 年上海的本地品牌力波从第一的位置跌到第二。而到 2000 年底，三得利已经占领了 55%的市场份额，力波只占 25%左右。面对三得利的侵入，力波啤酒展开了一系列大规模的反击战。

第一波：不讨好的"男人本色"

1999 年 6 月，力波寄希望于奥美广告，奥美使用投射技术研究力波的消费者，试图重新赋予力波新的品牌价值——这些普普通通的男人背后到底蕴藏着什么？以此找到与他们心灵沟通的切入点。

奥美在这些朴素的貌不惊人的平凡男人身上，发现了很多闪光的、真正的男人品质。他们乐观、聪明、勤劳、正直、富有爱心和责任感；他们懂得生活、懂得人生真正的意义，并坚持不懈地努力去实现更美好的生活。"生活中的他们，每天面对着来自现实生活中的种种压力，默默地收拾着逝去的沧桑岁月和坎坷经历，为自己和家人的未来付出诸多努力；他们是父亲同时也是儿子，是领导同时也是下属；他们心理上承受着各种矛盾：现实与理想、落寞与骄傲、痛苦与快乐、自我与集体……但是他们始终踏实坚定地生活着。他们承担了许多，也付出了许多。他们才是我们身边最重要最值得珍惜的一部分！"

奥美广告以电视广告系列"上海男人的故事"来演绎"上海男人本色"。一个 CF 表现在元宵节父亲为小孩扎兔子灯，孩子为有一位"心灵手巧"好父亲而备感自豪。广告使用"有了你，生活更有味道""力波啤酒，男人本色"等双关语同时赞美主人公美德和产品。

整个系列广告侧重从女性的视角来刻画新好男人的形象，但给人的感觉过于"温情、软弱"，与当代新上海人的价值观有些出入。目标消费群——上海男人并不认同这一"软"形象，所以市场并未达到预期效果。

第二波："上海真男人"的硬感觉

2000 年，力波试图逆向思维，塑造硬朗的男性形象。于是在 2000 年 6 月，不惜重金，聘请有"上海真男人"之称的徐根宝为力波啤酒广告代言人,演绎了一场激昂慷慨的足球故事。当时的民乐公司市场总监在接受记者采访时说:"我们觉得徐根宝教练的性格与上海人的啤酒力波的脾性有相同的地方。他作为我们力波啤酒的形象代言人将会达到消费者的认可。啤酒不是功能性的产品,它不像药品那样有强烈的功能作用,它给人的享受完全是精神上的,是一种感觉。消费者借此表达自己的身份,寄托自己的情绪,因此新的啤酒广告必须赋予力波全新的人格魅力,有人性的光辉在那里。而以前的'男人的故事'电视广告无法全面表达力波品牌的核心价值。"

请徐根宝出山拍力波新版广告,除了其本身就有新闻卖点外,主要可以达到借用徐根宝的硬朗个性为力波品牌注入新的形象要素。正如徐根宝在广告中所言"我喜欢挑战,我不给自己留后路……""我要塑造中国的曼联,不播不精彩"。结合力波的产品概念,企图把日益淡化的口味再度引领到重口味上。

但结果证明,"重口味""硬朗人物"是错误的感觉,与年轻一代的距离走得更远。力波仍然没有打赢翻身战。

第三波:"喜欢上海的理由"

第三年即2001年刚入夏,力波大刀阔斧地进行一系列重大调整。6月18日,上海亚太取代了上海民乐,使亚洲太平洋酿酒公司全面进入民乐,控股97%。亚太中国区总经理认为:"啤酒应该是区域性、地方化很强的一类商品,啤酒消费越来越侧重于情感。"于是力波啤酒再次认真考虑其大众化策略和本地化道路。上海亚太和达彼思(上海)广告公司再度挖掘力波啤酒的品牌精髓,目标是塑造一个年轻有活力的、充满国际感的新力波品牌形象。而具体的广告策略,则要寻找出一个既区别于竞争对手,又优于以往广告的切入点。

13年前诞生的力波啤酒,多年来已经同上海人结下了难以割舍的情感,与上海的渊源及其深厚的历史积淀是其他竞争对手无法具备的独特资产,无论是外来的三得利、百威,还是国产的青岛。再加上啤酒的消费者普遍认同本地啤酒相对比较新鲜的信念,于是力波决意搭上"上海"这趟车,打出"上海品牌"的概念。广告策略抓住了上海概念的三个核心层面:

第一,上海是国际大都市,什么都有,什么都是最新的,"我"因此感到自豪。

第二,上海的成长日新月异,上海人求新求变,力波同上海人一起经历巨大变迁,融会了上海的精神。

第三,上海是国际文化中心,最流行的前沿,生活在上海可以非常享受生活。

上海人亲眼目睹上海的变化,也珍惜大变化大发展给予每个人的机会,他们积极地参与这场创业,既推动了上海的发展,也实现了自我价值……

最后,广告策略定为"力波啤酒,喜欢上海的理由",调性和风格(tone and manner)定为"求新求变"。电视广告表现准确地抓住目标消费者的生活形态,选择能触动他们情绪的场景来传达广告主题:躺在窗下看走过的女孩——想起曾经的纯真感情,笑容自然浮现;橱窗里的泳装模特儿表演,便想起了面对不断涌来的新事物曾有的好奇与彷徨;证券交易所门口拥挤的人群,也让玩股票的人重新兴奋;模仿外国人的发型,勇敢地冲进发廊的场景,让我们惊叹流行发式的不断轮回、染发热风的强劲势头;面对"时间就是生命,效率就是金钱"的标牌,回忆起那段全心投入、努力创业的日子,心头又涌起万般感慨……

报纸媒体与电视广告配套,大版面讲述着上海人和力波啤酒的故事。只不过与往年相比,故事变了。

（歌词）上海是我长大成人的所在/带着我所有的情怀/第一次干杯，头一回恋爱/在永远的纯真年代/追过港台同胞，迷上过老外/自己当明星，感觉也不坏/成功的滋味，自己最明白/旧的不去，新的不来/城市的高度，它越变越快/有人出去，有人回来/身边的朋友越穿越新派/上海让我越看越爱/好日子，好时代/我在上海，力波也在。

与广告战役同步开展的是，从2001年6月起，力波啤酒以全新的姿态推出超爽型啤酒，采用与众不同的透明瓶包装，不仅显示了其超爽且清新的口感，更说明力波对自己的技术和操作的信心。

从市场效果看，力波啤酒2001年终于抓准了上海消费者的真实情感和想法，赢得了广泛的认同，有力地推动了市场份额的迅速增长，并产生了延续效应，2002年与2001年相比，市场份额增长20%以上。

资料来源：迈克尔·R.所罗门，卢泰宏，杨晓燕.消费者行为学（第8版·中国版）[M].北京：中国人民大学出版社，2009：264-265。

【讨论题】

1. 力波啤酒的第一波中，其"男人本色"为何不讨好？
2. 第二波："上海真男人"的硬感觉为何是错误的感觉？
3. 为何力波啤酒的第三波——"喜欢上海的理由"赢得了广泛的共鸣与认同？
4. 从本案例，你得到了什么营销启发？

案例应用2

中国城市消费者的不同"脸谱"

预计至2030年，中国将拥有10亿城市消费者，并迈向差异化需求更加多元的"唯我市场"——一个由数十个、百个，甚至上千个细分市场组成的巨大市场。在此背景下，传统的市场划分（如按地域、年龄、收入等要素进行简单划分）以及粗放的经营模式已无法支持企业获得持续盈利（数据显示，中国非耐用消费品及零售类上市企业的利润率已连续两年下滑）。因此，消费品和零售企业需要更加精准地细分市场，刻画消费者特征，洞悉消费者需求，从而为其提供专属的产品及服务。

针对这一需求，埃森哲对中国27座城市的消费者进行了调查，并结合数据分析和消费者分群模型，根据不同消费者的消费特征和偏好，绘制了中国城市消费者的不同"脸谱"：

【豁达工薪】

这类消费群体消费能力一般，但消费观念前卫，关注便捷和享受，总在能力范围内购买他们需要的产品。他们看重积分换购和低配送费用，不太追赶潮流或看重产品是否新颖。

【明智购物】

这类群体通常都是精打细算的购物专家。他们消费能力有限，因而购买产品时非常理性，价格往往是第一考虑因素，同时对打折促销、会员积分等优惠措施和退换货政策比较看重。此外，他们还比较看重实体店和平面媒体广告。

【互联平民】

"互联平民"们的消费观念更加感性，消费意愿也更为强烈，但他们十分注重产品的实用性，很少关注奢侈品和时尚产品。他们深受社交网络的影响并相当普遍地通过各种网络渠道进行消费,但在购买电子数码和图书音像产品时,却更倾向于实体渠道。这种消费者大多是潜在的消费主力军。

【勤俭持家】

他们的消费方式更趋保守,习惯使用现金,且多购买实用性产品(如家居用品和保健品),产品价格和质量是影响他们购物的决定性因素。他们一般不会受到社交网络和在线广告的太多影响,而是容易被店内促销和销售人员打动。

【潮流新贵】

这类消费者多是数码和电子产品的拥趸,属于数字化新生一代。为了彰显个性,他们比任何群体都更关注各类精品,因此,产品的外观和特性顺理成章地成为他们的首要关注点,质量和价格则都在其次。他们往往是网络消费达人,使用多种终端设备,并深受在线产品信息和社交网站评论的影响。

【乐享一族】

乐享一族以年轻的小资群体为主,喜欢购买书籍、个人护理及旅游相关产品和服务,其购物的出发点主要是为了表达自我。他们极具品牌意识,同时还是数码达人,社交网络对于他们的购物决定将产生重大影响,但他们却并不总是通过网络进行消费,而是经常光顾品牌专卖店和国际知名超市。

【服务尊享】

对于这一群体来说,服务的品质和便利性格外重要。他们特别关注产品性能和客户体验效率,对服务和体验往往吹毛求疵,愿意花费大量开支在诸如旅游和保健等服务类项目上。

【传统安逸】

传统安逸型消费者与服务尊享型消费者一起,是中国城市最具消费能力的两个群体。他们生活殷实,但仍秉持传统的消费理念,更关注产品质量和品牌认知度。传统安逸型消费者是较高收入群体中唯一网购经历相对较少的群体,他们经常光顾大型知名商场,电视广告和产品口碑对其购物决策影响较大。

资料来源:埃森哲。

【讨论题】

1. 为什么消费品和零售企业需要更加精准地细分市场?
2. 哪种工具可以胜任上述任务?这种工具相比传统的市场细分工具优势何在?
3. 你分别作为一家日化企业和家电零售企业的 CMO,你将选择哪一或哪些细分市场作为你的目标市场?为什么?

第7章 文化与消费者决策

 学习目标

7.1 学习文化组成要素及价值观对文化的影响;
7.2 研究文化的全球化与中国文化的产生根源;
7.3 解释文化与消费行为的具体关系。

实践中的文化影响消费行为

孔府家酒,叫人想家

"家"文化是中国人历来的情感归属,家能让人感到温暖与亲情。"家"文化可以从小家延伸到大家,可以由国家延伸到地球之家,可以是实体的家,也可以是精神的家。

孔府家酒先嗅到市场的气息,引入了"孔府文化"和"家文化",借助在不成熟市场环境下广告畸高的力量,使"孔府家酒,叫人想家"一夜传遍大江南北,成就了鲁酒的短暂辉煌。

"家"文化是孔府家的品牌核心价值所在,孔府文化只是一个载体,是成功的一个要素,并不是成功的关键,因此"家"是孔府家品牌与消费者的共鸣点。越来越现代的都市生活,往往使许多人在精神上迷失了自我,渴望寻找一份心灵的慰藉,寻找一份返璞归真的心境——其最大的指向就是"家"。

"陶"是中国的历史文化产物,孔府家的陶瓶包装本身就代表着一种对历史的回味,而且受"酒是陈的香"的消费理念的影响,消费者一看到孔府家的陶制酒瓶就会有"陈酒"的联想产生,将现代白酒同历史情感融为一体,形成产品、包装和品牌的共鸣效应。

从自酿自用,到款待达官显贵,到成为"皇宫贡酒",到历代文人墨客,到走向市场,成为大众消费品,孔府家酒具备与生俱来的历史文化优势和人文感受。游子归家,慈亲守候,一句"孔府家酒,叫人想家",没有声嘶力竭的叫卖,平淡简单的话语,便牵动了存在于人内心深处的心灵感动。家国同构,总牵挂故土乡音,漂泊万里,割不断家国亲情。

孔府家酒作为中国现代酒文化营销的始作俑者,早在1994年,当时中国白酒行业最引人注目的就是王姬为孔府家酒拍广告,巧妙地把《北京人在纽约》的火爆嫁接到广告中来,使人很快记住了"孔府家酒,叫人想家"这句充满中国人伦理亲情的广告语,孔府家酒也随之而一举为天下知,年销售额一度达到鲁酒疯狂时期的9.5亿元巅峰。

评述

从中国传统文化的分析入手,分析传统文化对于消费者行为产生的影响。在此基础上,孔府家酒提出基于传统文化的营销策略获得更加广泛的市场认同和更加具体了解自己的市场潜力。在经济全球化的今天,企业的营销决策必须考虑到诸如社会文化、社会阶层等影响消费者行为的因素。本章我们就这些因素对消费者行为及企业营销决策的影响进行深层次的分析。

7.1 文化的特点

我们都知道消费者的行为不是无缘无故发生的，而影响消费者行为的众多影响因素中，社会文化无疑是重要因素之一。消费者在购买产品时，并不仅仅只是购买产品本身的使用功能，实际上还包括产品所蕴含的文化内涵。每个人都生活在一定的社会文化环境中，人们在享受产品本身的功效时，也获得一种超出产品本身的精神满足，当然其行为也必定要受到社会文化的影响和制约，从而形成反映这个社会文化的消费思想和消费行为。中国人吃饭用筷子，西方人吃饭用刀叉，这就是由于东西方文化的差别所引起的。

7.1.1 文化的概念

文化是一个非常广泛的概念，"文化"这个词最早源于古拉丁文，原指"耕作""教习"和"开化"。在中国最早把"文"和"化"两个字联系起来的是《易经》，提出了"观乎天文，以察时变；观乎人文，以化成天下"的主张，其意思是用儒家的诗书礼乐来教化天下，使社会变得文明而有秩序。人们对文化含义的解释是多种多样的。

小链接

学者们对文化的解读

英国的文化人类学家爱德华·泰勒（Taylo）在 1871 年出版的《原始文化》的著作中，第一次把文化作为一个中心概念进行科学归纳并提出来，加以系统的表述。他认为："文化是一个复杂的总体，包括知识，信仰、艺术、道德、法律风俗，以及人类在社会里所获得一切能力与习惯。"

1982 年世界文化大会在《总报告》和《宣言》中也对文化这样描述："文化是体现出一个社会或一个社会全体特点的那些精神的、物质的、理智的和感情的、特征的完整复合体。文化不仅包括艺术和文学，而且包括生活方式、基本人权、价值体系、传统和信仰。"

美国的人类学家克劳门和克鲁克霍斯认为"文化包括内隐和外显的行为模式"，它是"构成人类群体的出色成就，包括体现人工制品中的成就，文化的基本核心包括传统的观点，尤其是价值观念。"

美国管理学家斯蒂芬·罗宾斯认为，"文化是一种知觉。这种知觉存在于组织中而不是个人中"。

文化是社会的成员为适应周围环境而进行人生设计时所产生的独特的生活方式，是一种社会性遗产，是一种社会现象，是人们长期创造形成的产物，是社会历史的积淀物，是人类之间进行交流的普遍认可的一种能够传承的意识形态。一般认为，文化有广义和狭义之分。广义文化是指人类在社会历史发展的实践过程中共同创造并赖以生存的一切物质财富和精神财富的总和。而狭义的文化专指人类的精神创造。狭义文化是指人类精神活动所创造的成果，如哲学、宗教、科学、艺术、道德等。狭义的文化关注的也不仅是全人类的普遍共性，而是注重不同民族阶层、集团人文精神的特点。

在消费者行为研究中,由于研究者主要关心文化对消费者行为的影响,所以我们将文化定义为一定社会经过学习获得的、用以指导消费者行为的信仰、价值观念、态度体系和习惯方式等被社会公认并世代相传的行为规范。一个社会的文化为社会中的成员应付各类问题提供了先前的答案和可行的手段,也就规定了在特定场合情境中应以何种方式行事。

文化是一个系统的概念,其基本的核心是价值观,表现在各个不同的个人和不同的组织群体之中。

1. 文化的特征

为充分理解文化的内涵和外延,就需要了解文化的特性。文化概括起来有以下五类特征:

(1) 习得性。文化是逐渐学习所获得的,它不是遗传和本能性反应。人出生开始就接触和适应所在社会的文化,通过了解周围环境中的信仰、价值观、习惯等,进入到文化学习的历程。文化的学习有三种情况:一是传承性的,父母长辈言传;二是模仿性的,对周边他人,如父母的身教,对崇拜者的模仿,朋友间行为影响;三是专门学习性的,如学校里的正规学习、培训和训练。教师在专门的教学环境中告诉学生为什么要做以及怎样去做等。教育是最广泛、最直接、最有效的文化形态。人类生息繁衍,向前发展,文化也连绵不断,世代相传。继承性是文化的基础,如果没有继承性,也就没有文化可言。在文化的历史发展进程中,每一个新的阶段在否定前一个阶段的同时,必须吸收它的所有进步内容,以及人类此前所取得的全部优秀成果。

(2) 共有性。文化是由社会成员共同创造出来的,并对该社会中的每一个成员都产生深刻影响,表现在受同一文化熏陶下的人们往往具有共同的生活方式、消费习俗、消费观念以及偏好禁忌。从消费者行为方面看,表现在人们行为的相互攀比、认同、模仿、感染等社会特点。构成文化的东西,必须能成为社会中的绝大多数人共享。显然,共同的语言为之提供了基础;任何社会化任务的机构,都为文化的共享起到了作用。在现代社会,大众媒体在传播文化中更是处于无与伦比的地位,而媒体中的广告,则不时地向受众传递着重要的文化信息,如怎样穿着才合适,怎样装修住宅流行,大家都喜欢吃什么、喝什么或用什么等。文化的共有性还表现在不同文化之间的共享。由于信息、交通的发达,改变了人们相互影响、相互联系的频率和方式,不同文化影响下的人们通过直接、间接的交流,相互越来越了解。不同的文化之间呈现出一种融合性。比如,中国的饮食,色香味俱全,吸引着大批外国人,而日本的饮食因为清淡、健康,也得到全世界的认可和喜爱。

(3) 多样性。文化的形态多样,以有形的形态存在,又以无形的方式影响着每一个人,有有形的"物质文化"也有无形的"精神文化"。精神文化对人的影响是潜移默化的,所以,在大多数情况下,我们根本意识不到文化对我们的影响。不同的自然、历史和社会条件,形成了不同的文化种类和文化模式,使得世界文化从整体上呈现出多样性的特征。各民族文化各具特色,相互之间不可替代,它们都是全人类的共同财富。任何一个民族,即使是人数最少的民族,其文化成果如果遭到破坏都会是整个人类文化的损失。

文化的多样性还表现在不同文化间的差异上。一个人从出世的第一天,就已开始接触和适应他所生活的社会的文化,伴随他成长,这种文化会在他身上留下深深的烙印。只是一个人长期受某一特定文化对他的深刻影响,与同一文化下的其他人一样行动、思考感受,这样的状态我们不自知。只有当我们进入一个新的社会环境或与另一个有不同文化价值观的人面对时,才会强烈感受到不同文化的差异,才会意识到自己所特有的文化塑造了我们的行为。比如,中国人习惯的吃饭方式,其他国家的人们或使用刀叉进食,或用手抓着吃饭。而类似的差别还有许多,只是在自己的国家不容易感受到而已。每个国家、地区、民族都有自己独特的区别于其他国家、地区、民族的社会文化,即有自己独特的风俗习惯、生活方式、伦理道德、价值标准、宗教信仰等,这些方面的不同导致了不同社会文化的差异。

小链接

韩国为保护文化多样性立法

2014年5月2日,韩国国会通过了《保护与促进文化多样性法案》,法案对韩国保护文化多样性的基本计划和实施方案进行了详细规定,并明确了政府对保护文化多样性工作所需提供的支援。

据介绍,与很多国家一样,随着移民、留学生、外国劳工的不断增多,韩国社会的多文化格局逐渐形成。2012年,韩国政府进行了"国民多文化包容性指数调查",结果显示,韩国公民的文化共存意识与欧洲等地公民相较仍处于较低水平。研究显示,参加文化多样性相关的教育活动越多,人们的文化包容性就会越高。然而,韩国国内76.1%的人口都未曾接受过这方面的教育。

2001年,联合国教科文组织发表了《世界文化多样性宣言》,并以此为基础,在2005年通过了《文化多样性公约》。韩国作为这一公约第110个缔约国,于2010年7月首次在其国内公开发表了这一宣言。借助此次通过的《保护与促进文化多样性法案》,韩国文化体育观光部希望能够以法律条文的形式,使得韩流等代表韩国文化多样性的元素能够为周边乃至世界文化的发展做出贡献。更希望借此机会减少甚至消除"不同收入阶层间、不同年龄阶层间、不同地域间""老人、残障人、青少年、女性等多样化的社会弱势群体与主流文化间""渔农村与城市间"存在的文化隔阂。韩国政府希望能够通过一系列措施,倡导民众不要将"不同"和"差异"理解为"差别",而将其视为"多样化的生活方式"。

通过《保护与促进文化多样性法案》,不仅将以往各部门分散推进的保护文化多样性相关政策进行了整合,文化间疏通、交流,文化多样性教育,多样性文化产品开发等相关项目也能够以法案为基础,得到进一步的推动。

资料来源:中国文化报(由于篇幅原因有删减)。

(4)发展性。为了满足现实需要的功能,文化必须不断改变,以使社会得到最好的满足。文化就其本质而言是不断发展变化的。19世纪的进化论人类学者认为,人类文化是由低级向高级、由简单到复杂不断进化的。从早期的茹毛饮血,到今天的时尚生活,从早期的刀耕火种,到今天的自动化、信息化,这些都是文化发展的结果。文化稳定是相对的,变化发展是绝对的。导致文化变迁的原因很多,诸如技术创新,人口变动,资源短缺,意外灾害等。

在一个社会中,人们的崇尚爱好、生活方式、价值观念等是不断变化的,只不过这种变化快慢不一,有的还具有周期性。而消费者市场是反映社会文化的一个最敏感的窗口,因为社会文化的发展变化常导致市场上某种消费时尚及商品的流行。价值观和习惯等也会发生变化。所以,对市场营销人员来说,不仅应该了解目标市场现在的文化价值观,还要了解正在出现的新的文化价值观。

(5)时代性。文化之所以连续存在,是因为它能够满足社会中人们的需要。文化提供了秩序、方向和指导,为满足生理、心理和社会的需要提供了行之有效的方法。一旦某种文化不能帮助人们解决问题，则有可能遭遇到淘汰或受到修正。在人类发展的历史进程中，每一个时代都有自己典型的文化类型。例如，以生产力和科技水平为标志的石器时代的文化、青铜器时代的文化、铁器时代的文化、蒸汽机时代的文化、电力时代的文化和信息时代的文化。又比如，作为文化的有机组成部分，赋、诗、词、曲分别成为我国汉、唐、宋、元各朝最具代表性的文学样式。时代的更迭必然导致文化类型的变异，新的类型取代旧的类型。但这并不否定文化的继承性，也并不意味着作为完整体系的文化发展的断裂。相反，人类演进的每一个新时代，都必须继承前人优秀的文化成果，将其纳入自己的社会体系，同时又创造出新的文化类型，作为这个时代的标志性特征。

2. 亚文化

一个社会的文化通常可以分为两个层次：一个是全体社会成员共有的基本文化，即主文化；一个是社会中某些群体所有的独特价值观和行为模式、生活习惯，即亚文化（Subculture，又称为副文化、次文化、集体文化）。

每一亚文化都会坚持其所在的更大的社会群体中大多数主要的文化信念、价值观念和行为模式。构成亚文化群的群体尽管有时会与基本文化或者主流社会文化，或者与其他亚文化群的文化含义发生重叠，但该亚文化群体必然是独特的。目前，国内外营销学者普遍接受的是按民族、宗教、地理、性别、年龄等人口统计特点来划分亚文化的分类方法。

（1）民族亚文化。大部分国家由不同民族所构成。不同的民族，都各有其独特的风俗习惯和文化传统。比如，我国是一个统一的多民族国家，其中汉族占全国总人口的90%以上，其他民族所占的比例较少，人口超过百万的只有壮族、满族、回族、苗族、维吾尔族、蒙古族、朝鲜族等十几个民族。我们常说的"中华民族"就是由56个民族构成的总体文化，而每一个民族又具有自己的民族亚文化特征。各民族形成了有自己特点的语言文字、风俗习惯、信仰、爱好禁忌。各个民族在宗教信仰、爱好和生活习惯方面都有独特之处，尤其要注意的是，他们还有着不同的禁忌。不同的民族在饮食、服装、礼仪等方面各有特点，尤其在服饰方面，争奇斗艳、各具特色。如蒙古族喜欢穿蒙古袍，朝鲜族男人穿坎肩，肥腿裤，妇女穿小袄和色彩鲜艳的裙子；苗、侗等少数民族喜欢筒裙等——从服饰上我们就可以判断穿着者属于哪个民族。

（2）宗教亚文化。不同的宗教群体，具有不同的文化倾向、信仰、生活方式、消费习惯和禁忌。在我国就存在佛教、伊斯兰教、天主教、基督教等。不同的宗教，其教规、戒律都是不同的，从而对商品的偏好和禁忌也会有所不同，在购买行为和购买种类上也表现出各自特征。这些宗教在不同的国家或地域甚至是同时存在。甚至在饮食、服装上就有所区别，如回族人戒食猪肉，男子戴白帽，大多数信伊斯兰教；藏族人信佛教，男子长袍有两个袖子，但只穿一个等。宗教能影响人们的行为，也能影响人们的价值观。从消费心理来看，宗教信仰及由此产生的价值观念、行为准则等对消费行为也有重要影响。因宗教信仰者的虔诚程度和理解程度的不同而有或大或小的差别。

（3）地理亚文化。地理环境上的差异会导致人们在生活方式、消费习俗和消费特点上的不同，形成地理亚文化群。一方水土养一方人。长期形成的地域习惯，一般比较稳定。自然地理环境不仅决定着一个地区的产业和贸易发展格局，而且间接影响着一个地区消费者的生活方式、生活水平、购买力的大小和消费结构，从而在不同的地域可能形成不同的商业文化。最简单的区分方法是把全国分成两大部分，即南方和北方。在我们的刻板印象中，南方人聪明机灵，北方人热情直爽；南方人喜欢米饭，北方人爱吃面食，等等。再如我国北方人多爱深色服装，而南方人多好浅色；城市消费者往往喜欢黑、白、灰等颜色的服装，农村消费者更青睐红、绿、黄等鲜艳的服装。还比如，我国历来有南甜，北咸，东辣，西酸的食品调味传统。闻名中国的川菜、鲁菜、京菜、粤菜、闽菜、淮扬菜、徽菜、湘菜等八大菜系，皆风格各异，各成一派，就是因为地域不同而形成的。

（4）性别亚文化。性别亚文化不仅是一种文化现象，至少任何文化中对不同性别都有着不同的规范要求。尽管在医学和心理学上学者们对性别的划分，尽管有着不同的看法，但在消费者行为研究上，区分为男女两大性别也就足够了。例如，女性消费者一般在消费行为中有着以下特点：第一，利用直观，追求美感；第二，购买中常含情感；第三，注重实用，考虑周全；第四，注重别人的评价。不同性别的亚文化群有着截然不同的消费心理和消费行为。一般来说，女性消费者对时尚的敏感程度往往会高于男性，她们通常比较重视商品的外观，而男性消费者则比较重视商品的性能和品质。另外；女性消费者对价格的敏感程度也远远高于男性消费者；而在购买方式上，女性消费者通常有足够的耐心与细致，但同时又缺乏决断性。

（5）年龄亚文化。每个主要年龄组的人，实际上也构成一个亚文化。尤其在现代社会，代与代之间的差距越来越大。例如，少年儿童、青年、壮年、中年、老年这五个年龄段的消费者各有不同的消费特点。不同年龄的亚文化群往往有着不同的价值观念和消费习惯。青年亚文化群喜欢追求新颖、奇特、时尚，乐于尝试新产品，容易产生诱发性、冲动性购买；中年亚文化群承担着家庭生活的重任，同时扮演着家庭消费品购买决策者的角色，所以其消费行为讲究实惠、理性、精心挑选的特征。另外，人到中年，事业上的成就也要从购买商品或品牌中体现出来。而老年亚文化群比较保守和自信，习惯于购买熟悉的商品，求实求利动机较强。再如我们常说的70后、80后、90后、00后的群体划分方式。

次级群体的网络使成员之间形成非正式的沟通关系，另外，亚文化有向次级群体成员提供理解新环境的参照标准。

（6）这些亚文化对消费者行为的影响取决于以下因素：

①独特性。亚文化独立的整体性越强，对消费者行为的影响程度越大。

②同质性。亚文化的统一价值越多，对消费者行为的影响程度越大。

③排外性。亚文化的成员不仅受到全社会的"排外"，而且自己也希望全社会的"排外"。这些"排外性"使次级群体的成员从其他次级群体分离出去，从而加强亚文化的影响力，维持亚文化的价值观和行为模式。

美国的各种族裔都各有其独特的文化传统、文化风格和态度。他们即使生活在同一国家甚至同一城市，也会有自己特殊的需要、爱好和购买习惯。这就是以种族渊源及遗传性特征为基础的亚文化群体。不同种族的消费者在体型、肤色、发色等方面的差异，会对消费者产生某些特定的心理与行为上的影响，如黑种人和白种人都有其特有的文化风格和态度。

除了以上介绍的亚文化群体以外，用其他变量也可以细分出很多亚文化群体。特别是在亚文化社会中消费者的价值观念、生活方式、消费态度中是在变化着，导致新的亚文化群体层出不穷。通过对新的亚文化群体分析营销人员可以了解目标市场的需求状况和消费特征，从而提高营销策划的目的性和针对性，以取得良好的效果。

总之，对于文化的特征，营销人员知其静，可以使营销战略保持较长时间的稳定，知其变,就是要把握优势,因势利导。

小链接

中国的穿越亚文化

从几年前穿越小说在网络流行,到现在穿越题材电视剧成为话题,有学者认为,所谓青少年"亚文化"浮出水面,有利于提升青少年的自我和社会认同感。不过,古今穿越也被形容成"匪夷所思的趣味":眼睛一闭一睁,就从剩女变成群起追求的"皇二代",眼睛一睁一闭,凭借历史课本上的知识要点,就可预知未来通晓古今,用先进千百年的理念成为古人刮目相看的"高手"。穿越"亚文化"中,虽不乏积极因素,但更多上演着现代阿Q们让自己成为焦点的梦。不过,想回到过去成为"焦点"的想法,流露出的恰恰是对现实生活缺少把握的"失焦"感。

各种穿越剧的存在影响着观影人群,人们对穿越剧的衍生品的需求也越来越大。

7.1.2 文化与价值观

从目的论的角度来看,也许文化冰山中最具意义的部分就是文化价值观了。文化价值观是一群人认为有益的、正确的或有价值的信条或特点,是人们用于指导其行为、态度和判断的标准。对文化内容的营销分析开始于可信价值的分析,营销人员知道社会群体中人们的核心价值观有助于理解消费者与产品的相互关系。比如,当前有些中国人的价值观,拼命赚钱、看眼前利益、浮躁等似乎控制了他们的生活和工作。市场策略很少试图改变文化价值观。

价值观是有生命的,是因时间段的游走,而引起的壮观或低迷的思潮。价值观是有年代作用的,在不同的年代有着不同的价值。而价值观的确立,属于自然人本身的认可和衡量的,一个人经历的年代不同,价值观也不相同。虽然价值观念不同,但不代表一个文化可以把另一个文化评价为"没有价值的",也不能说这个文化是正确的,另一个文化是错误的。来自两种文化的人所持有的价值观以及其形成的原因可能是完全不同的,但是在他们各自所属的文化背景中,又都是各自正确的。

影响消费者行为的文化价值观可分为他人导向的价值观、环境导向价值观和自我导向价值观。这些价值观都是一些极端的情况,在两个极端价值观之间,还存在无数的中间状态。

1. 他人导向价值观

他人导向价值观反映社会对于个体间、个体与群体之间以及群体彼此之间应当如何相处或建立何种关系的基本看法。这些关系对于营销实践有着重要影响。

(1) 个人主义与集体主义。不同的社会文化在对待个人与集体的关系上会有不同的价值取向。有的社会强调的是团队协作和集体行动,并且往往把成功的荣誉和奖励归于集体而非个人;相反,有的社会强调的是个人成就和个人价值,荣誉和奖励常常被授予个人而非集体。据霍弗斯特德的研究发现,美国、澳大利亚、英国、加拿大、荷兰的文化强调个人主义,而中国、韩国、日本和印度的文化则更多地带有集体主义色彩。因此不仅要注意不同文化之间的差异,还要注意同一文化内部的差异。

(2) 青年人与老年人。不同的社会文化,在对待青年人与老年人的价值取向上也有可能存在差异。有的社会,荣誉、地位、重要的社会职务都属于老年人;另一些社会,则可能是属于青年人的。有的社会,老年人的行为、衣着和生活方式受到社会其他成员的模仿,而有的社会却是青年人被模仿。

（3）扩展家庭与核心家庭。无论是哪个国家，家庭是一个社会的基本单位。然而，在不同的文化背景下，对家庭的界定以及家庭成员之间彼此的权利、义务都存在很大差异。家庭一般分为配偶家庭、核心家庭和扩展家庭。传统上，我国家庭的基本类型是扩展家庭，即老少三代同居的家庭。现在我国由于推行计划生育政策，再加上代际之间的生活方式和价值观念的差异扩大，核心家庭越来越多。但是，赡养父母等家庭观念仍然是我国的传统美德，所以我们在广告里经常看到子女孝顺父母的情景。

（4）男人与女人。在具有不同文化的社会，男人与女人的社会地位可能存在很大差异。在我国，男女的社会地位是平等的，都有机会担任重要的社会职务；在重要的家庭购买中，通常由夫妻共同做出决定。但有些国家，目前可能仍然存在严重的性别歧视，妇女在社会和家庭中的地位不受重视。

（5）竞争与协作。不同的社会文化对于竞争与协作的态度会有所不同。在有的文化价值观中，人们崇尚竞争，信奉"优胜劣汰"的自然法则；另一些文化价值观中，人们则倾向于通过协作而取得成功。这方面的价值观往往能从不同的文化对比较广告的反应中表现出来。例如，墨西哥和西班牙都禁止做比较广告，我国也规定禁止做相互诽谤的比较广告。但在美国，比较广告却是被容许的。

2. 环境导向价值观念

环境导向价值观念反映社会对其与经济、技术以及自然环境之间相互关系的看法。这些价值观对于消费者行为也具有重要影响，并且最终影响着企业营销策略的选择及其成败得失。

（1）清洁。不同社会文化对清洁的看法和重视程度不同。在重视清洁和环境保护的社会，人们需要更多地获取清洁的产品，如空气清新剂、除臭剂、工业污染处理设备、汽车尾气检测仪器及其控制产品等。

（2）成就与身份。一个社会强调个人成就或社会身份方面的文化差异，将导致这个社会把经济、政治和社会机会平等或不平等地给予不同的个体或集体。个人成就和身份与"权利距离"密切相关。"权力距离"是人们接受权利、权威、地位以及财富差异的程度。印度、巴西、法国、日本是"权力距离"指标高的国家，而澳大利亚、丹麦、新西兰、瑞典、美国是"权力距离"指标较低的国家。在"权力距离"指标较低的社会里，机会、报酬和具有较高荣誉的社会地位会被更多地提供给那些个人表现和成就突出的人。另一方面，在"权力距离"指标较高的社会里，重视社会身份或社会地位，个人的机会往往取决于他的社会身份以及他所处的社会地位及其所属的社会阶层。在这样的社会里，人们更加偏爱价高质优、品牌声誉高的产品，而不是功能、效用相同却不知名或低价的产品。

（3）传统与变化。社会文化不同，人们对待传统和文化的态度也会不同。有的社会非常重视传统，只因为是祖宗遗留下来的习惯，任何人便不得触犯；有的社会则能够比较容易地接受变化，允许人们打破传统，建立新的模式。在重视和维护的保守社会里，产品变化常常受到人们的抗拒和抵制。

（4）风险与安全。有的社会文化具有很强的冒险精神，勇于冒险的人会受到社会的普遍尊敬；另一些文化则可能具有很强的逃避风险倾向，把从事冒险事业的人看作是十分愚蠢的。这方面的价值观对企业家的培养和社会经济的发展具有重要的影响。不崇尚冒险的社会是难以发展足够的企业以推动社会经济发展的。新产品引进、新的分销渠道建设、新广告主题的选择以及其他营销创新，都受到这种价值观的深远影响。

(5) 乐观与悲观。当人们遇到困难时是有信心去克服，还是听天由命，采取宿命论的态度，会集中反映一个社会所具有的是乐观还是悲观的价值观。在加勒比海地区，人们常会在遇到困难时说声"没问题"或"没有关系"以宽慰自己。在他们的观念中，难题既然已经存在，担心也没用！墨西哥人则相反，他们大多是一些宿命论者。因此，当墨西哥人购买到不满意的商品或服务时，通常都不会提出正式的抱怨。

(6) 自然界。不同文化背景下的人们对待自然以及人与自然的关系上，可能会具有不同的观念和态度。一些人觉得他们受到了自然的奴役，另一些人认为他们与自然之间是和谐的，还有一些人认为他们能够征服和左右自然。中西文化的一个重要区别就是在对待人与自然关系的价值观念和态度上。中国文化比较重视人与自然的和谐统一，强调"天人合一"，而西方文化则强调人要征服自然，改造自然，才能求得自己的生存和发展。

3. 自我导向价值观

自我导向价值观反映的是社会各成员的理想生活目标及其实现途径、方式。对消费者以及对企业的市场营销具有重要的影响。

(1) 动与静。不同的社会文化会导致人们对待各种活动的不同态度，并且形成不同的"好动"或"好静"倾向。一项关于比较美国妇女和法国妇女社会活动的调查发现，法国妇女一般认为"同朋友一起在炉边闲聊消磨夜晚是我喜欢的方式"；美国妇女则一般认为自己"喜欢有音乐和谈话的聚会"。这种活动上的差异会带来不同产品或服务需求。由于人们的观念不同，广告的诉求主题也应有所不同。

(2) 物质主义与非物质主义。在不同的社会文化中，人们对物质财富与精神财富的相对重视程度会存在差异。尽管物质财富是一切社会存在和发展的基础和前提，但人们对待物质财富的态度却是不一样的。有的社会奉行极端的物质主义，认为"金钱万能"。有的社会更加强调非物质的内容，如在一些国家，宗教地位至高无上，当物质利益与宗教发生冲突时，人们会选择宗教信仰。

(3) 工作与休闲。不同的社会文化对待工作与休闲的关系问题上会有不同的观念和态度。一般来说，人们是为了获取经济报酬而工作。但是，有的文化使人们较倾向于从工作中获得自我满足，有的文化则使人们在基本的经济需求满足后较倾向于更多地选择休闲。在企业营销中，如果忽视这方面的文化差异，付出的代价可能是巨大的。

(4) 延迟消费与即时消费。人们是为今天而活还是为明天而活，是更多地为今天着想还是更多地为明天打算，可以集中体现一个社会在这方面的价值观。这类价值观对于企业的促销和分销策略，鼓励消费者储蓄或使用消费信贷等都具有重要的意义。

(5) 欲望与节制。这一类价值观体现在人们的生活态度上是倾向于自我放纵、无节制，还是倾向于克制自己、节制欲望等方面。有些文化在此类价值观上是非常保守的。产品、包装、品牌和广告等都必须谨慎处理，以保证符合它们的价值标准。快速成像照相机在阿拉伯国家获得成功的主要原因之一，是阿拉伯人在给自己的妻子和女儿照相时不必担心她们的相貌会被照相馆的陌生人看见。

(6) 幽默与严肃。社会文化差异也体现在幽默在多大程度上被接受和欣赏，以及什么才算是幽默等方面。一个社会文化中被看作是幽默的东西，在另一个社会文化中可能不会给人以任何幽默感；男人认为是幽默的东西，女人不一定欣赏；成人与儿童在幽默感上也会存在差异。

4. 文化规范

文化规范反映特定社会的文化价值观,它给社会成员规范应该做和不该做的标准。这种规范不仅影响产品和品牌的选择,而且影响购买方式、购买场所以及产品的使用方式。根据行为的约束力和重要性可将文化规范分为风俗、社会习俗以及法律规范。风俗一般与传统习惯相关,是指支配人们的饮食、着装、礼仪、礼节等日常行为类型的规范。社会习俗与"社会所属"这一社会根本价值相关,是社会道德价值的具体表现,如对父母的孝顺、对长辈的尊重等。这些社会风俗是"应该做"的积极规范,但是有些习俗是"不应该做"的消极规范,如"近亲不通婚",这种消极规范叫做社会禁忌。最后,法律规范也是一种明确而正式化的规范。

7.2 全球文化与中国文化

7.2.1 全球文化概述

1. 文化全球化

随着全球化一词的提出,文化全球化一词也经常出现在各种媒体。对这一概念需从对文化全球化的理解,结合经济、政治、社会生活等方面综合分析。和平一词,应该是地球更应该关注的方面。当今世界,每个国家都离不开其他国家封闭发展,经济的全球化,让越来越多的人相信弗里德曼的预言——世界是和平化、经济的全球化,是不同的文化相互交融、互相渗透。许多产品,包括服装已经突破了文化的界限,出现了国际化的趋势。

小链接

全球化

"全球化"(Globalization)一词,是20世纪80年代在西方报纸上出现的。90年代以后,联合国秘书长加利宣布"世界进入了全球化时代"。"全球化"一词被广泛地引用到各个领域,与此相关的概念如经济全球化、全球一体化等概念也随之而来。

对全球化的理解也是众说纷纭,一般有以下几种理解:

第一,全球化主要指世界经济一体化,各个国家经济相互交织,相互融合,以致形成了全球经济整体。

第二,全球化也即经济、政治、文化和生活方式的全球化。

第三,全球化至今尚未有统一的界定。经济学家、政治学家、社会学家和文化学家都从各自的领域做出解释。文化学家多指商业文化、大众文化以及消费主义占领文化市场的世界现象。

第四,应当从更深层次上理解全球化的概念。全球化描述的是一种全球范围的深刻变化,这样的变化并不是新现象。从西欧资本主义在全球的扩张开始,国际分工与世界经济的形成,各种知识体系的形成,意识形态和宗教的世界范围的影响,到今天货物、服务、技术、资本、信息、人员的跨国流动与资源配置,都是全球化的表现

资料来源:中国社科院世界经济与政治研究所学术动态课题组,《世界经济全球化研究现状》,载《人民日报》,1998年8月22日。

全球化可进一步理解为行为主体的发展并建立起全球网络的过程。全球化是带有全局性、

超国界、全球性的力量在行动。不加定语的全球化是不准确的，因为只有经济和科技全球化是一种现实趋势。其他如文化、宗教、政治制度、生活方式等虽有相互影响和吸收，但不可能实现全球化一体化。

　　文化全球化是指世界上的一切文化以各种方式，在"融合"和"互异"的同时作用下，在全球范围内的流动。我们不妨将文化全球化过程中形成的文化共同体称之为"全球化文化"（Globalized Cultures）。对全球化文化特性的认识就是对文化全球化的把握。文化作为人的实践活动的产物，它的发展也离不开实践。全球化时代，人类的实践随着信息化、网络化的拓展，以跨时空的交往、跨时空的实践，突破了原有时空的限制，实现了文化传播、文化交流、文化交往等实践方式的全球化，但文化全球化的深层价值意蕴是：一个国家、一个民族在跨国界的文化交流、文化交往等实践基础上，通过一段时间在文化价值观、文化模式方面的冲突、磨合与整合，而建构起来的新的文化关系、文化模式。在这个意义上可以说，文化全球化是在一国或一个地区文化实践基础上新建构的文化关系、文化模式。

　　文化全球化的现实过程很复杂。文化跨洲、跨国界的传播和交流，不一定就能在文化信息、文化模式所到的洲、国家产生积极的响应，有的文化模式产生可持续的变革性的影响，有的文化模式则得不到响应。文化信息、文化模式要在一个国家、一个地区产生影响，要受该地区、该国家接受文化信息、文化模式所具有的文化基础设施、文化制度的影响和制约。换言之，文化的嵌入（Embedded）程度，与该地区、该国家的基础设施、文化制度能接受、容纳跨州和国家的文化信息、文化模式密切相关。而这里以文化基础设施为基础的文化制度，则是文化全球化的组织维度。由时空维度和组织维度来观察文化的全球化，我们可以说，文化全球化的表层是：文化信息、文化价值观、文化模式跨地区、跨国界、跨洲的全球传播。

　　文化全球化不是单一的状态，而是一个进程或一组进程。在文化全球化的进程中，文化全球化又类似于一个"结构化"的过程。因为文化全球化不是单个人、单个地区、单个民族、单个国家的行动，而是全球无数个人、无数个单位、无数个民族、无数种制度在文化交流和交往实践中相互间累积性互动的结果。文化全球化不会消除不同民族的文化差异，也不可能解决原有文化发展上的不平衡。文化全球化不仅反映可能现有的不平等、不公正的等级模式，而且在文化全球化的过程中产生新的冲突和融合模式。这是伴随着文化全球化的结构化而产生的文化的分层化。在这个意义上说，文化全球化又是一种全球文化的结构化和分层化过程。

　　这个声势浩大的潮流中，世界上形成了各种不同的声音，各种政治势力对文化全球化的理解不一样，利益的取向不一样，所以表现出不同的发展趋势。

　　（1）文化融合。在当今世界，随着国际互联网和信息技术的迅速发展，文化的开放和交流势不可挡。这本来是一件好事，因为世界不同文化之间的对话和交流将是维护世界和平、推动世界发展的一个重要方式。但文化交流的前提是多元文化的共存，如果世界文化的发展都趋向一元的话，那么既无法交流，也无需交流。

　　因此，现在的挑战就是：我们怎样在与强势文化的交流中，保持一种清醒的文化主体意识，既汲取对方的营养，又不丧失我们自己的民族文化，维持我们在这个世界上的独立性？

　　全球化文化不是某一种文化的扩张和垄断，如人们担心的"美国化""中国化"，而是包括一切文化的整合体。比如，在北京、孟买的街边可以吃到肯德基油炸鸡；在拉各斯（尼日利亚旧首都）或者吉隆坡的某些居民可喝到可口可乐，穿上李维斯牛仔裤。在美国，其文化都是吸收其他国家的文化因素所构成的，因为美国文化是一种移民文化。将文化全球化完全看成是单一力量；美国全面主导与主宰，甚至是文化资本力量彻底摧毁民族国家、民族文化的壁垒而实现美国文化的全球化，这是一种误解。在纽约，几乎可以体验到世界各国的烹饪技术、音乐种类、民族艺术、服饰风格、做生意的手段等。但是，这并不意味着他们要放弃他们自己的习俗、家庭和宗教方面的义务，或者全部的民族特质。因此，我们不能简单地下结论：文化全球化就是美国式的同质化。文化全球化的基本内容是文化市场法则的普遍性。在文化全球化进程中，不仅具有导向全球文化一元化的力量，还存在着非市场因素、非文化资本因素、非美国或西方力量，它们制约着全球文化的一元性，并使全球文化表现出多维度、多元性的特征。可以说，文化多元化是当代文化全球化中的重要标志和主要形态。

（2）文化多元化。文化是一种历史的延续，也是一个民族的精魂，只有正视自己民族的文化，接受外部文化的融合才能使其长青不衰；但我们在接受外部文化的同时，也要选择，不能什么样的文化都要拿来融合，那样是对我们五千年的中华文化历史的不负责任。

文化全球化是全球化的一个重要方面，如同全球化一样，文化全球化是一种客观的现象，又预示着20世纪90年代以来，随着信息技术、网络技术的发展，文化全球化不可阻挡的发展趋势。从全球文化交流、交往实践基础上，新建构的文化关系、文化模式中，也可以找到当代人类文化所共有的东西，如人类的生态意识与生态文化、人口素质及其文化、人类健康与文化等。从这些人类共同具有的文化价值观中可印证文化全球化的积极意义。

江泽民同志在2000年联合国安理会首脑会议上更明确指出："世界是丰富多彩的。各国人民走过了不同的历史发展道路，有着不同的经济发展水平、文化背景、社会制度和价值观念，延续着不同的生活方式，这是世界多样化的体现。我们应当承认差异，有差异才能有进步。"这是说得极为精辟而深刻的。

全球化文化不是建立在土地疆域划分基础上的一种文化，而是建立在文化主体——人的基础上的文化。每个民族的生存环境对其文化的产生与发展有重大的作用。人们从地理环境的不同归纳出东西方文化的差异。但同时我们应该认识到随着社会的扩大和日益复杂，文化的差异更加明显。即使同一社会的成员，由于个体的不同也存在着文化差异。而不同的民族国家、不同疆域的人也能有着同样的文化观。如"民主""自由"在世界范围内被接受。但这并不意味着全球化文化真的会由这些理想而统一或同化，因为这些文化理想在不同的国家和地区不断处于本土化的进程之中，从而呈现出极大的差异性。我们所说的"全球化文化"中的"全球"更强调一个极为广大的人群概念，而不是一个地域概念。

全球化使越来越多的企业开始向外国推销产品，其实质往往是推销文化与生活方式，如麦当劳、可口可乐和好莱坞电影使美国文化在世界各地得到扩张。韩国电视剧和电影在亚洲的流行形成所谓"韩流"。因此，文化影响和传播是多方面的。

任何社会文化的形成和改变都有一定的客观原因，因此任何文化都是企业无法改变也不可能改变的。企业在具体营销活动时，必须研究不同国家、地区，不同民族、不同阶层人的文化差异，从而使自己的产品适应不同文化环境的消费者，尤其出口商品更应注意，否则有可能给企业带来意想不到的挫折和损失。

2. 跨文化

跨文化是指对于与本民族文化有差异或冲突的文化现象、风俗、习惯等有充分正确的认识，并在此基础上以包容的态度予以接受与适应。

企业必须时时注意这种差异与不同，在经营中做到"入乡随俗，入境问禁"，只有这样投其所好，才能被不同的文化群体所接受。对于国际市场营销者来说跨文化的影响是非常关键的。其差异的地方越多，市场营销战略就越不同，跨文化营销的关键是对价值观的判定。因此需要从语言差异、消费模式差异、产品使用差异、家庭决策差异、划分潜在市场差异、象征意义差异、经济环境差异等角度去考虑。

跨文化及全球化影响的应用：

（1）当地化策略：由于国家之间口味、习惯和产品使用等存在巨大差异，在跨国营销时必须使策略适合当地的文化来进行广告宣传，口味调整等。（美乐比萨饼公司在英国的饼的表皮盖上一层甜玉米；在德国则使用意大利腊肠；在澳大利亚用的是对虾。）

（2）全球化策略：公司在各个国家进行相同的促销和产品定位，以此带来规模经济，减少成本。（可口可乐公司通过全球化广告策略每年可以节约大约800万美元。）

通过在自己的广告中使用相同的主题，可以使公司产品在国际市场上树立统一形象，确立竞争优势。（百事公司的目标群是年轻人，在俄罗斯的广告采用"新一代人选择百事可乐"是它的主题"年轻一代的选择"的变化。而红、白、蓝三色罐是一种普遍性的象征。）

全球化的局限。现实中，无论产品具有多大的应用性，都有必要对它进行一些调整才能适应不同地区的习惯和口味及广告语言。（如可口可乐也不是严格遵循一种全球的方法。在一些国家的配方是做了一定改动后生产的。尽管它采用一个全球性主题，但在每个国家的广告宣传都做了一些改动。）媒体也是一个局限（MTV在澳大利亚要进行电影剧组的重新拍摄才能播放）。

7.2.2 中国文化发展与变化

论述中国文化发展和演变，实际也是中国人文景观的发展史。从上古原始神话传说到如今现实人性的思维，中国文化的传统性一直在延续；从独自的文化发展的创造到融合外域文化，从闭关锁国再到新文化运动，中国文化的历史始终在自己的一条主线上漫步发展，儒学成为这条主线的主宰，并在不断地拓宽继承和发扬。中国传统文化具有"海纳百川""兼容并包"的气度。儒家多元宽容的文化理念成为支配中国文化发展的主导性原则。

中华传统文化，是中华民族在漫长的历史发展过程中所创造和形成的特殊的世界观、价值观体系，以儒家思想为主流，融聚佛、道观念等文化因素，以探求宇宙人生的根本道理为宗旨，具有道德理想主义色彩，用中国人特有的语言表述方法建构了一套特定的思维范式和理论框架，体现了中华民族的精神和风貌。

中华民族要全面复兴，必须对中华文化有自觉的认识，即"文化自觉"，就是处于一定文化传统中的人群对其自身的文化来历、形成过程以及特点和发展趋势进行认真的思考和反省，具有清晰的文化意识。对中华传统文化应有一个明确的、恰当的定位，发掘古老传统文化的精华所在，反省自身文化所存在的缺陷，吸收其他民族和国家的文化精华，融合成为新的文化。

1. 中国文化的核心价值观

（1）人道主义：中国古代思想家强调人的问题高于一切，认为人们之间有一种共同点，即人性，人性也就是道德性。《管子·霸言》最早提出"以人为本"，说："夫霸王之所始也，以人为本。本理则国固，本乱则国危。"就是指以民为本或以百姓为本，"仁""兼爱""仁爱孝悌""尊长爱幼"。中国文化把人看成是群体中一分子，重群体，重社会，以天下为己任，关心社稷，群体意识强。强调对维持社会协调统一的需要。视天下之人为自己的同胞手足，以善良仁爱之心待人接物。

（2）先义后利：利，指益处、好处。先义后利就是指一事当前应先按道德规范行事，然后再考虑自己的利益。对于一个国家来说，能以义胜利则国治，如果利克义则国乱；对于个人来说，以富利为隆，重利忘义是为小人；以义为重，以义制利，先义后利则为君子。先利后义者辱，先义后利者荣。先义后利是儒家的一贯传统。"正其义则利自在，明其道则功自在"。

（3）理性优先：中华传统文化着眼伦理本位，重视道义原则，强调道德的价值和作用"君子谋道不谋食，君子忧道不忧贫"。孔子说："君子谋求真理，不谋求衣食。耕种，有时会挨饿；学习，却可以得到俸禄。君子只担心真理不能畅行，却不为贫穷忧愁。"道，既是宇宙万物的特性与规律，必定无所不包，无所遗漏，也必定从根本上决定着得失及其转化的因果：所行合于道，一切皆在其中；所行悖于道，一切皆不可得；得道者多助，也就包括了身外之物的获得；失道者寡助，也就包括了身外之物的散尽。

（4）诚信知报："诚"就是真实无欺，诚于自己的本性，待人诚恳。"信"就是言行相符，言必果，说到做到。遵守诺言，守信用、讲信誉，即"诚信之品"。"信"不是简单的诚实，信用才是"信"最基本的内涵。诚信既是人际交往的准则，也是我们立国的基础。很难设想一个没有诚信的社会，能长久地生存下去。国无诚，则享国不永；人无信，则其人不立。"言必行，行必果""投之以木瓜，报知以琼琚""滴水之恩，当涌泉相报"的说法都代表这一价值观。

（5）贵和尚中：做事不走极端，着力维护集体利益，求大同，存小异，保持人际关系的和谐。在传统文化中，充满着对"大同"社会的憧憬。平均平等的思想主要表现为经济利益上的彼此一样。中华传统文化追求和谐。所谓"和谐"，是指不同事物、事物的各个部分、多种成分和平协调地共生，形成多元化、多样化的有机统一。"和为贵"是人道追求的最高目标，是治理国家、处理各种事物的准则。"和而不同"，是待人处事的基本态度。求同存异，相互认知、相互理解，寻求共识。

（6）修己安人，内圣外王：无论国家、企业、社会团体、家庭还是个人管理，中国人做人行事，实际上都在求一个"安"字。心安，就会理所当然、泰然处之、光明正大、最后死得其所；心不安，就会终日忐忑、寝食难安，最后死不瞑目。确立人格理想，追求人格完善。格物、致知、诚意、正心、修身，这是内圣的功夫；齐家、治国、平天下，这是外王的功夫。如此持经达变者定能天下归心、内圣而外王。

（7）自强不息：我们常说"人穷志不短""刀子不磨要生锈，人不学习要落后"。在儒、法、墨等哲学思想熏陶下形成了中华民族刚健有为、自强不息的精神。这就是《周易》所称的"天行健，君子以自强不息"。认为君子像天道运行一样，刚健有为，追求自我超越，永不止息。万物生生不已，大化运行。自强不息，主要是自己跟自己竞争，不断超越自己，勤勉奋发，持之以恒，以自强不息与不断变化的世界保持一致。这种精神一直激励着中华民族奋斗不息。

（8）求实务实："实事求是"是中华民族的优秀思想传统。"学而时习之""知之为知之，不知为不知"也是求实务实的表现。

中国传统文化注重整体性和辩证思维，从整体把握宇宙，认为任何现象、事物都不是孤立存在的，是宇宙整体的一个有机组成部分，建构起统一的宇宙图式。辩证法思想是中国传统哲学的突出特色，其中矛盾学说是古代朴素辩证法思想的精华。

2. 中华文化传统中的消极因素的主要表现

（1）中庸取向和保守倾向价值观。"知足常乐""安分守己""明哲保身""不为人先"等保守思想对人产生了消极影响。传统文化以求同和尊古为基本价值导向，如尊经注经、论资排辈、重义轻利、明哲保身、封闭保守等，是与创新的思想相违背的。中庸为先、明哲保身的儒家思想，导致人们缺乏勇于冒险、敢于领先的精神，它不利于培养标新立异的创造型人才，不利于积极进取。

（2）传统的思维方式和文化观念带有粗糙性和封闭性。中国传统思维方式注重直观性、经验性，具有模糊性，忽视思维的理论性、精确性、抽象性，注重笼统的直观的领悟，忽视通过科学实验、理性分析表达来把握事物的本质规律。在这样的价值取向和文化传统下，影响了对自然、对事物本身的真正探索，很难产生求真求美的科学精神，缺乏精确性、准确性。形成墨守成规、自我封闭、不思创新的思维惯性。重经验概括，不重逻辑推理；重整体功用，不重内部分析。这与科学的思维方式有很大的距离。

（3）重人伦轻自然、重人文轻科技的学术倾向。由于儒家传统的影响，中国文化传统表现出一种重人伦轻自然、重人文轻科技的倾向，以人为核心，而忽视了对自然界本身的认识和改造。在学术研究中，未能把社会与人分开，更未把社会与整个自然界分开，而没有发展起严密逻辑结构的理论，也不重视技术性控制的实验，不重视工艺、技艺。人文文化居于至高无上的地位和一统天下的局面，科技被视为雕虫小技甚至"奇技淫巧"，未能在中国发展起科学文化，这也是近代以来中国科学技术水平落后的一个重要原因。

（4）重群体轻个体。传统文化重视人的群体性和共性的培养，要求人们把群体价值置于个体价值之上，迫使个体的需要服从于群体和社会的需要，以共性来铸造个性，反对自我表现，使许多人带有依附性，而缺乏个性，缺乏创见。它过分地贬低了个体的价值，使人丧失了自主性和独立性，妨碍了个性的自由与多样化的发展。而自主性和独立性、个性自由和多样化的发展恰恰是个体的创造力发展的基础。科技创新既要有群体合作，更要发挥个体的首创精神，敢为天下先，勇争第一，自主创新。

（5）重视礼教、等级、"身份意识"。中国传统社会的基本特征是以血缘关系为基准，依据亲属关系和人伦次序构建起整个家族、社会的体系，中国传统文化模式和心理特征表现为极强的"关系意识"，也使社会成员注重外在的道德礼仪规范，表现出自我克制、自我顺从的人格特征，从而缺少改革创新的内在冲动。推崇权威、崇尚特权，使人们缺乏对先辈和权威的怀疑批判精神。墨守陈规和等级森严的儒家传统，给现代中国社会遗留了长远的阴影。在过去的年代中，"尊经注经、论资排辈"的文化意识对科技创新带来了一道无形的屏障，权威统治和遵奉心态造成的氛围，无助于形成一个培育个人创造力的社会环境。在传统文化框架内，缺少对自然界的"格物、致知"，缺少探究宇宙奥秘的好奇心。

中华文化传统在整体价值取向上是重"道"轻"器"，强调"经世致用"，而忽略理论的可操作性。中国古代的"四大发明"等技术成就曾经领先于世界多年，但在近代以后处于停滞、落后状态，原因是多方面的，不能只是从科学技术本身去找原因，还必须从长期停滞、封闭的封建社会以及文化传统中去找原因。

各个民族文化中都会有一些对当今社会健康合理发展有价值的思想观念。如"己所不欲，勿施于人"，作为道德伦理原则无疑也是非常重要的。可以从各个方面发掘出对当今社会生活的不同领域有意义的思想观念。但是,对古人的思想观念必须进行新的诠释,使之适应现代社会生活并能落实于操作层面,它们才能对现代社会生活发生实际效用。这些作为人类精神财富的思想观念,我们要很好地加以利用,使之得以促进人类社会生活健康合理的发展。

  总之,应弘扬中华文化的积极价值,改造其消极的方面。随着现代科学技术的发展,全球化趋势的加剧,中华文化的发展面临着新的挑战和机遇。发展市场经济有利于增强人们的自立、竞争、效率、民主法制和开拓创新等意识,但市场本身也存在着负面效应和消极因素,如容易出现拜金主义、享乐主义、见利忘义、损人利己、不讲信用、欺骗欺诈等现象,如何既充分发挥市场机制的积极作用,同时又有效防止市场的负面效应,除了从农业文明向工业文明转变外,还要向信息文明、生态文明转变,更大的挑战表现在意义层面,特别是人文精神、道德操守、理想信念等,在保持传统的过程中要吸收吐纳,寻求新的表达,在新时代创造新的文化,增强中华民族的凝聚力,共同建设我们的精神家园。

  中华文化的认同力和适应性都很强。认同,使中华文化具有内聚力,保持自己的民族传统,历千年而不衰;适应,则使中华文化顺应环境的变迁,不断调整发展的轨迹,适时应变,与时俱进。要吸收中国传统文化的积极因素,改造其不足和不适应时代要求的内容,创造中华民族新的文化。

7.3 文化与消费者决策

  文化对购买行为有广泛的影响,因为它渗透在我们的日常生活中。文化决定我们的吃、穿、住和行。文化对我们如何购买和使用产品有影响,而且还影响我们从中得到的满足。由于文化在某种程度上决定了购买和使用产品的方式,从而影响到产品的开发、促销、分销和定价。例如食品营销者,在他们营销过程中要做出多种变化。20多年前,我们的许多家庭几乎天天在一起吃饭,母亲一天要花4~6个小时来为此做准备,而现今60%以上的25~40岁年龄段就职于公司的人员基本上在外就餐。

  学习本地的文化,即学习自己在其中长大的文化,是社会化(Socialization)的内容;而学习一种新的或异邦的文化(比如一个人移居国外时遇到的),则称为"文化移入"(Acculturation)。文化移入对于国际营销者来说,是个很重要的概念,因为要使自己的产品被潜在的目标市场所接受,就得使产品所带有的文化色彩能与目标市场原有的文化相融,既保证他们能够进行文化移入,或者采用有效的沟通方式劝其移入。在当代,文化移入也是文化发展的一大原因。文化的变迁,最明显的表现为风尚演变,这是营销者应当密切关注的。比如,在美国当健康意识增强的时候,街头一下子出现了许多跑步者、散步者和步行者,一些厂商便看准时机,迅速推出各种舒适的鞋袜,结果大获全胜,而反应迟钝的有关厂商却纷纷落马。当营销者在其他国家推销商品时,他们常看到文化对产品的购买和使用的强烈冲击。国际营销者发现世界其他地区的人具有不同的态度、价值观念和需求,从而要求运用不同的营销方法以及不同的营销组合。一些国际营销者之所以失败是因为他们没有或者不能根据文化的不同而对营销观念组合进行调整。如果企业能巧妙地利用不同环境中消费者的文化心理,则会取得意想不到的成功。比如,日本精工公司近年来推出一种"穆斯林"手表,该表除设计新颖、构思巧妙外,最打动穆斯林的是,这种手表能把世界上114个城市的当地时间转换成"'圣地'麦加的时间"。并且每天定时鸣响五次,提醒教徒们按时祈祷,因此,这种表在阿拉伯国家的消费者中非常受欢迎。企业只有深入了解消费者的不同文化心理、风俗习惯,才能有的放矢地搞好产品销售。同样跨文化销售也要在产品设计、商标、图案、产品命名以及促销方式上尊重当地消费者特有的风俗习惯、宗教信仰,以免遭受失败。

中国文化历史悠久,且现在处于急剧的转型时期,实难概括出一般的特征,再加上中国社会的各种复杂关系造就的复杂多变的心态,对于中国消费者则更难把握了。他们可能恪守传统,但又为面子而追逐时髦;可能注重实惠,但又为攀比而挥霍无度;可能只管现世,但又为死人而一掷千金……当然,表面的矛盾,放到实际的背景中或许也能得到解释。

7.3.1 消费文化的传播

1. 消费文化

所谓消费文化,就是伴随消费活动而来的、表达某种意义或传承某种价值系统的符号系统。这种消费符号不同于一般意义上的满足需求的自然性、功能性消费行为,它是一种符号体系,表达、体现或隐含了某种意义、价值或规范。这种在消费活动中呈现出来的行为和物质符号体系,就是我们在这里所讲的消费文化。

消费文化的核心是对消费者的引导和操纵,以便使他们淹没于通过媒体创造的"符号"和"形象"之中。具体的做法是通过媒体使消费者养成消极和顺从的态度,产生"沉默的多数"。更具体地说,当人们越来越习惯于坐在电视机前从电视节目里寻找安慰时,他们逐步地成为消费的机器。由于他们的消费被生产商品的大公司所引导和操纵,他们的生活观念和行为准则不可避免地受到一定程度的控制。

2. 传播消费文化的媒介电视、广播、出版物、音乐、网络等

(1) 电视。作为媒介,电视也创造了流行文化。实际上专家曾证明了电视"已经成为重要的流行文化,并且是价值和观念的主要提供者"。研究人员发现大量观看电视会影响消费者对社会、对事物的看法。

(2) 广播。消费文化渗透到生活的方方面面。在媒体领域,广播、电视都受到了消费文化的影响。

(3) 出版物。由于文字的影响,中国出版物与外国出版物在中国出版市场上的销售很不同。如外国媒体上畅销书翻译引进中国后,可能没有达到预期效果,在中国很火的图书,在版权交易市场上老外可能不屑一顾。

(4) 音乐。音乐也可以塑造流行文化。2006年流行的"神话"主题曲;2012年曲婉婷的《我的歌声里》;2014年因冯小刚《非诚勿扰》电影又热炒至春晚的王铮亮歌曲《时间都去哪儿了》,基本每年都有代表性的流行歌曲,表明了音乐对一代消费者行为的重要影响作用。

(5) 网络。随着网络技术的发展及应用的推广,网络消费逐渐成为时尚。网络消费文化是一种以网络发展技术为依托的符号文化。消费环境实现了去障碍化。互联网特别是三网合一(电信网、广播电视网、互联网在向宽带通信网、数字电视网、下一代互联网演进过程中,通过技术改造而功能趋同)意义上的互联网,使文化消费活动超越区域和人群的障碍,大大推进了文化消费的普及和升级。文化消费内容的细分化。互联网创造了"长尾效应",即大多数流行需求集中在需求曲线头部,个性化的零散需求在需求曲线上形成一条长长的尾巴,而所有非流行的市场累加起来会形成一个比流行市场还大的市场。这种效应使细小的文化消费

市场得以存在，文化消费内容趋向细分。这些都是网络对文化消费产生的影响。

3. 这些消费文化媒介传播现象的产生原因

（1）内因：中国经济的高速发展和经济体系的日益完善。中国建立社会主义市场经济体制，遵循市场规律，进一步解放生产关系，生产结构多元化，促进了经济的发展。进入国际市场，激烈的国际竞争将中国经济打造得更为成熟和完善。目前有中国特色的社会主义经济处于蓬勃发展的时期。人民的物质文化生活水平有了明显的提高，对生活的要求也随之上升。市场经济严格说来就是消费经济。为了实现市场经济利益最大化原则，其市场运行及生产行为不能不瞄准公众消费动向，不能不围绕消费旋转。经济的发展促进了消费的增长，而信息高速公路的建造铺天盖地，无处不在。

（2）外因：资本主义消费文化的扩张与全球化。全球化是以物为核心的全球化，也可以说是跨国公司在全球范围内以资本积累为目的的一种进程。然而，确保这种进程顺利完成的条件之一便是消费文化在全球范围内的扩散和形成。一些发达资本主义国家如美国和西欧已进入了消费社会，并且盛行消费主义。在全球化的潮流中，他们把眼光放在了发展中国家，希望能找到商机。于是跨国公司首先出击，他们进入的同时大张旗鼓地通过媒介（包括中国本土的）介绍他们的消费主张和生活方式，为对中国进行文化和商品渗透奠定了一定的基础。

4. 消费文化的传播现象主要表现

（1）娱乐、流行文化、时尚、休闲的内容在媒体中的比重日益增大。作为西方消费社会的代表，美国传媒具有明显的消费主义特征，这种特征近些年来尤显突出。美国新闻工作者协会曾就《时代》杂志、《纽约时报》《今日美国》等16家主流媒体1977年、1997年的新闻报道做过比较研究。该项研究发现，美国主流媒体的新闻报道重点和主题已从原来的政治、经济、教育、国际事务等传统内容，逐渐转向生活方式、著名人物、娱乐、丑闻等方面。中国新闻媒介由于特殊的国情，相比之下有所不同。但近几年来，全国各地的媒介铺天盖地，竞争日益激烈，而受众的要求也越来越高，一些媒体为寻找有效的途径占据这个市场中的优胜位置，开始放弃一味坚持的严肃报道。建立市场经济体制之后，传媒的报道内容逐步实现重点转移，倾向于增加报道娱乐休闲内容的比重，而事实上，受众也对这类新鲜、时尚和富有趣味性的内容表现出了更浓厚的兴趣。

（2）反映消费文化诉求的新的节目、栏目的开辟。这种"生活方式报道"的核心乃是社会的消费行为，包括休闲娱乐、购物旅游、居室装修、卫生保健、服饰化妆、烹饪美食等内容，同时还包括大量的生活消费的行情、趋势、热点、时尚与流行等。就连《人民日报》也于1998年创办了《假日生活》周刊，专门报道消费、旅游、购物等信息。

（3）广告扮演了消费文化意见领袖的角色。在这里我们把广告作为一种单独的媒介来讲，那是因为广告在消费社会弘扬消费文化起了巨大的作用。作为一种经济力量，广告业成为消费体系中充满生机而又必不可少的一部分，广告巨大的贡献就在于它使人们沉浸在一个无止境的新产品潮流之中。广告的大众传播功能本质上是让一个符号参照另一个符号、一件物品参照另一件物品、一个消费者参照另一个消费者。由于文化无所不在，文化影响人们的过程更多的时候是以潜移默化的方式完成。广告为消费者学习提供了素材，或从本质上说，广告信息即创造或强化了文化规范和价值观念。当然，广告更多地是以提供行为榜样的方式来让消费者模仿学习的。它履行了指导消费行为的职能。当广告中的形象、理念和符号被公众接受，广告就成为了流行文化。广告可以预示流行、时尚或者成为象征某种社会阶层的标志，它可以引导你的生活方式和生活价值，它传达信息，这些信息不仅可以指导你的消费行为，更重要的是影响你的消费观念和生活方式，而这些都属于消费文化的范畴。

在当今社会，流行文化风潮越来越多，流行文化变化的节奏也越来越快。韩剧在中国家喻户晓；2005湖南卫视策划的"超级女声"获得了巨大的成功；2010年江苏卫视"非诚勿扰"节目的收视率飙升；2012年浙江卫视打造的"中国好声音"；2013年"爸爸去哪儿"，媒体制造着一个又一个流行文化。

流行文化是符合大众口味的文化。它与大部分人的经历与价值观有关；理解它不需要特定的知识；它的生产方式使大部分人都能很容易接触到它。流行文化通常是通俗的、大众的，甚至有些夸张的。我们还可以从大众文化的角度来理解流行文化，甚至有时候可以将二者合一。大众文化是以工业方式大量生产、复制消费性文化商品的文化形式。大众文化和精英文化的一个很大区别是大众文化最大限度地赚取市场利益，这甚至是它唯一的诉求。大众文化最显著的特点就是它毫不掩饰的商品性，它既然以赚钱为目的，这就不可能不以制造时尚为己任，特别是以青年为主体。在大众文化汹涌大潮的冲击之下，现代社会的消费发生了价值尺度的根本转换，消费品的使用价值已经不那么重要了，人们重视的是消费品的"时尚价值"。时尚成为平价消费价值的主要尺度，这种消费已经主要不是对使用价值的消费，而是一种"时尚消费"，一种"流行消费"。现代传媒的快速传播，大众文化产品在最短的时间内弥漫在大街小巷。流行时装、流行音乐、流行发型、流行饰物，人们就生活在时尚的变幻之中，不断地体现新的感觉，满足于"当下的体验"。

目前，时尚潮流是由设计者创立的，现在多数潮流是从年轻人开始，比如，20世纪90年代中后期流行的日韩系的服装，或者年轻人不断更换手机上流行的彩铃和彩信，网络聊天工具中流行的QQ、微博、手机微信等。

时尚是现代最为常见的社会现象之一，也是流行文化或者大众文化的一部分。所谓时尚就是指时下流行的事物，是在大众内部产生的一种非常普通的行为方式的流行现象。时尚不仅表现为一种物质样式、一种行为方式，更包含一种意义、一种文化。

时尚象征着成功、身份、社会地位和人生价值的体现。它是一种"社会编码"，通过这个"社会编码系统"，他把人们归属于某一社会阶层，人们可以通过这一社会编码系统的"索引"去查找他人或自己在社会中所处的地位。在此意义上，消费与语言一样，是一种含义秩序。在时尚消费中，消费品已经不是作为一种使用价值的物品而存在，而是作为一种代表着一定社会意义的符号而存在；人们的时尚消费，主要也不是消费商品的实用价值，而是消费其符号价值，即消费它的社会意义。从这个角度来理解，时尚是指采用某些符号来获得一种身份。这些符号也包括服装、首饰、车子、房子、艺术品以及其他能够看到的物品，这些符号在流行文化中传递了各种含义。

休闲消费逐渐成为现代人，特别是青年一代的一种生活方式、一种消费时尚、一种流行文化。休闲消费是在人们收入水平不断提高的基础上，基本生活消费满足以后更高层次上的消费。其形成的必要条件是要有钱，同时有"闲"。作为一种时尚，休闲消费不仅限于参加旅游、体育、娱乐等休闲活动，而且体现在人们日常的消费行为中。在日常生活中，休闲消费表现为一种多层次、多形式的消费。休闲消费不仅限于节假日的集中消费和高消费，如打高尔夫球，作为会员去乡村俱乐部度假，利用假期出国观光，吃日本货韩国料理，付费参加各种体育俱乐部活动，同时也有日常工作之余，看个体育比赛、一部电影，茶馆小聚，与朋友去咖啡馆喝咖啡，去网吧、酒吧、舞厅或卡拉 OK 厅放松放松精神的日常休闲消费。此外，人们逛商场购物，甚至逛逛夜市，吃点小吃也不失为一种中低收入者的休闲消费。在日常生活中与生活的非正式场合，穿上一套高品质、款式随意的休闲服，配之以与之相协调的休闲鞋、背包、帽子以及手表等各种饰物，同样可以体现人们轻松、潇洒、不拘谨的生活态度。

5. 消费文化传播的弊端控制

消费文化增长的现象是伴随经济发展而自然产生的，消费文化增长也有一定的弊端。

（1）大众传播是一种单向的情感传播方式。在大部分国家和地区，它也是一种市场化制度。受众在消费文化传播的同时，也在消费某种情感，学习某种文化，植入某种价值观。

（2）相同的统一的途径传播。一般说来同时利用一种媒介的每个受众接受的信息是相同的，这可能导致消费行为的单一性和从众心理的滋生，而扼杀了个体消费的个性特征，甚至会误导造成盲目消费。

（3）媒介传播的消费文化产生的原因之一是资本主义消费文化的扩张与全球化。不能排除跨国公司和资本主义消费社会对中国进行消费文化的灌输是有其商业的或者是思想上的预谋的。

随着我国经济的发展，买方市场的出现，消费领域出现了不少问题，其中一个重要的问题是畸形消费的出现，消费领域中许多不健康、不文明的东西的出现，这对建设一个成熟的市场经济，对我国经济的可持续发展，对个人的全面发展都是十分不利的。发展消费文化，发挥先进文化对经济的引导作用，对于提高消费层次和质量，促进国民经济的良性循环，具有十分重要的作用。此外，发展消费文化，就能满足人们高层次的物质文化需要，培养人们高尚的品德、高雅的情操、高层次的精神境界，从而促进人的身心健康和全面发展。当代居民消费发展的趋势是智能化、健康化、个性化、世界化。这种消费发展的趋势也反映了消费文化的发展趋势。但消费文化不是简单地反映消费生活，反映消费的发展趋势，而是渗透于消费领域，渗透于人们的消费生活之中，渗透于消费主体、消费客体、消费环境之中，渗透于消费的各种方面，赋予它以文化的内涵，提高它的文化品位，从而提高消费质量。消费文化源于消费、高于消费。因此，必须用先进文化来引导消费生活，并渗透于消费领域的各个方面。端正消费生活发展的航向，唱响文化的主旋律，提高消费的层次与质量，从而体现人的本质要求，体现消费的客观趋势。因此，必须大力发展消费文化，充分发挥消费文化的导向作用。

小链接

宜家：消费文化、消费体验和顾问营销的实践者

IKEA（宜家），瑞典家居用品零售集团，已有 56 年历史，1943 年从一点"可怜"的文具邮购业务开始发展到在全球共有 180 家连锁商店，分布在 42 个国家，雇用了 7 万多名员工的"庞然大物"。

宜家刚进入中国不久，便获得了中国正在崛起的中产阶级消费者的关注，并成为了时尚家居和小资生活的符号，在这个消费者越来越追求生活品味和越来越挑剔的今天，宜家为我们带来的是一种全新营销理念的实践。

文化符号才是制胜的力量

在世界上的很多国家，宜家的产品以价廉物美在竞争中获胜，但是在中国，宜家的产品却不属于大众消费者，因为其价格相比中国目前的消费水平来说依然偏高。三年来的运作，

宜家成了一个文化符号。北京"宜家"开张时盛况空前，北京人们对当时的情景记忆犹新："离宜家一站多远的街边，停满了桑塔纳和富康"。在两个星期内，热情的北京人把宜家货架上的商品抢购一空，有人在7天里去了6次。有外刊称，这是"北京中产阶层"的一次集体出动。这些外表高档，有品位的家具竟然是普通中产家庭就可以负担的。尽管只有上海和北京两家分店，宜家引发的轰动迅速由传媒扩大至全国各地。当品牌成为一种时尚，成为一种群体的消费文化的符号的时候，其力量是非常巨大的。宜家成了家居文化中最强势的符号。这给我们带来的启示是，随着中国新兴消费阶层的崛起，在未来，那些能够代表一个阶层的文化符号的产品注定有着广阔的空间。

体验式营销兜售一种主张

宜家强烈鼓励消费者在卖场进行全面的亲身体验，比如拉开抽屉、打开柜门、在地毯上走走、试一试床和沙发是否坚固等等。宜家出售的一些沙发、餐椅的展示处还特意提示顾客："请坐上去！感觉一下它是多么的舒服！"此外，宜家的店员非常安静地站在另一边，除非你主动要求店员帮助，否则店员不会轻易打扰你，以便让你静心浏览，在一种轻松、自由的气氛中做出购物的决定。体验代表着给予你寻找感觉的机会，中国消费者很多还不属于完全理性的消费，因此体验会在瞬间通常会改变一个人的消费观念。体验也表示了质量的可靠，宜家告诉你，质量是禁得起考验的，同时还向你销售一种消费观念：一定要体验过做出的决策才是最好的。

顾问式的营销指导消费者快速决策

宜家精心地为每件商品制定"导购信息"，有关产品的价格、功能、使用规则、购买程序等几乎所有的信息都一应俱全。宜家总是提醒顾客"多看一眼标签：在标签上您会看到购买指南、保养方法、价格"。每个顾客在做出购物决定之前，如果对所购商品的特性一无所知，那么他肯定就会感到手足无措，如果是在别人劝说之下做出的决定，买回去如果发现问题就会大呼上当带来不好的感受，因此，宜家采取了一种顾问式的营销方式，将每一个细节都考虑进去，来指导消费者快速做出购买决定，因此它出售的几乎都是完全符合用户要求的产品。

有力地承诺解决后顾之忧

宜家从你进商场的那一刻起就让你的担心和顾虑彻底的打消了，比如你要购买沙发，除了商品的基本信息，还会告诉你宜家沙发的特点以及适合不适合你。体现了对消费者的人文关怀，加上你可以充分的体验，如果还不放心，宜家的《商场指南》里写着："请放心，您有14天的时间可以考虑是否退换"。14天以内，如果你对已购货品不满意，还可以到宜家办理更换等值货品或退款手续。承诺就是一种服务，在生活节奏日益快捷的今天，消费者需要的是一种关怀和真实可靠的产品和服务。

生动化营销让你现场感受品味

宜家把各种配套产品进行家居组合设立了不同风格的样板间，充分展现每种产品的现场效果，甚至连灯光都展示出来，你基本上可以看出这些家居组合的感觉以及体现出的格调。产品和服务如果可以生动地表现出来，那么所销售产品和服务就已经超越了其本身，宜家如此生动化地展示给追求生活品质的人来说已经在传达一种品味。当然，同样重要的是，宜家的产品做得非常的人性化和精致，会让你爱不释手。

在消费者的需求呈现多样化，国内的消费水平日益提高的今天，宜家给国内企业带来的思考是那些能够全面为消费者着想的产品和服务，并能够体现出一种生活主张和品味的产品注定会受到消费者的欢迎。在这个以消费者为导向的时代，谁为消费者想得更多，谁就能够成为市场的赢家，因为消费者都希望高品质的产品服务来装点自己的生活。

资料来源：肖明超，同名文章。由于篇幅原因有删减。

7.3.2 中国文化与消费者行为

中华文化世代相传、绵延承续，以其独特性和连续性，丰富了世界文明的内涵。共同的语言、行为方式、心理习惯、文化意识，对一个民族凝聚力的形成具有重要的意义。任何民族都应自立自强而不应自大或自卑。在全球化过程中，保持民族传统弥足珍贵。向其他民族和国家展示本民族的成就和风采，使其他民族了解、认可、向往本民族的价值观念、文化传统的社会理想，是确立一个民族和国家的地位、改善国际形象、提高国际威望的有效途径。近代以后，中国人逐渐走出闭塞状态。特别是改革开放以后，中国加快了走向世界的步伐。每个人都是一定社会文化的产物，都是在一定的文化环境中生活，因此，价值观念、生活方式、风俗习惯等都会受到这些文化环境的影响。因而，在不同国家里生活的人在崇尚爱好等方面具有明显的差异。文化影响购买行为，这在不同国家有很大区别。我国是一个历史悠久的东方文明古国，同西方文化有较大的差异，在这种文化背景下，消费者形成一些独特的民族心理特点和购买行为方式。一个美国老太太和一个中国老太太去见上帝，上帝问她们生前实现的最后一个愿望是什么，美国老太太说，她生前正好把年轻时分期付款购房的最后一期房款交完了；中国老太太说，她生前刚刚用自己一生的储蓄买了一套自己的房子。由于中西方的文化和价值观都有所区别，中国消费者也形成了特殊的文化特征。

（1）以"根"为本的文化。中国自古以来的文化传统重家、重族、重国，生命血统的延续是头等大事。中国文化一向强调血缘关系，也就是以家庭为本位。现在虽然家庭核心化了，三世或四世同堂的现象不太多，但传统的家庭伦理观念仍然保持着，亲子之间的相互依存关系很明显。

个人的消费行为往往与整个家庭密切联系在一起，要考虑到整个家庭的需要。特别是在大件商品的购买上，都要与家人一起讨论再制定决策并实施购买行为。在目前的广告中，以温馨的家庭氛围为背景的"家有什么，如何如何""保您全家怎样"之类的口号不绝于耳。其中更富有中国特色的是运用亲慈子孝的心理，子女孝敬父母，而父母为子女的前途也不惜倾囊投资，这类场面在电视广告中时有所见。由于现在一般都是独生子，所以对于后代的重视更甚于前，在孩子"全面发展"的竞争中，许多父母唯恐落后（因为中国人一向把孩子看作是自己的延伸，对孩子的成功甚至比自己的成功还要感到自豪），都想让自己的孩子比别人的孩子强。但怎么个强法？不少父母便是通过孩子所消费的东西来体现的。

根文化深植于中国人的心理底层，影响着人们消费的方方面面，产生中国人独特的消费行为，如：教育消费、祭祖消费、仪式消费、节庆消费、崇拜消费（又称为神圣消费，是指在某种程度上尊重或敬畏地对待物品和事件，而区别于普通消费或世俗消费）。

（2）和文化。中国人注重和谐统一，并努力"顺其自然"与身处的环境保持和谐。如巧妙地利用了中国人对天人合一的特殊感受，效仿做出广告"天有不测风云，我有人身保险"；我们经常说"做人要顶天立地"，借此显示了一种恢弘气魄，让人敬佩。天人合一的观念在消费习惯上也有体现。比如中国人喜以自然界中的"珍品"来滋补身体，无论天上飞的，地上走的，水里游的，还是山里长的，都是可采之物，甚至到了药物、食物不分的地步。由此延伸，中国消费者一般喜欢新鲜的原汁原味的食物，对于冷冻的可能兴趣不大，除非迫不得已。

（3）关系文化。这是中国的特色文化之一，主要表现一是人情往来，二是人之常情，三是人前面子。一主要源于我们重义轻利的价值观，二主要是我们求大同的价值观，三则是存小异的表现。在关系文化的条件下，消费者的交易活动往往不是单纯的经济利益算计，还有人情往来、互惠交换、面子问题等微妙复杂方面。

消费者的购买行为也往往不仅仅是一次经济交易，而是一种社会互动。"求大同，存小异"呈现出两种不同的消费行为、大众文化和面子文化：

①消费行为上的大众化。原因之一是共同的象征消费，象征消费指的是消费具有的符号象征性，即消费不仅是物理或物质消费，而且也是象征的消费。比如，美国人喜欢的物品象征"美洲豹""鹰"，正是美国文化中"速度"和"自由"的代表；中国人喜欢的象征"龙""红色"，正是中国文化中"高贵"和"喜庆"的代表。原因之二东方民族百年来习惯求同，不愿太张扬，希望自己能与他人保持一致。很多人在选择服装时，常考虑能否被他人接受和认同，不愿意出风头或不守规矩。儒家文化的核心就是中庸、忍让、谦和，认为"出头的椽子先烂""枪打出头鸟"，反映在消费行为中就是，大众化的商品有一定的市场。消费行为具有明显的"社会取向"和"他人取向"，以社会上大多数人的一般消费观念来规范自己的消费行为，喜欢"随大流"，赶潮流。既然重视维持人与人之间关系，那么就要与人保持一致，不可鹤立鸡群，使自己突出于众人之上，也不可使自己落后于众人之下。向别人看齐，便有了效仿行为，你有我也要有，你买我也得买。所以在中国人的消费中，从众现象甚多，某一产品畅销起来，那真是红火，而一旦滞销，就无人问津了。这种情况甚至让企业怀疑，中国消费者的"不约而同"，是不是事先串通好的。比较明显的例子就是中国人在婚丧嫁娶方面的消费互相攀比、送礼成风。很简单的一个理由就是，别人在这方面都大操大办，如果我不这样做的话，既没面子又吃亏。不过，近年来，随着经济的发展和对外开放，人们的这种观念有了一定的改变，特别是年轻人敢于尝试各种新奇服装，敢于表现自我。不过，求同心理在许多人心目中仍然存在。

②面子文化。在求同中立异，也是中国人消费观中的一个成分，如攀比消费、炫耀消费。攀比消费的重要前提是消费者购买某项商品并非出于物质满足的需要，它的产生更多地来源于攀比而形成的心理落差；炫耀消费是指购买并突出显示奢侈品，以证明其支付昂贵商品能力的消费行为。在高消费的相互攀比中，一个盖过一个，一个胜似一个。有的人为了面子，甚至不惜举债也要操办或"随礼"。因此，常常听到这样的抱怨：这个月光"随礼"就花了我半个月的工资。这种人情消费不管在城市还是在农村，都大有愈演愈烈之势。还比如公款消费，中国人的社会中，由于历史文化等原因，关系消费、公关消费及公款消费都是消费领域中不可忽略的，赠礼行为，在中国人送礼的行为规范中特别值得注意的是，礼品反映并表达送礼者对受礼者的地位尊重程度，而不反映送礼者的经济能力（往往超能力送礼）。

"公众与面子"使中国人的消费行为也体现了很强的等级性。如中国的奢侈品消费出现了大幅度的增长，中国消费者对奢侈品趋之若鹜，尤其热衷于购买最贵的、最知名的顶尖品牌。

（4）崇古文化。中国文化一向比较怀旧恋古。对故乡的眷恋、对往事的回忆以及对先人旧友的缅怀，往往超过对未来的憧憬。而在消费上，这种"思古之幽情"又加上了现代科技的包装或现代科技加上"思古之幽情"的包装，像"集传统秘方之精髓，采高科技研究创新之大成"，像"皇家贡品"，或者干脆"重新发现了久已失传的……"似乎都让人觉得可信。

更有甚者，一些广告中还翻出一本典籍，引用其中的一两句话为自己的产品"作证"，但中国人对此一点也不觉得别扭，反而觉得"古人说的岂能有错？"当然，话说回来，中国传统文化中确有许多珍贵的东西值得发扬光大。

这种"崇古"还表现在中国消费者品牌意识比较强。中国人购买商品时比较注重商品的品牌，尤其对于高档消费品、大额消费品更是如此。这一方面是因为中国人爱面子，名牌商品代表一定的质量和价格，可以满足人们的炫耀心理；另一方面中国人比较相信"源于 XX 年""这是个老牌子"，因为中国消费者一般对商品的知识了解得比较少或者根本不愿意去了解，只注重对商品的总体印象，所以购买名牌商品既减少了购买时认知商品性能的麻烦，又减少了购买风险。

（5）注重积累文化。中国是农业基础的大国，因此，注重积累和储蓄是影响中国消费者行为的重要表现。时至今日中国人也一直对超前消费还是抱着观望和小心谨慎的态度。因此，中国消费者花钱时较为谨慎，除了家庭大项，如购房、购车可能涉及贷款，大多数的人对贷款买东西不太感兴趣。而且，一般都是按计划购买，特别是中老年消费者更少发生冲动购买和计划外购买。中国人消费行为中的这种重积累和计划性的特点，固然和中国人的消费水平有关，但更重要的还是受传统文化的影响。需要指出的是，在青少年消费者中，节俭的消费观念已经有了很大的变化，如敢于尝试超前消费，这也是我国消费心理和消费行为的一个新动向。

以上几种文化特征，并不一定会在每个中国消费者的身上体现出来，也不一定在每种消费行为上表现出来。中国人越来越相信，一切都在进步，明天会更好，我们能够改善自己的一切。这种心态也使中国人对新产品的接受成为很自然的事情。近几年，我国在饮食习惯及对食品的评价标准方面也发生了巨大的变化。过去人们比较偏重食品的口感与味道，对其营养价值和是否有利于身体健康常常忽略，但随着人们消费水平的提高和健康意识的增强，食品的营养价值和保健作用越来越受到人们的重视。由此，健康食品和功能性食品在市场上十分受欢迎。特别是由于科技的进步和社会生产力的发展，会出现新的生活方式，影响消费者行为最为广泛的因素是文化，通过价值和规范反映出来。文化影响购买行为，文化对消费者的影响比生活方式更持久和深入。经营策略必须随着文化的变迁做出相应的调整和改变。

本章小结

7.1 学习文化组成要素及价值观对文化的影响

文化是一个系统的概念，其基本的核心是价值观。文化的特征包括：习得性、共有性、多样性、发展性及时代性。

划分亚文化可按照民族、宗教、地理、性别、年龄等人口统计特点来的分类。

影响消费者行为的文化价值观可分为他人导向的价值观、环境导向价值观和自我导向价值观。

7.2 研究文化的全球化与中国文化的产生根源

经济的全球化促进了文化全球化，出现全球化文化。全球化文化既有文化融合的趋势，又有文化多元化的要求，成为相同与不同的文化现象，出现了跨文化的矛盾。

中国文化的核心价值观有人道主义，先义后利，理性优先，诚信知报，贵和尚中，修己安人，自强不息的特征。但同样也有其消极性，应弘扬中华文化的积极价值，改造其消极的方面,在新时代创造新的文化。

7.3 解释文化与消费行为的具体关系

文化对购买行为有广泛的影响。了解消费文化的媒介、传播方式、方法、传播的弊端控制才能更好地为营销工作服务。用先进文化来引导消费生活,并渗透于消费领域的各个方面。

中国文化与中国消费者的价值观有直接关系,也影响到中国消费者的消费行为。中国文化中以"根"为本的文化、和文化、关系文化(包括大众文化和面子文化)、崇古文化与注重积累文化都影响到消费的实际行为。

能力培养指导:

- 如何理解文化的内涵?
- 文化有哪些特征?如何解释文化的发展性?
- 一个人可以同时属于几个亚文化群吗?
- 大学生可否算一个亚文化群体?为什么?
- 试列出本书未介绍到的亚文化群体。如何针对其策划营销方案?
- 营销人员为什么重视对文化的研究?
- 与消费购买行为有关的文化价值观主要有哪些?举例这些价值观对消费行为的影响?
- 解释文化全球化。
- 解释中国文化的核心价值观。请举例说明。
- 消费文化的传播媒介有哪些?是如何传播的?
- 消费文化的传播现象有哪些?
- 中国文化对消费者行为的影响有哪些方面?请举例说明。

案例应用1

高露洁的口腔护理教育

调查表明,中国成人恒牙患龋率为49.88%,儿童乳牙患龋率为76.55%,在中国的城市和农村,5岁儿童乳牙的患龋率分别为75.7%和78.3%,龋均(口腔内龋齿平均数)分别为4.32和4.80。65~74岁老人平均失牙数高达11颗,中国西部农村地区的情况则更为严重,有的省份5岁儿童乳牙患龋率高达80.25%。全国牙防协会专家调查也发现,中国成年人达到口腔卫生良好的不足0.22%。中国80%的成年人有牙龈萎缩、牙根暴露问题,仅有不到2%的居民有定期进行口腔检查和清洁的习惯。而发达国家尤其是北欧国家,5岁儿童的龋齿患病率仅为30%。

牙齿保健是预防口腔疾病最简便、成本最低、保健效果最好的办法。世界卫生组织2010年全球口腔健康目标:在6个年龄段,5~6岁儿童应达到90%无龋;12岁时龋均不超过1%。与这个目标相比,中国儿童的口腔健康尚存在较大差距。

高露洁(Colgate)公司从中发现了中国市场的巨大商机,并从"没有蛀牙的消费者认知问题开始教育和争取中国消费者。十余年后,高露洁公司成功地改变了中国人口腔卫生的观念和生活习惯,同时成为中国牙膏市场的领导者。提起口腔护理,人人都想到高露洁。凡看过高露洁电视广告的人都会被那群高喊"没有蛀牙"的孩子们的天真率直神情所感染。曾几何时，我们已把蛀牙问题放在重要的位置，孩子们喊醒了我们口腔护理意识，而这一结果得益于高露洁长期孜孜不倦的消费者教育。

无论电视上还是网络中，高露洁广告都有两类不变的角色，即以一群孩子和牙科保健医生为其产品代言人。以实验对比过程唤起人们对牙齿保健的重视！借助专家，增加广告诉求的科学性与权威性，通过中华口腔医学会的权威衬托自己的专业护理形象。

在全球快速消费品领域，高露洁是一家成功的牙膏跨国供应商。它始终保持40%的市场占有率。在美国，高露洁牙膏的市场份额从1997年的24.7%上升到2000年的31.8%。在美国本土市场以外，高露洁也大获成功（2000年，高露洁仅有25%的营业额来自美国市场）。高露洁于1993年在中国生产出第一支牙膏，产品在中国的市场占有率从1996年的6%提高到2002年的20%，2004年达到了1/3的市场份额。2004年，中国高露洁棕榄公司成为全球第一大牙膏生产商。香港在内的大中华区的销售额已经达到30亿元人民。

高露洁的经营业绩与它一百多年来在全世界倡导的口腔健康教育密不可分。高露洁以"我们的目标：没有蛀牙"作为公司的营销口号，并进行了大量的投入，一直不遗余力地推广口腔保健教育就是其中重要活动之一。1994年高露洁公司开始开展有名的"甜美的微笑，光明的未来"——全球性学龄儿童口腔健康教育计划，旨在帮助儿童从小养成良好口腔卫生习惯，降低儿童口腔疾病发病率。这项计划已为80多个国家每年5000万儿童送去爱牙健齿的保健常识，累计已令数亿人受益。

在中国，高露洁更积极致力于针对消费者的口腔护理教育：

1994年将口腔健康教育活动"甜美的微笑，光明的未来"引入中国。10年来，已经有超过一亿的小学生从中接受了口腔教育和预防治疗。

1996年，"高露洁—棕榄"首先与中国牙医协会合作，共同组织了许多活动，旨在发展和加强中国人民的牙齿护理意识。

2001年在卫生部直接指导下，与口腔业界权威组织联手——中华预防医学会、全国牙防组织中华口腔医学会——开展规模宏大的"口腔保健微笑工程——2001西部行"，在5个月的时间里，活动覆盖5个省、29个市以及数不胜数的农村地区，把口腔保健知识带给贫困地区的少年儿童。

2004年在全国"爱牙日"期间，举办了全国口腔健康主题绘画比赛，活动历时半年，覆盖了6000多所小学一至三年级的180多万名小学生以及他们的家长和老师。参赛作品以"让世界没有蛀牙"为主题彩色绘画，内容围绕"爱牙护齿，没有蛀牙"这一中心。

2004年覆盖12个城市的"全国口腔健康之旅"免费口腔检查活动，并在深圳举行了"万人齐刷牙，健康每一天"的大型公益宣传活动。同时创造了"吉尼斯世界纪录"。

【讨论题】

1. 高露洁为什么不遗余力地对消费者进行口腔护理教育？
2. 高露洁的消费者教育行为对整个口腔护理产品行业都有好处，并不是只对自己有好处，为什么高露洁还是坚持不懈地这样做？
3. 高露洁为什么总是引用中华口腔医学会的证明？

案例应用 2

"90后"群体价值观和消费行为研究报告

据统计,被称为"鼠标一代"的"90后"数量约有1.4亿,占全国总人口的11.7%左右。"90后"的价值观及在价值观引导下的理念和行为,将在很大程度上影响着中国社会的命运和走向。研究人员采用多阶段随机抽样调查的方式,对北京、上海、广州、武汉、成都5个城市中2099名"90后"进行了定量研究,试图勾勒出这个青年群体的大致轮廓。

"90后"生长于中国经济高速发展的年代,他们的字典里少有苦难。除了生活条件上的优越之外,他们还享受着几千年来最先进的人类文明结晶——数字信息技术。2008年,中国网民数量跃居全球第一,而"90后"几乎是最大的网民群体。

成功观:依靠自我的力量

在"90后"眼里,成功的标志首先在于"家庭幸福"(17.8%),其次是"事业有成"(16.3%)、"有钱"(14.1%)和"受人尊敬"(12.2%)。他们认为,成功并不仅仅意味着一个结果,更在于过程。调查显示,21.8%的受访者认同"历经挫折还能坚持""没有遗憾""经历丰富"的人才算成功。

在谈到成功的榜样时,28.7%的人选择了"家人、长辈、朋友等周围的熟人",这一比例超过了"中外企业家""娱乐体育明星"和"中外政治领袖",排在第一位。

在为成功奋斗的过程中,"90后"更相信自我的力量。在回答"什么是成功最需要的条件"的问题时,26.3%的人认为是"才干、知识、技能",22.1%的人选择了"机遇",16.2%的人相信成功的关键在于"勤奋努力"。相比之下,认同"人脉及社会关系"(14.8%)、"出身背景"(4.4%)、"钱"(2.9%)和"权力和地位"(2.8%)的人比例较低。

婚恋观:爱情和婚姻界限明晰

除了"事业成功"(33%)之外,对"90后"来说,幸福还在于"生活平静"(16.4%)和"获得爱情"(13.6%)。

他们相信爱情,并且爱得爽快——72.1%的人相信爱情的存在,只有31.8%的人承认自己没谈过恋爱。尽管如此,"90后"还是认为"相恋是两个人的事,婚姻则是两群人的事"。因此在谈及婚姻时,他们表现出了相对保守的状态:48.5%的人认为"婚姻意味着爱和责任,所以离婚是不负责任的表现",超过六成的人同意"必须有一定的物质基础才能结婚"。

消费观:精明实在的"经济人"

尽管多数"90后"尚且没有能力通过自己的劳动获得报酬,但他们可支配的金钱数量以及在家庭消费中拥有的决策权都不容小觑。研究数据显示,"90后"中学生2010年春节人均收获压岁钱1922.9元,此外每月还能获得平均382.3元的零花钱。

"90后"有着高度的消费决策权:84.3%的人坚持认为"买什么衣服要自己决定"。这种决策权还体现在家庭消费中。即便是房子、车子这样的大宗消费品,三成左右的"90后"也表示父母会和自己共同决定。有受访者表示:"不管是买我个人的东西还是家里用的东西,一般都听我的。只要我参与了决策,最后大都以我的意见为主。"

"90后"在中国网购风潮中扮演着重要角色。调查显示,42.4%的"90后"至少有过一次网购经验,其中63.5%的人有信用卡;网购的"90后"平均每月比不网购者消费高出193元。

"90后"有着旺盛的消费需求,但他们多未获得经济上的独立或经济优先,消费欲望受到约束。消费观念的超前和消费实力的滞后,造就了"90后""买对不买贵"的消费理念。

社会交往:看重品行,追求平等

"90后"的社交关系不像人们想象中那样无厘头。在人际交往中,他们看重的是平等、客观和品行至上。调查发现,48.3%的"90后"将"品行端正"奉为交友的首要标准。

"90后"与父母的关系比其他任何年代的孩子都要紧密,无论在经济上还是在精神上。调查发现,91.3%的"90后"大学生完全或大部分依靠父母供给生活费,53%的人遇到困难首先想到寻求父母帮助,"自己与父母的关系"会直接影响到50.3%的"90后"的情绪。

调查中,约1/3的"90后"给父母打了满分。而在10年前"80后"中的这个比例仅为8.9%。

在同辈交往中,"90后"更愿意被"有组织能力的人"(52%)领导,其次是"见多识广的人"(43.7%)和"人品好的人"(37.4%),愿意选择"学习成绩好的人"做领导的比例仅占13.5%。

"90后"对偶像的理解与前辈们有所不同,他们更看重的特质是"才华横溢"(49.5%)和"勤奋努力"(29.4%)。研究人员分析说,从"90后"崇拜的偶像身上,我们不难看出他们对成功的定义:过人才华、平凡背景、自我奋斗、与众不同。

虚拟社会成为"90后"习惯的生存空间,甚至有24.3%的人表示,"比起和人们在一起,愿意花更多的时间上网"。调查显示,在"90后"最喜欢浏览的网站中,社交网站(29.5%)排在第三位,仅次于搜索引擎和门户网站。在社交网站上,"90后"最常做的是"发发状态"(31.3%)、"在线聊天"(30%)和"写写日志"(30%)。38.6%的"90后"称,自己在网络上有5~10个朋友;超过一半的"90后"经常参加网上组织的活动。

价值观:强调个体,寻求自我认同

通过调查数据,研究人员试图在社会学领域的价值观研究中,挖掘"90后"各种行为和态度背后的驱动因素。研究发现,与20世纪七八十年代生人不同,"90后"的价值体系中,利他精神逐渐弱化,取而代之的是强调个体、寻求自我认同的价值观。他们推崇的是互惠;他们眼中的竞争不是你死我活的生存战,而是一种在当前社会下如何互相协调,彼此借鉴互补,将自己的优势和利益最大化,从而达成共赢的局面。

"90后"的自我认同表现在自我权威、自我掌控和时尚感的提升上。接受调查的近半数"90后"表示"我喜欢变化,讨厌一成不变"(46.7%)和"我喜欢与众不同"(43%),多数人"希望被他人关注,成为焦点和名人",男生中这一比例达到40.3%。同时,75.5%的"90后"相信自己未来成功的可能性比较大或者非常大。

研究发现,"90后"最常出现的三种情绪分别是"快乐"(66.5%)、"有活力"(44.8%)和"平静"(33.7%)。74.9%的"90后"对未来10年的世界持乐观态度,他们倾向于用和谐、美丽、整洁、舒适、发达、人性化等美好的词汇来形容他们眼中的未来世界。

资料来源:零点研究咨询集团同名报告,篇幅原因有删减。

【讨论题】

1. "90后"是不是一个亚文化群?为什么?
2. "90后"的价值观会对消费行为有何影响?请举例说明。
3. 如果你是某产品的销售策划人员,如何针对"90后"提出相应的营销方案?

第8章 家庭与消费者决策

学习目标

8.1 掌握家庭概述；
8.2 了解家庭生命周期与家庭人员角色；
8.3 掌握家庭决策方式，影响家庭决策方式的因素；
8.4 了解家庭决策冲突如何解决；
8.5 家庭决策与营销策略。

实践中的家庭与消费者决策

餐饮业迎合家庭消费者

2010年，开饭馆的个体户越来越多，所以餐饮业竞争越来越激烈。42岁的上海大都饭店经理李春华也绞尽脑汁，想在此时大干一场。想什么办法呢？李春华把脑筋动在了"亲情"二字上。当时，新闻界陆续揭露出社会上不少虐待老人的事件，他在日常生活中也耳闻目睹了一些不尊重老人的行为，心情十分不平。他决定在本店为长寿老人提供免费点心宴，以此宣传中国人敬老孝老之情和传统美德，以情感人，吸引顾客，进而扩大经营，搞活生意。为此，他于2011年春节前后，在报上刊发"公告"："大都饭店为真诚鸣谢众人关心和支持，现特举办免费寿星点心宴——凡满90岁至95岁者，供应点心宴1桌（含家人10位），凡满95岁至99岁者，供应点心宴2桌（含家人20位），100岁以上者，供应点心宴3桌（含家人30位）。请凭本市居民身份证联系"。此消息一见报便在全市引起轰动，成了人们街头巷尾议论的话题，读者纷纷打电话问："是真白吃，还是假白吃"。

当人们得知是"真白吃"后的第一个星期天，大都饭店门前人头攒动，寿星点心宴厅灯火通明，简直成了上海市又一新景点，自然也成了记者们抢抓的新闻素材。这一天，三世同堂的、四世同堂的来了23家。寿星们和家人品尝美味佳肴之后，无不夸赞大都饭店为他们创造的这天伦之乐，其中有不少老先生提笔留言："只有在社会主义制度下，才会出现寿星宴这种创举"等等。这些"故事"通过报纸、省市新闻单位的广为传播，使大都饭店名声大振，到这儿举办各种寿宴寿酒的顾客接连不断。李春华心里清楚，全市90岁以上的老人都来了，也就是600多桌，完全"赔"得起。而实际上，一般家庭，子孙们为了表示孝顺，都会争购一些美酒佳肴的。这类酒菜一销，钱又赚了回来。所以，2011年大都饭店营业额达到5000多万元，比上年增长3/5，利润上升80%。还有一笔无形收入——大都饭店由此几乎成了上海人为家人做寿的"定点饭店"。

评述：
家庭是社会的基本单位。在正常情况下，人的一生大都是在家庭中度过的。家庭对个体性格和价值观的形成，对个体的消费与决策模式均产生非常重要的影响。

8.1 家庭概述

8.1.1 家庭的含义

小链接
住所就是家吗？有一个富翁醉倒在他的别墅外面，他的保安扶起他说："先生，让我扶你回家吧！"富翁反问保安："家？！我的家在哪里？你能扶我回得了家吗？"保安大惑不解，指着不远处的别墅说："那不是你的家么？"富翁指了指自己的心口窝，又指了指不远处的那栋豪华别墅，一本正经、断断续续地回答说："那，那不是我的家，那只是我的房屋。"那什么是家，或者家庭呢？

一般认为，家庭是指以婚姻关系、血缘关系和收养关系为纽带而结成有共同生活活动的社会基本单位。正常的家庭至少由两人组成，一个人不能成为完整意义上的家庭。

8.2 家庭结构

8.2.1 家庭结构的含义

家庭结构是家庭的构成，但不是指家庭的经济、职业、文化的构成，而是特指家庭中成员的构成及其相互作用、相互影响的状态，以及由于家庭成员的不同配合和组织的关系而形成的联系模式。

家庭结构主要包括三个层面：
第一，家庭由多少成员组成；
第二，家庭由哪些成员组成；
第三，家庭成员按照哪种关系模式组织起来。
营销误区：家庭结构不能等同于家庭规模或代际层次数。

8.2.2 家庭结构的分类

1. 按家庭的规模划分

按照家庭规模划分家庭可以分为大家庭、小家庭和单身家庭。
大家庭：是指家庭人口在5人以上的家庭。
小家庭：是人口数一般在4人和4人以下的家庭。
单身家庭：可以看作是变异家庭的一种，指只有一个人的家庭，如鳏夫独居、寡妇独居、离婚独居、孤儿或独身者的家庭。

2. 按家庭成员配偶的人数和对数划分

按照家庭成员配偶的人数和对数可将家庭分为：

①多夫多妻制家庭；

②一夫多妻制家庭；

③一妻多夫制家庭；

④一夫一妻制家庭。

在我国实行一夫一妻制，只有一夫一妻制家庭。

3. 按家庭的代际层次和亲属关系划分

我国常见的家庭类型主要包括以下六种：

①核心家庭：是指由已婚夫妇和未婚子女或收养子女两代组成的家庭。核心家庭已成为我国主要的家庭类型。核心家庭的特点是人数少、结构简单，家庭内只有一个权力和活动中心，家庭成员间容易沟通、相处。

②主干家庭：又称直系家庭。主干家庭是指由父母、有孩子的已婚子女三代人所组成的家庭。在我国，主干家庭曾为主要家庭类型，但随着社会的发展，此家庭类型已不再占主导地位。主干家庭特点是家庭内不仅有一个主要的权力和活动中心，还有一个权力和活动的次中心存在。

③联合家庭：指包括父母、已婚子女、未婚子女、孙子女、曾孙子女等几代居住在一起的家庭。联合家庭的特点是人数多、结构复杂，家庭内存在一个主要的权力和活动中心，几个权力和活动的次中心。

④单亲家庭：是指由离异、丧偶或未婚的单身父亲或母亲及其子女或领养子女组成的家庭。单亲家庭的特点是人数少、结构简单，家庭内只有一个权力和活动中心，但可能会受其他关系的影响。此外，经济来源相对不足。

⑤重组家庭：指夫妇双方至少有一人已经历过一次婚姻，并可有一个或多个前次婚姻的子女及夫妇重组合后的共同子女。重组家庭的特点是人数相对较多、结构复杂。

⑥丁克家庭：是指由夫妇两人组成的无子女家庭。目前，丁克家庭的数量在我国逐渐增多。丁克家庭的特点是人数少、结构简单。

小链接

消费者特征与市场营销

目前，我国平均结婚年龄越来越晚，要孩子也越来越晚，甚至有些家庭不要孩子，所以他们有了宠物。同时宠物已经成为他们家庭的一份子，人们希望带他们的宠物一起旅行、吃饭等等。不完全统计，以纯种狗和猫为主的宠物市场，每年的增长速度都在不断上升。在北京以宠物为主要服务对象的用品销售、医疗保健、美容修饰、宠物摄影等服务机构已有数百家。每年的宠物消费平均在10亿元人民币左右。根据权威人士预算，2009年全国宠物消费市场将达百亿之巨，在未来5~7年，中国与宠物相关的市场规模将达到150亿元。

在美国，自从"9·11"之后，人们出行宁愿坐汽车也不愿意坐飞机和火车，他们出行一般都会带上自己的宠物。因此这种针对宠物主人开展的强化营销越来越深入和广泛。他们带着宠物，对于一些酒店而言就不得不接受动物进入，有时还需要添加一笔清洗的费用。但是有些酒店则是非常真诚地接受动物，提供人性化的问候和服务。美国纽约的利兹卡尔顿酒店在宠物出去散步又碰巧下雨时，他们还会提供防水雨衣借用服务。

某酒店的经理说："我们酒店同时提供为狗和人的服务，我们有狗睡的床、宠物食品、健康和按摩服务以及随叫随到的兽医等。酒店会安排带有宠物的客人在有限的楼层居住，以免让狗狗吓到其他客人的孩子、不喜欢动物的客人，或者对宠物毛发过敏的顾客。"

人口统计特征的变化和宠物在家庭中的角色变化已经影响了市场营销。宠物文化兴起的同时孕育了一个极具空间的市场环境。"花钱把一只小狗抱回家后，投资才刚刚开始，宠物主人花在宠物犬身上的钱往往比花在自己身上的还多。""宠物热"如此兴盛，由饲养宠物而派生出来的"宠物经济"自然十分兴旺，"饲养宠物赚钱"和"为宠物服务——赚宠物的钱"这两部分组成了宠物经济庞大的产业链。

还有一些特殊家庭，包括：

①扩大家庭：指一个核心家庭加入非直系的未婚亲属（如夫妻一方的未婚兄弟姐妹）组成的家庭。

②隔代家庭指由祖父母与孙代组成的家庭。

③同性恋家庭指两个同性基于性关系组成的家庭。

④未婚同居家庭指没有履行法定结婚手续而存在性关系的两个异性组成的家庭。

⑤单身家庭指只有一个人的单身家庭，包括终身不娶或不嫁的独身主义者与丧偶或离异后单独生活者等等。

小链接

消费者行为与市场营销案例

目前，很过国家的知名品牌开始注重同性恋营销。通用汽车在电视真人节目《粉雄救兵》中首次高调宣传同性恋消费群体。戴姆勒克莱斯勒公司在海外市场刊登了专门为同性恋群体设计的广告。

Scott 是国际上一家著名的专注于同性恋市场营销的企业 SPI Marketing 的创始人，有二十多年的同性恋市场营销经验。他曾和多个知名企业有过合作项目，比如柯达和百事可乐。SPI 的市场营销主要聚焦于 GLBT（同性恋）市场中的战略定位和企业形象设计，改善、增进企业与 GLBT 组织的关系。从 1996 年开始，SPI 在美国"增加了同志消费者和企业之间的商业业务操作"。

SPI 最为世人熟悉的是它的事件创造性手法。SPI 一系列令人印象深刻的服务包括战略计划和营销、产品样本、产品促销发展、测试和执行、研究调查以及集中性强的团体协调。

同志消费群是怎样一个群体？这个市场在未来 10 年里会如何变化？Scott 说："这是一个活跃的、充满活力的群体，对于诸如餐馆、酒吧、时尚物品有着浓厚的兴趣。而且，在对这个群体进行细分时，你会发现他们在购物和消费方式上有着很大的不同。"谈及同志市场的未来发展趋势，Scott 说："市场上将会出现专门针对同志群体的商品，商家们将各出新招，创造这样的产品争取同志市场。SPI 也将参与同志市场的竞争，这是一次针对 300 万人实施的市场营销活动，主要集中于印刷广告上，通过专门设计的信息，目标锁定遍布各地的同志消费者。"

根据市场调查摩根公司发言人 Jeffrey Moran 的说法，从 1981 年开始，绝对伏特加对 GLBT 的投资高达 2000 万美元。这些市场经费，有的用于活动赞助，比如像格莱德媒体奖（GLAAD Media Awards）、彩虹旗 25 周年纪念和最新的同志游戏 VII。这些努力没有白费，绝对伏特加最终在激烈的市场竞争中突围，稳稳占据着市场第一名的宝座。10年后的今天，同志市场竞争已变得十分激烈，尤其是在烈酒行业，一家企业要想在竞争中脱颖而出，必须跨过很高的市场门槛。

另一个经典的同性恋营销案例是美国航空公司。虽然它的 GLBT 市场营销很出名，但它主要是以活动赞助者的角色出现，几乎不在同性恋媒体上做广告。但是现在，它开始大规模地针对同性恋旅客进行多媒体广告运动。

"这些旅行广告有一个共通点：都是同一对夫妇面孔。我们应该尝试一些更具想象力的事情。"美国航空公司发言人 Tim Kincaid 说，这些图画试图捕捉一种"流浪的渴望，展现的是'和自己在乎的人一起去旅行'。旅行为我们创造属于自己的时间和空间，这则广告巧妙地提醒着人们：我一直都在这里等待着你的召唤。"

"在过去的10年里，广告并不是非常必要的，因为将钱投资在活动赞助上，公司的 Logo 也会在活动的广告上出现。"Kincaid 说，"但今天的市场成本要求更高，其他航空公司都投放了许多广告。"美国西南航空公司最近一次针对同志市场的广告投入为650万美元。

Out Now 的 CEO 安·约翰森（Ian Johnson）说："和其他旅行者相比，同志旅客通常会遭遇到不同的旅行经历。同志游客的需求和所有享受着假期的人一样想享受休闲的舒适时光，但是他们经常不敢肯定飞机服务员会以怎样的态度对待他们。"

"或许就因为某个职员为同志旅客服务时显得神态异常，因此就减少了同志旅客的旅游乐趣。"安·约翰森说，"同志旅行现在每年的消费额高达上千亿美元，因此对于宾馆、旅行机构、旅游服务商等希望赢取同志市场的服务行业而言，职员训练将是市场营销取得成功的一个关键因素。"

Out Now 的慰安基（Gay Comfort）训练传递了许多信息。由 Out Now 展示的实例包括：雇员如何最好地为同性夫妇办理宾馆入住登记手续；当顾客表明他们是同性恋时应该如何回应；服务同志消费者时如何避免个人成见。

"慰安基要传递的信息是：企业如何帮助员工更好地服务同志客户。"安·约翰森说，"员工需要掌握更多的信息：应该说什么，不应该说什么，使员工能更好地理解同志旅客并满足他们的需求，让同志顾客真正感到放松自在。"

慰安基训练计划正是为了满足一个强劲市场的需求。安·约翰森说，"这个计划成功实施的结果将实现一个经典的双赢局面。"

8.2.3 家庭结构的变迁

1. 西方家庭结构的变迁

（1）核心家庭与工业化

例如日本战后家庭规模减小，核心家庭比率上升。从统计数据来看，早在1920年核心家庭就已占家庭总数的54%，20世纪50年代中期以后，日本进入国民经济迅速高涨时期，核心家庭所占比重在十年间上升了3个百分点，1985年到达顶峰，占63.9%。同时，扩大家庭（其中绝大部分是直系家庭）在家庭总户数中所占比重却在持续下降。随着工业化程度的加深，西方国家也都呈现出核心家庭比率上升的趋势。

（2）单亲家庭和婚姻稳定性

以日本为例，日本核心家庭增加的同时，扩大家庭在减少，单身家庭异军突起，增长势头强劲。与扩大家庭在家庭总户数中所占比重日益下降形成鲜明对比的是单身家庭所占比重持续上升，成为仅次于核心家庭的第二大类型的家庭形态。主要是因为随着经济的发展和思想的开放，家庭离婚率在上升，因此单亲家庭越来越多。

（3）家庭模式和生活选择的多元化

小链接

英国的爱德华王子与索菲亚王妃早在婚前就已为自己的婚姻生活制定下"分居"章程。作为两个有各自事业、各自生活圈子、又思想成熟的现代人，双方一致赞同周一至周四仍维持原来的生活状态，各回各家互不干涉，给自己也给对方多一些空间，而周五到周日则尽情相聚，共享二人世界。

从亲密的同居到理智的分居，夫妇双方无论是在经济上还是在心理上，一方被另一方依附的可能都会降低，个人的独立性得到充分展现。这种独立主要表现在：思想独立；空间独立；经济独立；社交独立。在日本，据大阪的一个婚姻介绍所统计，90%以上的日本单身妇女希望结婚，但其中 30%的人不愿与未来的丈夫住在一起。

2. 中国家庭结构的变迁

近些年来，随着城乡一体化的加深，我国家庭结构的变迁也随之加快。家庭结构日趋小型化、家庭模式的多样化等也相伴随发生着改变。在以家为中心的中国传统文化中，家庭构成社会生活的核心和基础，为家庭成员提供包括生、老、病、死等全方位的保障，是西方精神的家、物质的家和肉体的家的三体合一。家庭的小型化冲击了传统的家中心文化，淡化了家的精神寄托功能，使中国传统的三位一体的精神的家、物质的家和肉体的家趋向分离，使传统的无所不包的家庭保障体系趋向解体。

中国家庭结构变化的特征：

（1）家庭结构的小型化趋势不断演进

调查显示：30 年来，家庭规模的小型化是我国城乡家庭结构变化的重要特征之一；与此同时，家庭结构还呈现出以核心化家庭为主，小家庭式样愈益多样化的趋势。2002 年，我国城乡家庭户人均规模是 3.39 人，较之 1983 年的 4.81 人，户人均规模下降了 1.42 人；与 1990 年的户人均 3.98 人相比，也下降了 0.58 人；户均人口规模愈益接近美国、加拿大等发达国家户均 3 人左右的水平。对于家庭规模的小型化，不能被简单地认为是核心家庭替代大家庭，从一种模式演变为另一种模式的过程。核心家庭确已成为主流家庭模式，但是 1 人户和 2 人户在近年来呈现出持续增长势头，1 人户、2 人户和 3 人户的比例从乡村到镇到城市呈逐步升高的态势，而 4 人以上家庭则相反。这表明城市化水平与小家庭以及多样化趋势之间的某种关联。据 2002 年的统计数字，在北京、上海等大城市，非核心化的小家庭占有更大的比重，1 人户和 2 人户相加分别为 35.91%和 35.98%；北京市一代户所占比重为 30.93%，上海市为 35.18%；两代户在北京所占比重刚刚过半，而上海甚至不到一半，只占 49.33%。一代户和 1 人户、2 人户的增长在很大程度上说明，除核心家庭外，其他非核心化的小家庭式样，如空巢家庭、丁克家庭、单身家庭、单亲家庭等，正在构成我国城乡家庭结构的重要内容。

（2）家庭模式多元化趋势明显

主要特征为非核心化的小家庭式样，如空巢家庭、丁克家庭（即夫妻无子女家庭）、单身家庭、单亲家庭等，正在构成中国城乡家庭结构的重要特征。零点调查公司分别进行了 6 城市和 4 城市的调查，结果表明，家庭模式选择目前呈现一降三升格局，即与 1998 年的同期调查结果相比,选择核心家庭的人数比例下降了 11.3%,而选择丁克家庭、独身和直系家庭(夫妻加老人、老人与孙辈一起生活)的人数比例分别上升了 1.1%、3.9%和 6.1%,其中选择丁克家庭的人数比例也首次超过了 10%,达到 10.51%。2000 年,中国的 1 人单身家庭占总家庭户数的 8.30%,而主要以单亲家庭构成的 2 人 2 代户也占家庭总数的 4.32%,两者相加,合计占全国总户数的 12.62%。

(3)中国人口结构的老龄化问题日益突出

中国的人口老龄化具有以下特点:第一,速度快。发达国家人口结构从成年型到老年型,普遍经历七八十年甚至上百年,而我国仅用了 20 年时间。第二,不富裕。与发达国家相比,世界上 65 岁及以上老人占 8‰的国家和地区,人均国民生产总值均在 5000 美元以上,而我国只有 1000 多美元。第三,高龄化。随着我国人均寿命的不断提高,高龄老人所占比重不断增加。

(4)婚姻家庭观念的淡化

其主要表现为:第一,结婚率持续下降。中国的城乡社会的结婚率自 1981 年达到最高峰——20.8‰之后,即开始逐渐回落。第二,离婚率不断上升。据民政部 2004 年公布的数据,到 2003 年底,全国共离婚 133 万对,离婚率达到 2.1‰。第三,婚姻对性关系的约束力削弱。这主要表现在非婚关系的出现和发展,婚前同居、婚外性行为、重婚、同性恋等等都是这些非婚性关系的表现形式。

(5)轻老重幼的亲子关系与家庭养老的困境

在家庭抚育子女的各项活动中,教育始终是最重要的活动之一。许多调查和研究都表明,教育费用正在成为中国城乡家庭最重要的消费开支。2003 年 3 月央行发布了在 50 个大中小城市的最新调查报告,报告显示,尽管居民消费意愿平淡,但教育消费旺势不减,有 20.2%的居民储蓄动机是"攒教育费",稳居居民储蓄动机的首位。2003 年,城镇居民家庭用于教育方面的支出人均 353 元,是近 10 年来所占比重最高的。

自实行计划生育政策以来,中国的人口老龄化速度急剧提升。有研究显示,2000 年,全国 65 岁及以上老人中,空巢户占 13.33%,另有 12.32%的老人为单身户。城市中空巢和老龄单身家庭的比重远超过上述比例。空巢和老龄单身家庭的社会问题在城乡表现得不尽相同。在城市,主要表现为老人的心理问题和生活照料问题。老年人因单身或家庭"空巢"而引发的心理不适现象,如孤独、抑郁、焦虑、烦躁等在城市已经成为比较突出的老年问题;在农村,则主要表现为老人的基本生活温饱问题。在农村主要以家庭为养老支柱的前提下,老人一旦丧偶或丧失劳动力,将会面临贫困和生活无着落的极大风险。

8.2.3 家庭的功能

家庭作为社会的基本组织,具有很多功能。与消费者行为研究联系比较密切的功能有经济功能、情感交流功能、赡养与抚养功能、教育功能或家庭成员的社会化功能。

1. 经济功能

在小农经济社会,家庭既是一个生产单位,又是一个消费单位,它发挥着重要的经济功能。在现代社会条件下,家庭的经济功能尤其是作为其重要内容的生产功能有所削弱,然而,为每一个家庭成员提供生活福利和保障,仍然是家庭的一项主要功能。传统上,丈夫是家庭经济来源的主要提供者,由此使他在家庭中占有支配性地位。而现在,越来越多的妇女参加工作,她们对家庭所做的经济贡献越来越大。

2. 情感交流功能

家庭是思想、情感交流最充分的场所。一个人在工作、生活等方面遇到困难、挫折和问题,能够从家庭得到安慰、鼓励和帮助。家庭人员之间的亲密交往和情感,是建立在亲缘关系的基石上,具有较为牢实的基础。在现代竞争日益激烈的社会里,人们对获得家庭的关爱有更强烈的要求。

3. 赡养与抚养功能

抚养未成年家庭成员和赡养老人及丧失劳动能力的家庭成员,这是人类繁衍的需要。当子女还没有独立生活能力的时候,父母负有抚养他们的责任,否则他们就无法生存,人类也就不能延续。同样,父母抚养了子女,当父母老了,丧失了劳动能力,子女也负有赡养老人的义务。家庭的这类功能,将随着社会保障制度的完善部分地由社会承担,但它不可能完全外移。

4. 社会化功能

家庭成员的社会化尤其是儿童的社会化,是家庭的主要或核心功能。人从刚出身时的一无所知,到慢慢地获得与社会文化相一致的价值观、行为模式,这一过程大部分是在家庭中完成的。孩子们通过接受父母的教育,或通过模仿大人的行为,获得接人待物、适应社会的各种观念、规范和技巧。儿童时期所习得的行为、观念,对人的一生都将产生至深的影响,从这个意义上,家庭所履行的社会化功能,对个人的成长是非常关键的。

8.2.4 家庭与其他社会群体的区别

1. 形成纽带

家庭的形成是以婚姻或血缘为纽带,而其他群体的形成一般是以工作或任务为纽带。

2. 情感色彩

家庭成员之间具有更深刻和更持久的情感联系,而其他社会群体的成员之间的联系则具有较多的理性色彩。

3. 价值追求

家庭更侧重内在价值的追求,而其他群体更侧重外在价值的追求。

4. 竞合关系

家庭强调的是合作,而其他群体强调的是竞争。

8.3 家庭生命周期与家庭人员角色

一个人在一生中购买的商品是不断变化的,消费者根据家庭生命周期阶段来安排商品的消费。同样,一个人一生中的心理生命周期,也对其购买行为产生一定的影响。

小链接

对北京地区的 106 个已经购买家用轿车家庭的调查表明,有 54 位购买者家庭的"提议购买"行为由 20~34 岁的男性完成,占样本总量的 50.9%。另有 25 位受访者家庭买车是由 20 岁以下的男性首先提议的,占已购车家庭数的 23.6%,前两者合计达 74.5%。由此可见,青年男性在家庭购车中担任着一个非常重要的角色。另外,单身阶段与有年幼子女阶段的购买行为就会有显著的不同。单身的青年时尚一族,追求的是轿车的外观的前卫、价格的低廉和功率的强劲;而在结婚后,有年幼的孩子的情况下,对轿车的购买欲望有很大的加强,并且是以价格适度和舒适宽敞为主要甄选指标。作为年龄较长的成功人士来说,购车时品牌的知名度可能就成为主要的制约因素了。总之,随着收入的增加,地位和文化水平的提高,轿车的购买能力和更换频率是会有所提高的。

家庭生活周期(Family Life Cycle)是指家庭遵循社会与自然的规律所经历的产生、发展与消亡的过程,通常经历恋爱、结婚、怀孕、抚养孩子、孩子成家、空巢、退休及丧偶独居等时期。美国学者格里克早在1984年就提出家庭生活周期分为六个阶段的概念。Duvall(1998年)根据家庭在各个发展时期的结构和功能特征将家庭生活周期分为八个阶段,即新婚期、第一个孩子出生、有学龄前儿童、有学龄儿童、有青少年、孩子离家创业、空巢期和退休期。

8.3.1 传统的家庭生命周期

1. 单身阶段

年轻的单身者他们要么在大学念书,要么刚跨出校门开始工作。随着结婚年龄的推迟,这一群体的数量正在增加。虽然收入不高,但由于没有其他方面的负担,所以他们通常拥有较多的可自由支配收入。收入的大部分用于支付房租,购买个人护理用品、基本的家用器具和用于交通、度假等方面。这一群体比较关心时尚、崇尚娱乐和休闲。

2. 新婚阶段

这一阶段始于新婚夫妇正式组建家庭,止于他们的第一个孩子出生。为了形成共同的生活方式,双方均需要做很多调整。一方面,共同的决策和分担家庭责任,对新婚夫妇是一种全新的体验,另一方面还会遇到很多以前未曾遇到和从未考虑过的问题,如购买家庭保险、进行家庭储蓄等等。他们是剧院门票、昂贵服装、高档家具、餐馆饮食、奢侈度假等产品和服务的重要市场,因此对营销者颇有吸引力。

作为家庭里的准父亲,一般年龄在25~35岁之间,家庭支出面临较大压力,加之结婚、购房、购车等,一般负债较高。这个时期家庭消费的结构主要为:

首先考虑保险规划。作为准父亲和家庭经济支柱,家庭责任重大,而从某种意义上说,保险是对家庭责任的最好体现,可以使自己成为一把为家人遮风挡雨的"爱心大伞"。

在保险规划上,先要确定保额和保费,按照通常的做法,一个家庭每年的保费支出应以年收入的10%为宜。对于保额,也要根据家庭的具体情况来确定,对于普通家庭来说,每个家庭所需要的寿险保额约为家庭年收入的10倍,但在具体规划时还要把房贷、车贷余额纳入保险需求。

其次要确定保险种类,对于家庭形成期的准父亲,要重保障轻投资,最应该考虑的是保费便宜、消费型的定期寿险、意外伤害保险和大病健康保险,尽可能地做到保费小、保额大。为了应对意外事故和以后每个生涯阶段的理财目标需求,如果资金比较宽裕,还可选择另外一种可贯穿一个家庭整个生命周期的投资型险种,即万能险,这种保险的保费和保额比较灵活,许多人认为一张万能保单就可以满足一个人一生的保险需求。

由于家庭刚刚形成,生活压力较大,特别是需要购房购车,支出较多。对此,准父亲们要注意权衡家庭的基本情况和未来的收入支出,量力而行合理规划好购房购车事宜。

3. 满巢阶段

满巢I。这一阶段通常是指由年幼（6岁以下）小孩和年轻夫妇组成的家庭。第一个孩子的出生常常会给家庭生活方式和消费方式带来很多变化。在西方，夫妻中的一方通常是女方会停止工作，在家照看孩子，因此家庭收入会减少。然而，孩子的出生确实带来很多新的需要，从而使家庭负担有所增加。家庭需要购买婴儿食品、婴儿服装、玩具等很多与小孩有关的产品。同时，在度假、用餐和家居布置等方面均要考虑小孩的需要。

满巢II。此一阶段，最小的孩子已超过6岁，多在小学或中学念书。因为孩子不用由大人在家里照看，夫妻中原来专门在家看护孩子的一方也已重新工作，这样，家庭经济状况得到改善。

满巢III。通常是指年纪较大的夫妇和他们仍未完全独立的孩子所组成的家庭。此一阶段，小孩中有的已经工作，家庭财务压力相对减轻。由于户主及其配偶双双工作，加上孩子也不时能给一些小的补贴，所以家庭经济状况明显改善。通常，处于此一阶段的家庭会更新一些大件商品，购买一些更新潮的家具，还会花很多钱用于接受牙医服务、在外用餐等方面。

家庭中父亲的年龄一般在30～55岁左右。孩子的出生给家庭带来了无尽的欢乐，但随之带来的是较二人世界时更多的责任，许多家庭都明显地感受到了压力，生活支出、教育支出是生活消费的主要支出。

教育金要及早准备。近年来，由于教育费用的过快增长，教育成为许多家庭最主要的支出之一，与其他支出相比，教育金具有特殊性，除了数额较大且基本上呈逐年递增的特点外，还有几个突出的特点：如属于刚性支出，没有时间和金额的"缓冲"，非常缺乏弹性，在既定的时间内一定会被使用。由于这些特点，在筹集过程中，父亲们应遵循一定的原则：首先，在思想上和行动上要未雨绸缪，及早准备；其次，教育金最好要从宽准备，尽量多准备一些；再次，充分考虑教育金积累的安全性和稳健性，分散投资，组合投资，根据实际情况合理搭配；最后，在选择子女教育金的具体投资产品时，要综合考虑风险承受能力、投资时间长短以及宏观经济形势和市场状况。一般来说，距离子女的教育目标实现时间越远，可以选择风险越高的投资工具；反之，则应该更多选择风险越低的投资工具。

4. 家庭成熟期

家庭成熟期也叫离巢期，是指从子女完成学业到夫妻均退休，其特征是家庭成员数量随子女独立而减少，作为家庭男主人的父亲年龄一般在50～65岁，事业发展与收入通常均达到高峰期，家庭支出随家庭成员减少而降低，家庭储蓄随收入增加和支出降低而大幅增加，资产达到最高峰。处于这个阶段的父亲要对以前的理财规划进行较大调整，由于孩子已经完成学业，教育金不必再考虑，但一般要考虑为孩子置办婚房或者创业金。

保险规划重在医保。孩子成人后，其保险需求会随着其新家庭的组建而变化，这时候一般其父亲可以不必再考虑孩子的保险支出，只要把夫妻二人的保险规划好就行了。在保费上可以仍然按前面的方法确定，保额由于房贷的大幅度减少而减少，在险种上，以医疗健康险为主，并适当投保终身寿险和意外险。

退休规划纳入日程。忙完了孩子的父亲应该多考虑一下自己的养老了，这是一个非常重要的问题。提到养老问题时，一些朋友总会有些"自豪和满足"地说自己已经参加了单位的养老保险，所以不用考虑退休后的养老金问题了，事实上并非如此，因为退休后能领到的养老金可能根本不足以应付退休后的生活，只能靠我们自己积累。所以完成了孩子的学业等大事的父亲们，千万不能有松口气的想法，应该接着或者在之前就开始准备自己和老伴的养老问题。对此，要估算一下自己退休后能拿多少基本养老金，再确定退休后的生活目标（温饱型、小康型、享乐型）以及实现这些目标所需要的养老金数额，然后计算资金缺口，最后再确定将采取什么方式积累资金来弥补这部分缺口，以实现自己退休后的生活目标。一般使用较多的退休规划金融工具主要有年金保险、基金定投以及股票等。

投资理财要以稳健为主。随着年龄的增长，要更加注重投资风险，"稳"字当头。在投资比例上，要适当降低股票类的投资，提高债券类投资比重；在投资种类上要重点结合退休养老问题进行投资。同时，这个阶段由于收入较高，支出较前相对降低，生活水平可以更高一些，对于房贷和车贷等负债，要逐步还清，尽量不要将负债带到退休后，这样到时可以安享晚年。

5. 空巢阶段

空巢阶段始于小孩不再依赖父母，也不与父母同住，这一阶段延续的时间也比较长。很多父母可以做他们以前想做但由于孩子的牵累而无法做的一些事情，如继续接受教育、培养新的嗜好、夫妻单独出外旅游等等。人生的这一阶段，也许是经济上和时间上最宽裕的时期。夫妻不仅可以频繁地外出度假，而且还会买一些高档的物品。

在空巢的后期，户主到了退休年龄，经济收入随之减少。由于大多数人是在身体很好的情况下退休，而且退休后可用的时间特别多，所以不少人开始追求新的爱好和兴趣，如出外旅游、参加老年人俱乐部等等。这个阶段的父亲们理财规划重点应该放在医疗保险和财产传承上。

投资规划要趋向保守。这个阶段资金积累的主要目标就是退休后的生活，因此不但要避免激进，而且要在稳健的基础上趋于保守，在投资比例上，要大幅度降低股票类投资比例，提高固定收益的债券类投资比重，货币类投资也要提高。需要强调的是，退休后，由于不再工作，休闲、医疗费用大大增加，因此应该多保留生活备用金，以备紧急之需，对这些资金以活期存款或者灵通快线等流动性非常强的形式留存较为合适，方便随时支取。

保险规划重在医疗和意外。目前老龄化趋势不断加剧，一对夫妇供养四位以上老人的情况将越来越多，如果没有足够的保险做后盾，一旦老人生病或者出现意外，就会给家庭带来较大的经济负担。因此，操劳了一生的父亲们进入老年生活后，要结合前期的投保情况认真进行保险理财规划。根据老年人的特点，以下几种保险是应该重点考虑的险种：首先是健康保险，在前期保险的基础上，可以再增加老年护理险；其次是意外伤害险；最后是投资型保险。从投资理财的角度出发，老年人在购买足够的保障型保险后，如果还有积蓄，可以适当选择一些具有投资功能的险种，如期限较短的分红险、投资型家财险等等，以保值增值。

6. 解体阶段

当夫妻中的一方过世，家庭进入解体阶段。如果在世的一方身体尚好，有工作或有足够的储蓄，并有朋友和亲戚的支持和关照，家庭生活的调整就比较容易。由于收入来源减少，此时在世的一方，过上了一种更加节俭的生活方式。而且，这样的家庭会有一些特殊的需要，如更多的社会关爱和照看。

8.3.2 家庭人员角色

小链接

经过长达十年的打拼，爸爸终于升到营业部部长的职位了，作为一个领导着五十名员工的领导，爸爸觉得是时候买一辆车子了。

当天晚上一家四口吃饭的时候，爸爸说："我升职了，不如我们家买辆车子吧。"

其他三人突然眼睛一亮！

妈妈接着说道："好呀，就买辆商务车吧，这样我们有空就可以自驾游，有时候带上爸妈也完全没问题。"

这时儿子小明说话了："肯定要买一辆跑车帅气，我要跑车，我要跑车。"

作为姐姐的小丽则说："买奔驰可以，我才不要坐捷达。"

最后，爸爸说话了："你们各人有各人的道理，首先否决的就是弟弟的，跑车只有两个位置，你也为其他人想一下啊。"弟弟扁了一下嘴。

"还有啊，小丽你这个想法不行。虽说爸爸现在赚了点钱，能买的起车了，做人有追求是好的，但是像奔驰这样的名贵车还是不适合我们这样的中等收入的家庭。"姐姐惭愧地点点头。

当妈妈正以为爸爸决定了要买商务车而暗喜的时候，爸爸又说："老婆，商务车好是好，但是你看爸妈都不能坐车，只有我们一家四口人坐，而且商务车也不便宜，我们还是选择一些实惠的吧。"

"这样，我看买一辆国产轿车应该比较经济实惠，我想我们就在奇瑞和比亚迪里面选一个吧。"

经过家人一晚上的讨论和分析，最后爸爸和妈妈决定买一辆9.98万的比亚迪G6，从此这一家人过上了幸福快乐的生活。

思考：

（1）在这场家庭讨论买车的过程中，每个家庭成员分别扮演了家庭消费决策过程中的哪些角色？

（2）在这次家庭谈论过程中，对于产品的购买，家庭决策是以什么方式做出的，谁在决策中发挥着最大的影响？

（3）在这场家庭决策过程中出现了什么矛盾？又是如何解决的？

一般而言，家庭消费决策过程中至少涉及以下5种角色：倡议者、影响者、决策者、购买者和使用者。

- 倡议者——提议购买某种产品或使其他家庭成员对某种产品产生购买兴趣的人。
- 影响者——为购买提供评价标准和哪些产品或品牌适合这些标准之类信息，从而影响产品挑选的人。
- 决策者——有权决定购买什么及何时购买的家庭成员。
- 购买者——实际进行购买的家庭成员，购买者与决策者可能不同。例如，青少年可能会授权决定购买何种汽车甚至何时购买，但是，父母才是实际与经销商进行议价并付款的人。
- 使用者——在家庭中实际消费或使用由他们自己或其他家庭成员所购产品的人。

典型的消费过程中角色也可以分为以下8种：

- 影响者——影响购买决策的人；
- 看门人——能够控制影响与购买信息相关信息流的人；
- 决策者——对购买做最后决策的人；
- 购买者——参与实际购买交易的人；

- 准备者——准备所购买的商品的人；
- 使用者——使用所购买商品的人；
- 维持者——维持、保管商品的人；
- 处置者——决定什么时候、用什么方式处置商品的人。

值得注意的是，家庭中产品的使用者通常都不是购买者，例如，儿童所喝的饮料，其广告的诉求对象应该是母亲，因为她们才是产品的决定者及购买者。同样，在家庭里，母亲和妻子是大部分衣服的购买者，包括她们丈夫和孩子的衣服。在有的购买活动中，大部分角色都由一个人来承担；在另外的购买中，则可能由多人分别承担不同的角色。

小链接

2002 年 8 月底，科龙电器推出其世界首创的 10 款容声"爱宝贝"儿童成长冰箱。这 10 款儿童冰箱外形都由卡通动物形象构成，有小熊乐乐、小狗奇奇、企鹅冰冰、小狗沙沙、熊猫小小、巧嘴鹦鹉、小猴聪聪等，这些动物造型均采用最先进的点阵 LCD 显示屏模式。儿童冰箱主要针对 15 岁以下的少年儿童，全部容积限定在 90 升，高度 90 厘米以下。而且该儿童冰箱强调它对于儿童的娱乐功能、辅助教育功能。在冰箱内部构件中，旋转木马式果盘、百变魔盒、可插式散物架等可给儿童提供丰富的娱乐活动；电子日历、双闹钟、数十种数码宠物、英文语音等等，在培养儿童自我管理能力、激发学习兴趣方面大有帮助；而富有创意的冰箱外形、20 首中外著名儿歌开门铃声、10 种模拟动物叫声等对儿童更是潜移默化的艺术熏陶。

冰箱业发展十几年，已具备较高的市场细分度。除了按冰箱容积划分外，还可以从地域性及经济收入划分为一、二、三级市场和高、中、低档等不同的消费群体；此外，从使用功能角度分，冰箱又可被细分为家庭用、医药用、商业用等。现在，科龙将使用者的年龄作为了市场细分的又一标准。

科龙对儿童冰箱的市场预期做出如下分析："据调查统计，我国每年出生人口为 2000 万人，这样，仅目前国内 0～12 岁的儿童就有 2 个亿的市场，更不要说国外还有近 12 亿的潜在市场。假如这其中的 30%购买了儿童冰箱，那也将是一个天文数字。况且这个市场将永远是一个不饱和的市场。到目前为止，国内外还没有哪个厂家在儿童冰箱的项目上进行过研发投入，也就是说在短时间内，容声的儿童冰箱是没有对手的。科龙完全可以在这个新的市场独占其美，成为其持续赢利的充分保证。"

儿童冰箱刚上市时，很抓眼球，营销界人士为此大为惊呼："难道市场细分竟要细到如此地步？"家长到店中去看得也不少，然而真正掏钱购买的却寥寥无几。经过一段时间以后，各商场家电专区已经很少看见儿童冰箱的展台。

麦当劳的核心消费者群是 5～14 之间的小孩。而改变饮食习惯必须从儿童抓起，特别是 5 岁左右的儿童。经医疗研究，儿童大体是在 5 岁左右才形成口味习惯，就是所谓的喜欢酸的、甜的、还是辣的等，如果能够让这些孩子们从小吃上麦当劳，培养他们的饮食习惯，等到他们长大的时候将是麦当劳忠诚的消费者，同时他们的孩子也会继承父母的习惯，成为麦当劳的常客。因此毋庸置疑，儿童是麦当劳的核心客户，为此麦当劳的营销策略必须紧紧围绕这样的核心客户群展开。

儿童是核心客户，但是儿童缺乏自主意识，如何吸引儿童就变成了问题的关键。麦当劳发现儿童在吃与玩之间，玩往往比吃要重要得多，通过玩增强对儿童的吸引力就成为了极好的营销策略,为此麦当劳无论从餐厅装饰到整体的布局都体现了儿童的特色,而不是成人的特色。

所有的麦当劳均有儿童乐园,同时免费为学生提供自习时间,服务生带领小朋友做广播体操,为小朋友庆祝生日并赠送生日礼物等等,据说有许多小朋友就是为了得到礼物,一年中过了十几次生日。以上活动足见麦当劳在儿童客户身上的良苦用心,这些都是因为儿童是麦当劳的核心客户的缘故,现在我们看到的20～30岁左右的强力消费群,都是麦当劳十几年前培养的结果。因此儿童才是麦当劳的客户源泉,是真正意义上的核心客户。

8.3.3 性别角色与市场营销

位于芝加哥的李奥博内特广告代理公司的女性市场营销部门经理李奥施进过研究发现母亲可以分为四种类型:

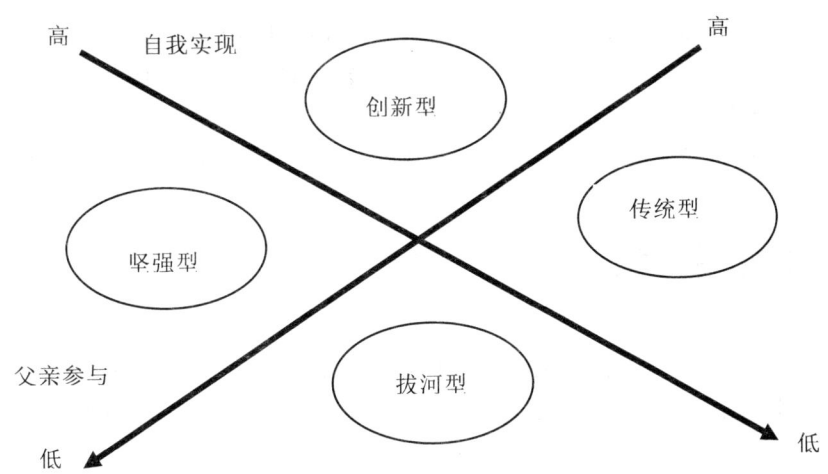

传统型
• 这些母亲相信传统母亲呆在家里和父亲外出赚钱的角色分配。
拔河型
• 她们具有许多传统意义上的母亲特性,但是不得不工作。她们对此很不开心。
坚强型
• 她们多为单亲妈妈,尽管她们的收入较低,而且她们很少能够从孩子父亲那里得到帮助,但是她们仍对生活持积极态度。
创新型
• 这些母亲很喜欢母亲的身份,在外工作,她们能干的丈夫能为其在家分担照顾孩子的责任。不同于拔河型母亲,这一群体的母亲找到了能够平衡职业和幸福家庭生活的创新型方法。

图 8-1 四种母亲的类型

不同的母亲群体对广告、因特网、产品、时间和品牌的看法不同。营销的关键在于不要对所有的母亲采用同样的方法利用哪一信息赢得她们所有人的心,而是要了解母亲在产品决策、品牌延伸、定价、地点相关决策和促销方面所产生的营销。企业可以利用这些信息来完善现有的战略，从而更好地接触、留住和服务消费者。

男性在家庭中所扮演的角色发生了明显的变化。越来越多家庭的男性在家庭中承担着家庭妇男的角色。

小链接

女性消费者心理和行为特征：

（1）挑选商品细腻和选择性强；

（2）注重商品的外观和情感特征；

（3）具有较强的主动性和灵活性；

（4）注重商品的适用性和具体利益；

（5）易受外部因素的影响。

男性消费心理和购买行为特征：

（1）求新求异求癖的心理强于女性，具有较强的攻击性和支配性；

（2）与女性相比，男性理智自信更多一些，一般在购买前就会选择好购买对象，后悔和退货的现象明显少于女性。

鉴于以上消费群体的心理和行为特征，企业在制定营销组合策略时要迎合这些心理。

8.3 家庭购买决策

在日常生活中，家庭每天都要做出成千上万的购买决策。在这些购买决策中，有的极为重要，如购买何种汽车、搬家到何处以及去哪里度假等等。另一些决策则普通得多，如决定午餐吃什么。

1. 家庭决策方式

家庭购买决策是指由两个或两个以上家庭成员直接或间接做出购买决定的过程。作为一种集体决策，家庭购买决策在很多方面不同于个人决策，例如在早餐麦片的购买活动中，成年人与儿童所考虑的产品特点是不同的，因而他们共同做出的购买决策将不同于他们各自单独做出的决策。

家庭购买决策研究中的一个重要问题是，对于不同产品的购买，家庭决策是以什么方式做出的，谁在决策中发挥最大的影响力。戴维斯（H. Davis）等人在比利时做的一个研究识别了家庭购买决策的四种方式：

（1）妻子主导型。在决定购买什么的问题上，妻子起主导作用。

（2）丈夫主导型。在决定购买什么的问题上，丈夫起主导作用。

（3）自主型。对于不太重要的购买，可由丈夫或妻子独立做出决定。

（4）联合型。丈夫和妻子共同做出购买决策。该研究发现，人寿保险的购买通常属丈夫主导型决策；度假、孩子上学、购买和装修住宅则多由夫妻共同做出决定；清洁用品、厨房用具和食品的购买基本上是妻子作主，而像饮料、花园用品等产品的购买一般是由夫妻各自自主做出决定。该研究还发现，越是进入购买决策的后期，家庭成员越倾向于联合做决定。换言之，家庭成员在具体产品购买上确有分工，某个家庭成员可能负责收集信息和进行评价、比较，而最终的选择则尽可能由大家一起做出。

戴维斯等人的研究是在20世纪80年代的欧洲做的，其结论不一定完全适合我国的情况，但它至少提示我们应当开展类似的研究。在从事这类研究时，所获信息的信度和效度是一个值得引起重视的问题。通常，丈夫有夸大其在家庭决策中的影响和参与作用的倾向，而妻子则更可能低估其影响力。一项研究发现，10%~50%的夫妇对于各自在家庭决策中的相对影响存在重大的分歧。

2. 影响家庭决策方式的因素

研究人员一直试图找出决定家庭人员相对影响力，从而影响家庭决策方式的因素。奎尔斯（W.Qualls）的研究识别了三种因素：家庭成员对家庭的财务贡献；决策对特定家庭成员的重要性；夫妻性别角色取向。一般而言，对家庭的财务贡献越大，家庭成员在家庭购买决策中的发言权也越大。同样，某一决策对特定家庭成员越重要，他或她对该决策的影响就越大，原因是家庭内部也存在交换过程：某位家庭成员可能愿意放弃在此一领域的影响而换取在另一领域的更大影响力。性别角色取向，是指家庭成员多大程度上会按照传统的关于男、女性别角色行动。研究表明，较少传统和更具现代性的家庭，在购买决策中会更多地采用联合决策的方式。除了上述因素，通常认为，影响家庭购买决策的因素还包括如下方面：

（1）文化和亚文化

文化或亚文化中关于性别角色的态度，很大程度上决定着家庭决策是由男性主导还是女性主导。例如，在我国不发达的农村地区，由于家庭中的封建思想和重男轻女意识比较严重，家庭多以男性为核心。男性比女性有更多的受教育机会，更高的收入水平，在家庭中的地位更高，对家庭购买决策的影响自然更大。在我国的大城市，如上海、北京，人们受传统家庭观念的影响相对要小，家庭成员的地位较为平等，因此家庭决策过程中就更可能出现自主型、联合型甚至妻子主导型决策方式。当然，文化并非一个地理的概念，即使生活在同一个城市，由于文化背景的不同，人们对于性别角色地位的认识会有相当大的差别，由此导致男女在家庭决策中影响力的不同。

（2）角色专门化

随着时间的推移，夫妻双方在决策中会逐渐形成专门化角色分工。传统上，丈夫负责购买机械和技术方面的产品，例如，他们要负责评价和购买汽车、保险、维修工具等产品；妻子通常负责购买与抚养孩子和家庭清洁有关的产品，如孩子的食物与衣服，厨房和厕所用的清洁剂等。随着社会的发展，婚姻中的性别角色不再像传统家庭中那样鲜明，丈夫或妻子越来越多地从事以前被认为应由另一方承担的活动。虽然如此，家庭决策中的角色专门化仍然是不可避免的。从经济和效率角度来看，家庭成员在每件产品上都进行联合决策的成本太高，而专门由一个人负责对某些产品进行决策，效率会提高很多。

家庭中的角色分工与家庭发展所处的阶段密切相关。比起建立已久的家庭来，年轻夫妻组成的家庭会更多地进行联合型决策。之后，随着孩子的出生和成长，家庭内部会形成较一定的角色分工。当然，随着时间的推移，这种分工也会发生相应的变化。

（3）家庭决策的阶段

在家庭购买决策中，同样存在着不同的阶段。家庭成员在购买中的相对影响力，随购买决策阶段的不同而异。戴维斯等人在比利时的研究，识别出家庭决策的三个阶段，即问题认知阶段、信息搜集阶段和最后决策阶段。家庭决策越是进入后面的阶段，角色专门化通常变得越模糊。

（4）个人特征

家庭成员的个人特征对家庭购买决策方式也有重要影响。诚如前面所指出的，夫妻双方的影响力很大程度上来自各自的经济实力，因此，拥有更多收入的一方，在家庭购买决策中更容易占据主导地位。

个人特征的另一个方面是受教育的程度，妻子所受教育程度越高，她所参与的重要决策也就越多。一项研究表明，在美国受过大学教育的已婚妇女中，有80%认为她们在选择汽车时，有着与丈夫同等的权利；而在只受过高中教育的妇女中，这一比例是56%，在学历不足高中的妇女中，这一比例就更低了，仅为35%。家庭成员的其他个人特征，如年龄、能力、知识等，也都会直接或间接影响其在购买决策中的作用。

（5）介入程度及产品特点

家庭成员对特定产品的关心程度或介入程度是不同的。例如，对CD唱片、游戏卡、玩具等产品的购买，孩子们可能特别关心，因此在购买这些产品时他们可能会发挥较大的影响；而对于父亲买什么牌子的剃须刀、母亲买什么样的厨房清洗剂，孩子可能不会特别关心，所以在这些产品的购买上他们的影响力就比较小。

家庭购买决策方式因产品的不同而异。当某个产品对整个家庭都很重要，且购买风险很高时，家庭成员倾向于进行联合型决策；当产品为个人使用，或其购买风险不大时，自主型决策居多。此外，一些情境因素也会影响购买决策的方式，如当购买产品的时间充裕时，联合型决策出现的可能性增大，而当时间压力较大时，丈夫或妻子主导型以及自主型决策就更为普遍了。

8.4 家庭决策冲突的解决

家庭每天需要做出大量的决策，因此，意见不一致是在所难免的。如何解决这些不一致，不仅对于营销者，而且对于家庭本身的健康来说，都是十分重要的。最近的研究表明，个体会使用6种方法来解决购买冲突（大多数夫妇会避免公开的冲突）：

（1）讨价还价：努力达成一项妥协。
（2）制造印象：列举虚假事实以取胜。
（3）运用权威：宣称自己是内行或者角色使然（即丈夫/妻子应当做出这种决策）。
（4）推理：进行逻辑辩论取胜。
（5）感情用事：沉默或者从讨论中退出。
（6）增加信息：收集更多的数据，或者请第三方提出意见。这项研究虽然没有包括孩子，但是他们似乎也会使用同样的策略。

8.5 家庭决策与营销策略

对于大多数消费品来说，要制定有效的营销策略，就需要详尽地了解目标市场中相关产品的家庭决策程序。家庭决策程序常常是不同的，这是由于细分市场所处的社会阶层不同，或者处于家庭生命周期的不同阶段。因此，我们必须在确定的目标市场范围内，对家庭决策过程进行分析。具体说来，在每个市场内，我们需要：

（1）确定在决策的每一阶段，各有哪些家庭成员参与。

（2）确定他们的动机和兴趣所在。

（3）制定能够满足每位参与者需要的营销策略。

例如，对于早餐产品，儿童常常会参与到问题的确认阶段中。他们可能会注意某个以卡通人物为商标的麦片，或者注意到其他小朋友在吃一种新麦片。如果他们喜欢那种卡通人物，或者想仿效小朋友，他们就会要求购买新麦片。这时，家长（通常是母亲）可能会有兴趣，但是，她更倾向于注意营养和价格。因此，营销者在推销商品时，应当向孩子传达一种有趣、可口和兴奋的信息，而向父母传达营养、足值和口味好等信息。孩子们可以通过周六的卡通片和类似媒体传达，而要与母亲们进行沟通，则必须通过杂志广告或包装信息。

从历史的视角来看，营销的理论框架构建于以电视媒体为主要标志的大众媒体。在过去的半个多世纪，电视一直占据大众媒体的主要角色，也是消费者花费时间最多的媒体。

本章小结

8.1 家庭是指以婚姻关系、血缘关系和收养关系为纽带而结成有共同生活活动的社会基本单位。正常的家庭至少由两人组成，一个人不能成为完整意义上的家庭。我国常见的家庭类型主要包括以下六种：（1）核心家庭；（2）主干家庭；（3）联合家庭；（4）单亲家庭；（5）重组家庭；（6）丁克家庭。除了这些还有一些特殊家庭，包括：（1）扩大家庭；（2）隔代家庭；（3）同性恋家庭；（4）未婚同居家庭；（5）单身家庭。

8.2 家庭生命周期包括单身阶段、新婚阶段（成家到第一个孩子出生）、满巢阶段（满巢Ⅰ（6岁以下小孩）、满巢Ⅱ（小孩上小学或中学）、满巢Ⅲ（小孩已工作但未离家））、空巢阶段和解体阶段。家庭消费决策过程中涉及5种角色：倡议者、影响者、决策者、购买者和使用者。家庭中产品的使用者通常都不是购买者。

8.3 家庭决策方式：妻子主导型、丈夫主导型、自主型、联合型。影响家庭决策方式的因素有文化与亚文化、角色专门化、家庭决策阶段、个人特征、介入程度与产品特点。值得关注的问题：孩子在家庭决策中的作用。

8.4 讨价还价、制造印象、运用权威、感情用事、增加信息可以解决家庭决策冲突。

8.5 对于大多数消费品来说，要制定有效的营销策略，就需要详尽地了解目标市场中相关产品的家庭决策程序。我们需要确定在决策的每一阶段，各有哪些家庭成员参与，确定他们的动机和兴趣所在，制定能够满足每位参与者需要的营销策略。

能力培养指导

- 以自己所处的家庭为例，说明什么情况下，可能是家庭联合决策，哪些产品是丈夫主导型，哪些产品又是妻子主导型。
- 旅店和度假村该如何利用家庭生命周期来找到潜在市场，并且制定相应的营销策略？

思考题：

1. 对于如下三种类型的家庭来说，决定到哪里度假这一家庭购买决策过程中会有什么差异？这三种家庭分别是：孩子年纪在 8 岁及 8 岁以下的家庭；孩子年纪在 9～14 岁的家庭；孩子年纪在 15～19 岁的家庭；这些差异对于文中提到的旅店和度假村的营销战略有什么启示？

2. 在问题 1 所列的三种家庭中，购买决策形成过程中会发生什么类型的冲突？这些冲突可以怎样去解决？从中可以得到什么启示？

3. 思考一下，旅店和度假村该如何利用家庭生命周期来找到潜在市场，并且制定相应的营销策略？

4. 什么是家庭？它与住户有什么区别？

5. 什么是家庭生命周期？家庭生命周期分为哪些阶段？在家庭生命周期的不同阶段，他们的行为有什么特点？

6. 梅格是滑板高手。他的大部分时间都在郊区的行车道上度过，练习他的滑板技术。最近他在临近的车道中看到四分之一的管道弯道。他开始向父母请求为他买一个。但是梅格和他的父母都不了解弯道。一天梅格的哥哥布拉德给他看了一些互联网的信息——如何建造一个四分之一的管道，5 月，当布拉德从大学回到家中时，他帮助梅格建造了一个四分之一的弯道。

梅格和父母分享了互联网上的信息，并恳求他们应允他和布拉德一同建造弯道。母亲凯西很担心梅格玩滑板时的安全问题，父亲麦克认为由他自己来做出决定。经过一系列的利诱，凯西松口，答应了梅格的请求。凯西依旧担心弯道的安全性，但她却是乐意让梅格和布拉德一同建造弯道。自从布拉德上大学之后，她再也没有看到兄妹合作过了。

4月下旬，麦克拿着布拉德给梅格的四分之一的弯道说明，并根据材料清单在当地的五金商店购买了所需的材料。几周之后，布拉德回家过暑假，他和梅格用了 5 天时间建造了四分之一的管道弯道。弯道很大很重，他们将旧滑板轮安置在一侧，以便能够滚动，但它仍然很重，梅格无法推动它。凯西认为不能一直放在车道上，因此父亲麦克答应在不使用弯道时，将它推到车库后面。

梅格很喜欢这个四分之一的弯道，利用每一个机会使用它。梅格对新弯道很满意，因此凯西也很开心，但是她依然很担心梅格的安全。凯西不断提醒梅格，如果她看到梅格不带上所有的护具和头盔玩弯道，她就会将弯道推到街尾，让拾荒者拿走。

请完成以下任务：

利用以上情境和背景信息，指出情境中扮演以下角色的人物（如果你认为不止一个任务符合给出的角色，请列出所有的人物）：

影响者_____

看门人_____

决策者_____

购买者_____

准备者_____

使用者_____

维持者_____
处置者_____

案例应用1

家庭决策对营销策略的影响

以下表格是由美国《女士》杂志和一家调查公司联合进行的一项调查的结果。这些数据可能对营销经理的营销管理起到一定的帮助。请问对营销经理制定营销决策有什么帮助？

你还是你的配偶（或伴侣）在家庭消费中更有发言权？（询问女性）

消费类型	18~29岁的女性（%）			30~49岁的女性（%）		
	我	配偶	平等	我	配偶	平等
购买新车	10	28	58	6	24	68
计算机产品	13	19	20	11	18	35
家用电器	15	38	44	12	31	56
家庭储蓄/投资	16	18	66	10	18	81
休闲计划	15	11	68	10	8	81
非处方药品品牌	68	4	28	51	8	39
房子/居所的选择	13	9	85	14	6	88
家具	45	5	50	33	8	58
家居内部设计	50	4	40	44	6	48
新厨房用具	23	24	50	20	10	66
日用品品牌	53	5	40	61	6	32
家庭食物类型	51	9	41	58	4	39

案例应用2

蒙牛未来星儿童营销

中国有近4亿儿童，占总人口的1/4。随着人们生活水平提高，针对儿童的消费品暴涨，在大部分家庭中，用在孩子身上的钱都位居家庭消费的第一位，其中食品饮料又占有非常重要的地位。而纵观今天的儿童乳品市场，品类多、样式新，各大企业都试图在这个市场中分得一杯羹。既有娃哈哈、乐百氏等传统霸主，又有旺仔这样的零食巨人，加上光明、蒙牛、伊利等乳业豪门，五花八门，层出不穷。面对这样一个容量日益增长，竞争日趋激烈的市场，企业该何去何从？该如何在众多的产品中脱颖而出？

对谁说？是沟通的关键

儿童类产品的目标消费群分为两部分：家长（主要指妈妈）和儿童。家长对孩子健康成长具有绝对的把控力，他们强迫孩子每天饮用牛奶以补充钙质，强迫孩子每天吃蔬菜和水果以补充维生素等。同时孩子对家长也有一定的影响力，在销售现场很容易可以观察到儿童常常要求买小吃、小玩具等等。目前独生子女家庭，只要对孩子成长无害，又在家庭消费支出能力之内，家长通常会满足孩子的要求。因此在儿童成长必需品中妈妈具有绝对的决策权，而在休闲品类中儿童具有较大的决定权。

儿童类产品的目标消费群分为两部分：作为使用者的儿童和作为购买者的家长。在2005年的传播中，蒙牛未来星在对两个目标消费群共同沟通，希望能够同时打动购买者和使用者。但在实际传播及市场表现中发现，作为特殊的购买者及使用者分离的品类，儿童牛奶的购买者"母亲"的决策权更大，儿童往往影响小，调研发现很多家长甚至采用"强迫"的方式让儿童饮用。2008年，我们调整沟通思路，重新分配了传播资源在妈妈和孩子的主次关系，采取了不同的传播手段予以沟通。

母亲——购买决策者，作为主要沟通对象。她们认为"牛奶"是儿童成长中必须的食品，是对儿童的身体最有帮助的。为了孩子的健康成长，她们要求孩子每天必须饮用牛奶，甚至通过强迫的方式，要求孩子饮用。在品类的选择上，牛奶是必须选择的类别，在牛奶品类中，产品是儿童可选择的。所以在母亲的沟通中，我们选择理性沟通，在产品类别及功能上，建立蒙牛未来星是专门为儿童研制的"牛奶"，将蒙牛未来星纳入必须选择的牛奶大品类中。

儿童——产品使用者，作为辅助沟通对象。他们对牛奶或者乳饮料没有品类认知，在产品选择时，主要受包装、口味、广告等因素影响。大多纯牛奶并不被儿童所接受，但迫于母亲要求，儿童必须在母亲认可的范围内进行选择，示范消费是与儿童沟通的重要目的。

说什么？是传播的重点

既然确定了妈妈是沟通的最主要目标群，就需要在传播内容上更多地考虑妈妈们的实际需求，传达更多妈妈们关心的问题。在调研中发现，妈妈们在购买儿童食品时最关心的是产品对孩子成长的帮助，最期望的是孩子身体好（主要体现在个子高、不生病、运动成绩高）、更聪明（主要体现在成绩比别的同学好、脑子反应快），但最基础也是最根本的期望是足够安全、足够放心。所以，我们在核心传播信息的选择上，将主要集中在"未来星含有更多适合孩子健康成长的营养元素，帮助孩子更加安全健康成长"的方向之上，并主要针对市面上流行的乳饮料进行营养和健康的对比，从而打动妈妈们进行实际购买。

另外，一级市场中的城市妈妈通常具有一定的文化知识和稳定的职业，但是由于闲暇时间少以及育儿经验不足，所以她们比较依赖专家和其他有经验妈妈的推荐，因此电视广告中专家形象、理性的沟通语言较适合妈妈群体，成为妈妈哺育孩子的顾问更容易得到妈妈群体的芳心。电视广告是儿童接受广告信息的最主要来源。在如今电视广告如此泛滥的时代如何更有效地利用电视媒体，如何让消费者自然的、不反感地接收到广告信息成为我们传播中创新的重点。

经过多次商讨，维传凯普与蒙牛儿童奶组一起，将"创新、实效"作为指导思想，展开了一系列多层次、立体化的传播活动。

抓住"妈妈"的眼球——调整包装

在名称上，将"牛奶"直接作为产品名出现，作为牛奶品类的提示。在名称中直接将功能点"智慧""活力"加入，突出功能特性，强化产品概念。更能通过功能性，体现"牛奶"品类特性。增加"未来星成长金字塔"，将牛奶的基础元素和添加功能元素用图形方式体现，吸引母亲关注，并强调强于纯牛奶的产品特征。增加"成长伙伴，妈妈优选"的标识，直接与妈妈做沟通，提示选择必要性。增加"营养小常识"，对产品添加物和功能性进行介绍，作为与妈妈沟通的语言之一，增加产品功能性提示，强化牛奶品类特征。卡通活化，将各卡通命名，赋予身份及性格，在包装上作为与儿童沟通的语言，增加儿童识别和记忆。

抓住潜移默化的影响——植入式广告

《家有儿女》是热播的家庭剧，描述了家庭中儿童成长的问题，并进行教育的引导，根据收视调查，是现今电视栏目中少数可以同时满足家长和孩子需求的电视节目。将产品植入，不断进行饮用提示，通过儿童演员的饮用，作为软性沟通手段，对家长及儿童进行产品暗示。更容易引起儿童模仿，增加购买需求；将专卖店植入，增加消费提示，通过明确的品牌形象店，建立品牌识别，并形成购买引导，模拟终端消费形态，作为消费示范，启发儿童终端购买。

蒙牛未来星要成为真正关心儿童成长的品牌，需要建立良好的品牌形象。《家有儿女》的正面形象，有效影响蒙牛未来星的品牌，并通过剧中正面的人物形象衬托，突出蒙牛未来星是健康儿童成长的首选。剧中小演员，在家长心目中建立了健康的形象，是家长希望孩子发展的目标。在孩子心中，剧中的演员是自己的偶像，他们的一举一动都是自己模仿的标准。利用明星效益增加品牌亲和力，同时作为饮用示范，通过被模仿增加消费。而且电视剧的植入，通过电视台的不断播出，产品露出机会得到累加，产品露出次数之高无法预估。费用则远低于硬广告的媒体投放，是传播的有效手段。

抓住片里片外的双重影响——明星一家广告片

在《家有儿女》植入产品后，运用剧中演员作为广告主角，形成传播统一，在软性进行暗示后，通过广告进行产品强化，同时作为消费的再教育，扩大传播效果。并让明星演员直接进行产品推荐，增加对家长及儿童的影响。增加广告的关注，形成记忆和识别。以贴片广告的形式，达到戏里戏外双重影响，一软一硬内外结合的完整搭配。

在广告片中特别增加早上起床的画面，作为早上饮用的提示，明确蒙牛未来星的饮用时机。强化妈妈角色，在广告中由妈妈将产品拿给孩子喝，传递蒙牛未来星是妈妈给孩子最好的牛奶的信息。同时活化卡通，在故事中协助演员以体现"蒙牛未来星"有助儿童成长的信息。

抓住最具吸引力的吸引——迪士尼完美促销

迪士尼是经典的儿童卡通，知名度较高，成人中很有影响，容易引起家长共鸣，在家长心目中的良好形象也更有利于家长购买产品。另外迪士尼的礼品对儿童的吸引力大。迪士尼乐园作为儿童和家长都共同向往的乐园，曾经是很多成年人小时候的梦想，带着孩子一起去实现两代人的梦想，对消费者有强大的促销吸引力。

抓住儿童杂志实现广度覆盖——完美杂志《米老鼠》

很多儿童接触电视的机会不多，广告信息的传递会有空缺，杂志成为作为最佳选择媒体补充形式。《米老鼠》作为儿童类发行量最高的杂志成为我们的合作伙伴。它以订阅作为主要销售渠道，有稳固的阅读群，能够支持品牌的深入传播，同时对目标消费群的传播更具针对性。

编写故事是儿童流行的活动形式,也是家长希望儿童参加的,能够锻炼孩子的写作能力,同时开发想象空间。容易赢得家长好感,并可形成共同参与,达到品牌双重沟通的目的。于是,蒙牛未来星与杂志合作联合举办《蒙牛未来星》故事大赛,以蒙牛未来星卡通作为主角,在设定的卡通资料下,进行故事的发想,通过故事的编辑使卡通形象及性格深入人心,并达到卡通活化的作用。

就儿童市场营销而言,传播的策略针对性尤其重要,最根本的就是"找对人"——营销和传播中应认真思考主要的沟通对象,"说对话"——采用有针对性的沟通语言,"做对事"——采取符合目标消费群体特征的广告形式,以"创新、实效"的手段赢得营销利益的最大化。

【讨论题】

1. 对于儿童牛奶,谁是顾客?家庭生命周期的变化趋势如何影响向孩子们营销的策略?
2. 蒙牛未来星成功的经验有哪些?对其他企业有什么启发?

第9章 社会群体与消费者决策

 ## 学习目标

9.1 掌握群体的概念,社会群体的分类,了解与消费者密切相关的社会群体;

9.2 掌握参照群体的概念与功能,参照群体的分类,参照群体对消费决策的影响,参照群体对消费者行为的影响程度,理解建立在参照群体影响基础上的营销策略;

9.3 掌握意见领袖的概念,意见领袖出现的情境,如何识别意见领袖,建立在意见领袖上的营销策略。

实践中的参照群体和意见领袖

寻找参照群体

联想集团成立于1984年,由中科院计算所投资、11名科技人员创办的,是一家在信息产业内多元化发展的大型企业集团,富有创新性的国际化的科技公司。由联想及原IBM个人电脑事业部所组成。从1996年开始,联想电脑销量一直位居中国国内市场首位。2013年,联想电脑销售量跃升至世界第一,成为全球最大的PC生产厂商。2004年,联想集团作为第一家中国企业,与国际奥委会签署合作协议,并成为国际奥委会全球合作伙伴。在2005—2008年四年内,联想集团为2006年都灵冬季奥运会和2008年北京奥运会以及世界200多个国家和地区的奥委会及奥运代表团独家提供台式电脑、笔记本、服务器、桌面打印机等计算技术设备以及资金和技术上的支持。联想通过与奥委会的合作在消费者心中变得更有地位和力量,然后配合遍布全国的客户体验中心更方便消费者对联想产品的了解,加深了品牌的信任度。由此可见某些权威群体的消费会影响消费者对某个事物或者商品的看法。

兰丽化妆品公司在推销兰丽系列化妆品的时候,针对一个个市场,利用合乎消费者的心理规律打开了自己的销路。公司最初为绵羊油广告时,广告标题中只有七个字:"只要青春不要痘"。这句话立刻抓住了少女们的心理。后来他们的绵羊油广告变为:"从怀孕的第三个月开始,早晚使用绵羊油,按摩腹部及乳房,能预防妊娠纹的产生及乳房下垂。"第三则广告是一个画面,画面上的家庭主妇送丈夫上班、孩子上学,在寒冷的冬天,皮肤容易粗糙干裂,后来她们外出的时候都用绵羊油按摩,尤其是脸、手脚等特别容易干裂的部位,防止了肌肤遭受寒风的伤害。第四则广告的时候是一位老太太在遗憾,感觉脸上的皱纹很多。假如时光能够倒流,她一定注意护理皮肤,常用绵羊油。

兰丽化妆品公司通过观察人的心理,确定了消费层次和群体。然后利用该群体进行广告。消费者很多都是通过分析判断,会从群体中得到某些情绪的感染或者认同,进而对参照群体的行为进行模仿,最终形成自己的消费心理和消费行为。

评述：

由以上两个案例可以看到，当某个家庭或者某个个人根据自己的需求购买产品的过程中，不可避免地会受到周围人的影响。比如一起逛街的人、朋友、邻居等会建议你买哪个牌子的产品，会推荐你通过什么途径购买等，生活中大千世界中我们天天都会受到来自自己所在群体的影响，几乎所有的购买决策都会或多或少地受到群体的影响。除了个人的决策受到群体的影响，有这样一群人，他们坚持自己所在的大的社会群体中大部分人的消费理念和消费习惯，这叫做消费亚文化，比如素食主义者，他们都不吃肉食。

因此理解群体行为，从消费者行为分析角度，研究群体影响至关重要。首先，群体成员在接触和互动过程中，通过心理和行为的相互影响，会产生一些共同的态度、规范和信念，这些将会对消费者的行为产生潜移默化的影响。其次，群体的规范和压力会促使处于这个群体中对成员自觉或不自觉地与群体期待的消费保持一致。即便是一些个人主义色彩很重、很有个性、独立性很强的人，也不可避免地受到群体的影响。再次，很多产品的消费和购买是与群体的存在和发展相联系的。比如，以前的学校学生入学的时候都要求学生买校服，又比如加入某一球迷俱乐部的成员，不仅要按时参加该俱乐部组织的一些活动，而且还要购买与该俱乐部形象相一致的产品，如印有俱乐部某种标志的球衣、球帽，又或者参加旅游团的时候为了避免游客走丢，旅游团会给游客发放象征该旅游团的衣服、帽子等等例子，不胜枚举。

9.1 群体类型

9.1.1 群体的概述

群体或社会群体是由具有一套共同的价值观或信念的两个或者两个以上的个人组成的集体，他们通过一定的社会关系结合起来进行共同活动，在追求共同目标或者价值中相互影响、相互依赖。群体的规模可大可小，大到可以是几十个人组成的班集体、社团；小到可以是经常一起上街购物的邻居、朋友、室友等。群体的人员之间一般比较经常接触和交流，从而对彼此产生影响。

社会成员要想构成一个群体，应具备以下基本特征：①群体成员需要有一定的纽带联系起来。比如说以血缘为纽带组成的小家庭或者大家族，或者以地缘为纽带组成的邻里群体，以学业为纽带组成的宿舍或班级，以爱好为纽带的社团群体等。②成员之间要有共同目标和持续固定的交流互动。公交车里的乘客、电影院里的观众、旅游景点的游客，停车等待红绿灯的人都不能称之为群体，因为他们之间是偶然地或者临时性地聚集在一起，过了此刻不会再有交集，不会有交流互动，不能对彼此产生影响。③群体成员要有认同感、归属感和共同的行为规范。为了实现目的，群体必须有行为规范，否则各行其是，群体会像一盘散沙。④群体有一定的边界。边界的概念使得群体之间可以相互区分。边界由成员的从属关系反映出来（即某个人是否属于某个群体）；也可以通过认同感反映出来（比如说身在曹营心在汉）。

默扎菲尔·谢尔夫关于群体界限进行了实地研究：一群互不相识的11~12岁男孩，来自中产阶级家庭，信仰新教。这群孩子是被告知去进行夏令营，没有被告知用来做实验。首先莫扎菲尔·谢尔夫提出了几条假设：

群体竞争 ——→ 敌意；相互接触并不能有效减少群体紧张和冲突；

共同需要 ——→ 联合；合作成功，即使有敌意也会变得友好。

（1）第一个6天，孩子们分两组各自不知道对方的存在。有各自的设施用于游泳、划船、开篝火晚会等。在吃饭，玩游戏的过程中，各组的孩子们彼此依赖，形成了很强的群体凝聚力。结束时各自取名"鹰""蛇"。各小组组织内部也形成等级、角色和各种规范。

（2）第2个6天：通过篮球、橄榄球、拔河、寻宝等各种竞争性比赛使两个组接触。活动给各小组加分而非个人。虽本着友谊第一，比赛第二的精神，但慢慢两组都丧失友好情绪，开始对骂，冲突越来越多。一次比赛输给对方后，鹰组把蛇组的旗帜烧了。第二天蛇组开始抢夺鹰组的旗帜，冲突越演越烈。通过对孩子们进行社会距离尺度测量和有关群体内外行为的问卷调查，进一步证实了假设。

（3）第3个6天。安排两个小组群体一起看电影、放爆竹、同一个大厅吃饭等，非但没有减少冲突，反而提供更多制造冲突的机会。接下来，研究者切断公共水源，假称是敌人破坏了，要修复水源，每个人都有大量工作。孩子们并肩工作修复水源后要求再放一部电影，孩子们一起投票选择影片并共同付费，然后一起欣赏电影。此过程中群体摩擦消失，个人越群体界限建新友谊。

此实验说明，边界的存在是群体构成的基本要素，边界的存在可以加强成员对自己群体的忠诚、认同感和归属感，有助于加强群体内部的凝聚力，特别是存在群体之间的冲突时。

9.1.2 社会群体的类型

按照群体成员之间群体内部规范的正式程度分为正式群体和非正式群体，按照群体成员交流的亲密程度分为主要群体（初级群体）和次要群体（次级群体），按照群体成员的归属感分为隶属群体和参照群体。网络时代出现了相当多热门的族群，比如月光族、淘宝族、拍客、背包客等等，把所有的网络族群放在一起，可以形成网络56民族。

1. 正式群体与非正式群体

正式群体诸如现代社会的社会组织等，其成员的地位、角色和规范，以及权利、责任和义务都有明确的规定，并有相对固定的成员身份的群体，如企业、机关、军队、学校等。正式群体的组织化、正规化程度高，其成员间的互动采取制度化、规范化的方式。非正式群体是指人们在交往过程中，由于共同的兴趣、爱好或者看法而自发形成的群体。群体成员之间没有资格规定、职责规定，也不受规范约束。例如企业研发部门是正式群体，但是里面的几个女同胞们都特别喜欢某个品牌的衣服，她们经常一起逛街，看电影，这几个就组成了非正式群体。企业的研发部门和营销部门都是正式群体，但是研发部门和营销部门的两个人志同道合，经常一起外出旅游，他们两个人也是非正式群体。由此我们可以看出来非正式群体可以是建立在正式群体内部，也可以是建立在正式群体之外，跨越几个群体的。非正式群体的成员之间联系比较轻松自由。非正式群体所产生的"社会舆论"对每个成员的观念和行为会产生重要影响。

2. 主要群体（初级群体）与次要群体（次级群体）

主要群体或初级群体是指由面对面交流互动所形成的、具有亲密的人际关系和浓厚的感情色彩的社会群体。这类群体主要包括家庭、邻里、大学室友等，一般都是小规模的。在主要群体中，成员之间不仅有密切的接触，而且有强烈的情感、道德、习惯联系，正因为如此，像家庭、朋友等关系密切的主要群体，对个体来说是不可替代的。次要群体或次级群体是指人们为实现特定社会目标，执行一定的社会职能，并根据一定的程序和规章相互协作、共同活动的社会群体。次要群体规模一般比较大，人数比较多，比如说职业群体、社团。次要群体成员不能完全接触或者接触比较少。典型的次级群体是各类社会组织，如公司、政府机构、学校等。次级群体的规模也可小，如一个医院的科室、学校的一个班组。也就是说在较大的次级群体中，一般总会出现一些较小的初级群体，如军队中的战友群、工厂中小工友团以及学校里的"哥们"群体等。

3. 隶属群体与参照群体

隶属群体是消费者实际参加或者隶属的群体，如家庭、学校等。参照群体是指能给某一群体成员提供某种参考对象并试图效法的群体，是人们心目中想要加入或理想中的群体，其价值观和规范体系常是参照者个人的目标或标准。参照群体是个体在某种特定情境下作为行为指南而使用的群体。如，一流大学的大学生群体是那些想考上大学的高中生、甚至是二流大学大学生的参照群体；一些球迷把某个著名球队或者其中一个球星看作参照群体等。参照群体概念最早是由美国社会学家海曼于1942年最先使用，用以表示在确定自己的地位时与之进行对比的人类群体。当个体积极参加某一群体的活动时，该群体通常会作为他的参照群体，他会自觉或不自觉地用该群体的价值观来对照自己的行动。也有一些个体，虽然参加了某一群体，但加进去之后发现该群体可能并不符合其理想标准，他可能会以其他群体作为参照群体。

9.1.3 与消费者密切相关的社会群体

为了更全面、深入地理解具体的社会群体对消费者产生的影响，下面对与消费者密切相关的六种基本社会群体做一简要介绍。

1. 家庭

人的一生，大部分时间是在家庭里度过的。家庭成员之间的频繁互动使其对个体行为的影响广泛而深远。个体的价值观、信念、态度和言谈举止无不打上家庭影响的烙印。不仅如此，家庭还是一个购买决策单位，家庭购买决策既制约和影响家庭成员的购买行为，反过来家庭成员又对家庭购买决策施加影响。例如，家庭观念比较保守的家庭的人，购买衣服时都会选择比较保守的衣服，相对来说观念比较开放的人则比较喜欢尝试一些比较个性的衣服。

2. 朋友

朋友构成的群体是一种非正式群体，它对消费者的影响仅次于家庭。追求和维持与朋友的友谊，对大多数人来说是非常重要的。个体可以从朋友那里获得友谊、安全，还可以与朋友互诉衷肠，与朋友讨论那些不愿和家人倾诉的问题，总之，它可以满足人的很多需要。不仅如此，结交朋友还是一种独立、成熟的标志，因为与朋友交往意味着个体与外部世界建立联系，同时也标志着个体开始摆脱家庭的单一影响。女性购物时更容易受朋友因素的影响，也更容易发生集体冲动性购买的行为。

3. 正式的社会群体

像中国高校市场学研究会、某某学校校友会、业余摄影爱好者协会等组织均属于正式的社会群体。人们加入这类群体，可能基于各种各样的目的。有的是为了见识新的朋友、新的重要人物，有的是为了获取知识、开拓视野，还有的是为了追求个人的兴趣与爱好。虽然正式群体内各成员不像家庭成员和朋友那么亲密，但彼此之间也有讨论和交流的机会。群体内那些受尊敬和仰慕的成员的消费行为，可能会被其他成员谈论或模仿。正式群体的成员还会消费一些共同的产品，或一起消费某些产品。比如，高尔夫球俱乐部的成员要购买高尔夫球杆、高尔夫球和很多其他用品。

4. 购物群体

为了消磨时间或为了购买某一具体的产品而一起上街的几位消费者，就构成了一个购物群体。购物群体内的成员，通常是有空余时间的家庭成员或朋友。人们一般喜欢邀请乐于参谋且对特定购买问题有知识和经验的人一起上街购物。与他人一起采购，不仅会降低购买决策的风险感，而且会增加购物过程的乐趣。在大家对所购产品均不熟悉的情况下，购物群体很容易形成，因为此时消费者可以依赖群体智慧，从而对购买决策更具信心。

5. 消费者行动群体

在西方消费者保护运动中，涌现出一种特别的社会群体，即消费者行动群体（Consumer-Action Groups）。它可大致分为两种类型：一种是为纠正某个具体的有损消费者利益的行为或事件而成立的临时性团体，另一种是针对某些广泛的消费者问题而成立的相对持久的消费者组织。学生家长临时组织起来，对学校的办学方针和政策提出质询，要求学校领导纠正某些损害学生利益的做法，就属于前一种类型的消费者行动群体。针对青少年吸烟、吸毒而成立的反吸烟或反吸毒组织就属于后一类型的消费者行动群体。大多数消费者行动群体的目标是唤醒社会对有关消费者问题的关注，对有关企业施加压力和促使它们采取措施矫正那些损害消费者利益的行为。

6. 工作群体

工作群体也可以分为两种类型：一种是正式的工作群体，即由一个工作小组里的成员组成的群体，如同一个办公室里的同事、同一条生产线上的装配工人等等。另一种是非正式工作群体，即由在同一个单位但不一定在同一个工作小组里工作，且形成了较密切关系的一些朋友组成。由于在休息时间或下班时间，成员之间有较多的接触，所以非正式工作群体如同正式工作群体，会对所属成员的消费行为产生重要影响。

9.2 参照群体

小链接

消费者行为的秘密——以白酒行业为例

在最具有中国特色的白酒行业里，"跟风"消费现象非常普遍。这种现象在县城及乡镇市场表现得尤其明显，发生率远远高于大城市，在中高端收入人群中表现得尤为突出。

山东临沂区一个县级市场的白酒消费基本上每一年流行一个品牌。2009—2010年的主流品牌是泸州老窖，2010—2011年的主流品牌变为沂蒙老曲，到了2011—2012年期间主流品牌又换为四特，2012—2013年主流预计是醇柔年份酒。很多饭店经理都坦言："现在很多人白酒的相关知识可谓是相当匮乏，喝白酒就是跟着别人的，经常都是别人喝什么他就跟着喝什么。"一般情况下县政府高层或县级市场的高级商务聚会中领袖带头喝某品牌的话，一般政商务聚会立即跟风消费该品牌，慢慢的县城百姓也跟风消费该品牌。

9.2.1 参照群体的概念与功能

参照群体也可以称为参考群体、相关群体、参照组等，是指那些直接或者间接影响消费者的行为和看法的那类群体。对消费者而言参照群体是非常重要的。该群体的观点和价值观被个人作为其当前行为的基础，在一些特定的情景中可以作为消费者购买行为的指导，对消费者的观点看法、欲望或行为产生影响。物以类聚，人以群分，我们可能渴望加入某些群体。当我们加入了某个群体，并积极地参与该群体的活动时，群体中的成员会成为参照群体。我们可能同时是某几个群体的成员，或者我们参与的群体会随着时间空间的改变而改变。有时候，不光自己所在的群体会对自己的行为有参照作用，自己喜欢的群体（渴望群体），讨厌的群体（厌恶群体）也会对自己的消费行为起到参照群体的作用。

参照群体具有比较和规范两大功能。大家都知道中国人的攀比现象比较严重，有的时候购买某个东西不是自己需要的，可是自己所在的群体人人都有的，所有自己也会去购买。或者说有时候我们买东西的时候会比照人家买什么，我也买什么，这都是参照群体的比较功能。比较功能，是指个体把参照群体作为评价自己和别人的出发点和标准。如自己在布置、装修自己的房子的时候，可能以邻居或仰慕的某位熟人、名人的家居布置场景作为模仿的对像。都要求老师要有为人师表的样子，原因就在于老师要以身作则教育学生，很多小朋友会受到老师的影响，他们会模仿老师的个人行为、说话方式、价值观等，这就是参照群体的规范功能。规范功能在于有一定的行为标准并能够使得个体遵从这一标准，比如受父母的影响，子女在食品的饮食习惯的营养标准、穿衣打扮的风格、到哪些地方购物等方面形成了某些根深蒂固的观念和态度。父母、老师对个体所产生的影响对个体行为具有规范作用。

9.2.2 参照群体的分类

参照群体的概念最早是由美国社会学专家海曼（Hyman）于1942年提出来的。后来越来越多的专家学者开始加入参照群体的研究队伍，也开始对参照群体进行分类。分类的标准不一样，得到的结果也不同。比较有代表性的是学者维布雷宁根据消费者与参照群体之间接触频率的大小和影响的轻重进行划分。维布雷宁将相关参照群体划分为三类：第一类是主要群体，是指那些与消费者接触非常频繁对消费者影响非常大的一类非正式群体，包括家庭成员、亲戚朋友、公司同事、邻居等；第二类是次要群体，是与消费者接触次数有限相对较少，对消费者行为影响程度相对较弱的一类群体，包括消费者归属的一些社会团体、一起参加的教会组织、一些学术组织论坛等与自己有关的不定期参加一些其他的社会群体；第三类是渴望群体，我十分想成为的那类人，或者我非常喜欢但是不能见到的那类人，包括影视明星、歌星、体育明星、社会名流、达官贵人、各行各业的成功人士等，这类参照群体消费者是不属于该团体的，但是非常崇拜、期望能够归属其中，会效仿其生活方式和消费行为。比如说，1999年红遍亚洲的电视剧《还珠格格》一开播，挽救了很多濒临破产的企业，不管是上到外套下到裤子、袜子都被印上了剧里的人物，还有各种盥洗用具也都印上了剧中人物的标记，因为只要有了此标志立马会被抢购一空。

此外还有一类特殊的群体——消费亚文化群体。这类群体消费者的购买行为受到社会文化的影响。这类群体共同选择某个产品、某种品牌或者某种消费行为在此基础上形成了具有鲜明特色的消费模式。比如学生和老师的穿衣打扮，受到文化因素的影响。老师为人师表穿衣要整洁、大方等，学生是与社会人士区别开来的，他们的穿衣打扮更运动、阳光。试想一下有一天，班上的某位同学来上课穿得比较正式，你会觉得很另类，你会觉得他是不是刚刚参加过面试，这都是约定俗成的一些文化理念在潜移默化地影响着你。

作为参照群体当其具备以下性质时才能更好地影响成员的行为：第一是内聚性。群体中的成员要有共同的价值观和规范；第二是经常交往性，群体成员只有彼此之间互相走动得比较勤才能有更多的机会影响其成员，俗话说的好，远亲不如近邻，感情是沟通出来的。第三是排外性和独特性，加入群体会让成员获得很多的外部效应，比如说能够提高别人对自己的评价，让人能够产生自豪感，这样才不会脱离现有的群体。

9.2.3 参照群体对消费决策的影响

人们总会希望自己可以不受外界的影响，可以我行我素，但是处在这个社会中避免不了的要与人相接触，无形中的影响无处不在。不管你是否察觉，即使是很有个性、很与众不同的人，都会与自己的群体相互影响。比如在学校里面大家都穿得中规中矩的，很少有人穿奇装异服，这不是从众，只是自己在遵从群体的规范，通常我们潜意识里面都会向群体看齐。参照群体通过多种途径影响消费者，研究为什么我们会受到他人影响这一问题的学者已经识别出了五种社会性权利：

（1）奖赏性权力

参照群体或者个人因拥有分配报酬能力而产生的影响；

（2）强制性权力

参照群体或者个人因能够执行惩罚而产生的影响；

（3）参照性权力

因被影响群体想要与某些人一致或者希望自己成为那样的人而产生的影响；

（4）专家/信息权力

因被影响人倾向于听从专家意见或者听从那些拥有他们没有的信息的人而产生的影响；

（5）法定性权利

因被影响人的责任感而产生的影响。

群体对消费者的影响，通常表现为3种形式，即行为规范上的影响，信息方面的影响，价值表现上的影响。我们要根据影响的方式来制定相应的营销策略，因此对这几种方式做出区分很重要。

1. 规范性影响（与奖赏性权力和强制性权力相关，会导致服从）

规范性影响是指由于群体内部行为规范的作用而对群体内部个体的消费行为产生影响。只要有群体存在，不必经过任何语言沟通和思考，规范就能够发挥作用。规范性影响之所以能够起到作用，主要是由于奖励和惩罚的存在。群体中的成员为了获得赞赏或者为了避免惩罚，都会按群体的规范行事。例如在学校中，学生为了避免惩罚一定会在某种程度上遵守学校的规章制度，学校禁止使用大功率用电器，他们可能就不会购买。大部分的企业都要求员工穿工装，大家为了避免惩罚自然省下了一大部分购买服装的费用。如果广告商声称使用某种产品，就能得到社会的接受和赞许，利用的就是群体对成员的规范性影响。同样，如果宣称不使用某种产品就得不到群体的认可，也是运用规范性影响。情境以及参照群体的规范性影响如下图 9-1 所示。

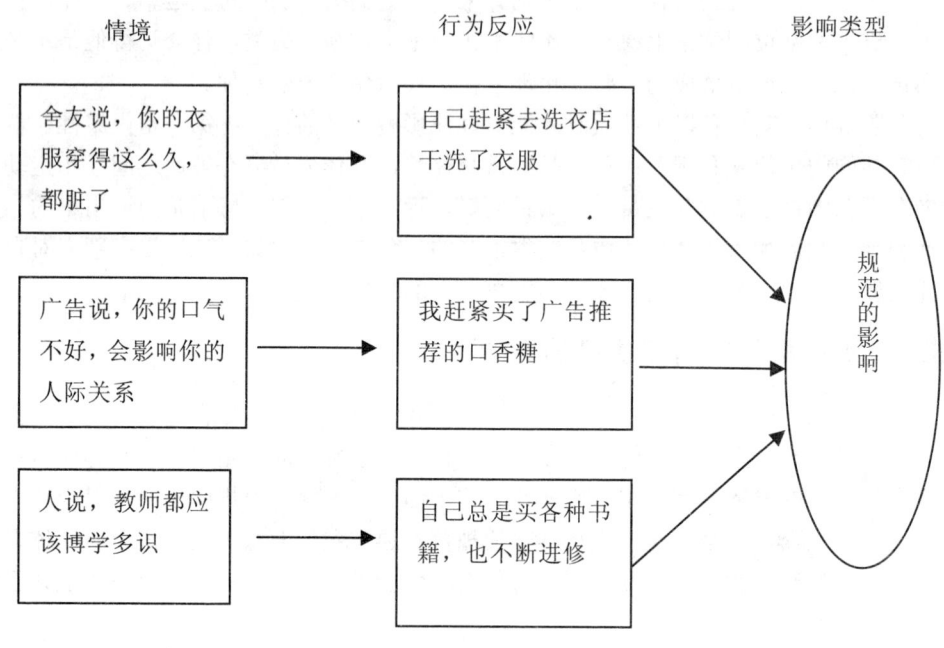

图 9-1 情境以及参照群体规范性影响

小链接

群体压力

这里涉及了一个概念群体压力。群体压力是指群体对其成员的一种影响力。当群体中个体的意见或行为与群体意见或规范发生冲突时，为了维持与群体的关系，群体成员遵守群体意见或规范，而改变自己的意见或行为时，所感受到的一种无形的心理压力。群体压力的表现形式就是从众行为。所谓从众是指个人在群体中因受到群体的压力，使其在判断或者行为上倾向于与群体中多数人一致的现象。经典的从众的实验是阿希实验。

阿希实验是一个线段实验。实验非常简单，就是给来参加面试的人员呈现两张纸，一张纸上印着一条线段，被试者需要在另一张印有 3 条线段的纸上找出与刚才那条长度相同的线段来。实验需要测试多组不同的被试者，7 人一组，每组人要做 18 个测试，每次测试被测试人员按照作为顺序一个一个来回答。其实一组的 7 个人中只有这个被试者是被实验的，剩下的都是阿希的助手来当托儿的。18 次测试中，有 12 次这些助手一起选择了错误的答案。结果，这项测试志愿者们的最终正确率为 63.2%，单个人做实验时回答的正确率接近 100%，也就是说被试者从众的平均百分比大约为 37%，甚至有 5%的人从头到尾跟随着大部队一错到底，也有 15%的被试者，从众行为的次数占实验次数的 75%。只有四分之一到三分之一的人可以一直坚持自己的正确的观点，同时也是正确的观点。不发生从众行为。从众对消费者行为影响很大。例如，你本来打算买件得体时尚的上衣，而看见商店里人头攒动在争相购买某种款式衣服，买者都对这件衣服赞不绝口，加之营业员的推销，估计连砍价都不卖力了。如果经过这家店的时候没有人估计也不会看中这件衣服。有时候广告也会利用人们的从众心理，很多人购买的话说明该商品具有可靠性。例如以前的三鹿奶粉广告语是"三鹿婴幼儿奶粉,亿万妈妈的选择"。大家熟知的苹果手机的消费是不是一种跟风消费呢?看着你身边的人一个一个都买了苹果手机,为了取得周围朋友的认同,或者寻求心理平衡,买不买的问题一直围着你,影响你的消费行为,这是群体压力导致的跟风消费,当然也不排除苹果手机本身具有的优点导致的口碑营销。

2. 信息性影响(与参照性权力相关,会导致认同)

信息性影响是指参照群体成员的行为、观念、意见被个体作为参考的信息,从而影响其消费行为。当消费者对所购产品缺乏了解的时候,别人的使用和推荐意见将被视为参考的证据,其影响程度取决于被影响者与群体成员的相似性,以及施加影响的群体成员的特长性。例如,大学宿舍的同学,发现其他室友都在用某一品牌的洗发水,当自己去购买洗发水的时候就想着试一下这个品牌的洗发水,因为大家都在用,肯定是适合大学生的,或者宿舍里面都在用这一品牌,当你购买时他们也会介绍你试试。有时候,我们购买一些科技含量比较高的产品(比如计算机)时我们往往会听取那些有计算机背景或者精通计算机的朋友的建议,因为觉得他所提供的信息比较权威。情境以及参照群体的信息性影响如图9-2所示。

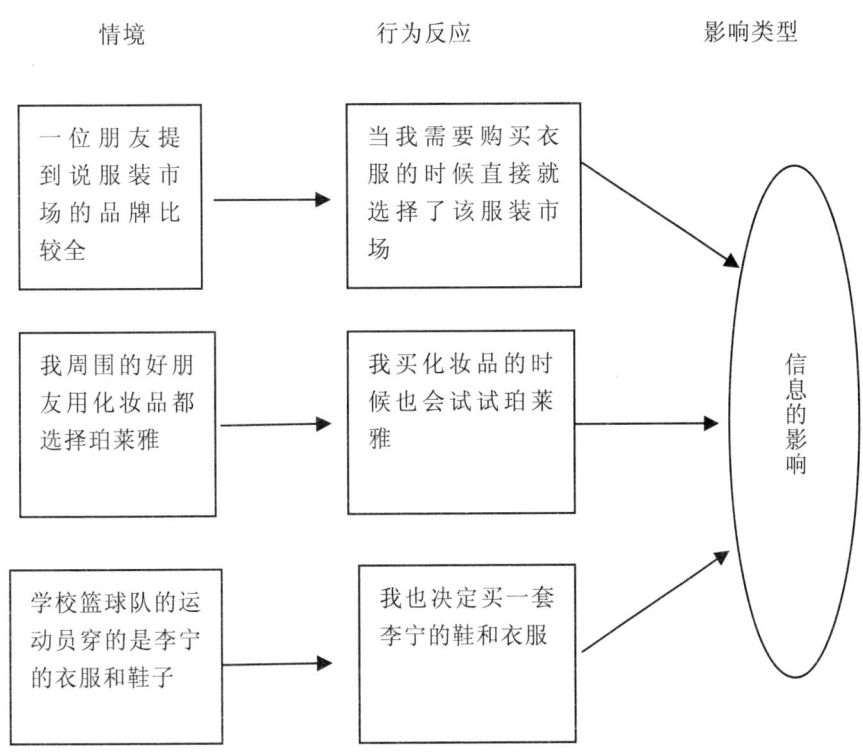

图9-2 情境以及参照群体的信息性影响

3. 价值表现上的影响(与专家/信息权力相关,会导致内化)

价值表现上的影响是指个体在与成员接触中受到群体潜移默化的影响。从心理上认可并自觉遵循相关群体的信念和价值观,体现在选择和购买商品时。例如,某位消费者觉得那些有艺术气质的人，通常是留长发、不修边幅、穿衣打扮不拘一格，于是他也留起了长发，络腮胡子，邋里邋遢。此时，该消费者就是在价值表现上受到参照群体的影响。这类影响的产生以个人对群体价值观和群体规范的内化为前提。从心底里认同是不需任何外在的奖惩或奖励，个体就会依据群体的观念与规范来行事。情境以及参照群体的价值表现影响如图 9-3 所示。

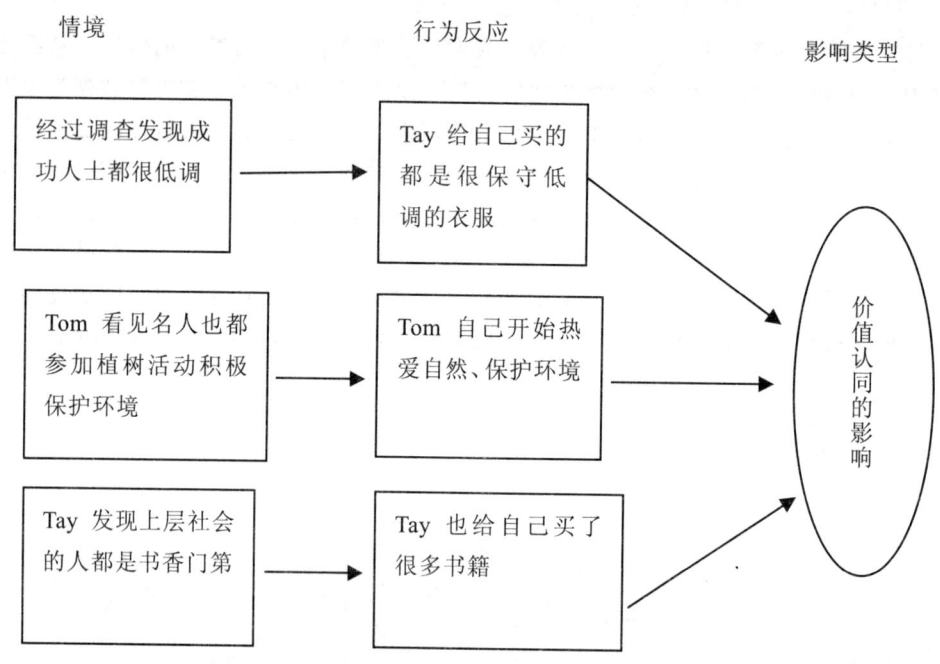

图 9-3　情境以及参照群体的价值表现影响

9.2.4　参照群体对消费者行为的影响程度

在某一特定的情境中参照群体可能对消费者的购买不会产生影响，也可能会影响到某类产品品牌的选择、产品的类型的选择或者产品的使用，也可能会影响某一类品牌比如说自己所在的群体都不买奢侈品，我也不会想着去买高档的奢侈品，有时候也会影响一组品牌的购买。哪些因素会影响参照群体对消费者的影响强度？主要有以下几个方面：产品使用时的可见性、产品的必需程度、产品与群体的相关性、产品的生命周期、个体对群体的忠诚程度、个体在购买中的自信程度。

1. 产品使用时的可见性

一般而言，产品或品牌使用时可见性越高，对群体的影响力就越大，反之则越小。比如维生素和衣服，相对于维生素的食用，衣服的使用才能够被人们看得见。看得见的消费，效果又比较好的话，人们更容易购买。比如朋友买了一件很漂亮的连衣裙，你估计也会有去买一件一模一样的衣服的冲动。当你使用一种产品别人不知道的情况下，别人很少给你建议，或者说别人使用产品自己不可见，或者产品的功效别人不可见的情况下，你想买东西就没有参照，参照群体就不能起到作用。

2. 产品的必需程度

对于事物、日常用品等一些生活必需品,消费者经常使用的自己本身就比较熟悉,大多数情况下都已形成了购买习惯,参照群体对这类产品的影响相对较小。相反,对于奢侈品或非生活必需品,如时装、爱马仕名包、高档汽车、游艇等产品,购买时受参照群体的影响较大。学术界也有很多研究探索了不同的产品领域参照群体对产品与品牌选择所产生的影响。其中,拜尔顿(Bearden)和埃内尔(Etzel)的研究从产品可见性和产品的必需程度两个层面将消费情境进行分类,然后分析在这些具体情形下参照群体所产生的影响如下表 9-1 所示。

表 9-1 两种消费情境特征与产品和品牌的选择

因素	需要程度	
	必需品	非必需品
可见	公共必需品 参照群体影响力:对产品弱,品牌强; 例子:汽车、手表	公共奢侈品 参照群体影响力:对产品、品牌都强 例子:滑雪、健康俱乐部
隐蔽	私人必需品 参照群体影响力:对产品强,品牌弱; 例子:冰箱、家电	私人奢侈品 参照群体影响力:对产品、品牌都强 例子:家庭娱乐中心

3. 产品与群体的相关性

某种活动与群体功能的实现关系越密切,个体在该活动中遵守群体规范的压力就越大。例如,对于只是偶尔在宾馆住或在一个星期中偶尔打一场篮球的群体中的成员来说,着装对其影响就比较小,而对于经常出入豪华餐厅和五星级宾馆等高级场所的群体成员来说,着装则显得非常重要的。

4. 产品的生命周期

产品的生命周期包括导入期、成长期、成熟期、衰退期。亨顿认为,当产品处于导入期时,消费者的产品购买决策受群体影响很大,但品牌决策受群体影响较小。在产品成长期,参照群体对产品及品牌选择的影响都很大。在产品成熟期,群体影响在品牌选择上大而在产品选择上小。在产品的衰退期,群体影响在产品和品牌选择上都比较小。如下表 9-2 所示:

表 9-2 产品生命周期与产品购买、品牌决策受群体影响

产品生命周期	产品购买 受群体影响	品牌决策 受群体影响
导入期	较大	较小
成长期	较大	较大
成熟期	较小	较大
衰退期	较小	较小

5. 个体对群体的忠诚程度

群体成员对群体越忠诚，就越可能遵守群体内部的规范。当某个人突然有一天要参加一个渴望群体的宴会时，在选择衣服时，他们会焦虑不安、会不知道穿哪件衣服比较好，因为他们可能更多地会考虑他渴望的群体的期望，而当他要参加一些自己不是很重视的群体晚宴的时候，他们可能会根据自己的爱好进行选择，不会考虑群体内部的规范。有些专家学者提供了一个案例，研究发现，那些非常强烈认同西班牙文化的拉美裔美国人，比那些微弱认同西班牙文化的人，更多地从价值和规范两个层面受到来自西班牙文化的影响，而文化会不同程度地影响消费者的购买决策，强烈忠于西班牙文化的那群人购买决策会受到其影响，不认同的人则不会考虑其影响。

6. 个体在购买中的自信程度

有研究表明，个人在购买彩电、家用空调、冰箱、衣服、家具、汽车、保险、杂志书籍和媒体服务时，最容易受参照群体影响。这些产品，如保险的消费，与人身安全或者个人生活息息相关的，但是他既非可见的又与群体相关性不是很大，并且大多数人对保险拥有的知识与信息又很有限。这样的情况下群体的影响力的大小就取决于个体在购买这些产品时候信心是否足够，是否能够坚持自己最初的选择。信息不足的时候很容易受到参照群体的影响。例如，我们参保的时候很多推销员在你举棋不定的时候会说一句话"很多人都会选择这一款或者选择另外一款保险"，这种情况下你对自己的选择信心不足的话，就会选择参照群体的决定，但如果你很自信自己的选择，你会告诉销售人员，我就要我自己选中的这一款产品。

大家可能都觉得对产品所具有的知识水平直接关系到购买产品的自信程度。拥有的知识或者信息越充足，越会坚持自己的意见。只有在知识不充足时才想参考别人的意见。其实自信程度并不一定与所拥有的产品知识的多少成正比。研究发现，汽车知识丰富的购买者在购买过程中需要考虑的因素比较多，可能不同品牌的产品满足他不同的考虑因素，因为知道得比较多，才会考虑得比较多，往往举棋不定，相比较那些买车新手来说，他们更容易在信息层面受到参照群体的影响，喜欢与那些同样拥有丰富汽车知识信息的小伙伴们交换意见。新手则对汽车没有太多概念，收集的产品信息也不全，对这些信息也是一知半解，他们购买的时候更容易受到广告和推销人员的影响。

小链接

DT 公司的大豆彩色蜡笔

DT 公司新开发出了一种用大豆做原材料的彩色蜡笔，这种蜡笔的品牌名称定为"Prang 牌"。它的优点主要存在以下几个方面：

以前绝大多数的蜡笔都是石油衍生品——石蜡做成的，化学成分比较多，但是这种蜡笔是纯天然无添加的绿色食物——大豆制。

因为不是与石蜡有关的材料，因此这种蜡笔不会打滑。

以前的蜡笔在使用的过程中颜色总是会脱落，弄得手上、衣服上都是染料，这种蜡笔使用过程中不会脱落。

这种蜡笔还可以混合或者一层层添加颜色。

基于以上优点，按道理 Prang 牌蜡笔应该会畅销，但是事实并非如此。竞争品牌无论从广告、分销渠道还是销售量上来看都是属于市场上的领导品牌。竞争对手除了生产普通蜡笔，还生产建筑师常用的蜡笔，这种蜡笔在不同的纸张上都可以表现出很逼真的色彩效果。除了这些竞争对手，公司还提供很多与蜡笔配套的工具，比如小刀、橡皮、纸张等。

9.2.5 建立在参照群体影响基础上的营销策略

参照群体在消费者购买行为中起非常重要的作用。对于营销人员来说可以根据参照群体对消费者行为的这种影响制定出一套科学、有效的营销策略，通过参照群体来影响消费者的行为。

1. 广告策略

名人如影视明星、体育明星、歌星等，作为参照群体对公众尤其是对崇拜他们的人来说具有巨大的影响力。因此可以通过名人效应来施加信息影响。例如请明星来代言某个产品，请明星为某个产品或某个品牌、连锁店站台，请明星谈自己使用产品的体验等都能够影响消费者的行为。这是目前最常见的广告方法。

有时候也可以利用专家效应来施加信息影响。可以请一些专业领域的专家来介绍、推荐产品与服务。专家们所具有的丰富知识和经验，使其比一般人更具权威性，从而产生专家所特有的公信力和影响力。

有时候也可以利用普通人的效应施加信息影响。很多人觉得无论是专家还是明星做广告都有商业的成分在里面，理性的消费者不会因为是某个专家或者某个明星推荐才使用某种产品，专家和明星更多是以赚钱为目的的。他们相信大众小人物才是现实的选择。例如电影《失恋33天》刚开始宣传的时候并不是一味地搞什么宣传会、见面会，而是做了一组有关小人物的故事，从全国各地的人中抽出一些人说出自己的失恋感受。这样才更贴近生活，更容易让人信服，从而使广告诉求更容易引起共鸣。宝洁公司、北京大宝化妆品公司都运用过"普通人"证词广告，效果不错。

自20世纪70年代以来，越来越多的企业在广告中用公司总裁或总经理作代言人。每年过年的时候都会看见修正药业的老板来给自己的公司做代言，"良心药、放心药"，这些人平时对经济社会都做出了很大的贡献，正面形象比较好，传达的信息也更容易让人接受。三鹿奶粉刚出事的时候，很多奶粉的厂家都流行广告的时候加入企业背景和产品生产流程，都是想给消费者传达正面的信息，来影响消费者购买。

群体规范常常导致从众行为即个体与群体保持态度和行为的一致性。对一种值得信赖的奶粉品牌、一款时尚的发型的称赞都是广告商在模仿社会认同的例子。

2. 推销策略

很多人可能都有这样的经历，尤其是在一些小城镇。有一些人会去推销一些产品，他把这个产品说得天花乱坠，并且各种功能也都一一演示给大家看过了，可是这个时候不一定会有人购买，可能会怕上当受骗，这个时候有一个人大叫一声我要买，一会又有几个人说要买，慢慢地大家开始争相购买。这是典型的从众心理。这也就是为什么街上会出现那么多的托儿骗人的把戏。在销售中，销售员也可以利用人们的这种从众心理来促成交易。比如，销售员可以对客户说"大家都购买这个东西，反应很不错，是我们的明星产品，经常缺货"，或"隔壁和对面的太太或者小区里面像你这样的阿姨都在使用我们的产品"。事实上，这个"大家"是否是真的购买了，不能验证，也不重要。因为对于消费者来说，只要讲到"大家"，就可以激起他们的购买欲望。

利用客户从众的心理又称为"推销的排队技巧"。比如，某商场的一个产品前排了一条很长的队伍,商场里经过这个地方的人就很容易加入这个排队的队伍中去。因为人们看到这类场景的第一个念头就是:那么多人围着一种商品,一定物有所值,不能错失机会。如此一来,排队的人就会越来越多。很多超市在卖鸡蛋和买新鲜时令水果时都会采取这种办法。有的超市在卖葡萄的时候,价格便宜但是不能自己装、自己挑,只能等人家包装好,很多人排队购买,也不管超市推销员给装的是好还是坏,总觉得即使有点坏,这么多人买,一定值得排队。事实上,这些排队的人中真正有购买意图的没几个,人们不过是在相互影响,其他人的这种购买倾向总比销售人员推销来得真实。销售人员在进行销售时,就可以利用客户的从众心理来营造营销氛围,影响人群中的敏感者接受产品,从而达到整个人群都接受产品的目的。

日本的"尿布大王"多川博,就是利用消费者的从众心理来打开销售市场的。创业之初,多川博创办的是一个生产销售雨衣、游泳帽、防雨斗篷、尿布等橡胶制品的综合性企业。这样一来,公司泛泛经营,没有核心业务,销量不是很稳定,面临倒闭的困境。一个偶然的机会,多川博从一份人口普查数据中发现,日本每年出生的婴儿约为 250 万,即使每个婴儿两条尿布轮换着用,一年全国就需要 500 万条尿布。于是,他们决定放弃其他产品,实行尿布专业化生产。

尿布生产出来了,质量一流也花了很大的精力去宣传。但是在试销的过程中,根本无人问津。多川博万分焦急,后来他终于想出了一个好办法。他让他的员工假扮成客户,排成长队来购买尿布。一时间,公司店面门庭若市,一排排长长的队伍引起了行人的好奇:"这里在卖什么?""什么东西这么畅销,吸引了这么多人?"如此,也就营造了一种尿布旺销的热闹氛围,于是吸引了很多"从众型"的买主。随着产品不断销售,人们逐步认可了这种尿布,买的人越来越多。后来,多川博公司生产的尿布在世界各地都畅销开来。

尿布的畅销就是利用客户的从众心理打开市场的,但是前提是尿布的质量好,在被客户购买后得到了认可。因此销售最终还是要以质量赢得客户的,而利用其心理效应只是一个吸引客户的手段。

3. 口碑营销

传统的口碑营销是指企业努力吸引消费者的注意力,使其通过亲朋好友之间的交流将自己公司的产品信息、品牌传播开来。16 世纪英国的一个小镇上,果农的葡萄大丰收,结果导致葡萄的价格非常低,就这也卖不掉,有很多都烂在了果园里。一个庄园主从外地购买了一批苹果,顾客每买 5 斤葡萄可以获赠两个苹果。苹果在当时是非常昂贵的水果,在这个小镇更是稀有水果。于是大家奔走相告,把这家庄园围得水泄不通,争相购买。

随着网络的发展,很多口碑是通过网络传播的。一个成功的口碑营销的案例是加多宝。大家知道汶川地震的时候,社会各界人士都纷纷伸出慷慨之手帮助那些受灾的人们。在地震过后的第六天,中央电视台《爱的奉献》大型募捐活动中,还是王老吉的加多宝集团为四川灾区捐款 1 亿元。一石激起千层浪,一夜之间这个民族饮料品牌迅速成为公众聚焦的中心。网络上对它的好评纷沓而至,人们誓要让王老吉的(现改名加多宝)从中国的货架上消失,买光超市的王老吉!上一罐买一罐!如此的口碑为王老吉迎来了 2008 年的销售热潮。

4. 游击营销

游击营销是一种在非常规地点运用密集的口碑活动来推广促销的策略。这些活动常常招募当地的消费者统一参加某种街头剧场或其他活动,以便说服其他人使用产品或者服务。例如,Scion 常常通过街头团队接触其年轻的购买者,这些街头团队派发商品,并且在尽可能多的地方贴出醒目的海报，鼓励 20 岁左右的年轻人在网上找到视频多角色游戏。

5. 病毒营销

很多学生都热衷于使用 hotmail 免费邮件服务。但是天下没有免费的午餐，hotmail 在每条发送的信息中都插入了一则小广告，这就使得每个使用者都成为了他的推销员。该公司在第一年就拥有了 500 万个用户，而且这个数字一直在呈指数形式增长。

病毒营销指的就是让访问网站的人在网上向他们的朋友提供信息，从而让更多的消费者了解产品的策略——通常是通过创建网上娱乐性的或普通的语言内容。

为了促销从未在电视上出现过的剃须刀，飞利浦公司设立一个 Norelco 网站 shaveeverywhere.com。广告描述一位穿着浴衣的男人正在解释如何正确使用该种剃须刀。

9.3 意见领袖

9.3.1 意见领袖的概念

意见领袖（Opinion Leader）又叫舆论领袖，是指从大众媒体或其他营销来源中获取信息，然后将它传达给他人，在传播信息的过程中同时对他人施加影响的人。他们在大众传播效果的形成过程中起着重要的中介或过滤的作用，由他们将信息扩散给受众，形成信息传递的两级传播。

意见领袖一般是参照群体中的一员。由于他有特别的知识、技术、个人地位或其他特点，所以能够对他人产生影响。社会各个阶层都有意见领袖。对于某个人来讲可能在某种产品上他是"意见领袖"，但在另外一些产品上他可能是观念追随者。例如在你的朋友圈中，你们打算去逛街，这时你们大家老爱拉着某个人去，觉得他的眼光比较好，挑选的东西大家都说好看，那这个人就是你们朋友圈中的意见领袖。有时候，你们朋友圈想买其他不太熟悉的产品，并且这种产品对你十分重要，如一辆汽车、一台计算机等。你们是怎样做出购买决策的？如果说只要碰到买这方面的东西，你们都很可能跑去向一个你们认为非常熟悉该产品的人咨询的话，那这个人就成了你这个领域的意见领袖。所以，营销者应该努力找出消费者消费各种产品时的意见领袖，并在接下来把营销活动对准他们。

如何识别意见领袖？意见领袖有什么特征？最大的也是最明显的特征是对某一类产品较群体中的非意见领袖有着更加长期和深入的介入。意见领袖主要通过人际沟通和观察来发挥作用，而这些沟通和观察活动，最常出现在有着相似人口统计特征的个人中间，因此意见领袖在人口统计特征上与他们所影响的人并没有显著差别。但是，一般而言，意见领袖比其他人更加合群，对相关媒体的接触水平远较非意见领袖高，对产品更加专业。通过分析与意见领域相关的媒体，为识别意见领袖提供线索。通过寻找群体（俱乐部和社团）中的活跃分子来识别意见领袖。某些产品领域有职业性的意见领袖，例如房地产从业者本身就是购房行为的意见领袖。 市场通是指乐于与他人讨论产品和购物，也向他人提供市场信息的一些人，他们一般是跨领域的意见领袖，例如一般是家装行业意见领袖的人，也极有可能是住房行业的意见领袖，这在寻找意见领袖时同样可以借鉴。

9.3.2 意见领袖出现的情境

首先先了解一下什么是高度介入产品和低度介入产品。顾客购买一项产品都需要花费时间和精力，根据消费者购买决策过程中购买者投入的程度把产品分为低度介入产品和高度介入产品。这里说的介入不包括产品的价格。消费者经常购买，不必费时费力就能做出购买决策的产品是低度介入产品，例如便利品，他的购买不会影响消费者的生活性质和生活方式，对消费者没有太大影响。消费者需要花费长的时间成本和人力成本后才能做出购买决策的产品，是高度介入产品。例如，那些令顾客迟疑徘徊于其价格或购物支出安排的商品。汽车、住房、全套厨房设备和豪华游艇度假都是高度介入产品。一般当购买的产品会给消费者生活方式上带来改变的时候，该产品就是高度介入产品。比如，手机刚刚流行的时候，你第一次购买一手机可能买的价格比较低，买了这个手机之后你的生活方式将会和以前有所改变，这就是高度介入产品。但是，随着科技的发展，手机越来越普遍，人们换手机的频率越来越高，哪怕这时候你买的那些手机价格再高，也不是高度介入产品了。寻找意见领袖的可能性与产品介入和产品知识两个因素有关，如下表 9-3 所示。

表 9-3　寻求意见领袖的可能性

产品/购买介入程度	产品知识	
	高	低
高	中	高
低	低	中

高度介入的产品，同时你对这个产品知之甚少的情况下，可能会涉及向意见领袖咨询。如果对于高度介入的产品，你拥有的产品知识比较高的情况下，就看你对自己的决策是否自信，不自信的话也可能会征询意见领袖的建议。在低度购买中，你经常购买的东西人们很少会向意见领袖征询意见。你可以想一下，你会去向你的朋友咨询购买什么种类的盐比较好吗？有时候，例如买燃料是低度介入产品，但是如果一个对车或者环境保护比较关心的人呢，可能会寻找对燃料环保比较在行的人进行咨询。

9.3.3 如何识别意见领袖

意见领袖可以通过社会学技术，或者关键信息的提供和自行设计的问卷来识别。如果想要知道一个产品在全国范围内的意见领袖，又当如何呢？意见领袖的辨认是不容易的，因为他们与被影响的人们十分相像。意见领袖大量地使用大众媒体，尤其是那些与其意见领域相关的媒体，由此为识别意见领袖提供了线索。例如，耐克推测《跑步者世界》的订阅者可能是散步鞋和跑鞋等产品的意见领袖。同时，由于意见领袖很合群，喜欢加入俱乐部和社团，耐克也可将当地跑步俱乐部的成员，特别是俱乐部的活跃分子作为意见领袖。某些产品领域有职业性的意见领袖。对于家禽产品，乡村推广机构一般都颇具影响力；理发师和发型师可以充当护发产品的意见领袖；药剂师则是很多保健护理品的重要意见领袖；计算机专业的学生，也自然而然地成为其他打算购买个人计算机的学生的意见领袖。

1. 自我指定法

识别意见领袖最常见的方法是直接询问个人消费者是否认为自己是意见领袖。这是自我指定法。下表9-4是研究人员使用的意见领袖自我指定法量表。

表9-4 意见领袖量表的最新修订版

请你根据你和朋友、邻居的互动，在下列尺度上为自己打分。
1.一般来说，你和朋友邻居是否经常谈论：
很频繁　　　　　　　　　　　　　　　　　从不
5　　　　4　　　　3　　　　2　　　　1
2.在你和朋友、邻居谈论的时候，你：
提供很多信息　　　　　　　　　　　　提供很少信息
5　　　　4　　　　3　　　　2　　　　1
3.在过去的半年中，你向多少人介绍过一种新的产品？
很多人　　　　　　　　　　　　　　　　没有
5　　　　4　　　　3　　　　2　　　　1
4.与你的朋友圈子相比较，你有多大可能性会被问及关于某种新的产品？
很有可能　　　　　　　　　　　　　　根本不可能
5　　　　4　　　　3　　　　2　　　　1
5.在谈论新的产品时，以下哪一项最有可能发生？
你向朋友介绍　　　　　　　　　　你的朋友向你介绍
5　　　　4　　　　3　　　　2　　　　1
6.在你和朋友、邻居的讨论中，总体而言，你：
常常被看作是建议来源　　　　　　不被看作建议来源
5　　　　4　　　　3　　　　2　　　　1

2. 社会测量法

社会测量法是用于描绘群体成员的沟通模式。这些方法使研究者能够系统地描绘群体成员之间的互动。通过采访参加者询问他们向谁征询产品信息，研究者就能够识别谁是产品信息的来源。这种方法最为精确，但是实施起来难度大且成本高，因此他需要对小群体的互动模式进行近距离的研究。因此，社会测量法在人数有限且独立的社会环境（如医院、监狱及军事基地）中具有最好的应用效果，因为这些地方的成员在很大程度上与其他社会网络隔离了。

9.3.4 建立在意见领袖上的营销策略

意见领袖的重要性在不同的产品、不同的目标市场上存在很大的区别。因此，在使用意见领袖时，第一步是通过调查或凭经验或逻辑来确定意见领袖在目前环境中的角色。这一步完成后，就可以利用意见领袖制定营销策略了。

1. 广告策略

广告应力图激励消费者模仿意见领袖。激励包括设计一些活动情境，鼓励现在的产品使用者谈论产品或品牌，或者让潜在的购买者向现在的使用者询问他们的感受。模仿意见领袖涉及找到一位众所周知的意见领袖——如为跑步器材找到乔伊娜（Florence Joyner）或卡尔·刘易斯（Carl Lewis），使他们认可某一品牌。

中国的 SNS（社交网络服务）网站，这是一种提供信心展示、交流、互动的平台。例如，校内网这样的社交网络，以前的广告种类只有为目标受众定制的显示广告。2009 年的校内网和开心网都是沿着这一思路开展广告业务的。两个网站以前都是简单的登录首页，慢慢地出现了品牌广告，站内的页面也分成了小块，用以置放小广告。广告还可以与游戏场景融合形成植入广告。例如，2008 年开心网在其抢车位的游戏中植入了某品牌车的广告，并在赠送礼物环节植入了某款运动鞋的广告。但是目前越来越多的人选择的广告模式是由意见领袖引导的用户卷入模式。即广告主先找出社交网络中的意见领袖（通过用户的点击频率、知名度、活动参与度等找出意见领袖）将其带入品牌的活动中，然后意见领袖有偿地进行对网络其他用户开展营销活动，或者无偿地进行营销活动（可能是为了获得某种体验满足感等），渐渐地大量的用户被卷入到与该广告有关的对话或活动中来，从而取得良好的营销效果。网上经常发起的关于某种的投票就是这种广告营销模式。这种意见领袖引导的用户卷入的广告模式，做的比较成功的案例是 2009 年某知名女性社交网站"爱情公寓"联合网络服装品牌发起的"30 天变装真人秀"参与者可以在机子的平台上展示自己的搭配和时尚，他们成为这场活动中的意见领袖。在下一步过程中通过投票、博客等多种形式吸引那些感兴趣的朋友。

2. 口碑营销

例如，以 Gmail 邮箱的发展为例，它是以 Google 的品牌作为支撑，也是全球第一个 1G 免费邮箱，进入市场伊始采用的是神秘邀请注册模式激发了用户的兴趣。Gmail 邮箱刚开始并没有面对用户大规模的开放，而采用的是邀请的方式，先找一部分具有比较大的人际关系圈而且经常需要发送东西的人群让其免费注册体验，然后由这部分人群向其朋友圈、同事圈推荐，并由其送出邀请注册码，新用户只能通过邀请注册码才能注册。

这种方式充分发挥了意见领袖的作用同时抓住了人们物以稀为贵的心理，使网民趋之若鹜，争先恐后地想要获得一个邀请码，注册成功后，又将自己有限的邀请码献宝一样地再送给自己的朋友圈，自然而然地扩大了影响力和知名度。即使不做任何营销活动，一有什么风吹草动，媒体、网民自会争相报道。

大家去商场里面买东西，可能送的东西都比买的东西还多。有时候赠送样品也是一项非常有意义的传播信息的手段。当然这些样品要尽可能地分发到可能成为意见领袖的人的手中。克莱斯勒公司为了把他的新汽车推向市场，向 6000 名可能的意见领袖提供这款新车，让这些人免费试用两天。这些人包括企业高管经理和社区首脑。随后的市场调查发现，有 32000 多人驾驶或乘坐了这种汽车，并且试驾之后有很多人争相购买，其口头赞誉流传更广。

通常情况下消费者会同其他消费者谈论自己使用过的有关产品、商店和服务的经历。因此，生产者和销售者提供满足甚至超过消费者期望的产品或价值是非常重要的，也就是说一定要赢得好的口碑。在口碑营销中有一个关键点，那就是控制"信息源"，而在信息源的控制中有一个核心，那就是要找到传播信息的载体——那些对某个市场具有强大影响力的"意见领袖"。意见领袖并不集中于特定的群体或者阶层，而是均匀地分布于社会上任何群体中。腾讯在做 QQ 推广时，就非常注重对意见领袖的寻找和锁定。他们定位的用户平均年龄约 19~21 岁，这是一部分时尚、对新潮流感应敏锐的人群。他们对 QQ 这种便捷新兴的在线通信方式没有任何的抵御能力,能很快接受并乐于去传播它。企业完全不能忽略意见领袖,因为他们的反应可能会影响大多数消费者。这些人可能也代表高度消费力,可以带给企业更多的收益。

3. 个人推销

零售商或推销员有成千上万的机会使用意见领袖。服装店设计了"时尚意见委员会",由目标市场中可能成为服装款式意见领袖的人组成。面向青少年的商店使用的活跃分子和班级干部也是意见领袖。餐馆老板也可以向目标市场中的可能领袖做出特别邀请,或提供二兑一的赠券以及菜谱等。零售商或推销员可以鼓励现有顾客向潜在的新顾客传达信息。例如,一位现有的顾客带来一位朋友看车时,汽车推销员或经销商就可以为他免费洗车或加油。不动产商可以为顾客或可以带来新顾客的其他人提供一张在豪华餐厅享用双人餐的赠券。

9.3.5 角色

角色是在群体内部划分和界定的。角色是指社会对具有某种地位的个体,在特定情境下所规定和期待的行为模式。虽然个人必须按某种方式行动,但这种被期待的行为是基于地位,而不是基于个人产生的。比如,你身为学生,人们就会期望你有某些行为,如上课和学习,但是这些行为也是人们对其他学生的期待。总之,角色建立的基础是地位,而不是个人。

尽管一个班上的所有学生都被期待着展现某些行为,每个人实现这些期待的方式却各不相同。有的学生早早来上课、记笔记、问问题;有的学生虽然坚持上课,却从不提问;还有的学生偶尔才来上课。角色参数代表了可以接受的行为范围。惩罚是个人违反角色参数时受到的处罚。一个不上课或者扰乱课堂秩序的学生会受到处罚,视情节轻重,处罚从温和的批评到开除不等。

我们所有人都扮演着各种各样的角色。当一个人试图承担超越其时间、精力和金钱所允许的更多的角色时,角色超载便出现了。另外一些时候,两种角色要求有不同的行为。例如,一个典型的学生也许要承担学生、书店雇员、室友、女儿、女生联谊会会员、校足球队队员和许多其他角色。很多情况下,这位学生会面临互不相容的角色要求。例如,足球队员的角色要求她每晚练习,但学生的角色却要求她去图书馆,这就是角色冲突。大多数事业型的人,特别是已婚妇女,会经历作为家庭成员的角色与事业角色之间的冲突。下面是两名职业女性描述的由角色冲突而产生的压力。

我有种负罪感,我是说我仍然认为自己应当做一个超级母亲,我应该能做好所有的事。直到当我发现自己无法做好所有的事时,我真受打击。许多年来,我一直在学习如何更好地处理这个问题。过去我常有负疚感,但现在,这已不再困扰我了,因为我毕竟没有那么多时间和精力。一踏进家门,一大堆事情等着做,而我已经工作一整天了,需要稍事休息,要不然我会崩溃。最后,我给孩子们变了个戏法,让他们想去哪吃就去哪吃。你总得想出点办法来,对不对?再说他们也的确喜欢吃比萨饼或者肯德基的炸鸡,他们盼着一享口福。于是,这对他们就不称其为惩罚,而我自己也解脱了。男性也会感到角色超载。一则宣传"新平衡"(New Balance)运动鞋的广告明白无误地显示出这一主题。广告中显示,一个星期里男主人扮演诸如父亲、丈夫、银行家、朋友等各种各样的角色,这些角色的重要性与影响也在不断变化。"获得新的平衡"这一广告语,一方面突出了推广中的产品品牌,另一方面也强调在各种相互竞争的角色扮演中,保持平衡的重要性。

随着时间推移，个人所扮演的角色并不是静止不变的。个人会获得新的角色——角色获取，或放弃现有的角色——角色删除。由于角色常涉及产品，个人必须学会使用适合他们新角色的产品。比如刚才那个学生，她可能很快就放弃了学生、室友、校足球队员和书店雇员的角色，而获得其他角色，如经理助理、未婚妻和联合之路（United Way）志愿者等等。为了有效地扮演新的角色，她要学会新的行为，消费与原来不同的产品。比如，适合学生角色的服装，在新的角色扮演中可能就不合适了。

角色模型是人们对符合某种角色的理想人物所具有的设想。我们大多数人对医生、律师或小学老师的外貌和行为特点，具有相同的观点。闭上眼睛，想象这些职业中的一种。你脑中的形象很可能与你的同学所想象得十分相似。对营销经理来说，很多人具有这样共同的印象是很有意义的。涉及医生、祖母、老师等角色的广告，常会使用与目标市场的角色模型相接近的演员或个人。

本章小结

9.1 人活在这个社会上不可避免地要与人沟通交流，家人朋友的意见和建议我们都会拿来参考。群体或社会群体是由具有一套共同的价值观或信念的两个或者两个以上的个人组成的集体，群体可以分为正式群体与非正式群体、大群体与小群体、隶属群体与参照群体、初级群体与次级群体。

9.2 参照群体也可以称为参考群体，是指那些直接或者间接影响消费者的行为和看法的那类群体。对消费者而言参照群体是非常重要。该群体的观点和价值观被个人作为其当前行为的基础。参照群体可以分为主要群体、次要群体和渴望群体（相对的有厌恶群体或者规避群体）。参照群体主要从三个方面影响消费者：信息层面上的影响、规范上的影响以及价值表现上的影响。参照群体对消费者的影响程度主要受六个方面的影响：产品使用时的可见性、产品使用的必需程度、产品与群体的相关性、产品的生命周期、个体对群体的忠诚程度、个体在购买过程中的自信程度。根据参照群体对消费者的影响我们可以利用广告（例如名人效应、专家效应、普通人效应、经理代言人）来传递信息或者某种价值观。也可以利用广告传递每种社会规范。还可以利用人们的从众心理来进行推销产品。

9.3 意见领袖（Opinion Leader）又叫舆论领袖，是指从大众媒体或其他营销来源中获取信息，然后将它传达给他人，在传播信息的过程中同时对他人施加影响的人。高介入度的产品更可能会涉及意见领袖，低介入度的产品很少会征询意见领袖的意见。可以利用意见领袖使用户卷入进行广告，也可以利用意见领袖实现口碑营销和个人推销。

能力培养指导

● 跟踪一个服务提供者的推荐模式，例如，跟踪前来的顾客挑选发型设计师的方式。看看你能否识别出相继为顾客推荐服务人员的意见领袖。服务提供者是如何利用这一过程开展业务的？

思考题：

1. 群体是如何划分的？
2. 什么是次级群体是举例说明？

3. 什么是渴望群体？渴望群体如何影响消费者行为？

4. 参照群体是如何影响消费者行为的？在生活中的消费，你的哪些购买活动会受到参照群体的影响？又是属于什么类型的影响呢？

5. 哪些因素会影响参照群体对消费者影响的程度？

6. 对于以下产品或活动，参照群体影响其购买的程度如何？参照群体会影响品牌的选择吗？影响属于何种类型（即是信息性、规范性还是价值表现上的影响）？①咖啡；②手提电脑；③自愿参加非营利组织活动。

7. 请对现实中的新产品展示做调查，并解释如何利用群体效应做新产品展示会。

8. 什么是群体压力、从众现象？营销人员如何利用群体压力或者从众现象？

9. 什么是消费亚文化？

10. 什么是高度介入产品和低度介入产品？

11. 你所在的群体对你购买产品有什么规范？

12. 运用参照群体理论销售产品，会产生哪些问题？

13. 病毒营销策略使得顾客能够从公司利益出发向其他顾客推销产品。这往往意味着你说服你的朋友追随你，而在他们购买了某物后，你就能够从中获利。一些人可能会争论说，这意味着你为了获利而出卖你的朋友或向你的朋友推销。其他人可能说，你仅仅是在和你所关心的人分享财富。你对这种做法有何感受？

14. 下列属于次级群体的是：A. 军队中的老乡群；B. 同一班飞机上的旅客；C. 某中等职业学校学生；D. 某家庭的家庭成员。

15. 有没有初级群体成员与次级群体成员重合的例子？

案例应用 1

跟风消费

2003 年 3 月，北大未名论坛的"beauty 美丽时尚"爆发了讨论。事件的起因是日本高丝化妆品公司的热门产品雪肌精，这个产品自问世以来畅销了 30 年，曾经一度被评为最佳美白化妆水。很多商城的专柜都经常断货脱销。这次的活动是一个礼盒套装，包括雪肌精、面膜、乳液洗面奶等，价格也比平时少了很多。此消息一出一石激起千层浪，大部分的网友都大呼价格比平时少了将近一半，必须要购买，即使转遍整个北京的大小商场专柜也一定要买到。如此一来，消息一出后的两天，当地的商品都销售告罄了。这个产品之所以跟风消费如此强烈，是因为在普通消费领域，人们更倾向于从熟人、朋友那里获得信息。相对于那些经常看见的明星广告，人们更相信熟人们的推荐。北大论坛里面的都是学生，他们跟自己一样都是普通的消费者，他们觉得好的产品一定是值得尝试的好产品，而且对于那些消费过该产品的普通人，他们相信自己亲身体验的结果，也非常乐意向他人传播自己的观点。

资料来源：根据互联网资料整理。

【讨论题】

1. 结合案例，解释如何理解群体压力和从众心理的。

2. 结合自身经历，谈谈跟风消费现象，你是出于什么心理去跟风消费的？有没有什么弊端？

3. 试想一下,从众消费现象能不能从个性理论来理解?你觉得什么性格特点的人更容易跟风消费?

案例应用2

林先生的购车原因

在上海、广州等地近几年做的消费者市场调查表明,中国消费者购车购房选择时的第一影响因素,不是价格和品牌,而是已购者朋友的推荐看法。

攀比消费的重要前提是消费者购买某项商品并非出于物质满足的需要,它的发生更多地来源于攀比而形成的心理落差。在中国文化的背景下,中国人的攀比消费更具普遍性。下面是一个典型的汽车购买攀比消费的真实故事。

林先生是广州某报负责股票版的编辑,1998年,在私家车还不是很普遍的广州,林先生成为为数不多的有车一族。一般人都认为,私车是一种奢侈性消费,只有在满足了基本的衣食住行,并且拥有较丰裕的存款的前提,才有可能成为私家车主。通常的看法是,用于奢侈性消费的开支应不超过个人现金资产的三分之一。

但当时年仅25岁的林先生实际每年收入仅5万元左右,工作5、6年后的储蓄不过7、8万元,即便一辆16万左右的中档车对于他也是一个可望不可及的梦想。

买车前半年的一次同事聚会后,林先生坐在了同事胡先生的顺风车上。胡是当时报社买车第一人。尽管胡收入水平并不比林先生高出多少,但胡先生已有10多年的工作经历,而且胡先生属于门路活络之辈,灰色收入不在小数。林先生对胡的"壮举"颇为羡慕,但考虑到他与胡先生在收入上的较大差异,他只有望洋兴叹的份。

但是这次与私人汽车的亲密接触深深拨动了林先生的心弦。一路上,胡先生向林先生展示自己私家车的音响系统,这使得平素喜欢音乐的林先生十分向往。在此后的日子里,购买私家车的想法在他心中开始萌生,而且日渐强烈。

三个月后,报社忽然一下子多出好几个有车一族。而且这些有车一族清一色是刚参加工作不过5年、年纪不超过25岁的年轻人。他们有着这个年轻人群的共同特征:收入不高,积蓄甚少,消费感情,超前消费意识强烈。林先生打听了一下,这几个与他年龄、资历相仿的年轻人都是倾囊而出,并且都是向家里"借贷"部分资金来买车的。

同伴的超前消费意识和先"富"起来的生活方式让林先生受到震撼。他原来打算在5年后实现其心中的梦想,这批伙伴们的示范给了他冲击。他盘算了一下,自己手头已有8万元左右,每个月的收入虽不高,但应付生活还是有余,自己的父母是退休知识分子,手上有20来万的存款,向他们"借贷"10万应该没有问题。这两笔钱加起来,正好可以支付1998年时一辆中档车的车款和其他税费款。他说服了自己的父母,虽不容易,但父母在他的坚持下,惟有同意。

当时中档车主要有富康、捷达、桑塔纳几款。同事中有人买了富康,也有人买了捷达,而桑塔纳被大家公认大而无当且款式较老土。他比较了富康和捷达后,发现两者各有特色,富康外形较时尚,内饰较好,而且省油,而捷达最大的优点是动力强劲,这一点符合他对于好车的认同。最后他选择了一辆电喷型捷达王。当然,在他拿到车的第一周内,他就将车内的音响进行了改装。

正如他买车前所预计的那样,虽然买车一下子使他的存款变成了零,但林先生并没有感觉到因此而带来的压力,因为他吃住都在父母家里,暂时没有买房和结婚的打算,每月的工资足以支付自己交友和日常的支出。

当他开着自己的新车出入报社或者探亲访友的时候,他感到非常惬意。他提前5年实现了自己的梦想,而且也比大多数的同事和国人更早享受着拥有私家车的乐趣。事后他想,这个决定只不过来自于同事购车行为的鼓励,没有他们的示范,他也许还下不了这个决心呢。

【讨论题】

1. 根据本案例,讨论参照群体如何在消费者购买决策中起作用的。
2. 中国消费者购买奢侈品的决策特点是什么?

第10章 消费者决策过程：购前行为

学习目标

10.1 掌握消费者如何明确购买需求；
10.2 学习信息搜集的方法。

实践中的消费者购前决策

提高消费者防晒意识

1995年，Schering-Plough（先灵葆雅）公司开始着力对紫外线指数的宣传，并希望国家气象中心（National Weather Service）、环境保护署（Environmental Protection Agency）、疾病控制中心（The Centers for Disease Control）及其他一些健康组织与之共同努力，将该指数作为当地天气预报的内容之一。该指数表明了当地的紫外线侵害程度，包括人们在不采取任何防护措施的情况下被晒伤的时间。最初调查结果显示，在被试验的城市中有70%的消费者知道了该指数并由此带来了防晒品销量的大幅度上升。

为什么Schering-Plough公司要不遗余力地提高消费者对阳光侵害危险的意识呢？原因在于该公司在防晒品市场上占有支配地位，其"柯帕托"（Coppertone）品牌在防晒用品市场占有27%的市场份额。帮助消费者认识到皮肤暴露在阳光下的危害，不仅有助于提高他们的健康意识，也可促进公司产品的销售。

"柯帕托"甚至进一步推出"少女柯帕托"品牌来促销其防晒产品。正如该公司一位发言人指出："42年之后的今天，'少女柯帕托'已拥有了全新的含义。她不仅令人联想起阳光下的情趣，也使人们联想起紫外线防护的必要性。"

众多以Schering-Plough为代表的公司不仅使消费者认识到与紫外线侵害相关的问题，同时也积极开发相应产品来解决这些问题。比如Schering-Plough公司了解到许多消费者喜欢在阳光下把皮肤晒成健康的褐色，但不愿冒被紫外线晒伤之险，于是便研制出了"Protect&Tan"这一产品——一种褐色且防水的防晒液。

评述

问题认知是消费者决策过程的第一阶段。在上面的例子里，Schering-Plough公司和各种官方或私人卫生组织希望消费者意识到暴露于阳光下的风险，并在此基础上采取措施以使自己免受不合适的阳光侵害。

本章将探讨消费者决策过程的性质，并分析该过程的第一阶段——问题认知。我们将集中讨论以下几个内容：①问题认知过程；②影响问题认知的不可控因素；③以问题认知过程为基础的营销策略。

10.1 问题认知

10.1.1 问题认知过程

几乎每一天,我们都要面对各种消费问题。日常性的购买问题,比如汽油快用完了需要补充、常备的食物需要购买等等,一旦意识到,很快就会解决。某些使用频繁的大件商品(比如冰箱)突然出了毛病这样意料之外的问题则是容易认知,却不易解决。对其他问题的认知,比如对一台笔记本电脑的需求,则要多费点时间,因为此类问题通常较复杂,且决策缓慢。

随着时间的推移,各种情绪(如厌烦、焦躁或抑郁)会或快或慢的产生。这些情绪常被作为支配购买行为的问题而被认知("我心情不好,所以我要去逛逛商店或看场电影或到外面吃顿饭")。有时,这些情绪会导致未经认真思考的细分行为,如一个感到焦躁不安的人会下意识地决定去吃顿快餐。在这种情形下,"问题"并未真正被认知(在有意识的层次上),其尝试的解决方法通常也并不奏效(大吃一顿并无助于焦躁情绪的缓解)。

营销者不仅通过发展各种产品来帮助消费者解决问题,他们也常试图帮助消费者认识各种消费问题,有时甚至是在这些问题尚未萌芽之时。

10.1.2 问题认知的性质

问题认知是消费者决策过程的第一步,它是指消费者意识到理想状态与实际状态存在差距,从而需要采取进一步行动。比如,你也许不想让星期五晚上沉闷无聊。当你发觉自己在周末孤孤单单、心情烦燥时,你会把它作为一个问题看待了,因为你的实际状态(心情烦燥)与理想状态(快乐而充实)之间有差距。怎么办?你可以看电视、租影碟、给朋友打电话、出门逛逛或干其他的事情。

作为对问题认知的反应,消费者采取何种行动取决于问题对于消费者的重要性、当时情境、该问题引起的不满或不便的程度等多种因素。

缺乏对问题的认知,就不会产生决策的需要。比如当消费者的理想状态(消费者所期望的)与实际状态(消费者觉察到的、已经存在的)不存在差距时的情形。因此,当周末的晚上你发觉自己沉浸在一本小说里,你快乐充实的愿望(理想状态)与你享受阅读乐趣的现状是一致的,你也就没有理由去寻找别的消遣活动。

相反,当消费者的愿望与其觉察到的实际状态有差别时,问题认知便产生了。一旦理想状态强于或不及实际状态,问题便存在了。比如过得快乐而充实(理想状态)要胜过感到心烦(实际状态),结果便形成了问题认知。然而,假如你的室友出乎意料地组织了一个热闹的聚会,你发觉自己比平时期望的状态更加兴奋(实际状态),这同样会引起问题认知。

消费者愿望被描述成消费者期望的生活方式与现时状态(时间压力、周围环境等)共同作用的结果。因此,自我概念与理想生活方式集中于户外活动的消费者会有频繁参加此类活动的愿望,高山上的积雪、海边的温暖宜人的气候会使他们的这类愿望更加强烈。

消费者的生活方式与当前情境还决定消费者对实际状态的认知。消费者的生活方式是决定其实际状态最主要的因素,因为生活方式是在资源约束条件下消费者选择如何生活。例如,一个选择哺育一大堆孩子、拥有大量财产、追求事业成功的消费者通常没有什么时间进行户外活动（实际状态）。此外，当前状况（放一天假、一个大项目即将交付、孩子生了病）也会对消费者如何认识其所处的实际状态产生重要影响。需要强调的是，导致问题认知的是消费者对实际状态的感知或认识，而并非"客观的"现实状态。抽烟的消费者总相信抽烟并不危害健康，因为他们并没有把烟吞进肚子里。也就是说，尽管"现实"是抽烟有害，但这些消费者并未认识到这是一个问题。

消费者解决某一特定问题的意欲水平取决于两个因素：①理想状态与现实状态之间差距的大小；②该问题的相对重要性。举个例子，某个消费者希望自己的汽车不仅要满足他对型号与马力的要求，还要达到平均每升至少跑 9 千米的油耗水平。如果他现在的汽车油耗水平是每升 8.7 千米，尽管这二者存在差距，但这一差距并没有大到促使该消费者产生购买新车的地步。

另一方面，即使理想与现实之间差距很大，如果问题并不十分重要，消费者也不一定着手搜集信息。某个消费者现在拥有一辆开了 10 年的旧丰田车，他希望能有一辆福特公司的 Mustang（野马）汽车，应当说差距是相当大的。但是，与他面临的其他一些消费问题（如住房、用具、食物）相比，这个差距的相对重要性可能很小。相对重要性是一个很关键的概念，因为所有的消费者都要受到时间和金钱的约束，只有相对更为重要的问题才会被重视和解决。总的来说，重要性取决于该问题对于保持消费者理想的生活方式是否关键。

10.1.3 消费者问题的类型

消费者问题可分为主动型与被动型。主动型问题是指消费者在正常情况下就会意识到或将要意识到的问题。被动型问题则是消费者尚未意识到的问题。下面这个案例清楚地说明了主动型问题与被动型问题的区别。

小案例

迪恩伯莱木材公司开发出一种新燃料——洪都拉斯脂松木。这种天然木材即使在潮湿的情况下也能用火柴一点即燃，且能持续燃烧 15~20 分钟。在燃烧过程中它不会爆出火花，因而安全性相对较高。这种木材可加工成 38~46 厘米长、直径为 2.54 厘米的木棍用于壁炉点火，或压成碎片用于引燃烧烤用的木炭。

在将该产品推向市场之前，公司进行了一项市场调查以预测需求和以此指导其营销策略的制定。两组潜在消费者接受了调查。第一组被访者被询问如何点燃壁炉，以及在此过程中遇到了哪些问题。几乎所有的被试都回答是用报纸，很少有人认为这有什么问题。接着公司向他们介绍了脂松木这种新产品，并询问他们购买该产品的可能性。结果只有很小一部分人表示有购买兴趣。然而，富有戏剧性的是，在这些人实际使用该产品几个星期后，竟纷纷感到它是对现有引火方法的极大改进，并表示了继续使用该产品的强烈愿望。由此清楚地表明，问题是存在的（因为试用者均感到它大大优于旧产品），只是大多数消费者没有意识到这一点。这就是被动型问题。在产品能够成功销售之前，公司必须唤起消费者对问题的认知。

与此形成对照，在关于点烧木炭的一组被试中，相当多的人表达了他们对液体点火器安全性的担忧，这些人对安全性能更高的点火产品有着强烈的兴趣。这就是主动型问题。在此情况下，公司不用担心消费者对问题的认知，而应将营销重点放在向消费者描述该新产品是如何更好地解决消费者已认识到的问题上。

从上面的例子可以看出，主动型与被动型问题需要运用不同的营销策略。主动型问题仅仅要求营销者令人信服地向消费者说明其产品的优越性，因为消费者对问题已经有了认识。对于被动型问题，营销者不仅要使消费者意识到问题的存在，而且还要使其相信企业所提供的产品或服务是解决该问题的有效方法。显然，做到这一点难度是很大的。

10.1.4 针对消费者问题的营销策略

营销管理者通常关注四个与问题认知相关的问题：第一，他们需要弄清楚消费者面临的问题是什么；第二，他们要知道如何运用营销组合解决这些问题；第三，他们有时需要激发消费者的问题认知；第四，有些情况下他们需要压制消费者的问题认知。

1. 消费者问题的衡量

发现消费者面临的问题有很多种方法。最常用的无疑是直觉，即管理者可分析某类特定的产品，然后逻辑性地决定可以做哪些改进。静音吸尘器和洗碗机就是针对消费者面临的潜在问题得出的合乎逻辑的解决方法。这一方法的缺点在于，通过这种途径识别出的问题可能对大多数消费者来说并不重要。因此，还需要发展和运用其他的研究技术。比较典型的研究技术是调查，即询问大量消费者以了解他们所面临的问题。前面介绍的迪恩伯莱公司运用的就是调查技术。第二种常用的技术是集中小组访谈。小组由 8~12 名身份相近的人，如大学男生、律师或十几岁的女孩组成。将这些人集中到一起讨论一个特定的话题，在现场则由一位主持人来引导，以防止讨论偏离正题。调查也好，集中小组访谈也好，都需要运用下列三种方法之一来识别问题。这三种方法是：活动分析、产品分析、问题分析。

第三种技术是人体因素研究，它既不依赖于调查法，也不依赖于集中小组访谈。第四种技术是情绪研究，它旨在揭示情绪在问题认知中所起的作用。

（1）活动分析

活动分析集中于对某一具体活动如准备晚餐、修剪草坪或引燃壁炉之类活动的分析。调查法或集中小组访谈法试图找出在活动过程中消费者觉得会发生什么问题。如约翰森·万克斯公司进行了一次面向妇女的全国范围的调查，内容是她们怎样护理头发及遇到了哪些问题。调查揭示了一个现有的洗发水品牌均未能解决的问题——油腻。结果，该公司有针对性地开发出了 Agree 香波和 AgreeCreme 清洗液，均大获成功。

最近在家庭主妇中做的有关"厨房问题"的调查显示，主妇们最感头痛的问题是厨房用品的摆设"缺乏条理"。相对而言，大多数人并不把食物的储藏当成什么问题，剩饭剩菜处理也不是大的问题。

（2）产品分析

产品分析与活动分析类似，但研究的是某一个特定的产品或品牌的购买与使用。比如，消费者被问到的问题可能与使用山地车或笔记本电脑有关。Curlee 服装公司使用集中小组访谈方法来分析男士服装的购买和使用。结果表明，很多人在购买男装时感到非常不放心，原因主要是对零售人员的动机和能力的不信任。于是，Curlee 公司发起了一项大规模的培训活动，通过专门设计的培训课程和拍摄的影视节目来培训其员工。

（3）问题分析

问题分析采用了与上述几种方法截然相反的途径。它由一系列问题开始，要求被调查者指出哪项活动、产品或品牌会涉及这些问题。例如，涉及包装的一项研究其问卷中会列出如下问题：

- _____包装难以开启。
- _____的包装难以重新密封。
- _____不便于倾到。
- _____的包装不适合货架。
- _____包装浪费的材料太多。

（4）人体因素研究

人体因素研究试图测试人的诸多能力，如视力、力量、反应时间、灵活性、疲劳程度，以及影响这些能力的因素，如亮度、温度、声音等。用于人体因素研究的方法多种多样，其中观察法如慢动作拍摄和放映录像、录音等对营销者来说尤为有用。

人体因素研究主要用于确定消费者意识不到的功能性问题。比如，它有助于设计像吸尘器、割草机、电脑之类以减轻使用者疲劳程度为目的的产品。近来众所周知的腕部综合症，即由于长时间重复同样的动作如往电脑里输入数据而受到的身体伤害，导致了人们对人体因素研究的极大兴趣。

（5）情绪研究

营销者对于情绪在决策过程中的作用的研究才刚刚起步。比较通常的方法是集中小组访谈和面对面的访谈。研究重点集中在两个方面：（1）与某一个特定产品相联系的情绪；（2）能够减轻或激发某种情绪的产品。对于比较细微或敏感的情绪或产品，采用投影技术比较合适。同样，第11章介绍的各种用于测试情绪和对广告的情绪反应的技术也可被用于测量消费者对各种决策情境的情感反应。

2. 对问题认知的反应

一旦某个消费者问题被识别，营销者随即可能制定营销组合方案来解决该问题。这可能涉及产品开发或改进、分销渠道的变更、价格或广告创意的改变。举例来说，很多人出于健康或减肥的目的希望减少脂肪的摄入量，但他们又舍不得放弃享受美味食品和零食。于是霍希公司便研制出了"约克"牌薄荷小方糖——一种低脂糖果来解决这个问题。

当你临近毕业，你会面对诸如买保险、申请信用卡等很多在经济独立、生活方式改变之初必然要经历的种种问题。企业对这些问题的了解会导致它们开发各种产品来解决这些问题，并通过人员推销和广告等手段将解决办法告知与你境况相似的人。

周末和晚间营业，是零售商对于消费者在其他时间段无暇购物这一问题的反应。解决这一问题对于双职工家庭来说尤为重要。

营销者对消费者问题认知的反应方式很多，上面描述的例子仅仅反映了其中很小的一部分。总之，每个公司都必须了解它能够解决哪些消费者问题、哪些消费者有此类问题，以及这些问题发生的条件。

3. 问题认知的激发

有时营销者希望引起问题认知，而不只是被动地对其做出反应。本章开头所描述的迪恩伯莱公司为销售其壁炉引火产品就面临这一问题。对于玩具营销者来说，应该通过在一年中的其他时候激发问题认知，以改变其销售过分依赖圣诞节的情况。比如，Fisher-Price（费雪）公司就在春季和夏季分别推出了以"雨天"和"晴天"为主题的促销活动。

(1) 一般性问题认知与选择性问题认知

引起问题认知有两种基本方式，即一般性问题认知和选择性问题认知。这两个概念与经济学中的一般性需求与选择性需求的概念相似。

一般性问题认知中涉及的差别即理想状态与现实状态之间的差别可以通过同一类产品中的不同品牌来缩小。大致说来，当一个公司着力于影响消费者的一般性问题认知时，这个问题对消费者往往是潜在的或目前不甚重要，并且：①它处于产品生命周期的前期；②该公司占有很高的市场份额；③问题认知之后的外部信息搜集相对有限；④需要全行业协作努力。

电话销售经常试图激起问题认知，一部分原因是因为销售人员能将外部信息收集限于一个品牌。协作式或合作式广告通常集中于一般性问题认知。这方面最成功的两个例子是牛奶和猪肉。类似地，垄断性企业，如在湿鼻烟草生产上处于垄断地位的美国烟草公司往往集中于一般性问题认知，因为任何销售量的增加都可能来自他们自己的品牌。

然而，如果一家小公司为某类产品创造一般性问题认知，其最大的受益者可能是竞争企业而不是该公司自己。如果激发一般性问题认知的活动不经认真策划，即使占有较大市场份额的公司也会逐步失去市场。Borden's Creamette 是全美销售量最大的面条品牌，最近它大张旗鼓地进行促销并改进其面条的配方。结果显示，与 5.5％的全行业增长率相比，其销售量仅增长了 1.6％。显然，其促销努力在更大程度上帮助了它的竞争对手。

选择性问题中涉及的差别只有某个特定的品牌能够予以解决。虽然增加一般性问题认知通常会导致整个市场的扩大，但企业更多地试图激发选择性的问题认知来增加或保持其自身的市场份额。

(2) 激发问题认知的方法

公司如何才能影响问题认知呢？由于问题认知是由理想状态与现实状态的差异大小及其重要性所决定，因此，公司可以通过改变理想状态或对现实状态的认识来影响二者间差距的大小；或者，它可以通过影响消费者对现有差距重要性的认识来达成目的。

有证据表明，对于改变理想状态或现实状态的尝试，不同个体以及同一个体在不同产品领域的反应均存在差异。因此，营销者必须确保其选择的方式对于其所在产品领域和选择的目标市场均是合适的。

许多营销努力旨在影响消费者的理想状态。营销者常常通过广告宣传其产品的优越之处，并希望这些优点成为消费者欲求的一部分。

另一种可能是通过广告影响消费者对现有状况的认识。许多个人护理产品和社会性产品均使用这种方法。"即使你最好的朋友也会向你保密……"或"Kim 样样出色，而这种咖啡……"都是典型的激发消费者关注现在状态的例子。理想状态在这里是新鲜的空气和优质的咖啡，设计这些信息是为了引起消费者思考他们的现有状态是否与理想状态相吻合。

也有人对激发问题认知是否合乎道德产生质疑。对于与社会地位和社会接受程度相关的各种问题而言，这类争论常在"创造需求"的主题下展开，本书第 11 章曾对此做过讨论。

(3) 问题认知的时机

消费者常常在购买决策发生困难或找不到解决方法时产生问题认知：

- 当被困在大风雪中时我们才知道需要防滑履带。
- 在事故发生之后我们才想到买保险。
- 在春天我们想要一花圃的郁金香却忘了在秋天时种下。

• 当我们觉得不舒服又不想驱车去药店时才想到该备点感冒药。有时，营销者试图在事后再帮助消费者去解决问题，比如送药上门。但是更常用的策略是在问题发生之前就激发起问题认知。也就是说，如果消费者能够在潜在问题暴露之前就意识到并解决它们，那么对消费者自身和营销者来说都是有益的。

有些公司如保险公司，试图通过大众媒体的宣传引起问题认知，另外一些公司则更多地依赖卖场商品陈列和其他商场内影响手段引起问题认知。制造商和零售商都参与了这方面的努力。比如，在雪季来临之前，一家大五金商店就在店内醒目处放了一个巨大的雪铲，旁边的广告牌上写道："还记得去年冬天你需要雪铲的时候吗？冬天将近，快快准备！"

4. 压制问题认知

如前所述，竞争者、消费者组织、政府机构有时会在市场上传播引起某些问题认知的信息，而这些问题认知却往往是某些营销者希望避免的。美国烟草行业曾花大力气试图弱化消费者对与吸烟有关的健康问题的认知。比如，一则 Newport 香烟广告画面上是一对快乐的夫妇，标题是"享受人生"。显而易见，它可以被理解为试图减少由广告下方的强制性警示"吸烟有害健康"而带来的问题认知。

在名义型或有限型决策条件下购买的品牌，制造商往往不希望现有顾客对其品牌所存在的问题产生认知。此时，有效的质量控制与分销显得格外重要。另外，能使消费者对其购买产生踏实感的包装、说明等也有非常重要的作用。

10.2 信息搜集

10.2.1 信息搜集的性质

假设你的电视机出了毛病，或发现汽油快用完了，或是感到极度焦虑，或决定添件新外套……对这些意识到的问题你会怎样解决呢？你可能首先会想一下或回忆一下自己平时是怎么解决这类问题的。这可能会产生一个令人满意的解决办法（我最好停在下一个 Texaco（德士谷）加油站加油），或者，你认为自己应获得更多信息（我要查一下电话号码簿，看看谁负责修理这个牌子的电视机）。

某个问题一旦被认识，消费者就会利用长期记忆中的相关信息确定是否有现存的令人满意的解决办法，各种潜在解决办法有什么特点，如何对各种解决办法进行比较，等等。这就是内部搜寻。如果通过内部搜寻未能找出合适的解决办法，那么搜集过程将集中于与问题解决有关的外部信息，这被称为外部搜寻。

很多问题通过运用消费者过去储存的信息就能得到解决。如果针对某个特定问题，消费者回忆起唯一且令人满意的解决方案（某品牌或商店），进一步的信息搜集或评价就不会发生。此时，消费者就会购买这个被回忆起的品牌，这种类型的决策就是常规型决策。比如某个得了感冒的消费者想起 Driston 牌鼻腔喷剂曾缓解过他类似的症状，于是在没有做进一步的信息搜集或评价的基础上，就近买了一瓶 Driston 牌鼻腔喷剂。

同样，某个消费者可能会被购买点陈列的某个新产品所吸引。在读了该产品的性能说明后，联想到它能解决过去未能解决的某个问题，此时，消费者在没有进一步搜集信息的基础上就可能做出购买决定。这被称为有限型决策,有限型决策也主要涉及内部信息搜集。

如果上例中的消费者还要寻找具有同样功能的其他品牌,或为询价而去了其他商店,此时的决策就是同时运用内部和外部信息的有限型决策。当我们转向扩展型决策时,外部信息搜集就更加重要。然而,即使在扩展型决策条件下,内部信息也常常能够提供一部分或全部备选方案、评价标准和各种选备方案的特点。

外部信息包括:
- 朋友、邻居、亲戚,甚至越来越多的因特网上的陌生人的意见、态度、行为和情感。
- 从专业手册、文章、书籍及私人接触所获得的专业性信息。
- 经测试或试用获得的有关产品的直接经验。
- 借助广告、产品展示、销售人员等呈现的市场信息。有意识的外部搜寻(和低介入时的学习一样),同样可以在缺乏对问题的认识时发生。即时搜寻(Ongoing Search)既是为了今后使用获取信息,又因为这个过程本身就充满乐趣。比方说,对某项运动(比如网球)有着很高介入的人总是倾向于搜集与网球相关的产品信息,尽管他们并非对自己现有的网球用品有任何不满。这种搜寻涉及看网球杂志上的广告、逛网球用品商店、收看电视上的职业网球比赛,或谈论、观看本地的网球比赛。这些活动既使个体觉得乐趣无穷,又为将来积累了不少可用的信息。

市场积极介入日常信息搜集。他们经常性地搜集信息以便更多地了解市场,更深层的原因是他们喜欢这项工作,并享受与别人共享搜寻结果所带来的社会回报。

小案例

电脑前的游戏者正置身于得克萨斯巨弯国家公园。游戏的目标是在限定时间内在崎岖的山路上驾车行驶并拍摄沿途野生物。游戏者有一架照像机、一张地图、一个蜂窝式电话和一辆豪华切诺基吉普车。然而,这张光盘负载的不仅仅是这个游戏,实际上它还是一项高科技的销售手册。它让游戏者浏览各种车型的吉普车,获得各种车型的具体规格,进行功能和颜色的选择,与竞争者的车型进行比较,做出分期付款安排等等。

吉普车广告铺天盖地地出现在新闻周刊、商业出版物和生活杂志上,用户还可拨打 800 免费电话购买游戏盘。和其他利用光盘与潜在消费者沟通的营销者一样,"吉普"车的营销者也在争取年轻、富裕、追随科技潮流的男性群体。正如切诺基公司的一位执行经理所说:"我们的顾客多半受过良好的教育,并热衷于深入搜集各种信息。他们中的很多人正在积极寻找各种获得信息的途径。"

卡迪拉克公司在《奇观》(Prodigy)和《计算机服务》(CompuServe)杂志上做广告,用户可从中获得有关产品的信息。卡迪拉克公司还推出了光盘电脑游戏与销售手册的宣传组合。光盘在杂志上登广告,用户只需拨打 800 电话即可购得。《奇观》或《计算机服务》杂志的订阅者也可从网上购买这一光盘。

1994 年,卡迪拉克公司以在迈阿密的多罗度假村(Doral Resort)和乡村俱乐部(Country Club)举行的前九场高尔夫球赛为蓝本,推出了一款高尔夫球游戏,1995 年版则以后九场为蓝本。该游戏由 Lee Trevino 解说,并对每杆发表评论和建议。卡迪拉克的一位发言人说:"拥有计算机的人们似乎具有更积极的生活方式。豪华轿车买主最喜欢的游戏莫过于高尔夫球,所以我们的目标是点燃他们对高尔夫球和计算机的双重热情。"

曾生产过此类光盘的某公司总裁丹尼斯·辛达说,"互动(Interaction)正成为游戏的代名词。人们渴望参与，而不仅是被动地收看广告"。

争取今天的消费者是一项富有挑战性的工作。在许多消费者主动搜集信息并希望与广告发生互动关系的同时，其他一些消费者却希望在购买前毫不费力地得到有关产品或品牌的信息。

消费者不断地认识问题和机会，于是旨在解决这些问题的内部和外部信息搜集就成为一个不断进行的过程。然而，信息的搜集是要付出代价的，消费者不仅要付出体力，还要付出脑力。除了花费时间、精力、金钱，他们常常还要放弃一些更想做的事情。

虽然如此，信息搜集的收益常常超过其成本。例如，信息搜集可能会导致更低的价格、更满意的式样、更优的质量或对选择更加充满信心。在某些情况下，信息搜寻过程中体力与脑力的付出本身就是一种回报或奖赏。最后，我们要记住，消费者的大量信息是通过无意识的搜集——低介入度学习获得的。

10.2.2 被搜寻信息的类型

消费者决策通常需要如下的信息：
- 解决某个问题的合适评价标准。
- 各种备选方案或办法的存在。
- 每一备选办法在每一评价标准上的表现或特征。

信息搜集就是寻找上述三种类型的信息。

10.2.3 信息来源

再回到前面关于买电脑的有趣例子。为了获得相关信息，你可能回忆你所了解的电脑知识，就此与朋友或网上用户进行讨论，查询《消费者导报》，阅读《电脑杂志》上的文章，与销售人员交谈，或者亲自对几台电脑进行检测。这些代表了消费者获得信息的五种主要来源。
- 过去积累、个人经验及低介入度学习形成的记忆。
- 个人来源，如朋友、家庭和其他一些人。
- 独立来源，如杂志、消费者组织、政府机构等。
- 营销来源，如销售人员、广告。
- 经验来源，如检查或试用产品。在大多数情况下，消费者以内部信息作为其主要的信息来源。应当指出，长期记忆形成的信息最初也是来自外部信息。也就是说，你可以只凭或主要凭借存储在记忆中的信息来解决某个消费者问题。然而，在某个时点上，你仍是从某种外部来源获取该信息，如直接的产品经验、朋友介绍或低介入度学习。

营销活动影响着所有的五种信息来源。例如产品特征、产品分销和促销信息构成了主要的市场信息。独立来源如《消费者导报》主要介绍产品功能性特点，个人来源如朋友则主要提供关于产品和产品促销的经验信息。

大量的营销活动旨在影响消费者从非商业性来源获得的信息。让我们来看强生公司在推出其新配方的婴儿浴液时是怎样做的：

产品信息、产品示范、研究报告、杂志广告和来信节目均以儿科医生和护士为对象，让其以健康护理专家的身份与年轻的妈妈进行直接的沟通。同时，印刷广告、优惠券刊登在各种出版物上，一部探讨父母与孩子纽带关系的影片被分发到教育中心、医院和医学院轮流播放。

另外，虽然消费者可能不将广告或其他营销者提供的信息立即用于购买决策，毋庸置疑的是，这些持续展露的广告信息会影响消费者对产品需求的感知，会影响考虑域和激活域的构成，也会影响消费者所采用的评价标准和关于每一品牌表现水平的信念。大量证据表明，非耐用消费品广告即使在短期内也能对销量产生巨大影响。可见，虽然消费者报告他们受营销来源信息的影响有限，其他方面的证据则表明这种影响可能比消费者报告得要强烈。

小案例

1. 调查五名学生，确定他们认知或意识到的3个消费者问题。对每一问题了解以下内容：
   a. 问题的相对重要性。
   b. 问题是怎样产生的。
   c. 引起这一消费问题的原因。
   d. 针对意识到的消费问题，采取了何种行动？
   e. 为了解决这一问题计划采取什么行动？
2. 找出并描述一则试图激发问题认知的广告，根据问题类型和广告所建议的行动分析该广告。为增加在激发问题认知上的有效性，你建议对广告做哪些改进？
3. 调查五名同学，找出他们最近做的名义型决策、扩展型决策和有限型决策的例子各3个（总共9个决策例子）。每一决策类型与哪些具体因素相联系？
4. 访问五名同学，识别每人均采用名义型决策过程购买的5种产品。同时，识别哪些购买属于品牌忠诚型，哪些属于重复购买型。如果有的话，是哪些特征将品牌忠诚型产品与重复购买型产品相区分？
5. 找出并描述两则试图影响问题认知时机的广告或两个购物点陈列情形，评价它们的有效性。
6. 从相关细分市场中选取样本，对你感兴趣的一项活动做分析。就你的分析所建议的营销机会写一份报告。
7. 从相关细分市场中选取样本，对你感兴趣的一种产品进行分析。就你的分析所建议的营销机会写一份报告。
8. 运用从新入学的大学生中抽取的样本做一问题分析，就你的分析所建议的营销机会写一份报告。
9. 访问五名吸烟者，弄清他们意识到了哪些与抽烟有关的问题？

10.2.4　因特网上的信息搜集

前述研究证据和成果均是在因特网未在全世界广泛使用时获得的。因特网（Internet）或万维网（World Wide Web）是一个计算机互联网络，任何计算机只要与电话线接通即可进入该网络。除了计算机和连接系统，因特网还由网址（即网上特定的地址或文件）和搜索引擎（即用于搜寻不同网址并提供具有所要求特征的网址的程序）组成。

因特网的出现正以某种尚未为我们全面了解的方式改变着信息的搜集。目前，关于世界上使用因特网的人数估计，出入很大（仅美国就有400万~2500万）。然而，不容置疑的是因特网的发展极为迅速。

用户将"购买前调查"作为他们未来使用因特网的最大兴趣所在。年轻用户倾向于将因特网作为沟通手段，而中年用户则侧重于网上信息的查询。网上信息的便捷、深度和多样化将从根本上改变未来的消费者信息搜集的性质。因特网上既有营销者提供的信息，通常是以娱乐广告、一般信息站点以及主页（由个人或公司建立和完善的网页）的形式出现；也有来自政府和私人来源的独立资料，以及来自公告牌和聊天室中的个人信息。

虽然营销者使用主页目前已十分普遍，然而网上广告支出仍十分有限。在1996年第二季度，各公司用于因特网上的广告费总额是4300万美元，而同期用于广播网的广告费用是2亿美元，用于消费者杂志的广告费是28.91亿美元，用于电视的广告费用更高达35.92亿美元。究其深层次原因，是尚缺乏衡量网上广告效果的有效途径。

营销者正越来越多地使用标准广告鼓励消费者访问他们的网站。近三分之二的因特网用户曾在看了杂志上的广告之后或通过其他商业性来源获悉有关信息后访问营销者的网站。

小案例

1. 找出并描述一则吸引读者访问某个网站特别有效的杂志广告，它为什么有效？
2. 使用因特网为后面所列产品找到有关以下方面的信息：（i）合适的评价标准；（ii）备选方案；（iii）表现特征。
   a. 山地车
   b. 便携式电脑
   c. 减肥食品
   d. 旅游胜地
3. 哪些人在购买前利用因特网获取信息？
4. 访问一家网上商店，比较它提供的信息与购物中心内的一家类似商店所提供的信息是否存在差异？

10.2.5 外部信息搜集的收益与成本

在上面描述的例子中，为什么50%的大宗家用电器购买者仅很少或干脆不搜集外部信息，而12%的人却广泛地搜集外部信息呢？原因部分在于购买者对特定购买情形下信息搜集的收益和成本在感知上存在差异。权衡成本收益的能力是随年龄的增大而逐步形成的，学龄前儿童在这方面的能力似乎还很弱，但当进入上学年龄他们在这方面的能力提高很快。因此，大多数消费者都能在成本—收益分析或估计的基础上做出是否搜集和在多大程度上搜集外部信息的决定。

外部信息搜集的利益可以是有形的，如更优惠的价格、更偏爱的样式或更高的产品质量。这种利益也可以是无形的，如风险的减小、对购买信心的增加，甚至是增添乐趣。消费者对这些利益的认识会随消费者的市场经验、媒体使用习惯、消费者与他人相互影响的程度或所属的参考群体的不同而存在差别。所以，50%的大件家用电器购买者很少或不进行外部信息搜集，原因之一是他们没有感觉到由此会带来很大的利益。

另一方面，外部信息的获取并非不需成本。消费者只进行有限的外部信息搜集可能是因为搜寻成本超过预期收益所致。搜寻成本可以是货币成本也可以是非货币成本。货币成本（Monetary Costs）包括与搜寻活动相关的费用支出，如交通费、停车费和与时间有关的成本，包括损失的工资、放弃的机会、照顾孩子的花费等等。搜寻的非货币成本（Non-monetary Costs）相比之下不太明显，但可能比货币成本影响更大。几乎每一种外部搜寻活动都涉及某种体力和心力的损耗。除了疲劳之外，搜寻中的挫折、搜寻活动与其他更想做的事情之间的冲突也可能削减搜寻努力。

1. 市场特征

市场特征包括备选方案的数目、价格幅度、商店分布和信息可获程度。要记住的是，影响购买行为的是消费者对市场特征的感知或信念，而并非实际的市场特征。虽然信念与现实往往是相关的，但很多情况下它们并不完全一致。

很明显，解决某一问题的备选方案（产品、商店、品牌）越多，消费者越可能进行更多的外部信息搜集。极端的情况是，在完全垄断状态下，如接受公用事业服务和办理驾驶执照，根本无需搜集外部信息。然而，如果可获的型号和品牌太多，信息超载可能导致消费者购物减少。特别是当每家商店的商品型号均不相同时，数量繁多的品牌会使搜集过程变得事实上无法进行。换句话说，如果第一家商店有两种品牌，每种品牌有五种型号；第二家商店有同样的两种产品，但每种产品又有五种不同的型号，消费者就得比较二十种不同的型号。这会使许多消费者将其购买局限于某个单一的零售点。由此导致一些营销者推出大量型号与式样，以便使核心顾客拥有独特性式样，同时避免在完全一样的型号上与竞争者进行直接的价格竞争。

消费者对同一产品领域不同品牌价格变动幅度的感知是影响外部信息搜集的又一个重要因素。例如，在Tuscon逛36家零售店比较5个流行品牌的玩具，最低总成本为51.27美元，最高总成本为105.95美元。很明显，在该玩具市场，有效购物将获得相当大的经济收益。

然而，就消费者对价格变动的反应而言，韦伯法则似乎也同样适用。也就是说，购物中的费用节省比例可能如同节省的绝对数量一样重要。如果消费者感到购买200美元的商品有机会节约50美元支出。他或她就有足够动力去从事更多的外部信息搜寻。同样节约50美元，如果是在购买1000美元商品的情境下发生，他或她可能就没有这种搜寻动力。

店铺分布，包括店铺数目、位置、彼此之间的距离，也会影响消费者最终购买前访问商店的数量。由于访问商店要花时间、精力，很多情况下还伴随金钱支出，商店彼此邻近将增加外部信息搜集。

一般来说，信息的可获性直接与信息使用相关。然而，太多的信息会引起信息超载，导致信息使用的减少。此外，随着时间的推移，随处可获的信息还会引发学习，这也会减少在购买前进一步搜寻外部信息的需要。广告、购物点陈列、销售人员、包装、其他消费者和《消费者导报》之类的公众信息来源是消费者获取信息的主要渠道。

2. 产品特征

价格水平和差异性等产品特征会影响外部信息搜集。一般来说，更高的价格和更大程度的产品差异，将导致外部搜寻活动的增加。

消费者似乎喜欢寻找那些积极或正面性的产品，即那些能够带来正面强化的产品。例如，购买花草、服装、体育用品、照相机被很多消费者视为美好的体验。相反，购买负面性或消极产品（即其主要利益是负面强化和消除某种外在不快）则没有如此令人愉快。逛杂货店、除虫服务、汽车修理对大多数人来说并不是件惬意的事。在其他条件一样的情况下，消费者更可能从事有关积极性产品的外部信息搜寻。

3. 消费者特征

很多消费者特征影响他或她对预期利益、搜寻成本以及需要从事某一特定水平搜寻的感知。对某一品牌的令人满意的体验是一种正面的强化过程，它会增加重复选择该品牌同时减少外部信息搜集的可能性。结果，对某一产品领域的各种品牌只有有限经验的消费者更趋于搜集外部信息。

然而，也有证据表明，对产品领域的某种程度的熟悉是外部信息搜寻活动产生的必要条件。例如，购买新汽车时，具有大量一般性汽车知识的消费者购买前的外部信息搜集水平很高，而对现有汽车品牌非常熟悉的消费者则较少进行外部信息搜集。因此，对产品领域一无所知的消费者要么因为新信息太多而产生对外部信息搜寻的惧怕感，要么因缺乏足够知识而不能从事外部搜寻。

虽然中等收入的消费者较更高或更低收入水平的消费者搜寻水平更高，外部信息搜寻程度似乎随社会地位的增加而增加。购买者的年龄与信息搜集呈反比。也就是说，随着年龄的增长，外部信息搜寻呈下降趋势。这部分是由于随着年龄的增长，消费者知识增加，对产品也更加熟悉。新组成的家庭，以及步入家庭生命周期新阶段的家庭较之于既有家庭对外部信息有更大的需求。

消费者倾向于形成一般的外部搜寻方式或模式。这些一般的模式被称为购物导向。虽然在不同的情境和产品领域个体在一般模式上会呈现出很大的变异，然而很多人在大多数产品的购买和不同购买情境下会展现某种较为稳定的购物方式。另外一些个体从事广泛的即时信息搜寻，这些人就是前面描述过的市场通。新涌现的一代消费者，即消费者透视所描述的"网络一代"，则正在发展一种完全不同以往的信息搜寻模式。

对某一产品领域介入程度很高的消费者一般会即时搜集与该领域有关的信息。这种即时搜集和由此形成的知识背景可能导致这些消费者在购买前无需进行外部信息搜集。当然，这也可能随他们对该类产品的介入程度的不同而变化。研究表明，追求多样性的葡萄酒嗜好者更多地从事外部信息搜集活动。

有些人称那些二十岁出头的年轻人为"网络一代"或"N一代"。"网"在这里指因特网，或更广意义上指计算机和计算机通信。这一代人是有史以来伴随着家用电脑成长起来的第一代人。电脑不仅深刻地影响他们的成长，而且还将改变商业尤其是营销运作方式。

对许多老一代消费者来说避之不及或操作起来障碍重重的电脑，在年轻消费者的手里则显得得心应手。研究表明，教一个四岁的孩子使用鼠标仅需5分钟，而教一个成年人花的时间则几倍于此。现在，大多数幼儿园的孩子已经开始使用电脑。

据估计，在美国有大约超过700万不满18岁的少年是因特网的活跃用户。超过90%的在校大学生在宿舍、寓所或学校图书馆上网。全世界因特网的使用者人数正以每6个月翻一番的速度递增。

这些孩子通常比他们的父母具有更多计算机及相关产品的知识。下面这段话是出自一位12岁孩子之口，讲述的是他和父亲一起购买电脑的经历。

"我爸爸只知道询问价格，但我却更在乎它的性能怎么样。电脑公司十有八九会对你说Windows之类的软件已经事先安装好而并不真正把软盘给你。我要确定事实是否真的如此，并且拿到软盘以防在使用中机器崩溃。"

这些年轻人不仅对电脑本身颇为熟悉，他们还在进一步学习如何利用电脑迅速了解想知道的一切。他们知道怎样进入公司网页、如何利用消费者报道、政府研究以及了解那些网上购物者的意见。他们正日益成为家庭重要商品购买的研究者。

4. 情境特征

诚如第 10 章所指出的，情境变量对搜寻行为具有重要影响。例如，面对拥挤的店堂，消费者最基本的反应是尽量减少外部信息搜集。对于搜寻行为而言，时间观也许是最重要的情境变量。解决某一特定消费问题的可用时间越少，外部信息搜集水平就会降低。

礼品购买情境下，由于知觉风险增加，外部信息搜集也随之增加。身体和情绪状态不佳的购物者将较其他购物者更少搜寻外部信息。令人愉快的物质环境有助于增加信息搜集，社会环境既可以增加也可以减少搜集水平，这要取决于社会环境的性质。

本章小结

10.1 消费者问题认知。

消费者决策随购买介入程度的增加而更显复杂。购买介入程度最低的是名义型决策。此时，问题被认知后，长时记忆提供一个唯一偏好的品牌。该品牌被购买，且只有非常有限的购后评价产生。当一个人由有限型决策向扩展型决策转变时，信息的搜集量随之增加，对备选方案的评估也更加广泛和复杂，购后评价更为全面深入。

问题认知涉及消费者理想状态（消费者所喜欢的）和现实状态（消费者意识到已存在的）之间的差距。理想状态与现实状态均受消费者的生活方式和目前情境的影响。如果两种状态间的差距足够大且非常重要，消费者将着手寻求解决问题的方法。

很多无法由营销者直接控制的因素会影响问题认知。理想状态通常受到以下因素影响：①文化与亚文化；②社会地位；③参照群体；④家庭特点；⑤财务状况与预期收入；⑥先前决策；⑦个人发展；⑧情绪；⑨动机；⑩情境。现实状态则受以下因素影响：①过去决策；②正常耗费；③产品与品牌表现；④个人发展；⑤情绪；⑥政府与消费者组织；⑦产品可获性；⑧情境。

在营销者对由外界因素产生的问题认知做出反应之前，他们必须衡量消费者问题。建立在活动、产品、问题分析基础上的调查法和集中小组访谈法是衡量消费者问题的常用方法。人体因素研究是从观察角度衡量消费者问题，情绪研究则集中于研究产品购买和使用方面的情绪性原因与反应。

一旦营销者认识到目标消费者的问题认知模式，就能据此反应，即通过制定营销组合解决被认知的问题。这将涉及产品改进与重新定位、营业时间的变更、价格调整或一系列其他营销策略。营销者通常希望影响问题认知，而非被动地做出反应。他们可能希望产生一般性问题认知，消费者关于理想状态与现实状态的差别可通过同类产品的不同品牌来缩小。也可能希望引发选择性问题认知，在这种情况下，前述差别只有某个特定的品牌才能消除。激发问题认知的努力通常针对理想状态，然而，使消费者认识到现实状态的消极方面也非常普遍。营销者还试图在潜在问题发生之前就使消费者认识到该问题，从而影响问题认知的时机。最后，营销者还试图弱化或压制其品牌的现有顾客群对问题的认知。因素影响：①过去决策；②正常耗费；③产品与品牌表现；④个人发展；⑤情绪；⑥政府与消费者组织；⑦产品可获性；⑧情境。

10.2 信息搜集。

认识问题之后，消费者可能进行广泛的内部与外部信息搜集，有限的内、外部信息搜集或仅仅是内部信息搜集。消费者搜寻以下方面的信息：①问题解决方案的合适评价标准；②

各种备选方案；③每一种备选方案在每一评价标准上的表现。

当面临某个问题，大多数消费者会回忆起少数几个可以接受的备选品牌。这些可接受的品牌，即激活域，是在随后的内、外部信息搜寻过程中消费者进一步搜集信息的出发点。因此，营销者非常关注他们的品牌是否落入大多数目标消费者的激活域。

消费者内部信息，即贮存在记忆中的信息可能是通过以前的搜集或个人经验积累的获得，也可能是经低介入度学习被动获得。除了从自己的记忆中获得信息，消费者可以从四种主要的来源获得外部信息：①个人来源，如朋友和家庭；②独立或公众来源，如消费者组织、政府机构；③营销来源或商业来源，如销售人员与广告；④经验来源，如产品的直接观测与试用。问题认识之后，显性的外部信息搜集是较为有限的。由此强调了问题认识之前与消费者进行有效沟通的必要性。市场特征、产品特征、消费者和情境特征相互作用，共同影响个体的信息搜集水平。很多人认为，消费者在购买某一商品前，应从事较为广泛的外部信息搜集，然而也应看到信息获取是需要成本的。搜集信息除了花费时间、精力和金钱外，通常还要放弃一些为消费者所欲求的活动。所以，消费者进行外部信息搜集止于这样一个水平，此时，预期的收益如价格的降低或更满意的购买超过信息搜集所引起的成本。

有效的营销战略应考虑目标消费者从事的信息搜集的性质。信息搜集水平与企业品牌是否处于激活域以及位置如何是两个非常重要的考虑层面。以此为基础，提出了 6 种潜在的信息战略：①保持战略；②瓦解战略；③捕获战略；④拦截战略；⑤偏好战略；⑥接受战略。

能力培养指导

- 访问 5 家网上商店。哪一家最好？哪一家最差？为什么？
- 访问几家网上购物中心（使用 Yahoo 等搜索引擎查询关键词 "mall"）。描述你认为设计最佳和设计很糟的购物中心各一家并说明理由。

案例应用 1

伊莱克斯冰箱广告为何不动人

进入 2000 年，冰箱市场的格局发生了巨大的变化。除了一批老牌冰箱称霸国内市场或固有一方外，一批新的面孔也如雨后春笋般涌现出来。

来自瑞典的"巨头"型家电企业伊莱克斯就颇引人注目。因为在戛纳国际广告节上，中国三进三没，广告人无不痛定思痛，而伊莱克斯吸尘器广告却是 97 戛纳的获奖作品，又被称为是夸张的典范之作，其同一夸张手法的冰箱广告在中央电视台黄金时段每晚播放两次（第一次在焦点访谈之后，第二次在黄金剧场之后），可谓声势浩大。

伊莱克斯冰箱的电视广告表现手法和其获奖的吸尘器广告风格相同，都采取了情节型夸张手法。从全球电视广告的发展趋势看，情节型电视广告已经形成潮流。在最具权威的国际戛纳广告节上，1996、1997 连续两年获奖的影视广告作品，几乎全是情节型广告。所谓情节型电视广告，是指以艺术作品中情节的表现形式来塑造广告形象。其主要艺术表现手法有：悬念、夸张、幽默、比喻、荒诞、象征。伊莱克斯吸尘器广告是：吸尘器的开关刚一打开，楼下的先生竟然隔着楼层被吸到了屋顶。虽然夸张得有些过分，但正是这种夸张，使受众明白无误地记住了产品的优点——吸力极大，也吸引住了戛纳评委们的视线。

后来伊莱克斯进入中国时，特别诉诸静音的特点。其广告内容为：阴暗的房间里，一台破旧的黄绿色冰箱发出急促的噪音,冰箱被震得左右摇晃,鱼缸被震得水花四溅,冰箱上站立的一只白色鹦鹉被吓飞,狗被吓得吼叫,摇篮里的婴儿吓哭了。西门子和伊莱克斯都是欧洲品牌,相比之下,西门子更了解中国百姓,在中央电视台黄金时段向中国百姓诉求"持久锁住营养",并配有赏心悦目的一颗红苹果。在冰箱里如何把营养锁到最佳温度,就广告心理因素中引人注意的12个方面来看,"与人们身体健康有关"是最能引人注意的,这和中国人的欲望也正相吻合。"中国本土化"是伊莱克斯的一大难题。中国百姓并不是由"崇洋"转向今天的"排外",他们早已放眼世界,在琳琅满目的各类商品中,选自己所爱,不管它来自何地。对瞬间即逝的广告,他们更有自己的鉴赏力。大宝男女共用的护肤品,广告有些"费解",但消费者喜欢;宝洁来自美国,它的一些列产品在中国市场比本国的同类产品更受欢迎,原因是宝洁公司了解中国百姓,它把所有市场调查的业务一直委托给中国公司,对中国市场进行调查,哪一个国家能比中国更了解中国百姓呢?

资料来源:张桂增. 伊莱克斯冰箱广告为何不动人[J]. 销售与市场,2000(5).

【讨论题】

1. 从本章的内容出发,伊莱克斯对消费者购买决策中的哪个阶段、哪个要素理解有误,导致传递了不恰当的信息?
2. 根据案例中中国消费者对冰箱的评价标准,哪些品牌的诉求点具有针对性?
3. 本案例对跨文化营销有什么启示?

案例应用2

旅游

王先生和王太太结婚整整25年了,孩子已经工作了。两个人在过去的25年里,不是忙工作,就是忙孩子,忙忙碌碌地就过来了。今年终于有空闲的时间,两口子商量着庆祝庆祝。怎么庆祝呢?王先生提议出去旅行。

可是,两口子这么多年都没有出去旅行了,最近的一次旅行还是孩子刚高考完,为了庆祝孩子高考成绩不错,带孩子去了离天津仅有3小时行程的北戴河。所以,王先生夫妇对旅行知识的了解实在是很有限,对那些名山大川的认识也只停留在电视、杂志上。怎么办呢?那就问呗!这么重要的旅行当然不能马虎了。

首先他们打算向各自单位的同事、朋友征询意见。王先生到单位一说自己要去旅行,同事们都围过来七嘴八舌地提建议:

"去桂林吧,桂林山水甲天下,而且你们夫妻坐在船上,荡漾在桂林山水间,多浪漫啊!"这是小梅的提议,小梅是个刚刚毕业的大学生。

"去敦煌吧,那个地方可是我向往已久的,那里有中国的5000年文化,还可以漫步在古丝绸之路,唉,不知多来劲呢!"这位啊,可不得了,是单位有了名的行家。

"别听他们年轻人的,去苏杭好了。看看苏州园林、逛逛西湖,又不累,又惬意。我看你们就去那好了。"这是一个和王先生同龄的刘先生。

"对啊。"此时,一旁的李太太跳起来,"我先生去过的,他说附近还有什么乌镇、桐庐这样的古镇,很有韵味的"。

"我看干脆就双飞海南三亚,多潇洒,在海滩晒晒太阳。"此时,边上的年轻人忍不住了。

真是，你一言我一语，可把王先生说蒙了。这七八张嘴说了半小时，把中国都快说遍了。回到家，一问妻子，才知道妻子也遭遇了同样的轰炸。

怎么办呢？夫妻俩正犯愁呢，女儿小倩回来了，只好把这烦恼说给小倩听。小倩一听乐了，"爸、妈怎么不早问我啊？我帮你们从网上找啊，网络上有很多旅游网站，有很多的介绍，可以帮你们选择。"啊，这下夫妻俩豁然开朗，连忙让小倩上网搜索。小倩上了几个旅游网，还在百度上搜索 4 月最适合的旅游去处，而且体贴女儿还不断地和他们讨论这次旅行的天数、经费预算等问题，再考虑到他们的身体状况，将旅行的范围大大缩小了。夫妻俩看着网站上精美的图片，虽然他们还不能完全相信这些信息，但是对自己的旅行终于理出了一点头绪。

这时，电视里正在播报新闻，新闻中三个字蹦入全家人的耳朵：旅游热。仔细一听，原来新闻小姐正在播报这段时间出国旅游的热情，像新马泰、巴厘岛等一些东南亚地区的旅游热潮兴起。而且在费用上也不比国内高多少。王先生此时有点心动，心想：活了大半辈子了，妻子跟自己这么多年无怨无悔的，要不这次就好好地玩一次，出去看看。

他偷偷地看了妻子一眼，发现妻子也是一脸向往的样子。小倩呢，早看透了父母的心事，早已在网上搜起境外游的一些信息来了。经过几个小时的网上遨游，全家人终于确定了三个方案：三亚、桂林、新马泰。

确定了这三个地方，可最终去哪里呢？还是小倩有经验，建议他们第二天去旅行社咨询一下。夫妻俩为了有充裕的时间做咨询，周末结伴去了离家半小时路程的鼓楼，听说那里有很多旅行社聚集。下了车，果然看到一条街都是旅行社，可是究竟进哪一家呢？夫妻俩又犯难了。突然王太太想起自己的一位朋友曾经接触过这里的旅社，连忙打电话咨询。朋友向他们推荐的是街角那家神州，说价格公道，服务可以。朋友还叮咛他们不要去那家春秋旅行社，听说那里的报价高，而且经常承诺的事情做不到，比如说好了是三星级旅馆，他们就会找二星级的糊弄，说好是十菜一汤一桌的餐饮，他们总是偷工减料变成九菜一汤。在朋友的千叮咛万嘱咐下，王先生夫妻俩决定先去看看神州。

神州旅行社的接待员热情地接待了夫妻俩，根据夫妻俩的旅游时间、天数，为每个目的地又推荐了不同级别的食宿方案，并且热情地推荐了境外游的路线。夫妻俩得到了不少关于目的地的宣传资料和旅行常识资料。

当然，习惯了货比三家的夫妻俩决定再寻找其他的旅行社进行比较。于是两人从神州旅行社出来，顺着路往前溜达，不经意间看到一家"金龙旅行社"，王先生总觉得这个名字似曾相识，心想反正也不知道哪家好，就找这家吧，名字熟。于是拉上老婆进了这家旅行社。

就这样跑了一天，王先生夫妻俩走了四家旅行社，拿到了四家旅行社的报价单和宣传资料，美美地回家了，准备和小倩一起商讨最终该方案。

【讨论题】

1. 你觉得王先生夫妇俩搜集信息的过程可以分为几个阶段？每个阶段的信息来源都是哪里？你觉得哪些来源对他们的影响最大？

2. 在消费者搜集信息的过程中，旅游景点和旅行社如何增加消费者对自己的关注，减少负面影响？

3. 你觉得哪些因素影响着夫妻俩搜集信息的行为？有什么办法可以帮助夫妻俩更加快捷地做出选择？

第 11 章　消费者决策过程：购中行为

学习目标

11.1　了解消费者购买中的评价与选择过程；
11.2　了解消费者的购买过程。

实践中的消费者购中决策

阳光器具公司食品处理器的再设计

阳光器具公司（Sunbeam Appliance Company）最近对其拥有的多种小型厨房用具成功地进行了重新设计。这项工作经历了四个步骤，下面以其食品处理器的再设计为例，对此加以说明：

（1）消费者使用习惯和态度调查。该项调查确定该类产品中的各种品牌是如何以及为什么被使用、使用频率、品牌所有者、品牌知晓率、消费者对该产品的态度等等。

（2）消费者属性及利益调查。确定消费者对该类产品的期望属性和利益的重要程度排序，并确定消费者对每个品牌提供的各种属性和利益的感知。

（3）关联分析或节点分析（即本章所要叙述的技术）。提供消费者对产品属性的偏好结构以及他们在不同表现水平的属性之间进行权衡的意愿。关联分析提供了各个消费者赋予具有不同表现水平的每个潜在产品属性的相对重要程度，这使得我们能将具有相似偏好结构的消费者个体归入同一个细分市场。

（4）产品销售情况和市场份额模拟。目的是决定投入市场的食品处理器的最佳组合。基于从步骤3中取得的消费者偏好结构和细分市场的大小以及竞争品牌特征，应用电脑模拟就可估计出每个阳光产品的市场份额。

评述

上述过程涉及对该类产品的数百家用户的调查，公司通过对12个不同产品特性的测试，发现了4个彼此有别的细分市场。据此，公司对产品线进行了调整，原来的6种产品被4个新产品所取代。这4种产品是针对前述4个细分市场中的3个，结果，产品的总体市场份额增加，成本下降，赢利能力提高。

11.1 购买评价与选择

评价标准是消费者针对某一特定类型问题而寻求的一些特性或利益。如在购买电脑之前，你会关心价格、速度、内存、操作系统、显示器以及售后保障。这些因素可能成为你选择电脑的评价标准。同样是购买电脑，其他的人可能会应用一套完全不同的评价标准。

1. 评价标准的性质

典型的评价标准常是与消费者期望获得的利益或必须付出的代价有关的产品特征或属性。例如，许多希望避免蛀牙的消费者使用含氟牙膏。对这些消费者来说，氟是与防蛀牙这一利益相关的评价标准。在这种情况下，评价标准和欲获取的利益是不同的，而在另外的情况下它们可能完全相同。例如，价格作为评价标准与成本的某一层面（我们知道，价格具有很多含义）是同一的。

评价标准可能在类型、数量和重要性上有差异。某一消费者在一次购买决定中采用的评价标准类型可能很多，从显性的成本、功能特性到无形因素如样式、味道、声望以及品牌形象等方面不等。在很多购买决策中，具有同等重要性的是我们对某一品牌的感觉。对某一品牌所产生的情感或情绪，消费者很难用语言表达出来，营销管理者也很难衡量和操纵。然而，无论是购买软饮料还是购买汽车，各种决策中情感因素确实扮演着重要角色。

评价标准可能以极端（如价格越低或公里油耗越少越好）、限定（如价格不能超过 100 美元等）或区间（如价格在 85 美元到 99 美元之间都可接受）等形式存在。

两个相似产品可以侧重于截然不同的评价标准。例如杰根斯润肤露广告强调显性的属性和技术表现，妮维雅润肤露广告则聚焦于隐性属性和感觉。

购买决策中运用的评价标准的数量依产品、消费者和情境的不同而不同。显然，对那些相对简单的产品如牙膏、肥皂或面巾来说，评价标准的数量很少。相反，在购买汽车、立体音响或住房时会涉及多种评价标准。如我们稍后将讨论的，消费者会应用少数的标准（如房屋的价格、尺寸、位置等），将一大堆选择对象缩小到很小数目。个体特征（如产品熟悉程度、年龄）、购买情境特征（如时间压力）也会影响到评价标准的数目。

市场营销者尤为感兴趣的是消费者赋予每一评价标准的重要性。三位购买便携式电脑的顾客可能都应用下表中列出的 6 个评价标准。但如图所示，若对每一标准赋予的重要性不同，他们购买的品牌可能各不相同。

表 11-1 重要程度排序

标准	顾客甲	顾客乙	顾客丙
价格	1	6	3
处理器	5	1	4
显示器质量	3	3	1
内存	6	2	5
重量	4	4	2
售后服务	2	5	6

顾客甲主要关心价格和售后服务，顾客乙要求运算速度和能力，顾客丙则看重使用的便利。假设他们各自代表一大群的顾客，我们便会得到基于同样标准但各自被赋予不同重要性而形成的三个截然不同的细分市场。当然，若考虑其他标准或附加另外的标准，如考虑嵌入式的调制解调器或电池寿命，我们便会得到另外的细分市场。

对不同的消费者，各种评价标准的重要性是不同的。即使对同一个消费者来说，评价标准的重要性也会因环境或情景而异。举个例子说，某一消费者在大多数情况下把食品的价格看成最重要的标准，但在赶时间的情况下，服务速度和购买的便利会变得更重要。

评价标准及个体赋予它的重要程度不但会影响品牌选择，还会影响到是否及何时认识到某一问题，以及是否和何时做出购买决定。例如，那些关注汽车样式、品牌形象更甚于舒适度和价格的顾客，比那些具有相反重要性排序的顾客更频繁地购买新车。

市场营销者之所以必须理解消费者使用或可能用来评价其品牌的评价标准，其原因有二：一方面，如我们在本章开始的例子中所看到的，了解这些标准对发展合适的品牌特征并把这些特征传达给目标市场至关重要；另一方面，市场营销者常常企图影响顾客所采用的评价标准。

2. 评价标准的衡量

当营销经理或公共政策制定者准备采用一个可靠的策略去影响顾客选择时，她（他）必须了解：

- 顾客采用了什么评价标准。
- 在每一评价标准上，顾客如何看待不同的备选品。
- 每一标准的相对重要性。顾客有时不会或无力说出其对某一产品的评价标准，要知道他们在某一特定的购买选择中所采用的标准往往是很困难的。在涉及情感或情绪因素时，情况尤其如此。同样，要了解消费者赋予每种标准以何种重要尺度也十分困难。

（1）决定采用什么评价标准

要判定某一具体购买决策中消费者采用了什么评价标准，市场营销研究人员可采用直接方法或间接方法。直接方法包括询问消费者在特定购买决策中使用了何种信息，或者在某一特定环境中或集中小组访谈中观察消费者的言行。当然，直接方法是建立在消费者能够并且愿意提供有关产品属性信息的假设之上。

在研究形成阳光器具公司新的食品处理器产品线的过程中，消费者很乐意描述他们需要的产品特征和利益，但直接询问法并不总是有效。例如，Hanes 公司根据消费者调查所得出的结果，将其 L'erin 牌的化妆品定位于实用性而不是浪漫性或情感性产品，结果他们遭受了约 3000 万美元的惨重损失。相反，当该品牌重新定位为富有魅力、奇特夸张时却又获得了成功，虽然消费者在接受访问时并没有将这些列为期望的属性。

与直接方法不同的是，间接方法假定消费者不会或不能陈述他们的评价标准。常用的间接方法很多，投射技术是其中的一种技术，该技术让受访者指出"他人"可能会采用的标准，这个"他人"当然很可能就是受访者本人，由此我们能间接确定他所应用的标准。这种方法在发现和识别情感型标准时尤为有效。

消费者判断备选品牌的相似性，然后将这些判断用电脑处理后得出各品牌的知觉映像（或知觉图）。消费者并没有指明具体的评价标准，而只是对所有配对品牌的相似性进行排序。最后获得一个知觉图，消费者的评价标准实际上就是这个知觉图的维度。

(2) 决定消费者对各个备选品牌在每一具体评价标准上的表现

要判定消费者对备选品牌在具体评价标准上的表现可以采用很多方法，如分层排序量表（Rank Ordering Scale）,语义差别量表（Semantic Differential Scale）和李克特量表（Likert Scale）其中语义差别量表应用最广泛。

语义差别量表按相反的表现水平列出每一个评价标准，如快与慢、昂贵与便宜等。如下表所示，这些语义相反的两极间被 5~7 等分隔离，并置于被评价品牌下：

表 11-2 语义差别量表示例

苹果笔记本电脑							
昂贵	—	X	—	—	—	—	便宜
高质	X	—	—	—	—	—	低质
重	—	—	—	—	X	—	轻
显示易读	—	—	X	—	—	—	显示难读

消费者被要求在表中标记出最能反映其对该品牌属性表现的看法。两端点表示"极为"，次点表示"很"，次中点表示"某种程度或有一点"，中点表示"既不，也不"。例如，上表中消费者对苹果笔记本电脑的评价是：很贵，质量极高，比较轻，显示既不容易也不难读。

(3) 决定评价标准的相对重要性

消费者赋予各评价标准的重要程度能用直接或间接方法来衡量。恒和量表或常数和量表是最常用的直接方法。这种方法要求消费者依各个标准的重要性打分，所有标准的得分之和为 100 分。如在确定便携式电脑评价标准的重要性时，运用百分制的常数和量表可能得到如下结果：

表 11-3 确定评价指标的重要性权重

评价标准	重要程度得分	评价标准	重要程度得分
价格	5	售后服务	5
处理器	35	重量	10
显示器质量	20	总分	100
光驱	25		

该消费者将处理器的重要性列于所有属性之首，光驱和显示器质量位居其次，重量、售后服务和价格则不是特别重要。可能还有其他评价标准如电池寿命等，但对于这位消费者来说，它们要么不重要，要么各品牌都一样，故此隐性地得到一个得分为零的权数。如果一个重要的属性被忽略，那么这种方法得出的结果便无效。因此，市场营销者必须确信所有显著属性都已经被考虑。

最常用的间接衡量方法是关联分析或接点分析。在该方法中，受访者被置于一系列产品或关于这些产品的描述面前，其中潜在的评价标准各不同。例如，某位消费者被要求对 24 种电脑设计做总体偏好排序，每种设计反映了四个具有不同水平的关键性评价标准。然后按各属性的差异做偏好分析，得出反映各属性重要程度差异的偏好曲线。对这位消费者来说，处理器是一个特别重要的评价标准。

本章开头讨论的阳光器具公司就采用了关联分析法。阳光公司测试了 12 个不同属性，如价格、马达功率、刀片数目、转筒的形状等等。如前所述，基于这些属性相对重要性的不同形成了四个细分市场。

关联分析对象限定于研究者所列出的属性，所以除非研究者将所含热量作为产品属性列出来，否则对某软饮料属性进行的关联分析中并不能反映这方面的情况。阳光公司并没有测试诸如品牌名称、颜色、重量及安全等特性。但若某一重要属性被忽略，那么很可能得出错误的市场份额预测结果；另外，关联分析并不适合于测试情感型的或受感情左右的产品决策，如在对香水进行的关联分析测试中，你能列出哪些可供测试的属性呢？

11.2 购买过程

小案例

《广告时代》上 1992 年关于西尔斯的报道这样写道："西尔斯面临的任务非常艰巨，它必须制定全新的策略，以便对新的情况做出反应。最重要的是它必须增加店铺的吸引力。现在，消费者有大量的购物选择，而且他们仍然保持着谨慎、节俭的习惯。"

零售商首先要使消费者愿意消费，其次要使他们的消费发生在自己的店铺里。西尔斯在这方面并不擅长，也没有其他方面的特色。你知道有哪一位女士会喜欢西尔斯的鸡尾酒礼服吗？它的"硬"商品（即耐用消费品）妨碍了其"软"商品（如纺织品）的销售，反之亦然。

西尔斯决定迎接挑战。它关闭了 113 家日渐衰落的店铺，用 23 个分类目录代替了原先电话本一样厚的目录大全，开始接受信用卡，服装向时装转移。剩下的店铺则耗资 40 亿美元重新进行装修。它还创设了一些新型店铺，如独立的五金工具店和家具专卖店等等。

1993 年，西尔斯发起了一场名曰"西尔斯温柔的一面"的活动，以吸引中等收入的女性到西尔斯购买"软"商品和时髦商品。发起这项活动的理由之一，是调查表明，虽然女性是西尔斯"硬"商品如家用电器、家具和技工工具的主要购买者，她们却到其他地方去采购时尚品和个人用品。西尔斯只能提供少数几种名牌，而它自己开发的品牌知名度并不高。

1994 年 4 月，西尔斯推出了自己的化妆品牌——美丽圈（Circle of Beauty）。这一产品线包括 600 种由不同产品、颜色及规格构成的组合，价格比雅诗·兰黛（Estee Lauder）低得多，又略高于露华浓（Revlon）。如同国际宝迪公司（Body Shop International）的产品一样，美丽圈含有天然植物成分，并且没有使用动物做试验，包装采用优雅的墨绿色，但并没有注明"西尔斯"。为了满足黑人和西班牙裔美国人的需求，该产品线的颜色比竞争品牌多两倍，使用手册与说明书上采用西班牙语和英语两种语言。

西尔斯所进行的集中小组访谈表明，许多在连锁店购买商品的人，对百货商店将化妆品陈列在玻璃柜台里感到很不自在。然而，他们仍然希望有人帮助他们选择合适的产品和颜色，这在大多数百货店和折扣店里，都是不可能的。西尔斯让购物者自己试用美丽圈产品，而不去主动提供帮助，不过，它仍然培训店员使其具备提供有效帮助的能力。购物者在选好自己所要的产品后，就可以到收银台付款了。

虽然评价美丽圈产品是否成功还为时过早，但西尔斯这一整套计划却堪称名作。它的销售额和利润的增长大大超过过去三年来的工业平均水平，每平方米营业面积的利润也由 1992

年底的 3107 美元上升到 1995 年底的 3796 美元。

消费者选择零售店铺的过程，与前面的篇章中所讲的品牌选择过程一样。即消费者首先意识到需要为解决某个问题选择一家商店，然后他会进行内部和可能的外部调查，评价相关店铺，最后按照某种决策规则做出选择。我们在此不再重复讨论这些步骤，我们将描述消费者在选择商店时经常会使用的评价标准、影响使用这些标准的消费者特征以及影响购买数量和所购品牌的店内因素。

11.2.1 店铺选择与产品选择

对于西尔斯和 L.L.Bean（宾恩）等零售店的经理来说，店铺选择是十分重要的。但实际上，对消费品营销者来说，店铺选择同样重要。消费者在做出购买决定时，一般有三种选择顺序：①先品牌后店铺；②先店铺后品牌；③同时选择品牌和店铺。

先品牌后店铺这种形式的购买是最常见的一种形式。以购买计算机为例，首先，你会阅读一些计算机方面的刊物，并向经验丰富人的请教。在这些信息的基础上，你会做出品牌的选择，然后以最低的价格（或最佳的地点、形象、服务或其他商店特点）作为标准，选择一家商店进行购买。

对于许多顾客和商品来说，商店而非品牌形成了消费者的激活域。在计算机的例子中，你可能对某一商店，如"校园计算机店"比较熟悉，知道那里出售个人计算机，于是你决定到这个商店去看看，然后从店里现有的品牌中选择中意的产品。

第三种策略是在你所感兴趣的商店里对你所感兴趣的品牌做出比较选择。这种决策涉及对商店和产品同时进行评价。因此，你可能会选择在一家店员友善、服务一流的商店中购买你只是较为喜欢的品牌，或者，你会选择在没有服务设施、缺乏人情味的商店里购买你最喜爱的产品。

零售商和制造商要制定适当的营销策略，都有赖于目标市场所使用的选择顺序。那么，消费者首先选择品牌还是商店，对制造商的营销策略有何影响呢？品牌优先的选择顺序意味着需要塑造品牌形象和具有个性的广告以及比较狭窄的分销渠道。店铺优先的选择顺序则要求零售商和制造商注重店内广告、通过重点或关键性渠道分销、布置好货架空间以及加强人员服务等等。

小案例

旁氏为零售商制作特定的产品广告提供费用，这些广告能引发消费者对品牌的欲望并能引导他们找到经销商。零售商通常会分摊这类广告的一部分费用。有时，公司在广告中使用零售商名字，以激励零售商经销或陈列其产品。

11.2.2 影响零售店铺选择的因素

特定零售店铺的选择，无论是在品牌选择之前还是之后做出的，都涉及根据消费者的评价标准对可供选择的店铺进行比较。在这部分，我们将讨论消费者选择零售店铺时通常采用的评价标准。

1. 店铺形象

某个消费者或目标市场对一个零售店铺所有特点的整体印象，被称为店铺形象。这同第 10 章中所讲的品牌形象是类似的。表 11-4 列出了构成店铺形象的 9 个方面 23 项具体的组成成分。例如，商品层面要考虑质量、品种、款式、价格等要素，而服务层面则包括信誉、资金、送货和销售人员等要素。请注意店铺气氛层面的构成要素都带有强烈的感情色彩。

表 11-4 中列出的店铺形象及构成适用于商店，对于其他零售渠道则需要做适当的调整。如对 L.L.Bean 这样的邮购公司来说，800 个免费电话、24 小时营业和通畅的电话线路（不会占线）等就比表中列出的商店位置和停车条件更为合适。

表 11-4 商店形象构成层面与构成要素

构成层面	构成要素
商品	质量、品种、式样、价格
服务	提供按月付款、销售人员、退货方便、信用、送货
主顾	顾客
硬件设施	清洁、店堂布置、购买便捷、吸引力
方便	店铺位置、停车
促销	广告
商店气氛	温馨、有趣、兴奋、舒适
机构	店铺声誉
邮购	满意

一项集中于商店形象情感要素的研究表明，各个商店之间存在着下列不同之处（数字越高表明该要素越适合该店铺）：

表 11-5 几个商店之间的不同之处

商　　店	情感要素			
	愉快的	不愉快的	活跃的	沉闷的
J. C. Penney's	18.5	12.8	13.7	14.3
Kmart	15.2	12.6	14.8	12.9
Macy's	25.2	7.2	19.0	6.7
Sharper Image	23.5	7.8	22.4	6.9
Victoria's Secret	25.5	9.5	16.0	12.7

从上表中可以看出，J. C. Penney 和 Kmart 在愉悦性上旗鼓相当，同时，人们认为它们既不活跃也不沉闷。这说明人们的购物动机主要来自价格、选择性和其他功能特点。相比之下，Macy's 是一个愉快、活跃的购物场所。人们到 Macy's 这样的商店购物，是因为它们令人愉快而且生机勃勃，而不是因为或不仅仅是因为它们的功能特点。Victoria's Secret 和 Sharper Image 都令人愉快，但后者较前者在形象上更为活跃。

营销者在制定零售策略时，需要大量地使用有关形象的数据。这是因为，首先，营销者控制着许多决定店铺形象的要素；其次，不同的消费群体喜爱各种零售店铺的不同层面。因此，对大多数零售商来说，塑造符合目标市场需求的形象极为重要。

传统上，百货商店试图"向所有人提供所有东西"。结果，在 20 世纪 80 年代，当市场越来越细分化的时候,它们在更为专业化的竞争对手面前损失惨重。原因是,百货商店的形象过于散乱以致无法吸引消费者。为迎接挑战,许多百货商店逐渐演变为"店中店"或"专卖店集群",具有针对特定目标市场的独特、鲜明的形象。西尔斯则另辟蹊径,一方面利用其在硬商品方面的声誉获利,另一方面又为其化妆品和时装塑造特定的品牌形象。

其他零售店铺则致力于开发一个或多个对于某个顾客群或某种情境中的大多数顾客来说十分重要的属性或特色。目录展示店就成功地采用了前一种方式。它们吸引的顾客,是那些希望以低价买到名牌的人,这些人对于店员的服务或店内布局并不在意。7-ELEVEN 食品店采用的是第二种方式,即"在顾客想要的时间、想要的地点,提供他们想要的东西"。这样,他们的形象集中于给顾客提供方便,这适用于"方便"是第一要素的情境。不仅个别商店具有特定形象,商店形式(如折扣店、百货店、旧货店等)、购物区(闹市区、大商场、邻近区域)和购物方式(邮寄、电话、目录等),也都有各自的形象。因此,零售商不仅要关心他们自身的形象,还要关注商店所在购物区域的形象。塑造连贯、整体形象的能力,对商场来说非常重要。

2. 商店品牌

与商店形象密切相关的是商店品牌。从某种意义上,商店或店铺就是一个品牌。巴塔哥尼亚、维多利亚的秘密和国际宝迪公司就是例子。它们店里的所有商品都使用商店自有品牌。传统上,零售商只使用制造商品牌,只有西尔斯、沃兹这样的商店才发展了自有品牌。到了20 世纪 70 年代,许多商店开始发展商店品牌作为全国性品牌的廉价替代品。

然而越来越多的零售商如沃尔玛,正在发展高质量品牌,这些品牌或者使用商店的名字,或者使用独立名称。本章开头描述的西尔斯是这一领域的开创者。自有品牌不仅为零售店带来了可观的利润,而且如果发展得当的话,它们还会成为零售店铺的重要特色,即成为吸引消费者到该店购物的原因之一。最重要的是,没有其他店铺可以使用它们的品牌。因此,"肯茂"(Kenmore)和"工匠"(Craftsman)两个品牌就成为西尔斯的重要特色。

实际上,所有购物者至少在某些时候购买商店品牌。商店品牌占到超级市场销售额的32%,在家用电器市场上它同样占有很大的销售份额。

商店品牌获得成功的关键因素是产品的高质量。消费者调查和学术研究均表明,消费者对店铺品牌质量的感知是其成功的关键。以低价提供质量适中的商品,这一传统模式并不是最好的。事实上,如果品牌与店名重合,或与商店密切相关的话,那么强调物有所值则会带来更大的利益。

3. 零售广告

零售商运用广告来向消费者宣传它们的特点尤其是产品的销售价格。很明显,价格广告能够把人们吸引到商店里去。一项涉及各类商品(包括汽油、床单、电子表、长裤、套装、自制咖啡器、礼服和床垫等)的报纸广告调查显示,零售商广告依产品类别的不同而存在很大差异。例如,因汽油广告吸引到商店的人中有 88%会购买广告中的产品,而受礼服广告吸引的人中,只有 16%会购买。总体而言,受广告产品影响而进入商店的人中,大约有 50%会购买这些产品。

被广告产品吸引进入商店的顾客购买其他产品被称为"外溢销售"。研究表明,外溢销售额几乎与被广告产品的销售额相等,即被广告吸引到商店中购物的人,每花 1 美元购买广告中的产品,就会花另 1 美元购买商店中的其他商品。还有一项研究得出了下面的结果,如表

11-6 所示。

表 11-6 顾客逛店理由研究

行为	逛店理由	
	购买被促销的产品	其他原因
在被促销商品上的支出/美元	11.30	3.27
在一般商品上的支出/美元	18.48	21.90
总计	29.78	25.17
商店利润	5.64	5.77

零售店在评价价格或其他促销手段带来的利益时，应该考虑它们对商店的整个销售额和利润额的影响，而不仅仅是对那些做了广告的商品所做的贡献。尽管大部分零售广告强调的都是价格特别是促销价格，但是很多研究表明，价格往往不是消费者选择零售店的主要原因。这意味着对很多零售商来说，通过强调服务、选择范围或给消费者带来的情感利益，效果可能会更好。

4. 价格广告决策

在考虑采用价格广告时，零售商面临着三方面的决策：①应当使用多大幅度的价格折扣？②是否采用比较价格或参考价格？③伴随价格促销，应当采用什么样的语言表述？

消费者常常趋向于认为广告中的价格代表折扣价或促销价。因此，使用比较价格能大大提高消费者对节省的感知。然而，感知的强度与比较价格或参考价格的表达方式有关。所谓参考价格，是指与其他价格相比较的有关价格。如"原价 9.95 美元，现价仅为 6.95 美元"，这一广告语中的 9.95 美元就是参考价格。外部参考价格是营销者提供的，可以使消费者用来与现行价格做比较的价格；内部参考价格则是消费者从记忆中提取出来用以与市场价格做比较的价格或价格范围。

大多数消费者了解外部参考价格并受其影响，但对他们却并不完全相信它。这种不信任感源自现实生活中有些零售商对参考价格的夸大。这些夸大的价格被作为"建议价"标在产品标签上，但实际上产品在市场的销售价格比这一价格低。或者这种参考价格是商品最初的定价，而这种定价太高结果销量很少。所以，所谓的降价只不过是纠正了先前的错误而已，并没有给消费者带来实质性的好处。由于价格和促销广告对消费者的购买影响很大，美国联邦贸易委员会（FTC）和许多州都制定有专门的规则规制它们的使用。这样看来，零售商最好的办法就是标出促销价格以及①所能节省的金额（如果金额很大的话）；②所能节省的比例（如果比例很大的话）；③所能节省的金额和比例。例如，购买 200 元的商品能节省 10 元，所表明的就是节省金额，但没有表明节省比例。如果购买 20 元商品能省 10 元，那么就应当同时强调节省的金额和比例。当购买 3 元能节省 1 元的商品时，就应当突出节省的比例。在任何一种情况下，原价都应予以标明。日常价（节省金额计算的基础）应当是这样一种价格，即商店出售合理数量的该种商品时所制定的正常价格。使用诸如"仅仅现在降价""比较而言"或"特价"这类词语，似乎可以增加降价商品的感知价值。不过，这也因产品类型、品牌、初始价格水平、消费群体和零售渠道的不同而异。因此，零售经理必须弄清这些一般的规则是否适应于他或她所在店铺及其产品。

零售商在运用价格广告时也应慎重，因为这些广告反映的不仅仅是被广告商品的价格，而且也反映了商店整体的价格水平。而且，由于在消费者印象中，价格、质量、服务和其他重要属性都是相互关联的，因此，不适宜的价格广告会对商店形象产生负面影响。

5. 店铺位置与规模

零售商店的位置在消费者选择商店的过程中起着重要作用。在其他条件大致相同的情况下，消费者一般会就近选择购物点。同样，零售商店的规模也是消费者选择商店的一个重要考虑因素。在其他条件都相同的情况下，除非消费者特别注重快速服务或方便，否则，较大的零售店相比比较小的更受欢迎。

有好几种基于商店规模与距离来计算商店吸引力水平的方法。一种方法叫做零售吸引力模型或零售引力模型。

在零售引力模型中，商店规模一般以平方米计算，并被假设为衡量产品线宽度的指标。同样，到商店的距离或旅途用时，也可以作为衡量到达零售店的消耗（包括体力和精力两方面）的指标。

对于便利品或小件商品来说，吸引力系数通常很大，因为购物者不愿意为此类商品长途跋涉。然而对于需要高度介入的耐用品如汽车，或特殊商品如婚礼礼服来说，人们则更愿意多跑路去购买。在这种情况下，吸引力系数很小，作为负面影响因素的旅途用时，其影响力也就减弱了。

11.2.3 改变品牌选择的店内影响因素

到一家零售店来想购买某一品牌的商品，结果却购买了另一个品牌或者附带着购买了其他东西，这种情形并不少见。店内因素诱发更多或更进一步的信息处理，从而影响最终的购买决策。这一部分我们将考察 4 个变量，这些变量单独或一起影响着店内品牌的选择。它们是：店内陈列、减价、商店布局和销售人员。

1. 店内陈列

店内陈列（P-O-P）是在零售中非常普遍，对品牌销售影响极大。应当指出，产品类型会影响店内陈列的有效性。陈列对销售的影响随陈列类型和地点而变化，这种影响在不同类别的商品之间以及同一类商品内不同品牌间有着很大的不同，但总体上说，影响是很强烈的。

2. 降价与促销

降价和促销（赠券、综合折扣、赠品等等），通常与某些购物点材料的运用相伴相随。因此，每种方法的相对影响有时难以截然区分。不过，已经有足够的证据证明，店内降价对品牌选择有着很大的影响。根据美国、英国、日本和德国做的调查，销售在价格刚刚降低时，会有大幅上升，随着时间推移或者降价结束，销售又会落回到正常水平。

降价带来的销售增长有四个来源：

（1）现有品牌使用者提前购买未来所需的产品（储存）。由于产品的可获性，储存常常会带来更多的消费。

（2）竞争品牌的使用者可能会转向降价品牌。这些新的品牌使用者可能会也可能不会成为该品牌的重复购买者。

（3）从来没有使用这类产品的消费者也许会购买该产品，因为它比替代品或没有该产品时能带来更多的价值。

（4）不经常在此店购物的消费者，也许会来光顾和买该品牌。

不是所有的家庭对降价或促销都做出类似的反应。资源富有的家庭（指财政基础雄厚而非收入高）比其他家庭更喜欢利用各种促销的好处。因此，面向财务上具有较好基础的家庭出售商品的商店，可以期待顾客对降价和促销会有积极的反应。同样，易于储藏的商品比易变质商品有更大的价格弹性，这表明，促销手段更适用于不易变质的商品。对于不同产品的促销，消费者也常有不同的心理反应。

3. 商店布局与店内气氛

商店内产品的摆放位置，对于产品和品牌选择有重大影响。显然，一种商品越容易被看到，它被购买的机会就越大。西普瑞斯（Shoprite）杂货店的一个分店，由于店内的形状特别，被迫改变了其常用的布局格式。它是把原先放在商店后部、与肉类柜台相连的熟食品柜台移到商店前部人流较大的地方，结果获得了意想不到的效果：

- 熟食品柜台占商店总销售额的比重由2%上升到7%。
- 带来了利润的增长，因为熟食品的毛利率为35%，而大多数商品的毛利率只有10%。

商店布置应有助于引导消费者前往那些高毛利商品所在的地方，因为这些商品很有可能被计划外购买。消费者可能要寻找出来的商品可以放在商店靠里的位置。在很多方面，目录也相当于一座商店。越来越多关于商店布局和设计的方法正被用于目录设计，其目的是引导消费者通过的"路径"和使其获得一种愉快的体验。

商店布置不仅能影响商店的客流量，还会影响商店的气氛或环境。这反过来又影响购买者访问和停留于商店时的情绪和意愿，以及消费者对商店质量和形象的评价。也许更重要的是，在商店中引发的情绪会增加顾客满意度，而这又导致了重复购买和店铺忠诚。

商店气氛通常受到下列因素的影响：灯光、布局、商品陈列、室内设施、地板、色彩、声音、气味、销售人员的着装与行为、其他顾客的数量、特征和行为。在医院、银行或餐馆等服务业中，气氛被称为"服务景观"。"气氛化"指一种过程，即营销经理利用零售店的物质环境来引导购物者产生特定的情感反应。

音乐对商店环境有着很大的影响。研究表明，音乐对消费者在商店或餐馆中逗留的时间、消费者的情绪以及对商场的整体印象都有一定的影响。音乐要与目标受众的特征相适应，这一点至关重要。例如，婴儿潮一代喜欢超市中播放的古典摇滚乐，但年纪大的人却不以为然。

这类研究表明，如果有着不同音乐偏好的人，在不同的时段进商店购物，那么商店就可以在一天或一周，或一个月当中的不同时间播放不同的音乐。

营销者也开始研究气味对购买行为的影响。早期的研究表明，气味对购买行为有着积极的影响。然而如同对音乐一样，顾客对气味也各有所爱，所以应确保使用的气味不致令目标顾客反感。此外，许多顾客不喜欢空气中有人工添加剂的味道。一家有着"刺鼻"香味的商店，可能会令一些顾客恼火，甚至引起不利的负面宣传。

店员和其他购物者的仪表和行为对商店气氛也有重要的影响。商店的设计、色彩、设施风格、灯光和类似的物质条件也是重要的决定因素。例如，蒙特利玛商场通过改善商场气氛，使服装销售额提高了30%。其措施如下：

在衣服改制间内铺设地毯，每件衣服都被挂在独立的小金属架上。墙壁也被用于展示，这既增添了消费者的兴趣，又充分利用了空间。"布局的改变是为了改善客流量，并使商品吸引更多消费者的注意。"

4. 销售人员

销售人员对消费者的购买有着重要的影响。在本章开头，我们已经描述了西尔斯是如何利用销售人员来推广"美丽圈"系列化妆品的。实际上，许多百货商店越来越重视对销售人员进行有效的训练。另一方面，高成本和高店员转换率又促使另外一些商店向完全的自助服务形式靠拢。

对于大多数低介入决策来说，自助或自我服务占支配地位。当购买介入程度增大，顾客与销售人员发生相互影响的可能性也随之增大。因此，关于销售互动的有效性的研究，大多集中在高度介入的产品如保险、汽车或工业产品的购买上。有效的销售互动不是轻易能够解释清楚的，它要受到下列因素及它们彼此之间相互作用的影响：

- 销售人员的知识、技能和权威性。
- 顾客的购买目的及性质。
- 顾客与销售人员之间的关系。

因此，为了确定最优的人员推销策略，有必要针对每一目标市场和产品类别进行专门调查。

11.2.4 购买

一旦品牌和商店都已选定，消费者必须完成交易。这涉及通常所说的购买商品或租赁商品。传统上，顾客需要支付现金以取得对产品的各项权利。然而，在当今社会里，信用卡在消费者购买中占有重要的地位。事实上，如果没有信用卡，许多交易就无法进行。

银行信用卡如维萨卡（Visa）、万事达卡（Master Card）、大莱卡（Diners Club）、运通卡（American Express）和商场如西尔斯、沃兹和 J.C.彭尼所使用的收费卡，使信用卡结算的购买方式广为流行。

当然，信用卡不仅是购买商品的一种手段，它本身也是一种商品。因此，当购买较为昂贵的商品时，可能会引起对信用卡的问题认知。既然存在着众多的信用卡可供选择，这个问题也会一再出现。

商店必须尽可能简化实际的购物程序。这既包括缩短付款排队时间这样简单的管理，也包括较为复杂的操作，如将信用卡账号输入计算机以便缩短信用卡审核时间等等。许多商店好像忽视了这样一个事实，即实际的购买是购物过程中消费者与商店的最后一次接触。第一印象固然重要，但最后的印象也是如此。店员在这时不仅要保持工作的效率，也要乐于助人并富有人情味。他们的行为和态度代表了商店希望留给顾客的最终印象。

本章小结

11.1 消费者一般要对产品和店铺都做出选择。通常有三种决策方式：①同时选择；②先商品后店铺；③先店铺后商品。制造商和零售者都必须了解目标市场的选择顺序，因为它对制定营销策略产生重大影响。

消费者选择零售店的过程如同选择品牌的过程一样，唯一的区别在于使用的标准不同。商店形象是消费者选择商店的一项重要评价标准。商店形象的主要构成层面是商品、服务、店员、物质设施、方便、促销、店堂气氛、机构和售后因素。商店品牌可以利用也可以拓展（或从中引伸）商店形象。店铺位置对于消费者来说是一个重要特点，因为大多数消费者喜欢就近购物。大零售店通常比小零售店更受欢迎。上述变量被用来发展各种形式的零售引力模型，这种模型可以较为精确地预测出竞争商圈的市场份额。

消费者访问零售店和购物区有多种原因。购物导向指个人从各种零售渠道获得品牌和非购买性满意的一般方式。了解目标市场对某类产品的购物导向对于制定零售策略极为有用。

11.2 消费者常常购买与进店前所计划的不同的商品或品牌。这种购买被称为冲动型或非计划性购买，遗憾的是，这两个术语都含有非理性或缺乏评价选择的意味。然而，将这类购买视为由店内刺激引发进一步或更多的信息处理所带来的结果，对营销策略的制定更有意义。下面这些变量对销售模式有重大影响，它们是：购物点陈列、商店布局、销售人员和品牌。

一旦消费者选定了店铺和品牌，他一定会要求获得对所购产品的相应权利。信用特别是信用卡被越来越多地使用。然而，大宗的购买常会要求消费者做出另一购买决策："我应当选择哪种信用卡来完成购买？"金融机构已经意识到消费者信贷的潜力，并开始使用标准化的消费品营销技巧。

能力培养指导

- 设计一份简短问卷，了解大学生中产品闲弃情况及将产品闲弃不用的原因。在不同班级访问50名同学，你可从中获得什么结论？
- 设计一份问卷，测量消费者对某个价值在25美元以上的体育用品的满意情况。问卷应包括测量产品的工具性功效、象征性功效、情感性功效的问题，同时还要测量消费者在这些方面的希望或欲求水平。在此基础上访问一些消费者以获得关于实际功效水平、期望功效水平和满意功效水平的信息。运用这些信息，决定消费者是否获得了他们所期望的功效水平，同时将期望水平与实际感知水平之间的差异与消费者表达的满意状况联系起来。你的调查结果对企业营销有何启示？
- 调查并测量学生对服务购买的不满情况。对于不满意的购买，了解他们为平息不满采取了什么行动？最终结果如何？你的调查结果对企业营销有何启示？
- 设计一份问卷，测量重复购买行为与品牌忠诚。运用该问卷测量10名同学对以下产品或店铺的重复购买与品牌忠诚情况，确定为什么有些同学对品牌产生忠诚。

  a. 快餐店　b. 漱口剂　c. 除臭剂　d. 软饮料　e. 百货店　f. 服装专卖店

- 取得一家销售耐用品的零售店的合作，协助该零售店寄送用户致谢信。致谢信在产品被购买后马上寄出，而且从每两名购买者中选择一个被谢者。也就是说，每两名新近在该店购买了产品的顾客中，一位将收到致谢信，另一位则不会收到致谢信。然后，在产品被购买两周后，走访用户，包括收到致谢信与未收到致谢信的用户，测量他们的满意水平并评价访问结果。
- 访问一家食品杂货店的经理和一家百货商店的经理，确定哪些类型的产品最可能遭受顾客抱怨，这些抱怨具有什么样的性质？
- 针对下列产品，访问10名同学，测量他们对这些产品的处置行为。

  a. 软饮料包装容器　b. 杂志　c. 食品罐　d. 报纸　e. 塑料制品　f. 大件商品

- 访问20名同学，确定他们属于哪些顾客忠诚计划，对这些计划的哪些方面他们比较喜欢，哪些并不喜欢？这些品牌忠诚计划对他们的态度和行为产生了哪些影响？你的调查结果揭示了哪些营销机会？

案例应用 1

一次没有理性的购买行为

圣诞节前几天，各大商场人头攒动，充满节日气氛。我和太太、小孩来到商场闲逛，进门前也没想好要买什么东西，只是想随便看看。一进大厅，就耳目一新：欢快的音乐、漂亮的装饰、琳琅满目的商品，令人目不暇接。与其他商场不同，这家商场的一楼有一半以上卖男装。因为最近发福，以前的裤子多数小了，我想顺便买两条裤子。放眼望去，商场到处在打折，而且折扣颇有吸引力，基本都在五折以上，其中一些是我非常熟悉、平时很少打折的品牌。这一下提起了我的兴致。随后一看，发现有一柜台里人特别多，原来这里的折扣超级优惠——"全场二折"。一开始还有点不信，再看看品牌没有一个熟悉的，心想质量估计不行。但转念一想，能放在这个档次的商场里卖，品质应该差不到哪里去。在巨大的折扣吸引下，我一下就冲了进去，一件一件去观察和分辨衣服的品质和档次。直观感觉还不错，于是就开始挑选我想要的裤子，很快就找到两款比较中意的。再看价格，原价五六百，折后也就一百左右。与柜台人员确认后，我毫不犹豫开单买了下来。在柜员开单过程中，我看到柜台里还有很多外套和衬衣，就开始翻看，觉得其中几款样式不错。价格虽然比裤子贵一些，但两折下来，也就两百元左右。想平时可能要好几百才能买的，现在不买更待何时。征求太太意见后，她好像没有我那么高的兴致，只是说"还行，但不是很必需"。我说反正以后也需要，不如趁现在便宜时买。太太没有进一步反对，于是我很快就为自己挑两件上衣和一件衬衣。付完款后，在准备走时，我的眼睛还盯着架子上的衣服。这时已经没有理由给自己买了。但突然想，可以给家里人买啊！我又进去翻看了几款上衣，看是否有适合我父亲、岳父穿的，都因为款式不合适，最后不得不放弃。后来我对太太说，可以给你弟弟买一件，她说那还行。结果我们在临走前又买了一件上衣。这是我有史以来一次性买六件男装。当我大包小包从商场里出来时，心理甭提有多高兴了。

我所挑的六件衣服，初看起来质感和做工都不错，但穿了以后发现，完全不是那么回事。洗了一次后，两条裤子就先露出了马脚，完全没有先前的质感，穿了一天就开始变形，现在已经躺在衣柜中不穿了。衬衣和上衣还能凑合着穿，但在我眼中它已经沦为低档品了。买给我内弟的那件，洗了两次之后就掉毛，基本不能穿了。

【讨论题】

1. 你认为哪一个或哪几个概念最适合分析案例中这位消费者的行为？说明理由并分析之。
2. 本案例对企业营销有何启示？

案例应用 2

选购 A 品牌非 B 品牌的真实原因

信任！对品牌的信任是消费者选购一个品牌的原因！

信任度的比较！这是消费者选择一个品牌而不选择另一个品牌的原因！

当一个行业处于发展的初期，新产品寥寥无几，消费者只有两到三个品牌可以选择，那么他们的选择标准就是知名度。我们常说一个品牌的传播推广需要经历知名度、认知度、美誉度、忠诚度等各个阶段，也就是说行业刚起步、品牌刚发展的时候，需要先打知名度？结果是对的，逻辑是错的！因为在行业初期，许多企业不打广告或量很小，消费者没有机会接触到许多产品的差异化、独特定位、情感特征、品牌内涵。我们说过，消费者选购的原则是信任度的比较，这个阶段，信任度不基于产品特点、情感诉求，而是基于知名度——谁打过广告，我听说过谁，那我自然就会买谁的产品（同一个价格区间）。

当一个行业进入成长期，参与竞争的品牌数量越来越多。此时消费者接触到该品类的品牌、广告信息越来越多，他们的选择标准也不再仅仅限制于知名度，因为至少有若干个品牌都是耳熟能详的。对于品牌而言，要在众多的竞争中脱颖而出，也必须要强化自身的特色，或者说是独特的销售主张，以区别于其他竞品，让消费者能最快地认识自己、接受自己。那么此时信任度的比较，是基于消费者对产品认知的比较，一个产品对自己描述的越是清楚、产品越具备独特性，或者人群的针对性越强，那么对消费者而言，就越值得信任。

当一个行业进入成熟期，市场经过充分的细分，不同的需要、不同的人群，该满足的需求也都被满足了。此时的品牌营销就越发困难，企业不得不寻找各种方式去赢得消费者的好感，更准确或更归根结底地说是信任感。这个时候高明的操盘手通常不再纠结于功能层面的比较，因为消费者太过于精明，他们深知产品基本都是同质化，于是，"情感"在这个阶段就表现出了强大的沟通力和感染力。这个时候信任度的比较，是哪个品牌更"懂我"。每一类人群或者每一类产品的目标群体，都能找到一条有特征的情感线，包括他们的情感特征、情感恐惧点、情感渴望点。哪个品牌能够准确地抓住消费者的情感线，自然就拉近了彼此之间心灵的距离，而基于心灵的信任，自然也就是最牢不可破的信任。

消费者的购买决策十分复杂，他们会考虑到价格、产品品质、体验的好赖、渠道的便利性、有没有特价、广告打得好不好、企业是不是有实力等等。消费者的购买决策却又十分简单，不管在任何的市场环境下，他们只需要做个简单的对比，哪个品牌让我感觉到更可以信任，我就购买哪个。事实上，消费者在本质上是无法评判品牌的价值高低的，他们能做到的只有比较。在比较中，消费者才能评判出哪个更值！

所以，信任度的打造是品牌营销工作的核心，而取得竞争胜利的关键，则是永远比对手领先那么一步，让自己成为"更值得信任"的那个。比如在行业初期，比竞争对手多做一点知名度的宣传；在成长期，则应当赶在竞品之前，充分放大产品特性；当行业进入成熟期，则应当快对手一步，把注意力放在消费者的情感需求上。

可见，品牌营销也并不需要领先时代、领先竞争对手太久、太多！领先市场 1 年，可以逐鹿中原；领先市场 3 年，可以独步天下；领先市场 10 年，可能就成为先驱！在营销实践中要懂得做到"适度领先"，针对特定的市场环境，建立起相对于竞争对手的信任度优势，若即若离、拿捏得度。

资料来源：中国营销传播网，选购 A 品牌非 B 品牌的真实原因，http://www.emkt.com.cn/article/613/61342.html。

【讨论题】

1. 为什么对某品牌的信任能够成为消费者选购该品牌的理由？这种信任能否与情感因素相提并论？

2. 从消费者角度看，品牌的信任度是否属于品牌差异的重要因素？从商家角度看，品牌的信任度是否属于品牌差异的重要因素？如果不是，商家应该从哪些方面努力才能使自己的品牌与其他品牌具有明显的差异化？

3. 结合该案例，分析产品生命周期不同阶段中，信任度的特点分别是什么？

第 12 章 消费者决策过程：购后行为

 学习目标

12.1 使用与处置产品；
12.2 消费者对购买的评价与满意。

实践中的消费者购后决策

必胜客的顾客满意部

1993 年，必胜客（PizzaHut）设立了顾客满意部。该部门于 1995 年 1 月在公司所有销售点开展了一场声势浩大的顾客满意运动，其中心内容是一项持续的顾客调查。1995 年公司调查了 250 万顾客，现在每周约调查 5000 名顾客。非店内用餐的顾客中约有 1% 的人在餐后 24 小时内受到了电话访问，访问时间限定在 4 分钟内。为确保顾客在下次被访问时至少有 60 天的间隙，设置了一种特别的系统来识别那些已接受过访问的顾客。此外，到店内用餐的顾客，每 20~30 人中就有一位顾客的收据下端附有一张优惠券和一个参与 6 分钟访问的免费电话号码。2/3 的店内用餐顾客对此做出了反应，由于这些顾客在 24 小时内接受访问，这样，店内用餐的体验在他们的记忆中依然清晰可辨。

必胜客是如何使用调查结果的呢？分店经理的季度奖有 50% 跟调查结果相联系，因此它被作为一种激励和控制经理人员的机制。另外，调查结果可以帮助经理人员很快发现问题，并在这些问题尚未给分店或公司形象造成损失之前使之获得解决。

由于调查结果被用来决定奖金的数目，必胜客采取了多种控制手段防止反馈被人为操纵。例如，不接听从雇员家打来的电话，如果从同一个号码打来多个电话也被置之不理。调查仅仅集中于经理能控制的顾客满意问题，因此，调查不涉及有关价值、价格和品牌形象方面的问题，重点放在服务、食物质量和购买体验上。

这类调查不仅发现了单个分店的问题，而且也识别出存在于整个系统的很多问题。当必胜客推出带馅酥皮比萨饼时，最初销售势头很旺，但没有实现重复销售。调查揭示了与新产品有关的服务问题，从而使公司得以采取正确的补救措施。同时，它也为必胜客以后推出新产品提供了借鉴。

评述

几年前还不多见的顾客满意部门现在在美国公司中已十分普遍，顾客满意部的目标是跟踪顾客满意情况并协调企业的所有活动以保持或提高顾客满意水平。本章我们将考察产生顾客满意和忠诚的购后过程及相应的营销策略。

12.1 产品使用与处置

在某些购买后有一种称为购买后冲突的现象,这种现象发生于顾客对购买行为的明智性产生怀疑时。另外一些购买则伴随不采用现象,即顾客将产品退还或保存而不加使用。对大多数购买来说,即使存在购后冲突或不和谐,仍会伴随产品使用。使用产品通常涉及包装和产品本身的处置。在使用过程中和使用后,顾客会对购买过程和产品进行评价。不满意的评价会使顾客产生抱怨,而厂商做出的合适反应会减少顾客的不满情绪。购后的满意与不满,要么导致顾客的重复购买与忠诚,要么导致转换品牌或不再使用此类产品。

12.1.1 产品使用

大多数购买属于名义型或有限型决策,因此很少引发购买冲突。购买者或购买单位的其他人员在购得产品后根本不担心购买是否明智的问题,而是无忧无虑地加以使用。而且有的时候,即使存在购后冲突的情况下,消费者仍会使用购得的产品。出于多方面的原因,营销者需要了解消费者如何使用其产品。弄清楚产品是以功能性方式还是以象征性方式被使用,有助于改进产品设计。例如,耐克公司通过观察市内球场上的篮球运动员,获得了球员所希望的关于运动鞋的功能方面与式样方面特征的信息。观察中发现,比赛前穿上运动鞋和系上带子的过程充满了象征意义,从某种意义上,这一过程类似于骑士在比武或战斗之前戴上头盔。耐克在设计运动鞋时,好几个方面都运用了这方面的知识。

使用创新是指消费者用一种新的方式使用产品。发现产品新用途的营销者能极大地扩大产品的销售。以此闻名的两种产品是亚姆·哈墨烘烤苏打和WD-40。亚姆·哈墨发现,消费者正在把它的苏打用于冰箱除味等非烹饪性用途上。现在它正在广告中大肆宣传这些用途。WD-40是一种润滑剂,它以消费者为其找到了广泛的用途而著名。比如,消费者把它作为鱼饵添加剂、用它清除地毯上的口香糖等。

许多公司试图运用标准的调查问卷或集中小组访谈来获得关于产品使用的有关信息。这一类调查可以帮助企业开发新产品,为现存产品揭示新的用途或市场,为确定合适的沟通主题指明方向。

了解消费者如何使用产品也有助于设计更有效的包装。一项关于消费者对产品包装的满意情况的调查发现了如下结果:

表12-1 消费者对产品包装满意情况调查结果

产品	对产品包装的满意比率(%)	产品	对产品包装的满意比率(%)
午餐肉	77	唇膏	47
熏肉	76	指甲油	46
面粉	65	番茄酱	34
冰淇淋	57		

这些结果表明,营销者经常不能满足顾客对产品包装的要求。产品使用行为在不同地区也存在差别。例如,喝咖啡时有的地区加奶油,另外一些地区则不加奶油;有的地区加糖或

用无把杯子而另一些地区则不加糖或用有把杯子。因此，咖啡营销者了解这些情况，有助于在其地区性广告中加以反映。

某种产品的使用需要使用另一种产品的事实常常被零售商所利用。考虑以下产品组合：室内盆栽植物与肥料；独木舟与救生衣；照相机与相机套；运动外套与领带；衣服和鞋子。在每种情况下，一种产品的使用都因为另一种相关产品的使用变得更容易、更有乐趣或更安全。零售商可以对这些产品进行联合促销或培训推销员进行互补性销售。然而要做到这一点，需要充分了解这些产品在实际中是如何运用的。

日益严格的产品责任法促使营销经理考察用户如何使用产品。产品责任法规定，客户按说明书表明的方式或任何合理的可预见方式使用产品而造成的伤害应由厂方负责。例如，派克兄弟公司主动收回了它的一种非常成功的塑料铆接工具，为此公司付出了近1000万美元的代价。起因是两个孩子"吞下橡皮铆钉后噎死"。因此，制造商在设计产品时必须牢记产品的基本用途及其他可能的用法。为此，需要厂商深入了解消费者实际上如何使用其产品。

如果营销者发现消费者对如何正确使用其产品存在困惑，则应对消费者进行这方面的教育。有时候，厂商应通过产品重新设计使之更易使用，以此获得竞争优势。

12.1.2 产品处置

产品使用前、使用后及使用过程中均可能发生产品或产品包装容器的处置。只有完全消费掉的产品如蛋卷冰淇淋才不涉及产品处置问题。

除了工业废弃物，美国每年生产数千万吨家庭和商业废弃物，很多垃圾场由于废弃物的大量产生而被迅速填满。新泽西州必须将一半家庭废弃物用卡车运到250千米外的州外垃圾场。收集和倾倒垃圾的费用正不断攀升。人们对与二氧化碳、铅、汞有关的环境污染问题的关注与日俱增，显然，产品处置是营销者必须予以正视的。

每天有数百万公斤的产品包装被处理掉。这些包装容器有的被消费者使用，更多的则是作为垃圾被扔掉或循环利用。用尽可能少的资源制造包装既是企业的一项社会责任，在经济上也具有重要意义。生产易于回收和再利用的容器，影响之大远非社会责任所能概括。在有些细分市场，消费者将产品包装能否回收视为产品的一项重要属性。同样，这些消费者在选择评价阶段就将包装的处理看作品牌特点。因此，在赢得这类消费者的过程中，包装处理的简单易行（包括不使用包装）可作为营销组合中的重要变量。

诚如下面的例子所显示的，消费者对包装的可回收性的关注，已引起营销者的重视：

• Rubbermaid（乐柏美）公司将它生产的垃圾筒产品线重新定位为可回收的容器。该产品线有四种型号，分别用来装报纸、罐头、瓶子和庭院垃圾。

• 宝洁公司80%的产品包装用可循环纸制造，它的产品如汰渍、快乐、唐尼等的容器均是可循环利用的包装。

• 美孚化学公司最近推出了海夫蒂（Hefty）可分解垃圾袋；波利技术有限公司（Poly-TechInc.）出售一种在日光下可分解的袋子。

• 塑料业引入了一种编码系统，可用来识别容器的塑料树脂构成并显示是否可回收利用。

对许多类别的产品而言，即使产品本身不再具有使用价值，其实物形态依然存在。一种产品迟早会不能以消费者满意的方式发挥作用，或不再具备消费者想要的象征意义。不能再开的汽车是产品失去功能价值的例子，而被车主视为过时的汽车则不再具有象征性功效（对某特定消费者而言）。无论出于何种原因，营销者一旦做出替换决策（甚至在购买之前），他也同时要对原来的产品做出处置安排。

在处置产品的多种选择中，虽然"扔掉"不是唯一的选择，但却是迄今为止最广泛采用的处置办法。正如许多厂商做的那样，政府和环保机构试图努力改变这种做法。虽然如此，仍有一些厂商在使用不必要的或难回收的包装与产品零部件。正是这些厂商，每年花成百万美元进行游说，反对制定更严格的回收、利用产品与包装的法律。

倾向于选择某种特定产品处置方式的个人具有哪些人口统计和心理方面的特征，仍有待于进一步了解。某些情境因素如储存空间的可得性、朋友们现在的需要、对回收或慈善机构的了解等是影响处置行为的重要因素。

12.1.3 产品处置与营销策略

为什么营销经理会关心旧产品处置问题呢？最好的解释也许是这些决策的累积效应会严重破坏环境质量，并影响当前及未来人类的生活。除此之外，也还有一些短期的经济方面的考虑。处置决定不仅影响那些对产品进行处置的个体的购买决策，还会影响该市场上其他个体的购买决策。

处置决策主要通过三种方式影响厂商的营销策略：

首先，由于物理空间或财务资源的限制，在取得替代品之前必须处理掉原有产品。例如由于空间较小，住公寓的家庭在买入新的卧房家具之前必须处理掉现有的家具。或者，某人需要卖掉旧车以筹钱购买新车。若现有产品难以处理，消费者可能会放弃新产品的购买。因此，协助消费者处置产品无论是对制造商还是零售商均是有利的。

其次，消费者经常做出的卖出、交易或赠送二手产品的决策可能导致形成一个庞大的旧货市场，从而降低市场对新产品的需求。当某个消费者不经过中间商直接将产品卖给另外一个消费者时，消费者对消费者的销售就发生了。现场旧货出售、二手货集市交易、跳蚤市场、分类广告和电子公告板正在迅速发展。由商业性和非盈利性组织开办的出售旧衣服、旧家电和旧家具的节约商店也在发展中。虽然，对这类销售的总量缺乏精确的估算，但它们无疑也是经济的重要组成部分。低收入消费者是节约商店的主要惠顾者，而绝大多数经济敏感型群体均进行消费者对消费者的销售。制造商可能想通过购买或折价换购二手货或对其进行修理进入该市场。这种做法在汽车零部件如发动机的销售中运用较普遍，该方法在吸尘器销售中采用也较多。

最后，体现环境保护要求的处置既有利于整个社会也有利于作为社会成员的厂商。企业的股东、雇员和企业的消费者生活、工作在同一个社会和环境中，影响环境的处置决策实际上关系到社会的每一个人。因此，鼓励环境友善的产品和包装的开发，促进产品包装的合适处置符合社会成员的整体利益。

12.1.4 购买后冲突

回想一下你最近的一次重要购买，由于提供品属性的不同，你需要在多个备选品中间做出选择。也许你所涉及的是在一所离家近、朋友多的大学还是一所名气更大但离家较远的大学之间的选择。一旦做出决定，你可能就想知道自己是否做出了最佳选择。

在相对较难下决心且具有长期影响的决定做出之后，这类反应是很常见的，这种对购买的怀疑和焦虑就叫购买后冲突。虽然不是所有的购买但确实有一部分购买会产生购后冲突。消费者产生购后冲突的可能性及其激烈程度,是由以下因素决定的:

- 忠诚度或决定不可改变的程度。决定越容易改变,购后的不和谐就越不易发生。
- 决定对消费者的重要程度。决定越重要,越有可能产生购后冲突。
- 在备选品中进行选择的难度。越难做出选择,就越有可能产生冲突且冲突激烈程度越高。决策难度大小取决于被选品的数量、与每一备选品相联系的相关属性的数目以及各备选品提供的独特属性。
- 个人体验焦虑的倾向。有些人更易感到焦虑,而越易于感到焦虑的人就越可能产生购后冲突。

购后冲突或不和谐之所以发生,是因为选择某一产品,是以放弃对另外产品的选择或放弃其他产品所具有的诱人特点为代价。这与个体希望获得这些富有吸引力的特点的欲望不相一致。在名义型决策和大多数有限型决策中,由于消费者不考虑被选产品不具有而其他替代品具有的特色,因此这类决策不会产生购买后冲突。例如,某位消费者的激活域里有4个咖啡品牌,他认为这几个品牌除了价格外其他属性都旗鼓相当,此时,他会选择最便宜的品牌。这样一种购买一般不会带来购后冲突。

由于大多数购买介入度高的决策涉及一个或多个引发购后冲突的因素,因此,这些决策常伴随购买后冲突。而且,由于冲突令人不快,消费者会设法减少冲突。消费者常用的减少购后冲突的方法有:

- 增加对所购品牌的欲求感。
- 减少对未选品的欲求感。
- 降低购买决策的重要性。
- 改变购买决策(在使用前退回产品)。

尽管消费者可以通过内心的再评价减少购买后冲突,搜集更多的外部信息来证实某个选择的明智性也是很普遍的方法。支持消费者选择的信息自然有助于消费者确信其决策的正确性。消费者购物后搜集信息的倾向和做法,极大地强化了广告和后续销售努力的作用。为了培养顾客对所选品牌的信心,许多耐用消费品的营销者如大宗家电和汽车推销商就会寄一些资料给近期的购买者,这些资料在很大程度上是专门用于证实购买的明智性与正确性的。地方零售商在家电、汽车售出后给顾客打电话,一方面确保顾客没有碰到产品问题,另一方面也是为了减少购后冲突。即使是一些十分简单的口信,如"感谢您在我处购买了新车,我们相信你会对自己的选择感到满意。我们是否能做些什么使您更充分地享用您的新车呢?"这些都可以减少购后冲突和增加顾客满意感。

很多广告既有助于吸引新的购买者,同时又有助于顾客在购后证实其选择的明智性。想象一下在几番痛苦的斗争和权衡之后,你购买了科迈罗牌汽车,买回来后,你对是否做了最好的选择心理没底。此时,你对有关科迈罗牌汽车的正面信息将非常关注。一旦遇到宣传该品牌的广告,你可能会浏览和阅读,而在未买科迈罗之前,你对此类信息可能根本未予留心和注意。

12.2 购买评价与消费者满意

消费者的购买评价受购买本身、购后冲突、产品使用和产品处置的影响。不是所有的购买都受其中每一过程的影响，相反，这些过程只是对某一特定购买产生影响的潜在因素。应当注意的是，产品、出售产品的商店或两者同时卷入评价之中。消费者可能对购买的各个方面进行评价，如信息的可获性、价格、零售店服务、产品性能等等。对一项购买的整体满意既包括购买过程的满意，如决策信息可获性和实际的购买体验，也包括对所购服务、产品本身的满意。然而应当记住，对于名义型决策和很多有限型决策，只有当某些因素如明显的产品功能失灵才会导致购买者对购买的关注，从而引起主动的购买评价。

12.2.1 评价过程

选择某种产品、品牌或零售店是因为人们认为它在总体上比其他备选对象更好。无论是基于何种原因选择某一产品或商店，消费者都会对其应当提供的表现或绩效有一定的期望。消费者期望水平可以从很低（这个品牌不怎么样，但我很饿，而且没有其他选择余地）到很高。正如你所预料的，期望水平和感知到的功效或表现水平并非相互独立。一般来说，我们倾向于将产品或商店的表现感知为与我们的期望相一致。

在产品使用过程中或产品使用之后，消费者会对产品的功效或表现形成感知。这一感知水平可能明显高于期望水平，也可能明显低于期望水平或与期望水平持平。对购买的满意程度取决于最初的期望水平和实际感知水平。如果一个商店或品牌的功效或表现符合一个低水平的期望，则结果通常既不是满意也不是不满意，而是非满意（Nonsatisfaction）。即你可能不会失望，也不会抱怨该零售店或产品。但下一次遇到类似购买问题时，消费者可能会寻找更好的备选对象。

对一个品牌的感知功效低于期望水平通常会导致消费者的不满。如果感知水平与期望水平差别过大或原先的期望水平过低，消费者可能会重新开始整个决策过程。导致问题识别的品牌极可能被列入排除域，从而在新一轮决策中不再被考虑。不仅如此，抱怨和负面的传言也可能由此产生。当对产品功效的感知与最小期望水平匹配，即功效水平等于或高于最小期望水平时，通常会导致消费者的满意。消费者满意会降低下次面临同样问题时的决策水平，即满意的购买具有奖赏激励作用，它将鼓励消费者在将来重复同样的购买行为。另外，满意的消费者可能会对所选品牌做正面的口头传播。

产品实际性能超过期望的功效时一般会导致满意甚至忠诚。在下一部分将深入讨论的"忠诚"（Commitment）是指消费者忠于某一品牌并对竞争品牌采取某种程度的漠视态度。创造满意的顾客对促销水平的确定有重要的意义。既然"不满意"从某种程度上是由期望水平与实际感知的差别所决定，夸大和不实际的宣传应当尽量避免，因为它会促长消费者期望水平的上升，最终导致不满。

发展现实的消费者期望给营销经理提出了挑战。对希望被消费者选择的品牌或商店来说，它必须被视为在整体上优于其他被选对象。因此，营销经理很自然地要强调品牌或商店的好的方面。然而，如果这样的强调导致消费者形成某种较高的预期，而产品本身并不能满足这种预期,负面的评价就会由此引发。负面评价会导致品牌转换、消极的传言和抱怨行动。所以,营销经理必须在对产品的热情宣传和对产品品质的现实评价之间找到平衡点。

12.2.2 功效或绩效的不同层面

既然功效的期望水平与实际功效是消费者满意与否的主要决定因素,因此我们需要对产品与服务的功效予以了解。一项关于消费者转换服务提供商的原因的研究表明,竞争者的行动相对而言是较次要的因素。绝大多数消费者不会从一个满意的服务商那里转向更好的服务商,相反他们转换服务商是因为他们感到当前的服务商存在问题。下面列举了引起转换的原因及被访者做出肯定回答的人数百分比(百分比的总和超过 100,因为很多消费者列了数条原因):

- 核心服务出错(44%)——错误(如订了过道边而不是靠窗户的座位)、账单错误、损害顾客利益的服务事故(如干洗店洗坏了顾客的婚纱)。
- 服务不周(34%)——服务生漠不关心、无礼、不负责或无知。
- 价格问题(30%)——高价、涨价、不合理的计价和欺诈性定价。
- 不方便(21%)——不方便的地理位置、营业时间、过长的等待时间或预定时间。
- 对服务失误的反应(17%)——不情愿的反应、不做反应和消极反应。
- 来自竞争者的吸引(10%)——更友善、更可靠、更高的质量和价值。
- 伦理道德问题(17%)——不诚实、恐吓、不安全或不健康的做法或利益冲突。
- 不情愿的转换(6%)——服务商或消费者搬迁或第三方如保险公司要求转换服务商。

对许多产品而言,功效包括两个层面:工具性的和象征性的。工具性功效与产品的物理功能相关,如对洗碗机、缝纫机或其他主要电器产品,正常运转和发挥作用至关重要。象征性功效同审美或形象强化有关。运动衣的耐穿性是工具性功效而式样则是象征性功效。

象征性功效与工具性功效在消费者评价产品时哪一个更为重要呢?这个问题的答案无疑随产品种类和消费者群体的不同而异。然而,一些有关服装的研究对这两种功效如何相互作用提供了洞悉。

服装似乎主要履行五大功能:保护身体免受环境伤害;增强对异性的吸引;审美与感官满足;地位标志;自我形象的延伸。除了保护作用外,其余都属于象征性功效范畴。然而,通过对退回的衣服、服装购买抱怨和被扔掉的衣服的研究,人们发现,服装的物理缺陷是导致消费者不满的主要原因。一项关于功效期望、实际功效和服装购买满意情况之间关系的研究,得出了以下一般性结论:

不满意是由工具性功效令人失望造成的,而完全满意同时需要象征性功效达到或高于期望水平。

如果不做进一步研究,上述关于服装类产品的发现肯定不能推广到其他类别的产品上。然而,这些发现提醒营销经理应致力于将导致不满意的属性功效保持在最低期望水平,同时要尽量将导致满意的属性功效保持在最高水平。

除了象征性和工具性功效,产品还有情感性功效。情感性功效是拥有或使用产品的情绪反应。这种反应可能缘于工具性功效、象征性功效或缘于产品本身。如一套引来艳羡目光和称赞的服装可能产生积极的情感反应。或者,情感性功效成为产品的基本利益,如促发情绪反应的电影或小说。

12.2.3 不满意反应

不满意的顾客的几种可能的选择或反应的第一个决定是是否采取外部行动。如果消费者不采取行动,就意味着他或她决定容忍这种不满意状况。对不满的购买是否采取行动取决于购买对消费者的重要程度、采取行动的难易程度和消费者本身的特点。指出下面一点很重要:消费者即使不采取外部行动,他很可能对该商店或品牌形成不那么好的态度。

顾客对不满状况采取的行动,大多数做法都会损害作为当事者的厂家的利益,这种损害可能是直接的,如失去销售机会,也可能是间接的,如形成负面的态度。因此,营销者一方面必须设法将消费者不满降至最低水平,另一方面,一旦发生不满,就应采取有效的补救办法。

总的来讲,消费者对大部分购买是满意的。然而,由于每年要进行大量的购买,每个人几乎都有过不太满意的经历。例如,一项研究调查了540名消费者,询问他们在购买日常用品的过程中遇到了多少起产品有缺陷的情形。他们总共回忆起1037起不满的购买。这些不满意的购买导致了如下行为(此项研究不计消极的口传,如告诫亲友):

- 25%的不满购买导致了品牌转换。
- 19%的不满购买引起消费者停止购买这些产品。
- 13%的不满购买导致消费者在未来购买中进行店内检查。
- 3%导致向生产商的投诉。
- 5%导致向零售商的投诉。
- 35%导致退货。

在对耐用品的类似调查中,54%的不满消费者声称不再购买该品牌,45%向其亲友数落该产品。一项以香港消费者为样本的调查表明,不满时向卖主抱怨是通常的反应方式,抱怨的目的是换货,其中约一半的抱怨以获得满意的解决而告终。

12.2.4 不满意的消费者与营销策略

营销者需要通过以下方式来满足或影响消费者期望:①通过促销来创造合理的消费者期望;②保持质量的一致和稳定以达到消费者所期望的水平。由于不满意的消费者倾向于向其朋友和熟人表达内心的不满,这由此会使厂商不仅失掉这些不满的消费者,而且可能由于负面的口传效应而失去对其他消费者的销售。当某个消费者感到不满时,最好的结果是他仅向厂商而不向其他任何人表达他的不满。这会使厂商警醒于问题所在,使其做出必要的改进,使负面的口传得到控制。另外,抱怨通常对消费者也是有利的。很多企业发现,其抱怨获得圆满解决的消费者较那些从未遇到产品问题的消费者满意水平更高。不幸的是,很多人在不满时通常不向厂商抱怨。那些抱怨的人通常比不抱怨的人有更高的教育水平、更多的收入、更强的自信和独立性,并且对商业系统更具信心。因此,若厂商仅以抱怨作为信息反馈的来源,那它就可能忽略了重要市场部分所关切的问题。消费者对产品的抱怨通常是面向零售商而没有传达到制造商。一项调查发现,80%的抱怨都是投向零售商,只有不到10%的抱怨投向生产商。很多厂商试图通过建立和推广"消费者热线"来解决这一问题,消费者需要抱怨时可以拨打免费电话来和企业的代表取得联系。通用电气公司每年花1000万美元用于它的"回复中心",该中心每年处理300万个消费者电话。通用电气公司认为,"回复中心"的回报远高于公司对该中心的投入。宝洁公司同样从其热线电话中得到了各种好处：

- DuncanHines（都恩）巧克力蛋糕混合配料："我们发现，居住在高纬度地区的人们需要关于烘烤方面的特别说明，我们很快就将这些说明附加在包装上。我们还发现包装标签上一项食品的说明令人费解，随后迅即做了改进。"

- 牙膏："一些人在电话中对我们抱怨说，在挤最后一点牙膏时，总会将管子挤破，于是我们增强了牙膏管耐挤压的强度。"

- 忽然之间来了很多抱怨电话，说"唐尼"的软瓶塑料盖在拧上拧下时裂开了，造成割破手指的危险。宝洁公司查明了该易碎瓶盖的供应商，发现该供应商近期改变了配方。新配方制做的瓶盖随着时间的推移而变脆，大部分新瓶盖还没有离厂，于是宝洁很轻易就换掉了它们。由此避免了一项耗资昂贵（财务的和公司形象上的）的退货。

- 宝洁经常接到表扬电话，这些电话被转给合适的广告代理公司，广告公司对这些电话进行分析以发现人们为什么喜欢该产品。宝洁的好几次活动都是建立在这些消费者自愿评论的基础之上。尽管消费者热线和其他一些做法为消费者抱怨提供了方便，仅仅依靠这些手段还远远不够。大部分抱怨的消费者希望问题得以解决，不能正视和有效应付这一期望会导致更大的不满。

因此，厂商应解决消费者抱怨中提出的问题而不只是给消费者一个抱怨的机会。汉堡王（BurgerKing）每天在其24小时热线上收到4000个电话（65%为抱怨），并在第一次电话后解决95%的问题。为确保消费者真正满意，公司还在一个月内对25%的抱怨者进行电话回访。不幸的是，尽管管理人员努力对抱怨予以积极反应，很多公司还是没从组织上落实如何有效地处理消费者抱怨。这一领域应当说蕴含着很多的商业机会。事实上，对很多厂商而言，通过鼓励抱怨并对抱怨做出有效反应来保留曾经不满的消费者比通过广告或其他促销手段来吸引新顾客更为经济。据估计，保留老顾客的成本仅为获得新顾客的1/5。

对不满进行预计，并在不满发生之前消除其潜在诱因对商家有很大好处。十多年前，英特尔的奔腾集成块出现问题。该问题以前很少发生过，而且只会在很有限的运用中对极少数用户产生影响。英特尔在处理该问题时反应迟缓，由此招致强大的负面舆论宣传，从而损害了公司的形象和销售。对比一下英特尔的反应和LifeScan公司对类似问题的反应。

小案例

LifeScan是强生公司的一家子公司，制造供糖尿病人用的监控其血糖水平的仪表。几年前，某个仪表被发现有缺陷。该公司迅即反应，当夜通知了60万名顾客并收回了所有产品。顾客对其表现出的负责精神做出了积极反应，它的市场份额自收回产品后增加了7%。

为了创造高满意的顾客，LifeScan公司聘请一位全职的消费者经理。该经理与市场营销和顾客服务部紧密配合，衡量和改善顾客满意度与保有度。顾客服务代表每年处理130多万个电话，他们受到训练并被授权做出决定，以使打电话者满意。此外，这些服务代表在新产品开发中也起着重要作用。

LifeScan向顾客提供一条24小时免费热线，还为耳背者提供电信服务（糖尿病会导致听力损伤）。此外，公司还根据24小时仪表更换（仪表放在联邦快递公司以使快速更换成为可能）、教育信息、新闻、简讯和五年的产品担保，对分销商和专业性健康护理人员则提供更多其他方面的服务。

为保证这些举措的有效性，LifeScan保留每日电话统计，开展季度满意调查以作为年度满意调查的补充，除此之外还运用其他方式与顾客保持联系。

LifeScan 在第二位顾客有可能遭遇不满前就做出反应，这种快速行动导致顾客忠诚度和销售额的增加。惠尔浦和奥帝斯电梯公司运用其顾客服务数据库在产品发生问题和顾客抱怨之前就采取行动的。在惠尔浦公司，计算机系统最近发出警告：一些消费者反映洗衣机在仅洗了几缸衣服后就出现严重的漏水现象。工程师们很快就发现了问题所在——软管夹有毛病。生产被停止，所有在产品、库存品和经销商手中的产品被换上新的软管夹。更为重要的是，惠尔浦的消费者数据库找到了那些购买了该型号产品的数百名消费者。这些消费者很快接到通知并有电工上门为他们更换软管夹。

不仅消费者免于经历一起恼人并且可能危险的事件。惠尔浦也避免了潜在的不利舆论和财产损失索赔。正如消费者援助部门的主管所说："想象一下如果漏水发生在五楼公寓，它所带来的财产损失责任会有多大！"

惠尔浦保留有1500万消费者和2000多万已装设备的记录，有的可上溯到20世纪60年代。公司运用专门的计算机数据库浏览、分析这些记录，找到不明显却又重要的消费模式。

奥的斯电梯公司（Otis Elevator's）的集中服务中心——奥的斯热线，每年处理1200万个电话。这些一半是未在日程安排中的维修。答复这样的电话时，中心人员敲进一个代码以确定该顾客所在的建筑物。很快，该设备和其维修史的记录就出现在计算机屏幕上。一系列提问会引发出重要的新信息，几分钟后，维修工人就被派往该建筑物。

在问题出现之后提供如此迅速有效的服务只是整个图景的一小部分。负责电梯修理的技术人员会完成一份关于问题所在和需要何种维修的报告。一支由200名全职员工组成的工程小组对每一个个案进行分析并通过计算机检索以发现以前是否有类似情况出现。其结果可能涉及某一型号电梯设计上的改变或是维护时间的改变。

以上两个例子描述了将科技引入顾客服务中的威力。最近的一项调查表明，70%的欧美大公司将顾客服务作为科技投资的主要方向。

思考题

1. 保留和运用像惠尔浦公司那样的数据库是否和存在哪些伦理问题？
2. 你所在大学的学生数据库应该包含哪些内容？

本章小结

12.1　在某些购买活动后，消费者会对购买决定是否明智产生怀疑和疑虑，这被称为购买后冲突。在下面4种情况下购后冲突很容易出现：①具有焦虑倾向的个体；②购买是不可改变的；③购买的物品对消费者很重要；④购买涉及两个或多个替代品之间的困难选择。

无论消费者是否经历购后冲突，多数购买者在购回产品后会使用产品。产品可以是购买者本人使用也可以是购买单位的其他成员使用。跟踪产品如何被使用可以发现现有产品的新用途、新的使用方法、产品在哪些方面需要改进，还可以为广告主题的确定和新产品开发提供帮助。产品责任法的颁布使得营销经理了解产品所有可能的潜在使用方法变得越来越重要。

产品不使用或闲弃也是需要引起注意的问题。如果消费者购买产品后不使用或实际使用比原计划少得多，营销者和消费者都会感到不满意。因此，营销者不仅试图影响消费者购买决策，同时也试图影响其使用决策。

产品及其包装物的处理可以发生在产品使用前、使用后或使用过程中。由于消费者对生态问题的日益关注、原材料的稀缺及成本的上升、州及联邦立法与管制机构的活动,营销经理对处置行为的了解变得越来越重要。

购买后冲突、产品使用方式和产品处置都有可能影响购买评价过程。消费者对产品满足其实用性和象征性需要的能力形成了一定程度的期望。如果产品在期望的水平上满足了消费者需要,那么消费者满意就有可能产生。如果期望不能满足,就可能导致消费者的不满。采取行动、转换品牌、产品或转换商店、告诫朋友都是负面购买评价后的常见反应。一般而言,营销经理应该鼓励不满意顾客直接向厂家而不是别的什么人抱怨或投诉。不幸的是,只有很少一部分消费者向企业抱怨。采取各种措施和办法如建立消费者热线可以提高不满意顾客向厂商抱怨的比例。

12.2 在评价过程(如果存在)和抱怨过程后,消费者会产生某种程度的再购买动机。消费者可能强烈希望在未来避免选择该品牌,也可能希望在某一时期再购买该品牌,或者愿意将来一直购买该品牌,甚至成为该品牌的忠诚顾客。在后一种情况下,消费者对品牌形成偏爱并乐意重复选择该品牌。

营销战略并不总是以创造忠诚的顾客为目标。营销经理应该审视该品牌当前与潜在顾客的构成,然后根据组织的整体目标来确定营销目标。

关系营销试图在企业与顾客之间建立一种持久和不断的交换关系。它被用来促进产品使用、重复购买和创造忠诚的顾客。

能力培养指导

● 跟踪或观察产品或活动相关的聊天网站或兴趣小组,为期一个星期。准备一份报告,写明营销者据此如何了解以下方面的信息:
a. 顾客满意水平与顾客忠诚情况;
b. 产品使用情况;
c. 顾客评价过程。
● 找出一个体现关系营销思想的公司网站,描述并评价该公司在这方面所做的努力。

案例应用1

柯达与消费者"拔河"

一台2002年推出的高端数码相机产品,在面市两三年之后,突然在市场上引发了"产品设计有缺陷"的反弹。100多位愤怒的中国消费者自动地联系起来,在网上组成了一个网上的维权组织——他们希望能够借此唤醒国内出台数码相机相关标准,同时也希望推出问题产品的厂商——柯达能够正视这一问题。

一、相机故障

问题相机是柯达于2002年在国内上市的一款LS443数码相机,在当时,这款数码相机拥有400万像素和3500元的售价,在市面上还属于高端类的产品。大多数消费者都是在2003年购买的该产品,而且大部分人从购买后1年左右(少部分人从购买后5个月)开始发现该相机就在正常使用的情况下出现黑屏、镜头无法收缩(显示E45错误)、曝光过度等故障;有的人购买后1年多的时间竟然维修了3次之多。到柯达维修部门维修,其给出的故障原因都是镜头部件损坏,需花 1000 多元更换镜头或者花更多的钱升级为柯达公司其他的机型。

如此之高的故障频率,引发了用户的疑惑,有部分了解一些电子技术及相机技术的用户,不堪忍受柯达公司高昂的维修费用,自己开始动手进行拆机检修!

经检查,该断裂的排线是控制镜头组内快门、光圈、聚焦电机工作的。断裂后将产生曝光不足(黑屏)、曝光过度、聚焦不准或快门不工作及 E45 故障。同时该断裂的排线还会卡住镜头组的活动件,造成镜头伸不出或打不开的故障。柯达在设计时,没有考虑到耐用性消费品的使用问题,而在窄窄的一根排线上集成了 7 根信号线,并在很小的空间里进行了 U 型弯曲。由于拍摄时快门的动作,这根排线就必须承受不断的拉扯,可是排线的强度根本不能承受这么小角度上的无数次拉扯。所以说这个故障最终每个使用这款相机的用户都会遇到。只是根据各人的使用频率出现故障的时间不同而已。由此至少反映出 3 个问题:

(1)柯达在设计快门时,信号线的走向设计及空间设计不合理;
(2)采用了质量不合格的排线料;
(3)柯达在此款相机出厂时没有进行严格的质量测试。

很多 LS443 的用户在拍摄不到 1000 张相片时,相机就出现故障,多的用户也只拍摄了 2000 多张。在一个耐用电子消费品身上出现这种故障可谓"很不正常"。更为严重的是,这一故障一旦出现,即使进行维修,也不能从根本上解决问题,因为这是从设计上就注定了的。

二、厂方表现

据了解,其实有关柯达这款问题产品的投诉,早在 2004 年 9 月份就在网络上出现过,而据国内知名电子资讯消费求助社区 315UNION 的统计,在从 2005 年 8 月 17 日至 2006 年 1 月 6 日期间,共收到来自广东、北京、山东、浙江、上海、江苏、湖北、四川、广西、新疆、湖南、河北、海南、福建、重庆、天津、陕西、辽宁、吉林、黑龙江、河南、甘肃 22 个省、自治区、直辖市有关柯达 LS 系列数码相机的求助 165 例,其中有效案例 96 例,涉及产品 103 件。柯达方面迟迟没有做出更为积极的应对措施。

消费者不清楚此故障的严重性,往往花冤枉钱一再修理。刚开始,柯达一直采取的是拖延的做法,一般在保修期内就维修一下了事,过保后就以"用户使用不当不再免费维修"为由推拖。后来,柯达一方面针对这一故障开出维修费用高达 1000 多元之巨的直接更换镜头方案;另一方面则推出一种所谓的加价换机方案(加 1500 元换购 V530,加 1030 元换购 Z730)。目前市场上 V530 相机已经跌到 2000 元以下,Z730 只在 1600 元左右。一位消费者购买了由于生产者自身失误造成的问题产品,最后责任却要由消费者来承担,或者说让消费者承担大部分责任,这是一种生产商推卸责任的做法。

当记者电话采访柯达北京公司的公关部尹先生时,尹先生只表示整件事从头到尾柯达都遵守国家相关规定,另外,公司也有自己的苦衷,故一再拖延。

三、建立维权联盟

"设计上的缺陷"并不是最终引发消费者反弹的导火索,而是柯达方面对这款问题相机的态度与解决方案令消费者觉得不合理。目前不少消费者已经开始在网上组成同盟,大陆用户目前已经成立了 LS443 维权组织,就是用来联络广大机友,目前已经联系到了 150 多人。家住北京市东城区的柯达 LS443 用户白华,是这一款问题相机国内 150 余名用户的代言人。大家委托他出面统一投诉 LS443 数码相机质量缺陷的情况。

白华表示:"我们这样做并没有其他的目的,只是想让更多 LS443 的消费者意识到他们的权益已经受到侵害。根据我国有关法律规定，生产厂商对于有质量缺陷的产品，即使已经过了保修期，只要还没到报废期，仍然要对其质量负责！"

当时，包括央视等多家媒体介入了此事，LS443 的用户是想让更多的人了解这一事实。同时，在他们自己制作的博客主页上，也呼吁国家相关部门能够尽早地出台数码相机的行业规范，以作为日后同样问题的解决标准。

资料来源：http://tech.tom.com。

【讨论题】

1. 消费者为什么会建立维权联盟，这个联盟对柯达有什么影响？
2. 如果你是柯达的相关负责人，你会如何处理这件事情？

案例应用 2

丰田汽车召回事件的启示

一、丰田汽车召回事件的回顾

2009 年 10 月 5 日以来，丰田开始陷入大规模召回泥潭，至今已超过 850 万辆。

2009 年 8 月，美国加利福尼亚州一辆丰田雷克萨斯汽车因突然加速发生事故导致 4 人死亡。美国媒体质疑车辆存在质量问题，穷追不舍进行报道，引起了消费者的关注。之后，美国公路交通安全局公布数据说，共收到 100 多件相关投诉，其中 17 件撞车事故导致 5 人死亡。

在美国媒体和当局以及消费者的强大压力下，丰田公司 2009 年 9 月底发表声明说，在美国销售的包括凯美瑞、普锐斯、雷克萨斯在内的 7 款共 380 多万辆汽车，因驾驶座脚垫卡住油门踏板无法复位引发事故，要求用户取下脚垫。

2009 年 10 月 5 日，丰田告知 NHTSA（美国国家公路交通安全管理局），将召回 7 款汽车（2007—2010 年款佳美，2005—2010 年款亚洲龙，2004—2009 年款普锐斯，2005—2010 年款塔库玛，2007—2010 年款坦途，2007—2010 年款雷克萨斯 ES350，2006—2010 年款雷克萨斯 IS250/350。）以解决地垫会阻塞油门踏板的问题；2010 年 1 月 27 日，丰田将脚垫召回行动扩大 5 款车辆（2008—2010 年款汉兰达，2009—2010 年款卡罗拉，2009—2010 年款威飒，2009—2010 年款 Matrix，2009—2010 年款庞蒂亚克 Vibe，通过合资公司与通用汽车共同制造）。两次共计召回汽车 5750000 辆（美国：5350000，加拿大：400000）。

2010 年 1 月 21 日，丰田告知 NHTSA，其将会召回 9 款汽车（2007—2010 年款坦途，2008—2010 年款红杉，2005—2010 年款亚洲龙，2007—2010 年款佳美，2009—2010 年款卡罗拉，2009—2010 年款 Matrix，2009—2010 年款 RAV4，2010 年款汉兰达，2009—2010 年款庞蒂亚克 Vibe，通过合资公司与通用汽车共同制造），以解决油门踏板会变得难以踩下、复位缓慢或在极少情况下会卡住的问题。此次召回 4450000 辆（美国：2210000，加拿大：270000，欧洲：1710000，中国：75552，其他：180000）。

2 月 9 日，由于刹车系统存在缺陷，丰田汽车公司宣布召回新款普锐斯等 4 款混合动力车，此次在全球召回的数量约达 43.7 万辆（日本：223000；北美：155000（美国：146550）；欧洲：53000；其他：5000）。

以上三项共计 1063.7 万辆，考虑到约有 210 万辆车同时存在脚垫和油门踏板问题，因而实际召回总量 853.7 万辆。涉及 18 款汽车（其中有 7 款同时存在脚垫和油门踏板问题）。

受此影响，标致雪铁龙集团将召回在捷克与丰田合资工厂中生产的标致107和雪铁龙C1车型，大约10万辆左右。

不管是媒体炒作还是美国刻意打压、贸易保护主义，丰田自己没有把事情做好，不敢面对产品质量问题，没有及时向消费者说明，自己把自己一步步推向了四面楚歌的境地，教训非常深刻。

二、丰田召回事件的影响

1. 近期影响

（1）股价下跌，评级下降

2010年1月27日，丰田宣布扩大召回5款车辆后，公司股价连跌5日，一周内累计下跌15%。自爆发"踏板门"事件以来，丰田股价跌幅达到22%，市值蒸发400亿美元。

1月28日，评级机构惠誉表示，由于丰田近日回收汽车以及暂停销售的行动，对于其多年来建立的高品质形象大受打击，故将其A+长期外币与发行人违约评级与高级无抵押评级，以及其F1+短期评级置于负面观察名单上，并表示暂难量化其近日行动对其信贷组合带来的影响。这意味着该公司可能会调低丰田评级，从而导致丰田的借款利率上升，偿债成本增加。

（2）销量下降

2010年1月，美国轻型汽车销量同比增长。但丰田汽车销量则下滑。这是自1998年2月以来，丰田汽车在美国的月度销量首度跌破10万辆关口。丰田汽车的明星产品，连续八年的全美最畅销车型Camry（凯美瑞），1月排名第五。

丰田的大规模召回也影响到中国市场，根据中汽协公布的1月份国内轿车品牌销量数据，丰田轿车品牌在前十位销量排名中首次榜上无名。

（3）经济损失巨大（请看一小段中央台关于丰田召回损失和重新评测质量的视频）

第一，估计仅召回存在油门踏板故障的问题车将使丰田付出总计1800亿日元（约合20亿美元）。

第二，车型停售给丰田汽车带来的损失更大。1月26日，丰田公司宣布暂时在美国市场停售"召回榜"上的8款车型。其中凯美瑞、卡罗拉和RAV4在美国均属于热销车型。据《华尔街日报》报道，这8款车的每日销量约为3500辆。这次停售将会给丰田汽车每日带来8930万美元的损失。业内人士估计，2010款卡罗拉的停售将令公司的销售额每日减少1700万美元，凯美瑞的损失为每日2750万美元。而丰田汽车公司2009年在北美地区的销量为220万辆，营业收入约为640亿美元。

第三，面临巨额索赔。丰田汽车大规模召回惊动了美国国会并对其展开调查。美国众议院监督和政府改革委员会定于2010年2月4日围绕"丰田油门踏板是否置公众于风险"举行听证会；而众议院能源和商务委员会则定于2月25日就此问题举行听证会。除了因油门踏板缺陷造成的死伤事故外，不满自家车估价下降的车主们也正准备集体提起诉讼。

（4）竞争对手乘机争夺丰田市场

2010年1月27日，通用汽车公司将为受丰田召回车辆而饱受困扰的车主提供为期一个月的促销计划。该促销计划将于2月底结束，通用汽车公司为饱受车辆召回困扰的丰田公司客户提供如下三个选择：①如果租用通用公司的车辆，可以免除总价值为1000美元的三项租赁费用；②符合条件的客户在购买通用汽车公司车辆时享受60个月的零利息贷款；③现金购买通用汽车公司汽车时可优惠1000美元。

2. 远期影响

（1）品牌受损，声誉下降

受多款车型踏板存在质量缺陷导致大量召回汽车和部分车型停产影响，丰田的全球品牌形象和产品质量越来越遭到质疑。此次召回行动严重损害了丰田"安全、可靠"的形象，给丰田汽车带来的长期的信用和品牌声誉的影响是最大的损失。美国《商业周刊》杂志最新一期刊登的世界各大企业及商品品牌价值排行榜中，日本丰田汽车公司的"丰田（Toyota）"品牌位居第8，较2008年的第6位有所下滑。这是自该杂志2001年开始发布排行榜以来，"丰田"首次出现排名下跌情况。

（2）严重影响消费者对丰田的信心，动摇丰田的霸主地位

长期以来，丰田以精益生产管理闻名于世，在全球消费者心中也树立了良好的质量口碑，但这次大批召回事件严重动摇了对丰田的信心。要重塑消费者对丰田汽车品牌信心比当初建立消费者的信心更加艰难。此外行业老大的地位也将受到其他竞争对手如大众的严重挑战。

三、丰田存在的问题

1. 高速扩张的战略失误

1995年奥田硕担任丰田董事社长，丰田的经营策略开始转变，丰田家族低调、保守、谨小慎微的行事作风被彻底抛弃，全球化市场的开拓步伐骤然提速。上台伊始，奥田硕就语出惊人：丰田首先要占据全球汽车市场的10%，到2010年要达到通用汽车当时的市场占有率15%。十年时间丰田在海外的生产工厂已经翻了一倍。在这个疯狂的战略目标下，速度被放在了首位，而丰田赖以起家的精益生产、精益管理被忽略了。高速扩张战略下，丰田过于追求研发速度和成本控制，从而忽略了技术储备和质量控制。从2005年到2009年，是丰田扩张最快的5年，同时也是丰田在全球的召回事件频发的5年。

去年重新掌管丰田汽车的丰田家族成员丰田章男，是在为过去两届职业经理的扩张战略"埋单"。丰田章男上任不久，即公开检讨公司的扩张战略。他甚至认为，过去10年来，丰田以成为全球最大汽车制造商为目标的盲目扩张，背离了公司长久以来以服务客户为宗旨的核心价值观。很快，高频率、大规模的召回事件应验了丰田章男的预测。

2. 供应体系弊病

为了跟上扩张速度，丰田不断缩短产品开发时间，同时引入了颇具争议的零部件通用化生产模式，即在不同级别的车型上采用相同的零部件供应商以节约制造成本。这为后来出现一个部件有问题就影响一系列车型的情况埋下伏笔，过快扩张和精细化生产模式的摒弃，使得"丰田质量"沦为昨日神话。

此外，自20世纪70年代起，丰田与零部件厂商确立的不断提高质量、降低成本、缩短交货时间"紧密供应商管理体系"也值得商榷。

"紧密供应商管理体系"是一种所谓"金字塔"型的体系，是以业务层层转包为基础，整车厂和零部件企业之间关系密切，整车厂只与一级供应商有配套的关系。一级配套商数量少，只有十几家或几十家，具有产品开发能力，是总成系统、模块供应商；一级与二级之间有协作配套关系，二级与三级之间也有协作配套关系，一般有四级甚至五级协作配套关系。厂家数量逐级增多，最终形成"金字塔"型整（车厂）零（部件企业）关系。

丰田的这种配套结构体系在瞬息万变的世界经济发展潮流中，已显得不合时宜，正在受到三方面的挑战：（1）与供应商的配套过于紧密容易产生多米诺骨牌效应；（2）随着供应商

资源趋于多样化、全球化，建立一个透明、公正、全面的供应体系将有利于成本的进一步降低，过分密切的关系可能会妨碍采购过程的最优化；（3）这种配套体系在一定程度上不仅错失了供应商平等贡献的机会，而且打击了外部供应商改进的积极性。

3. 过分注重成本削减，导致质量难以保证

在汽车生产全球化、部件电子化时代，为降低成本改善收益，零部件生产大都委托海外相关厂商生产。丰田不断压缩零部件采购成本，简化零部件设计开发和实证试验阶段，配件质量难以保证。丰田章南男在2009年6月提出，2013年推出的新车，零部件价格要降低30%。如此降成本，供应商就很有可能牺牲质量。

四、对我们的启示

1. 质量是品牌的基石，怎么强调都不过分

质量是我们的生命，是品牌的基石，没有好的质量就没有一切。丰田是依靠质量起家的，但这次吃亏也是忽略了质量。对我们而言，任何时候都不能放松质量这根弦。降低成本绝不能偷工减料，扩张但不能降低产品质量。任何的战略和战术行动都不能以牺牲质量为前提。

2. 客户满意是我们的出发点和落脚点

没有客户就没有我们存在的价值。让客户满意的前提就是提供让客户满意的产品和服务。要从用户的角度而不是我们自身的角度来判断质量问题。要以谦卑的态度尊重消费者，永远不要忘记消费者是企业的上帝。从脚垫门到刹车踏板门，故障的根本原因都与丰田汽车未配备刹车优先功能有关。奔驰、宝马、大众等德国汽车巨头都已经采用了这一系统，而丰田没有装，可能是出于成本控制的考虑，也可能是对相关故障发生的概率评估失误，但最根本的是没有把客户的安全放在首位，把客户满意放在首位。

3. 采购体系是保证我们质量的重要一环

2009年国内共有32家国内外汽车厂商实施了召回，召回数量最多的是广汽丰田和天津一汽丰田，前者召回了666622辆凯美瑞和雅力士，后者召回了280811辆威驰和卡罗拉，其原因均是供应商零部件的设计问题造成的。对供应商质量的监控是我们质量控制的重点，不仅要对一级供应商，而且要从制度上保证一级供应商对二级、三级供应商的控制。

4. 要有强烈的危机意识，出了危机要快速应变

这几年，丰田高速发展，2008年成为行业老大，同时，它的危机意识弱了，应对危机能力差，导致事态不断恶化。出现问题后丰田不是积极主动应对，而是遮遮掩掩，始终处于被迫应付状态。丰田高层出面表态不及时，也成为美国当局和媒体抨击的重点。直到2010年2月5日，丰田总裁丰田章男才召开新闻发布会，首次向消费者公开道歉，并决定成立"全球质量监督安全委员会"，亲自担任委员长。

这也启示我们，时时刻刻保持忧患意识是必要的，尤其是在企业处于高速发展的时候，不能因为一点成绩而忽略了可能存在的危机。在互联网时代，任何一个小问题会无限放大，就有可能让一个企业轰然倒地，对此，我们一定要有清醒的认识；同时，在出现问题时要快速反应，将负面影响降至最低。

5. 精益管理依然是值得我们学习的

丰田出了问题正是其背离了精益管理的精髓。

【讨论题】

　　1. 结合本章所学内容，讨论丰田汽车召回一事会给消费者、丰田公司、国内汽车生产厂家带来哪些积极影响？

　　2. 作为一个生产厂家，如何做才能使消费者更加信赖你的产品或服务？

参考文献

[1] 迈克尔·R. 所罗门. 消费者行为学——购买、拥有与存在[M]. 北京：经济科学出版社，2002（5）.

[2] 利昂·G. 希夫曼. 消费者行为学[M]. 北京：中国人民大学出版社，2011（10）.

[3] 德尔·I. 霍金斯，肯尼思·A. 科尼，罗格 J. 贝斯特. 消费者行为学[M]. 北京：机械工业出版社，2000.

[4] 罗格 D. 布莱克韦尔，保罗 W. 米尼德，詹姆斯 F.恩格尔. 消费者行为学[M]. 北京：机械工业出版社，2009（10）.

[5] 严学军，汪涛. 广告策划与管理[M]. 北京：高等教育出版社，2006（2）.

[6] 王志敏，宁震霖，惠琳. 消费者行为学[M]. 上海：立信会计出版社，2008.

[7] 林建煌. 消费者行为（第三版）[M]. 北京：北京大学出版社，2011.

[8] 迈克尔·R. 所罗门，卢泰宏，杨晓燕. 消费者行为学（第8版·中国版）[M]. 北京：中国人民大学出版社，2009.

[9] 符国群. 消费者行为学[M]. 北京：高等教育出版社，2001.

[10] 王长征. 消费者行为学[M]. 武汉：武汉大学出版社，2003.

[11] 戴维·迈尔斯. 社会心理学（第8版）[M]. 候玉波，乐国安，张智勇等译. 北京：人民邮电出版社，2006.

[12] 宁震霖. 明星广告热现象的冷思考[J]. 江苏商论，2012.

[13] 赵卫宏. 消费者自我概念结构维度对品牌个性的相对影响力研究[J]. 商业经济与管理，2009.

[14] 车文博. 心理学原理[M]. 哈尔滨：黑龙江人民出版社，1997.

[15] 成伯清，李林艳. 消费心理[M]. 南京：南京大学出版社，1996.

[16] 李东进. 现代广告[M]. 北京：中国发展出版社，2006.

[17] 李晴. 消费者行为学[M]. 重庆：重庆大学出版社，2003.

[18] 金学允，李浩培. 消费者行为学[M]. 北京：对外经济贸易大学出版社，1998.

[19] 桑原武夫. 消费者心理的解读[M]. 日本经济新闻社，1999.

[20] 尹世杰. 消费文化学[M]. 武汉：湖北人民出版社，2002.

[21] 王怀周，张俊. 消费的陷阱[M]. 北京：中国水利水电出版社，2003.

[22] 卢泰宏等. 消费者行为学——中国消费者透视[M]. 北京：高等教育出版社，2005.

[23] 李文奎，洪性泰. 消费者行为的理解[M]. 法文社，2001.

[24] Hilllary Chura. No Bull: Coke Targets Clubs[J]. Advertising Age, 9, December, 2002.

[25]（美）塔尔科特·帕森斯（Talccot Parsons）. 社会行动的结构[M]. 张明德等译，南京：译林出版社，2003.

[26] 赵占波，何志毅. 中国消费者中外品牌偏好及关键影响因素实证研究[J]. 财经论丛，

2009（04）.

[27] Gordon W. Allport. Attitude: A handbook of Social Psychology. Henry Assael. Consumer Behavior and Marketing Action, 6th ed., Cincinnati, Ohio: South-Western College Publishing, 1998.

[28] Cohen, Joel B. and Charles S. Areni. Affect and Consemer Behavior[M]. in Perspectives in Consemer Behavior, eds. Harold H. Kassarjian and Thomas S. Robertson, 4th., Upper Saddle River, NJ: Prentice Hall, 1991.

[29] Julie A. Edell and Marian Chapman Burke. The Power of Feelings in Understanding Advertising [J]. Journal of Consumer Research, 14, December, 1987.

[30] Mowen, John C. and Michael Minor. Consumer Behavior: A Framework[M]. Upper Saddle River, New Jersey: pretice Hall, 2001.

[31] Daniel Katz. The Functional Approach to the Study of Attitudes [J]. Public Opinion Quarterly, 24, Summer,1960.

[32] Ryan, Michael J. and E. H. Bonfield. Fishbein's Intentions Model: A Test of External and Pragmatic Validity [J]. Journal of Marketing, 44, Spring, 1980.

[33] Russell W. Belk. Possessions and Extended Self [M]. Journal of Consumer Research, 15, September, 1988.